高等学校"十二五"规划教材·经济管理系列

企业形象策划

（第2版修订本）

李 森 主编

清华大学出版社
北京交通大学出版社
·北京·

内 容 简 介

企业形象俗称 CIS,是企业的视觉形象(VI)、理念形象(MI)、行为形象(BI)的统称。本书对企业形象策划的产生和发展进行了系统的阐述,并对其产生的影响和变化进行了分析、探讨。在充分介绍和分析 CIS 核心内容和体系的基础上,结合我国一些成功的 CIS 策划案例,着重从操作层面系统地阐述了企业形象策划的创意、传播及企业理念、视觉和行为识别系统的策划方法。本书理论联系实际,重点突出对企业形象策划方法和技巧的分析、介绍,并就网络时代的企业形象策划进行了专门的分析和阐述,具有很强的时代特点。

本书可作为高等院校企业形象策划专业的教材,也可作为有关人员在职培训教材和自学参考书。

本书封面贴有清华大学出版社防伪标签,无标签者不得销售。
版权所有,侵权必究。侵权举报电话:010-62782989　13501256678　13801310933

图书在版编目(CIP)数据

企业形象策划/李森主编. —2 版. —北京:北京交通大学出版社:清华大学出版社,2013.6(2019.7重印)
高等学校"十二五"规划教材·经济管理系列
ISBN 978-7-5121-1501-9

Ⅰ.①企… Ⅱ.①李… Ⅲ.①企业形象-设计-高等学校-教材 Ⅳ.①F270

中国版本图书馆 CIP 数据核字(2013)第 140343 号

责任编辑:赵彩云　特邀编辑:林夕莲	
出版发行:清华大学出版社　邮编:100084　电话:010-62776969	
北京交通大学出版社　邮编:100044　电话:010-51686414	
印　刷　者:北京时代华都印刷有限公司	
经　　　销:全国新华书店	
开　　　本:185×260　印张:17　字数:442 千字	
版　　　次:2016 年 7 月第 2 版　2019 年 7 月第 2 版第 1 次修订　2019 年 7 月第 12 次印刷	
书　　　号:ISBN 978-7-5121-1501-9/F·1196	
印　　　数:25 001~27 000 册　　定价:49.00 元	

本书如有质量问题,请向北京交通大学出版社质监组反映。对您的意见和批评,我们表示欢迎和感谢。
投诉电话:010-51686043,51686008;传真:010-62225406;E-mail:press@bjtu.edu.cn。

代　　序

经济与社会的不断发展为理论工作者的研究提供了肥沃的土壤，他们一方面从中吸取有益成分，另一方面进一步推动理论的完善和发展。

近年来，我国高等教育的各个领域和学科都发生着日新月异的变化，在教育思想和观念、教育方法和手段等方面都有了较大的进步，取得了丰硕成果。课程教学改革的推进、大学教育国际化进程的加快，双语教学的展开，案例教学的引用，教学方法、方式的灵活多样，对教材内容也提出了更新更高的要求。

北京交通大学出版社长期以来致力于高等教育所需教材的建设和出版，特别是在经济管理学科领域，优秀品种数量多、销量大，在业界具有良好的声誉。此次出版社根据当前高等教育的实际需求，结合社会发展的需要，对已有产品进一步优化、整合、完善、再版，形成一套紧跟国际发展步伐又适合我国国情的"高等学校'十二五'规划教材·经济管理系列"教材。

该系列教材涉及市场营销、财会、人力资源等专业，具体包括约 20 种。参编者都是多年来一直从事一线教学的专职教师，具有丰富的教学经验和写作经验。

该系列教材具有以下特点。

1．在内容选取上，进一步优化阅读材料，精选案例分析，合理安排课后练习，从而使其更加充实和完善。该系列教材多数是以往深受广大一线教师所喜欢的长销书的再版，单本书最高销量已经超过 8 万册。

2．在编写风格上，突出基础性和先进性，反映时代特征，强调核心知识，结合实际应用，理论与实践相结合。

3．在内容阐述上，强调基本概念、原理及应用，层次分明，突出重点，注重学生知识运用能力和创新意识的培养。

4．配套教学资源丰富，出版社为编者、读者、发行者提供了一个及时、方便的交流平台。

该系列教材的出版不仅进一步适应了高等学校经济与管理类专业的本科教学需要，也为广大从事经济、贸易、财会等工作的人员提供了更新更好的参考读物，相信一定会得到广大读者的认同。

中国工程院院士
技术经济专家
北京交通大学教授
2013.4.2

再 版 前 言

本书出版以后,经过几年的使用和教学实践的检验,其体系和内容已日趋成熟和稳定,基本原理和方法也日益完善,但是远远跟不上社会和时代的发展,尤其是知识经济和互联网带来的冲击和深刻的变化,企业更加注重形象和社会责任,"微(博、信)传播"的使用和普及,形象表达的渠道更多,形象认知也就日趋复杂,企业的形象管理以及危机公关就显得十分必要和突出。企业不仅要策划和塑造形象,更重要的是维护形象。希望本书的再版不仅对企业策划和塑造形象有帮助,如果能够启迪更多的企业和研究者去重视和研究企业形象的维护,提升企业形象管理的水平,那将令编者十分欣慰。

本书的再版主要是为了满足目前教学和研究的需要,考虑到教学的连续性和稳定性,保留了原来的体系、原理和内容,仅仅对第7章进行了修改,增加和补充了最新的数据,同时对书中的疏漏和错误进行了修订和改正。

感谢北京交通大学出版社赵彩云编辑为本书所做的工作,正是她的辛勤工作和帮助才使本书得以再版。

我们将继续努力,提高有限的水平,欢迎专家、学者和广大的读者不吝批评指正,以便推出更好的作品。

编 者
于北京交通大学
2013.6

前　言

社会和经济的飞速发展带来了社会的巨大变迁，引起全面的市场竞争，在日趋激烈的竞争中，企业需要有新方法和新策略来应对这种变化，企业形象的重要性也就越来越突出，越来越成为广大企业角逐市场和占领市场的重要法宝。大力开发企业形象资源，认真抓好企业形象管理与策划，精心塑造良好的企业形象，对于企业振奋员工精神，促进生产经营和管理工作，增强企业的凝聚力，优化企业的外部环境，展示企业良好的精神风貌，帮助企业在竞争中立于不败之地，都具有十分重要的意义。

企业形象俗称 CIS，是企业的视觉形象（VI）、理念形象（MI）、行为形象（BI）的统称。CIS 是企业的整体经营策略和全方位的公共关系战略措施，是企业与公众沟通的一种有效的手段。企业形象策划的目的，正是在于透过内外部综合性的经营努力和视觉系统的整合，以达到社会和顾客对企业产生良好的印象和意识。CIS 的作用发挥了广告效能作用。对内达到增强企业员工对本企业的认同感。CIS 战略通过它的理念识别导入更加成熟的经营方针和经营理论、思想，经由经营信条、精神标语、座右铭、企业性格、经营策略传达出去，着重塑造企业员工的理念意识。这样，员工在心理上会形成一种对群体的"认同感"和"归属感"，员工间形成密不可分的群体的目的，强化了企业的存在价值。CIS 通过物质环境、时空环境、信息环境及视觉识别的同一性、独特个性传达给公众，使社会公众能了解、识别，从而接受企业及企业的产品。由此可见，进入 21 世纪以来，在企业管理中企业形象策划的作用越来越明显，企业也迫切需要这方面相关理论的支持与指导。

本书认真地分析和总结了企业形象策划的概念和理论基础，系统地阐述了企业形象策划的基本发展历程和核心内容及方法，对企业形象策划的理念、识别、行为系统的内容与相关方法进行了分析和介绍。本书是为了满足在企业形象策划领域教学和研究的需要，并考虑到不同层次的读者的需要而撰写的，本书力图做到理论联系实际，突出时代性和应用性。与国内已经出版的同类书籍比较，本书具有如下的特点。

第一，实践性比较强。本书在知识介绍的同时，还配有大量的案例和图片，让读者可以从公司的角度来很好地理解企业形象策划的各种概念。

第二，比较全面。本书参阅并引用了许多著名学者的观点，借鉴吸收了国内外在企业形象策划方面著作的精华。结合中国的实践，全面系统地反映了中国企业形象策划的现状和发展方向。

第三，具有时代性。本书在借鉴前人观点的基础上，将各种观点进行了有机的融合，并根据时代的发展和特点，提出了一些新的见解。

全书共分为 7 章，各章节分工如下：李森、马小军（第 1 章）；聂姝、李森（第 2 章、第 3 章、第 4 章）；桂娜（第 5 章）；李森、韩文君（第 6 章）；李清（第 7 章）。各章节初稿完成后，由李森对全书进行了修改、定稿。

感谢北京交通大学出版社杨正泽编辑为本书所做的工作，正是他的辛勤工作和帮助才使本书得以出版。

　　由于本书编者的水平有限，书中难免会出现一些错误和不妥之处，欢迎专家、学者和广大读者不吝批评指正，以便再版时修订。

编　者

于北京交通大学

2009.9

目 录

第1章 导论 ... 1
1.1 企业形象策划概述 ... 1
1.1.1 企业形象概述 ... 1
1.1.2 企业形象策划的定义 ... 4
1.2 企业形象策划的形成和历史发展 ... 8
1.2.1 CIS产生的原因可以从下面两个方面加以说明 ... 8
1.2.2 CIS产生的历史及发展趋势 ... 9
1.3 企业形象策划方法 ... 14
1.3.1 CIS的理论基础 ... 14
1.3.2 企业形象策划的方法 ... 15
1.3.3 树立良好的企业形象的方法 ... 19
1.3.4 树立企业形象的原则 ... 21
1.3.5 企业形象的建设重点 ... 21

第2章 企业形象概述 ... 24
2.1 企业和形象 ... 24
2.1.1 企业形象的含义 ... 24
2.1.2 对企业形象内涵重新界定的心理学依据 ... 26
2.1.3 企业形象的定义 ... 27
2.1.4 企业形象要素 ... 28
2.1.5 企业形象的特征 ... 30
2.2 企业和品牌 ... 37
2.2.1 品牌的基本知识 ... 37
2.2.2 品牌定位 ... 43
2.3 企业形象和企业文化 ... 50
2.3.1 企业文化的概念 ... 50
2.3.2 企业文化理论的提出 ... 52
2.3.3 企业文化的要素 ... 52
2.3.4 企业文化的内容 ... 52
2.3.5 企业文化的分类 ... 54
2.3.6 企业文化的基本结构 ... 57
2.3.7 不同国家的企业文化模式与管理特点 ... 60
2.3.8 企业文化的功能 ... 61
2.3.9 以企业文化为核心构筑企业形象 ... 63

  2.3.10 企业形象的塑造方法 ……………………………………………… 63
 ◇ 案例一:"森达"的大名牌战略 ……………………………………………… 65
 ◇ 案例二:国际市场上打出的"海尔"牌 …………………………………… 66
 ◇ 案例三:"一致"从品牌到名牌 …………………………………………… 66
 ◇ 案例四:康力名牌与康力文化 …………………………………………… 67

第3章 企业理念策划 …………………………………………………………… 69
 3.1 企业理念的概念 …………………………………………………………… 69
  3.1.1 概念的解释 ……………………………………………………… 69
  3.1.2 不同学科维度中的企业理念及其研究价值审视 …………… 73
  3.1.3 美、日、中理念文化的比较 …………………………………… 82
  3.1.4 企业理念基本概念 ……………………………………………… 92
 3.2 企业理念的识别 …………………………………………………………… 93
  3.2.1 企业理念识别概述 ……………………………………………… 93
  3.2.2 理念识别系统 …………………………………………………… 94
 3.3 企业理念的策划 …………………………………………………………… 95
  3.3.1 企业理念开发 …………………………………………………… 95
  3.3.2 企业理念定位 …………………………………………………… 98
  3.3.3 企业理念实施 …………………………………………………… 100
 ◇ 案例一:世界著名企业的经营理念 ……………………………………… 105
 ◇ 案例二:浦江饭店的历史回顾 …………………………………………… 106

第4章 企业行为策划 ………………………………………………………… 110
 4.1 企业行为的概念 ………………………………………………………… 110
  4.1.1 企业内部行为 …………………………………………………… 110
  4.1.2 企业市场行为 …………………………………………………… 116
 4.2 企业行为的识别 ………………………………………………………… 119
  4.2.1 企业内部识别系统 ……………………………………………… 119
  4.2.2 企业对外识别活动 ……………………………………………… 120
  4.2.3 企业行为识别界定 ……………………………………………… 121
  4.2.4 企业行为识别系统和企业理念识别系统的关系 …………… 122
  4.2.5 企业行为识别系统的形成 ……………………………………… 123
  4.2.6 企业行为识别系统的构成和目标 …………………………… 124
 4.3 企业行为的策划 ………………………………………………………… 125
  4.3.1 建立识别系统的原则与程序 ………………………………… 125
  4.3.2 科学构建行为主体 ……………………………………………… 127
 ◇ 案例:浦江饭店的行为策划 ……………………………………………… 134

第5章 企业标识系统策划 …………………………………………………… 140
 5.1 企业标识系统的概念 …………………………………………………… 140
 5.2 企业标识系统的识别 …………………………………………………… 141
  5.2.1 依据企业标识的不同功能分类 ……………………………… 141

	5.2.2	依据标志造型特色分类	142
	5.2.3	依据标识的构成因素分类	143
	5.2.4	依据标识设计的造型要素分类	143
5.3	企业标识系统策划	145
	5.3.1	企业标识设计的原则和要求	145
	5.3.2	企业标识设计的形式美法则	147
	5.3.3	企业标识设计主题的选择	148
	5.3.4	企业标志的设计流程	151
	5.3.5	标识的精细化作业	154
	5.3.6	标识造型的标准作图	155
	5.3.7	标识尺寸的规定与视觉放大缩小的修正方法	156
	5.3.8	标识的变体设计	157
	5.3.9	标识与基本要素的组合	158
◇ 案例：浦江饭店的企业标识系统策划	160

第6章 企业形象策划的操作 … 169

6.1	企业形象策划的提案和调研	169
	6.1.1	企业形象策划的提案	169
	6.1.2	组建负责企业形象策划的机构	171
	6.1.3	安排企业形象策划作业的日程	172
	6.1.4	导入企业形象策划各项作业的预算费用	174
	6.1.5	完成企业形象策划的提案书	175
	6.1.6	企业形象策划的调研	176
6.2	企业形象策划的设计、开发和管理	180
	6.2.1	企业形象策划的开发设计	180
	6.2.2	企业形象策划的管理	183
6.3	企业形象策划的传播和推广	185
	6.3.1	企业形象策划的传播	185
	6.3.2	企业形象策划的推广	186
	6.3.3	行为识别系统推广	187
	6.3.4	视觉识别系统推广	187
	6.3.5	CIS战略本身的功能和作用	187
	6.3.6	推广识别系统战略存在的问题	191
◇ 案例：吉林市旅游形象的推广	197

第7章 网络时代的企业形象策划 … 201

7.1	网络和企业形象传播	201
	7.1.1	网络经济带来的新变化	201
	7.1.2	实施ICIS策划的必要性	202
	7.1.3	网络经济对CIS的影响分析	203
	7.1.4	ICIS及其策划原则	208

7.2 网络和企业形象价值 …… 224
 7.2.1 时代背景 …… 224
 7.2.2 在网络空间的使用过程中网络营销的意义 …… 231
 7.2.3 通过网络营销宣传企业文化 …… 232
 7.2.4 通过网络彰显特色 …… 233
7.3 网络和企业视觉识别 …… 242
 7.3.1 ICI 在网络中传播的特点 …… 242
 7.3.2 CI 在网络传播中的形式 …… 243
 7.3.3 网络广告与 CI 的关系 …… 244
 7.3.4 网络广告与 CI 集成运用的机理及其必要性 …… 245
 7.3.5 网络广告与 CI 应用策略与方法 …… 248
◇ 案例：大众汽车 …… 258

参考文献 …… 260

第1章 导　论

1.1　企业形象策划概述

1.1.1　企业形象概述

1. 什么是企业形象

企业形象是指人们通过企业的各种标志（如产品特点、行销策略、人员风格等）而建立起来的对企业的总体印象。企业形象是企业精神文化的一种外在表现形式，它是社会公众与企业接触交往过程中所感受到的总体印象，这种印象是通过人体的感官传递所获得的。企业形象能否真实反映企业的精神文化，以及能否被社会各界和公众舆论所理解和接受，在很大程度上取决于企业自身的努力。

2. 形象和企业形象

从心理学的角度来看，形象就是人们通过视觉、听觉、触觉、味觉等各种感觉器官在大脑中形成的关于某种事物的整体印象，简言之是知觉，即各种感觉的再现。有一点认识非常重要：形象不是事物本身，而是人们对事物的感知，不同的人对同一事物的感知不会完全相同，因此其正确性会受到人的意识和认知过程的影响。由于意识具有主观能动性，因此事物在人们头脑中形成的不同形象会对人的行为产生不同的影响。

企业形象是企业内外对企业的整体感觉、印象和认知，是企业状况的综合反映。在印象的基础上，再加上人们的判断，进而形成具有内在性、倾向性和相对稳定性的公众态度。只有多数人的肯定或否定的态度才形成公众舆论，公众舆论通过大众传播媒介和其他途径（如人们的交谈、表情等）反复作用于人脑，最后影响人的行为。企业形象有好与不好之分，当企业在社会公众中具有良好企业形象时，消费者就愿意购买该企业的产品或接受其提供的服务；反之，消费者将不会购买该企业的产品，也不会接受其提供的服务。企业形象的好与不好不能一概而论，多数人认为某企业很好时，可能另有一些人会感到很差，而这种不良的形象将决定他（她）不会接受该企业的产品或服务。任何事物都不可能是十全十美的，因此，我们在这里必须把握矛盾的主要方面，从总体上认识和把握企业形象。

3. 企业形象的构成

企业形象的构成由产品形象、媒介形象、组织形象、标识形象、人员形象、文化形象、环境形象及社区形象等构成。

产品形象包括质量、款式、包装、商标及服务等要素。

组织形象包括体制、制度、方针、政策、程序、流程、效率、效益、信用、承诺、服务、保障、规模及实力等要素。

人员形象包括领导层、管理群、员工等要素。

文化形象包括历史传统、价值观念、企业精神、英雄人物、群体风格、职业道德、言行规范及公司礼仪等要素。

环境形象包括企业门面、建筑物、标志物、布局装修、展示系统、环保绿化等要素。

社区形象包括社区关系、公众舆论等要素。

4. 企业形象的分类

企业形象的分类方法很多，根据不同的分类标准，企业形象可以划分为以下几类。

1）企业内在形象和外在形象

这是以企业的内在和外在表现来划分的，好比我们观察一个人，有内在气质和外在容貌、体型之分，企业形象也同样有这种区别。内在形象主要指企业目标、企业哲学、企业精神、企业风气等看不见、摸不着的部分，是企业形象的核心部分。外在形象则是指企业的名称、商标、广告、厂房、厂歌、产品的外观、包装、典礼仪式、公开活动等看得见、听得到的部分，是内在形象的外在表现。

2）企业实态形象和虚态形象

这是按照主客观属性来划分的，实态形象又可以叫做客观形象，指企业实际的观念、行为和物质形态，它是不以人的意志为转移的客观存在。诸如企业生产经营规模、产品和服务质量、市场占有情况、产值和利润等，都属于企业的实态形象。虚态形象则是用户、供应商、合作伙伴、内部员工等的企业关系者对企业整体的主观印象，是实态形象通过传播媒体等渠道产生的映象，就好像我们从镜子中去观察一个物体，得到的是虚像。

3）企业内部形象和外部形象

这是根据接受者的范围划分的。外部形象是员工以外的社会公众形成的对企业的认知，我们一般所说的企业形象主要就是指这种外部形象。内部形象则指该企业的全体员工对企业的整体感觉和认识。由于员工置身企业之中，他们不但能感受到企业外在属性，而且能够充分感受到企业精神、风气等内在属性，有利于形成更丰满深入的企业形象；但是如果缺乏内部沟通，员工往往只重局部而看不到企业的全部形象，颇有"不识庐山真面目"的感觉。我们认为，内部形象的接受者范围更小，但作用却很大，与外部形象有着同等重要的地位，决不可忽视。

4）企业正面形象与负面形象

这是按照社会公众的评价态度不同来划分的：社会公众对企业形象的认同或肯定的部分就是正面形象，抵触或否定的部分就是负面形象。任何企业的企业形象都是由正反两方面构成的，换言之，企业形象应是一分为二的，公众中任何一个理智的个体都会既看到企业的正面形象，又看到企业的负面形象。对于企业来说，一方面要努力扩大正面形象，另一方面又要努力避免或消除负面形象，两方面同等重要，因为往往不是正面形象决定用户一定购买某企业产品或接受某项服务，而是负面形象使得他们拒绝购买该企业产品、拒绝接受其服务。

5）企业直接形象和间接形象

这是根据公众获取企业信息的媒介渠道来划分的：公众通过直接接触某企业的产品和服务、由亲身体验形成的企业形象是直接形象，而通过大众传播媒介或借助他人的亲身体验得到的企业形象是间接形象。对企业形象作这种划分十分重要，如果一个用户在购买某种商品时看到的是粗陋的包装、落后的设计，试用时这也有毛病、那也不如意，无论别人告诉他这产品如何好、这家企业如何不错，他也一定不去购买，因为直接形象比间接形象更能够决定整个企业形象。有些企业以为树立企业形象只靠广告宣传，而不注重提高产品质量和服务水平，就是只看到间接形象而忽视了直接形象。

6）企业主导形象和辅助形象

这是根据公众对企业形象因素的关注程度来划分的：公众最关注的企业形象因素构成主导形象，而其他一般因素构成辅助形象。例如，公众最关心电视机的质量（图像、色彩、音质等）和价格（是否公道合理），因而电视机的质量和价格等构成电视机厂的主导形象，而电视机厂的企业理念、员工素质、企业规模、厂区环境、是否赞助公益事业等则构成企业的辅助形象。企业形象由主导形象和辅助形象共同组成，决定企业形象性质的是主导形象；辅助形象对主导形象有影响作用，而且在一定条件下能够与主导形象实现相互转化。

5. 企业形象的子系统

企业形象的组成因素虽然非常复杂，但我们可以将其归纳为3个层次，即理念形象、行为形象和视觉形象。

① 企业理念形象——是由企业哲学、企业宗旨、企业精神、企业发展目标、经营战略、企业道德、企业风气等精神因素构成的企业形象子系统。

② 企业行为形象——由企业组织及组织成员在内部和对外的生产经营管理及非生产经营性活动中表现出来的员工素质、企业制度、行为规范等因素构成的企业形象子系统。内部行为包括员工招聘、培训、管理、考核、奖惩，各项管理制度、责任制度的制定和执行，企业风俗习惯等；对外行为包括采购、销售、广告、融资、公益等公共关系活动。

③ 企业视觉形象——是由企业的基本标识及应用标识、产品外观包装、厂容厂貌、机器设备等构成的企业形象子系统。其中，基本标识指企业名称、标志、商标、标准字、标准色；应用标识指象征图案、旗帜、服装、口号、招牌及吉祥物等；厂容厂貌指企业自然环境、店铺、橱窗、办公室、车间及其设计和布置。

在企业形象的3个子系统中，理念形象是最深层次、最核心的部分，也最为重要，它决定行为形象和视觉形象；而视觉形象是最外在、最容易表现的部分，它和行为形象都是理念形象的载体和外化；行为形象介于上述两者之间，它是理念形象的延伸和载体，又是视觉形象的条件和基础。如果将企业形象比作一个人的话，理念形象好比是它的头脑，行为形象就是其四肢，视觉形象则是其面容和体型。

6. 企业形象表达的手段

企业形象表达的手段主要包括以下几个方面。

1）物质形象

这是指反映企业精神文化的物化形态，而不是指物质本身。比如企业的店徽、店旗、商标和特定的店面装饰及布置等可以反映企业个性和精神面貌的直观形象。

2）人品形象

这里也不是指人的先天条件，而是指企业人员从后天学习的待人接物和工作上的行为态度等方面的表现。

3）管理形象

是指管理行为的表现形式，如组织形态、工作程序、交接班制度、奖惩方式、领导指挥方式等。

4）礼仪礼节

是指企业中人际关系的礼貌格式和庆典集会上的礼节规范。

5）社会公益形象

为社会服务和赞助公益事业，包括支持关心文教、科研、慈善、卫生等事业的具体表现。

1.1.2 企业形象策划的定义

1. CIS（Corporate Identity System）设计概述

CIS 设计，即现代企业形象策略系统的开发与设计，也叫企业识别系统。其包括企业的经营理念——理念识别（MI）、行为规范——活动识别（BI）和视觉传达——视觉识别（VI）三大部分。它将企业经营理念与精神文化，运用整体传达系统传达给企业体周围的关系者或团体（包括企业内部与社会大众），并掌握使其对企业产生一致的认同感与价值观。即结合现代设计观念与企业管理理论的整体运作，以塑造企业的个性，突出企业的精神，使消费者产生深刻的认同感，以达到促销目的的设计系统。

这个新的研究领域并非一开始就有完善的定义和称谓，它曾有"产业规划"、"企业设计"、"企业形貌"、"特殊规划"、"设计政策"等称谓，直到近年才有了统一名称——企业识别（或企业策划，即 CI），而由此研究领域规划出来的设计系统，则称作企业识别系统，简称 CIS。对照企业经营战略的需求与运作而言，它是指"将企业经营行动以及运作经营行动的企业经营理念或经营哲学等企业文化，透过传达媒体以增进社会认同的符码系统"。

CIS 中包括理念识别系统、行为识别系统和视觉识别系统三部分。三者相互联系、相互促进、不可分割；三者功能各异、相互配合、缺一不可。它们共同塑造企业的形象，推动企业的发展。

在 CIS 中，理念识别系统处于核心和灵魂的统摄地位，因为企业识别正是将企业的理念贯彻于其各种行为之中，并运用整体传媒系统，特别是视觉设计，传播给企业的内外部公众，使其对企业产生识别和认同。

企业理念识别是导入 CIS 的关键，能否设计出完善的企业识别系统，并能有效地贯彻，主要依赖于企业理念识别系统的开发与建立。企业理念属于思想、文化的意识层面，因而，它对企业的行为、视觉设计和形象传达具有一种统摄作用。没有理念的指导，企业将成为一盘散沙，既无规范的行为可言，也无统一的视觉形象可言。

另一方面，企业理念系统虽具有丰富的内涵，但如果不对它进行实施与应用，它将毫无意义，而其应用或实施需要靠人的行为。然而，企业仅通过人的行为来传达和树立形象毕竟是困难的。在企业的行为活动过程中，只有借助于一定的视觉设计符号、一定的传播媒介，并将企业理念应用其中，形成对广大公众的统一视觉刺激态势，才能真正提高公众对企业的认识和记忆。

CIS中的三部分分别处于不同层次。如果以一棵树来比喻CIS的话，VI是树冠，包括绿叶、花和果实，BI是树干，而MI则是树根。树干和树冠须从根部吸取水分和养分，而树根只有通过树干和树冠才能证明自己存在的价值。如果我们将CIS比作一个人的话，MI是心，BI是手，而VI是脸，三者偏废一方，都不能形成完整的形象。"心"之想，需要通过"手"之做才能实现，需要通过"脸"之情才能展现。

现在，国内很多企业实施CIS不成功或虽然实施了却不见成效，主要原因之一就是没有理清CIS系统中MI、BI和VI三者的关系。这主要表现在以下几方面。

1) 错把VIS当CIS

有些企业错把VIS当作CIS的全部内容，以为CIS就是更换企业名称或品牌名称，就是给公众造成一个独特而强烈的视觉印象，因此在VIS设计上别出心裁，但出于忽视了企业理念的诉求，忽视了企业行为规范的建设，即使VIS设计本身很有特色，也难以对企业形象的提升产生积极的影响，甚至使公众留下了浮夸、粉饰、名实不符的印象，产生负面效应。

2) CIS内部不协调

CIS的三个要素必须统一协调，缺一不可。有些企业的理念识别系统与行为识别系统和视觉识别系统相脱节，使得BIS、VIS的设计缺乏主题和核心力量；有些企业BIS与MIS、VIS相脱节，企业经营活动与服务水平不高，给人一种说的是一套、做的又是一套的感觉；有的企业是VIS与MIS、BIS相脱节，这三者之间不相互协调会造成宣传上的混乱，无法达到提升企业形象的目的。

3) CIS有设计，无实施

BIS是企业CIS的动态识别形式，它是通过各种行为活动来体现企业理念，显现企业独特形象的。有些企业虽然有设计合理的CIS，但只是写在CIS规范手册上，没有通过一系列的管理活动进行落实。不仅企业外界的公众不了解企业的经营理念、行为规模与视觉识别，就连企业内部员工也缺乏全面、准确的理解。在这种情况下。CIS设计得再好，也无法达到提升企业形象的目的。

由以上这些问题可以看出，CIS涉及整个企业的管理问题，它是一个管理系统化工程。要想实施成功，必须转变观念，在整个管理体系上下工夫。

2. CIS的特征

1) 客观性

企业形象虽然反映的是社会公众对企业的主观认识，但这种认识，是企业各方面的实绩在人们头脑中长期积累的结果。社会公众对企业的评价是根据企业的实际表现，评价的标准是客观的。企业先进的技术、优良的产品、周到的服务、幽雅的环境、漂亮的外观都客观地给公众留下美好的印象，这决不是企业一厢情愿宣传的结果。因此，CIS的导入和推广必须建立在严格的市场调查和科学评估的基础之上，实事求是地从企业的实际出发，不能脱离现实，凭空想像和虚构。CIS导入产生效果的大小，在相当程度上取决于企业自身的实际状况和企业长期形成的个性形象。

2）统一性

CIS的统一性具体表现在两个方面。一方面是CIS的理念识别系统（MIS）、行为识别系统（BIS）和视觉识别系统（VIS）的统一性。CIS应以企业理念为灵魂、精髓、核心，向行为规范、视觉传达设计扩展，三者形成一个有密切内在联系、不可分离的整体。企业的理念、行为规范和形象传达三者之间要协调一致，不能相互矛盾。另一方面是企业内外活动的统一性。因为CIS导入的过程是对企业形象进行调整和再创造的过程，它必然引起企业内思想观念的更新，企业理念的重新整合和定位。CIS导入使企业文化客观化、感性化、视觉化，使企业理念以行为和视觉的形式传达出来，而这些都必须取得企业内部职工的理解、支持和合作，并依靠他们积极向社会传播，最终获得社会公众的广泛理解、支持和认可，使企业以统一的整体形象矗立在公众的心目之中。总之，CIS系统工程的实施就是要将企业的理念、文化、组织管理、经营方向、发展战略、生产规模、技术实力、产品、服务、社会责任等各种信息统一整理，并将这些信息与企业标志、企业标准字、品牌标准字、特定标语等形象化信息相结合，进而把这些统一的、多层次的、多方面的信息经过系统的、科学的全面策划，并在灵敏有效的集体监控之下通过企业内外的各种媒体，以各种形式和各种活动对社会公众做统一性的传达，以便获得社会共同的认同、信赖和支持。

3）一贯性

CIS的应用实施是一项长期性的工作。树立一个成功的企业形象，固然要靠成功的设计，同时也要有一个较长的时间让消费者了解、认知和体验的过程，没有多年的努力，是难以形成良好的企业形象的。CIS是企业长期发展战略的重要组成部分，CIS以公司远景规划为依据，立足长远、立足公众的社会福利，而不是自身的短期利益。因此CIS一旦确定，不应轻易改变，即使是企业领导人更换，CIS的基本内容也应尽可能保持一贯性和稳定性。一个游移不定、变化莫测的CIS是不可能在社会公众的心目中塑造出一个稳固的企业形象的。

当然，时代是变化的，市场也是变化的，CIS系统工程的导入和实施不能不处在一个稳中求变的动态发展过程之中。在这个过程中，企业所处的环境、经营规模及消费者的认识结构都会有所改变，企业形象的内涵也是不断发展、充实或者发生微妙的变化。如何在"变"与"稳"中寻求平衡点，达到内外、前后的"对应"和"统一"，正是CIS策划与设计的一项重要任务。

4）独创性

当今世界，是一个个性化的世界，不仅个人的生活，甚至连组织的运行都在不断地塑造个性特征。只有独创的、有个性的东西，才有存在的价值，才有生命力。相反，雷同的千篇一律的东西没有存在的价值，缺乏生命力。CIS就是要突出企业与众不同的个性，使其在茫茫商海中脱颖而出。因此企业无论是在企业经营理念识别系统（MIS）方面，还是在企业行为识别系统（BIS）方面，或者是在企业视觉识别系统（VIS）方面都要有自己的独创性。市场竞争激烈，对手如云，企业如果不能因势利导，标新立异，就可能被淘汰。企业与竞争者离得越远，就越能获得更多的社会公众注意。

5）社会性

企业形象只有得到社会公众的认同，才能发挥其效力。企业是社会的一分子，企业的存在和发展都要依赖和仰仗社会的理解、合作和支持，企业的宗旨和目标应有强烈的使命感和社会责任感。因此，企业的CIS必然有社会性的特征，以便于CIS在更广泛的范围内被社会认知和传播。

　　CIS 的社会性体现在企业把社会利益、公众利益摆在首位。如可口可乐公司在公益事业上锁定教育，仅从 1998—1999 年两年的时间就共投资 1 500 万人民币在全中国兴建了 50 所希望小学，为贫困地区的 100 所农村小学各捐赠了一套希望书库。企业对社会做出卓越贡献，必然会得到加倍的回报。可口可乐的品牌价值已经达到 831 亿美元，在全球所有品牌中名列第一。因此，CIS 理念的表达，必须建立在企业的目标与社会需求的完美综合上。企业形象塑造的最终目的也是在促进企业与社会的理想和谐共处。只有企业目标紧扣社会需求，它才会拥有无穷的生命力。

　　6）战略性

　　"战略"一词本是战争用语，后应用于各个领域，泛指具有全局性、长期性和关键性、重大性的谋划。CIS 及其导入的本身也具有这一特征。企业的理念是企业的指导思想，本来就事关企业的全局，是企业的关键之所在。大到一个国家必须有一个指导思想，小到个人也要有自己的一套处世哲学，企业更应该有自己的经营理念。理念错，行为必然会错，目标将不能实现；而理念好，若能贯彻彻底，目标将有望实现。因而，企业应将 CIS 的实施及所要树立的良好形象，从战略的高度来认识，它是一项长期而艰巨的任务。

　　3. 企业策划与企业活动之间的关系

　　企业策划与企业活动之间的关系如图 1-1 所示。

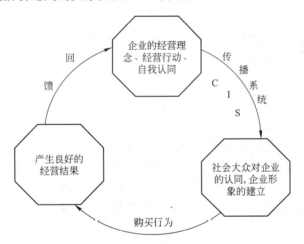

图 1-1　企业策划与企业活动之间的关系

　　由于企业经营是面对不同的阶层的，这就需要强而有力的情报传达符码；对内达成统一意志、向心归属的机能，对外建立企业识别、社会认同等效用。因此，为了创造企业独特的外观与形象，必须将企业经营理念与经营行动，透过各种表现形式加以象征化、同一化、标准化、系统化。这种象征化的具体表现与设计系统是 CIS 开发最重要的症结，也是整体运作的基石。企业形象系统表达如图 1-2 所示。

　　CIS 的产生原因、产生历史及发展趋势。当今信息社会，是以"激烈化"、"多样化"、"专精化"等为轴心而不断地推衍、变化。随着工商业的急剧发展，生产技术的不断革新，市场竞争也更加激烈，手段也不断翻新。仅从广告业来看，从广播广告、电视广告、活人广告、隐形广告到飞机空投手表等到一些令人惊讶的花样宣传，例如，英国联合大型企业维尔

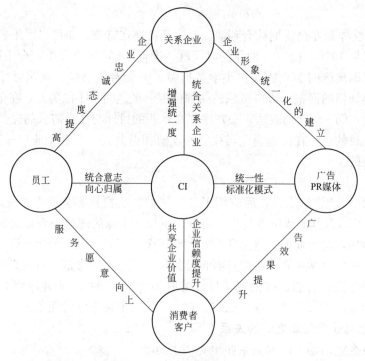

图1-2　企业形象系统表达

京,自从1996年推出一种新型可乐饮料后,在法国销量直线上升。为了再接再厉,出奇制胜,其总裁理查德·布兰森竟冒着严寒,一头跳进了巴黎市的一座喷水池,游了几分钟后,又湿淋淋地出现在巴黎中心广场上。其目的是让大家注意到他手中紧握的那只做成该企业可乐瓶形状的浮标。除了促销手法的多样化外,人们的消费形态也随着物质文明的演进而不停地更替,这都直接或间接地使商品或服务需求由旧有的单纯思考变为多样的选择。

从前被认为是优秀企业所不可缺少的组织结构、资金、产品、情报等经营要素已不能满足需要,企业为顺应新的消费形态而采取相应的经营策略以确保长期营运的利益。但企业经营策略的改变又容易使消费者产生迷惑,使员工产生不解。故为消除困扰、消除疑虑,早日摆脱旧包袱,适时地实施CIS以塑造企业新形象成为了企业经营的特效药。

1.2　企业形象策划的形成和历史发展

1.2.1　CIS产生的原因可以从下面两个方面加以说明

1. 企业内部的自觉需求

市场战况,瞬息万变。只有积极、主动地开拓市场,才是企业经营与追求的首要目标,如漓泉啤酒与桂林啤酒之争。具有前瞻性的企业,除了全力投入开拓市场、占有市场等实质性效益外,对内部人、事、物的组织、教育、运作、管理等企业经营策略的统一整合均会发出自觉的需求，以期在巩固内部坚强结构的同时，对外显示出一股攻无不克的竞争能力。这种能力可分为以下几项。

① 吸引人才，确保生产力：CIS的建立，可以得到社会的认同和信赖，这对招募员工时能否吸收得到优秀人才以储蕴生产能量，避免人事变动频繁，确保生产力的持续具有重大作用。

② 激励员工士气，改造组织气候：VI、BI可以创造令人耳目一新、蓬勃向上的气象，从而改造组织气候、激励员工士气、提高作业效率。

③ 增强金融机构、股东的好感与信心：导入CIS，是完善组织、健全制度的表征。待其开发完全、合理后，能赢得顾客、金融机构、股东的好感，并增强信心。

④ 提升关联企业向心力：CIS组织化、系统化、统一化的特质可以团结关联企业，加强各公司的归属感与向心力，共同为企业体的成功发展而效力。

⑤ 提升企业的形象与知名度：这是CIS的基本效益之一。有计划的识别系统更容易产生组织健全、制度完善的信赖感与认同感。

⑥ 提高广告效果：广告效果＝量(广告费用)×质(广告表现品质)。也就是说，当信息出现的频率与强度充分时，效果必然提升。当然，这还要掌握一个原则——广告并非"看了觉得好"就好，而要"看了觉得想买"才是好，要有煽动性。如：麦当劳的"猫与少年篇"。

⑦ 增进公司营业额：企业形象的提升，加强了顾客对企业的认同，推动其购买意念，从而使营业业绩得到提高。

⑧ 统一设计形式，节省制作成本：CIS手册可使设计规范化、作业程序化，节省了制作成本与设计时间。在降低成本的同时，还维持了设计水准和视觉识别的统一效益。

⑨ 方便内部管理，活用外部人员：CIS可使多角化经营的企业规格化、系统化，从而简化了管理系统的作业流程，同时还可缩短新人训练、教育与适应作业的时间。

2. 市场经营的外在压力

① 成本的挑战：经济发展，物价指数提高，成本日渐上升。低成本、低价销售的战略可使竞争企业在生产能量上占优势。

② 竞争的挑战：商战白热化，竞争企业的策略与行动常常相悖，抵消竞争力。只有强有力的非价格竞争，才能树立独特的经营理念，脱颖而出。如：海尔洗衣机(在某年的全国洗衣机大战中，大家都降价吸引消费者。唯海尔不降反升，但销量仍然很好)。

③ 传播的挑战：在信息社会，消费趋向容易受各种资讯传播媒体直接引导。而过量的信息，泛滥的广告，凌乱的表现反而会干扰信息的传播作用。故CIS具有次序性、统一性、独特性的传播，才能良好地树造企业形象、引导消费。

④ 顾客的挑战：文化的提升与生活形态的改变，导致购买行为的日趋复杂，并对产品品质、流通运送、接应态度、服务水准等日趋苛求。故企业经营方向应由单纯的视觉传播媒体拓展到非视觉要素的产品、服务态度、人为因素等管理与教育上。企业文化＝企业物质文明＋企业精神文明。

1.2.2 CIS产生的历史及发展趋势

1. 起源

CIS这一"统一企业形象组织化、系统化"的设计形态最早源于"一战"前。当时德国的"AEC"全国性电器公司采用了"贝汉斯"设计的商标,并将之运用到便条、信封及系列性电器产品上,展开了统一的视觉形象的 CIS 雏形。

1933—1944 年间,伦敦交通营业集团副总裁——佛兰克·毕克,聘请爱德华·琼斯顿负责其活字印刷体部分的改良设计,以便应用到大至站牌、指示标,小到车票等的统一字体;并由哥法、史维威克、包典三人合作设计了闻名于世的地铁系列海报,成为了伦敦别具一格的景观,后由格罗佩斯参与报道了地铁本部设计,现代雕刻泰斗摩尔与泰恩等前卫艺术家设计的纪念碑,使此项设计更加丰富、完整,具有时代意义。而毕克本人就是"英国工业设计协会"会长,在他的周密计划与全力投入之下,使伦敦地铁的规划实例具备了建筑景观与运输机能相统一的设计形态,成为世界首屈一指实践"设计政策"的经典之作。

第二次世界大战之后,由于国际经济形势开始复苏,工商业界蓬勃发展,行业营运范围日益扩大,企业经营逐步迈向多元化、国际化,这使得经营者深感原有的企业形象已无法适应突飞猛进的企业实态。

1947 年,(意大利)奥利维蒂开始聘请专家进行标准字体的设计,并在开办工厂的同时,开设了托儿所,为提升企业文化作出了贡献。1951 年,美国国家广播公司(NBC)的巨眼标志广泛应用于各种媒体上,取得了较好的效果。

1956 年,(美国)国际商用计算机公司总裁——小汤姆斯·华生意识到应为公司在世界电子计算机行业中树立起一个响亮的形象,并使这一形象涵盖公司的开拓精神,以利于市场竞争,并进入世界性大企业之列。他将此规划交给工业设计界权威人物——诺伊斯负责。诺伊斯将公司全称 INTERNATIONAL BUSINESS MACHINES 缩写为"IBM",并创造出富有美感的造型,以体现公司的开拓精神、创造精神和独特个性等公司文化,在消费者心中产生了强烈的冲击力。其标准色为蓝色,以象征高科技的精密与实力。并由此而发展出一套 CI 管理系统,给人以"组织制度健全、充满自信,永远走在电脑科技尖端的国际公司"形象。这一举措使 IBM 公司成为了"前卫、科技、智慧"的代名词,成为了美国公众信任的"蓝巨人"。随着 IBM 公司导入 CIS 的成功,美国许多公司纷纷效仿。如:东方航空公司原濒临破产,CIS 的导入使之起死回生;3M 公司导入 CIS 后,经营业绩刷新;克莱斯勒公司在 60 年代一下将市场占有率提高了 18% 等。

再就是可口可乐,曾经有人以轻蔑的口气说可口可乐是"99% 的糖水"。然而,正是那 1% 的东西使它成为货真价实、独一无二的饮料——甜嘶嘶,又略带苦味,入口即在舌头上嘶嘶作响,吞下后凉爽清香、使人为之一振。一个世纪以来,这种将一盎司的可口可乐原浆同六个半盎司的苏打水混合而成的琼浆,促使无以计数的人掏钱购买。如今,可口可乐已成为一种全球性产品,每年有数十亿美元的产值。然而,谁知可口可乐却出身寒微,其发明人约翰·S·彭伯顿是个药剂师,自封为"医学博士"。1869 年,他从家乡佐治亚到了亚特兰大,在 1870 年,同他人合伙成立了彭伯顿—威尔逊—泰勒公司。1885 年,他又建立了 J·S·彭伯顿公司和彭伯顿化学公司。他作为药剂师发明了许多药——血压丸、提神丸、咳嗽糖浆、皇后染发水等。在他炮制肝炎丸和染发水的过程中,又有了新灵感——制造一种新的健身饮料。于是在 1886 年 5 月 8 日左右,彭伯顿在自家后院,用一口铜锅提炼出了第一批原浆。然后将一罐原浆送到雅各布斯药房,说服管理员维纳布尔将原浆掺兑到水中出售。于是便开始有人掏钱购买这种治头痛的饮料在药房里品尝。后无意中兑水时放成了汽水,才成了今天的样子。它当时的名字叫做"彭伯顿健身饮料"。但销售人不满意,建议叫"可口开乐提神健身液"。后在彭伯顿公司会计佛兰克·鲁宾孙的主张下，定名为"可口可乐"，并按佛兰克提出的用当时流行的斜体书法书写，这一来，易于记忆识别。这便是可口可乐的由来。但当时的可口可乐同目前的这种软饮料尚有一定的区别。后由于彭伯顿不善经营，1887年7月将三分之二的股权以1 200美元的低价卖给了乔治·朗兹和维纳布尔。同年12月，朗兹先购买了维纳布尔的股权后，转而又以1 200美元的原价将三分之二的股权卖给了彭伯顿化学公司的推销员伍尔福克·沃克。沃克为了寻求增加设备和广告经费的资金，联合了雅各布斯药房老板雅各布斯和一个非常成功的药剂师阿萨·格里格斯·坎德勒成立了沃克—坎德勒公司。并于1888年4月14日以550美元的代价将彭伯顿余下的三分之一的股权买了下来。1888年8月30日，阿萨又买下了沃克的股权。阿萨先后只花了2 300美元就买下了可口可乐。阿萨精于营销，他通过促销的方法将这种健身提神药物性饮料摇身一变成为软饮料，成功地登上了杂货柜台。此举扩大了可口可乐的销量，销路从此大开。故而，后人将阿萨称为可口可乐之父。

可口可乐公司在1970年时，又以崭新的企业标志为核心展开了CIS的全面性行动。其强烈的视觉冲击力，给人耳目一新、强烈震撼。虽然其投入的财力、人力、物力难以计数，然而，其引起强烈视觉震撼的红色，同充满律动条纹所组成的标志，成功地塑造了老少皆宜，风行世界的品牌形象，其良好的形象与市场占有率，成为众所周知的事实。

从1960年至今，可谓是欧美CIS的全盛时期，其间产生了许多闻名的案例，如：3M、RCA、FIAT汽车、奥利维蒂打印机等，掀起了经营策略与设计形式的热潮。

2. CIS热潮首先在欧美兴起的历史原因

1）企业经营管理的需要

20世纪50年代，美国经济高速发展，新企业纷纷成立，大企业向国际化经营发展，迫切需要有一套系统的企业形象塑造方法，以体现企业的经营思想，在消费者中制造视觉冲击力和识别差异，从而提高市场竞争力。

2）车辆文化的社会背景

20世纪50年代，交通行业的大力发展导致私车成为代步工具。加油站、餐厅、小吃店、旅社、停车场、饮料店等车辆文化连锁店应运而生。如：麦当劳、肯德基、假日饭店等连锁店的招牌、建筑、广告等在视觉上要求规格一致，以易于消费者的认同与识别。

3）工业设计学的兴起

工业设计学起源于20世纪20年代，由包豪斯联合各国的一些著名建筑师、画家、雕塑家、摄影家、印刷家、工程师奠定。"二战"后，工业设计成为调节市场、扩大销售和提高产品竞争力的手段，工业设计学的兴起为CIS设计提供了方法。

3. 日本的CIS发展情况

1）发展情况

相较而言，日本由于受到第二次世界大战战败整建工作的影响，对CIS观念的引进与企业经营者接受的情况，比欧美国家晚了一二十年，直到1975年，东洋工业MAZDA汽车方开始开发CIS，树立了日本第一个开发企业识别系统的典范。其后，大荣百货（Daiei）、伊势丹百货（ISETAN）、小岩井乳业、麒麟啤酒等企业如雨后春笋般地涌现出来，成功地完成了各自形象的革新。尤其是近年的美津浓体育用品、富士胶卷、华歌尔内衣、白鹤清酒等风行世界的国际化企业均为美国设计顾问公司的杰作。此外，美国CIS设计大师索尔·

巴斯也为日本味之素调味品、美能达相机规划设计了驰名的 CIS。

日本的 CIS 专业设计公司 PAOS 的成立，带动了日本企业的经营策略与传播导向，其对松屋百货导入的更生计划使其营业额增长了 118%；为小岩井乳业导入的赠礼营业计划，使其营业额增长了 270%。PAOS 还组织编著了许多关于 CIS 方面的书籍，提高了日本设计界、企业界对 CIS 的重视。据 1977 年，日经广告研究所调查股票上市的日本 546 家公司，结果表明，其中直接间接地引进了 CIS 的企业达 242 家，占 44.3%。由上可知，CIS 已经成为日本工商界企业所不可缺少的无形资产。

2）日本的 CIS 发展过程

大致可分为四个阶段。

① 第一期：约为 20 世纪 70 年代前半期。此时较注重 VI 的标准化，力求设计要素与传达媒体的统一，即将标志、标准字体、标准色充分运用于企业体中，其代表为 MAZDA 汽车、大荣超市等。

② 第二期：约 70 年代后半期。这时的研究方向为重整企业理念与经营方针，以活跃士气、带动生产、创造利润，其代表为：松尾百货、小岩井乳业、KENWOOD 等。

③ 第三期：80 年代前半期。开始以员工意识改革和企业体制改善为主，针对企业现有状况作强化作用，注重防患于未然，健全企业体制，其代表为 NTT 麒麟啤酒和石桥轮胎等。

④ 第四期：80 年代后半期。较为注重深入了解企业本身的经营资源与经营方针，再将其充分利用，以扩大其与竞争同行业间的差异性，确立了独树一帜的"日本型 CIS"。

3）两种风格的比较

欧美 CIS 比较偏重市场营销、竞争导向的 VI 与全体运用设计项目的规划。而日本的 CIS 已走出欧美模式，根据东方民族与日本文化而衍生出独特的"日本型 CIS"，即偏重于以人为主的企业文化型 CIS。

4. 中国 CIS 的发展情况

1）中国台湾省发展情况

我国是以台湾省最先引进 CIS 的，其先驱是"台塑关系企业"。1967 年，郭叔雄由日本学成返台，在台塑董事长王永庆的支持下，利用波浪形外框将所有关系企业的标志联合起来，以表现塑胶材料的可塑性，并象征整个体系的联系与发展。此举收到了一定的效果。时至今日，台塑的关系企业已由原来的 7 个增至 11 个，成为台湾最大的企业集团，年营业额高达十六亿五千万美元。

其后，味全公司由于业务快速发展，新产品不断问世，并开始大批量进入国际市场。原有的"双凤"标志已无法展现味全企业的经营内容与发展实态，特聘日本设计名家——大智浩为设计顾问，在周详的市场调查与产品分析的基础上，开发了味全企业识别计划，提出了象征五味俱全的标志，并发展了系列性传达式样。此举统一了企业内外的视觉形象，成为台湾 CIS 的典范。

1978 年，大同公司利用创业 60 周年纪念而导入 CIS，将原有的长方形商标改为圆形，并逐步统一了大同公司海内外各关系企业与分支机构的标志，将公司形象作大幅度调整，突破了长期以"民族工业，国货产品"自居的保守形象，塑造成"产品行销全球的国际性公司"的新形象。

近年来，台湾大型企业、外销商等，面对不景气的压力，意欲发挥企业经营能力，再创经济奇迹，纷纷导入CIS，借以整顿内部、改善经营、增加员工认同感、提高士气，并进一步扩展到国内外市场，塑造独立品牌的企业规模，消除仿冒盗风的负面形象。

2) 中国台湾的CIS发展时期划分

① 第一期：1945—1970年，CIS刚进入台湾市场，但因市场竞争不激烈，刺激不够，CIS发展较慢。

② 第二期：1971—1980年，属CIS初发阶段，普遍偏重VI而非整体性的CIS设计。

③ 第三期：1981年至今，此期又可分为前、后两期。1985年前为前期，此时的台湾企业集团透过大规模的垂直整合，配合不断横向扩张的多元化经营策略，形成了组织庞大的企业集团。为建立大型企业的良好形象，企业纷纷利用各种渠道来塑造新形象，其中CIS最受重视。1985年后为后期，企业内部已从单向生产转变到激烈竞争状态。从外部情况看，随着国际市场的开放，企业开始重视自创品牌，从而使台湾的CIS迅猛发展。其企业目标重视人文精神、文化层面、注重探寻文化根源，利用独特的造型手法和地区性色彩，创造出了适合我国的CIS。

3) 中国大陆发展情况

由于改革开放政策，使"计划经济"向"市场经济"转变，市场环境与生产供需产生了新的互动关系，促使企业必须面对市场，重新调整经营策略、行销策略与传播策略及与此息息相关且三位一体的企业形象策略。故而各界有识之士积极倡导引进CIS，迎接挑战。

广东太阳神集团公司，原来只是家无名的乡镇企业，原名为"广东东莞黄岗保健饮料厂"，其业绩平平。1988年，该企业改进标志，并由广州新境界设计群负责总体策划，设计并导入CIS。于是太阳神以崭新的形象面市，面目焕然一新，使人印象深刻，此举迅速取得大众的认同，成功地开启了市场大门。1990年年产值猛增至4 000多万元，1991年达8亿元，1992年竟达12亿元，四年间产值提高了200倍。

上海日化对其新产品"露美"系列化妆品也导入了CIS，很快成为市场上的抢手货。1985年产量增长了26%，并获得上海优质产品称号。广州第八针织厂，产品质量好，德国商人大批购进后再换上自己的商标以高价行销欧洲。由于该企业形象与同行业近10家厂无大区别，难以发挥产品优势，故决意导入CIS，企业更名为广州名格针织厂，并以个性鲜明的"名格"商标为核心进行全面策划，迅速赢得市场，成为名牌T恤。李宁运动服装有限公司虽是后起之秀，但其借助CIS，以"李宁"为定位，创造出飘逸而极富动感的标志，象征运动、跨越、腾飞的形象，产生了强烈的"名牌效应"而走红……

随着CIS在企业经营实践的成功，越来越多的企业家、行销管理人员、设计师、广告人、公共关系专家及各学科的学者都将目光注视其上，CIS热潮正在大陆兴起。1993年6月北京新形象展示设计公司主办了"首届中国形象战略研讨会"并发表"形象宣言"，明确昭示了中国大陆企业形象革命时代的来临。

5. CIS的发展趋势

每个人都追求美的事物，在消费行为上，具备强烈的自我意识。同时，在信息时代，商品在买卖中不仅是物的交易，同样也是信息的交易。从这个意义上说，CIS作为创造和输出信息的载体，如何根据顾客的心理，使他们在大量过载的信息中挑选出CIS所传递的信息，并对之产生认同，构成了CIS传播的重要一环。

一般说来，CIS 刚起步时，仅限于 VI 视觉设计上。当逐步探索到企业形象的内在时，才进入管理、行销、宣传以至企业的价值观、企业文化等深层次。企业文化研究热潮的兴起，为 CIS 提供了坚实的理论核心，使 CIS 进入了企业管理的新境界。创造语言，传递信息的 CIS 成为把企业带入信息时代的推进剂。

进入 20 世纪 90 年代后，美国管理学界又兴起"企业设计"的思潮，即对企业的组织、行为、运行方式进行设计重组。这一新动向和 CIS 设计的思想有重合之处，必将对 CIS 的格局产生新的影响和推进。

1.3 企业形象策划方法

1.3.1 CIS 的理论基础

从 CIS 创始至今各个学科的专家对其有着不同的理解与不同的研究侧重点，其众说纷纭，仁者见仁、智者见智。而 CIS 也正是从各学科中吸取理论精华来架构起自己广博的理论金字塔的。

如：由谋略论竞争制胜理论而来的"并兵向敌"（即集中火力，破坏敌方稳定性，再彻底击溃）、"乘势而行"（即依靠企业形象之势以增强企业凝聚力、激发员工向心力，造就名牌，扩大市场占有率）等谋略思想可为企业的经营造就一种非常有利的战略态势和竞争环境；由企业经营战略学而来的"找准适应战争目标"（解决企业捕捉机会，抵御竞争风险，实现组织内部结构和外部环境的动态平衡等重大问题）；市场营销学的"消费者至上"观念（现实的 CIS 虽已超出了市场营销的范畴，但其基本理念仍是架构在市场营销学之中。市场营销是一种企业功能，消费者至上的观念，使得市场竞争定位必须能增强产品的差别性、突出产品符合消费心理需求等鲜明特点）；广告学中"定位思想"、"创作原则"、"传播策划"、"效果分析"等（为 CIS 提供了技术手段）；社会心理学的消费心理学（其研究的消费者购买决策、消费心理的分析、各类消费者的心理分析，对 CIS 的制定有重要的参考价值）；公共关系学中处理各种公共关系的方法和工作程序（以成功的人际关系、和谐的人事气氛、最佳的社会舆论，赢得社会各界的了解、信任、好感和合作，从而吸引更多的顾客，招来优秀人才，增强员工向心力与归属感，吸引股东投资，得到可靠原料供应，获得销售系统的优势，受到公众拥护与爱戴）；管理学的原则和方法（将企业的各种行为、各种表现统一在企业理念和文化的管理活动中，有效实现"效益原理"，提高经营管理水平）；组织行为学的组织变革方法（可提高各级领导者和管理者对人行为的预测和引导能力，改变组织结构、改变人们的态度和价值观念、改变解决问题的机制和研究解决问题的新方法，以更有效地实现组织预定目标）；企业文化学的新观念（企业文化是一种新观念，它是植根于企业每一个成员头脑之中的精神成果和思想观念，是精神文化，它包括企业经营观念、企业精神、价值观念、行为准则、道德规范、企业形象及全体员工对企业的责任感、荣誉感等而形成的影响，对内形成凝聚力，对外塑造良好形象。这也正是 CIS 之 MI 部分）；技术美学的设计美学、劳动美学和商品美学（为 VI 设计提供了方法和理论基础，为塑造一个真、善、美有机统一的企业形象提供了可能）等，为 CIS 提供了坚实可靠的理论根据。

1.3.2 企业形象策划的方法

1. 集思广益

集思广益有以下 3 种形式。

1）头脑风暴法

它原是精神病理学上的用语，指精神病患者头脑不受控制的状态，后来被引入创造学，意为不受任何拘束的自由漫谈。但它与自由"闲聊"不同，是有科学依据的规则，其核心是高度自由地联想。具体方法是邀请 5～10 人参加讨论会，会议有 1 名主持人，1～2 名记录员。主持人事先不指出会议目的，只就某一方面的总议题或某一关键问题自由讨论、征询意见。但要注意：会议不宜过长，一般 1 小时左右。每人发言以 5 分钟为宜，允许第二次发言，相互补充。但是有些策划团体，一整天一整天地让专家们思考，期望能多出一些创意，结果往往事与愿违，实践证明这些方法是违背科学的。

2）发展型自由讨论法

国外称之为"哥顿法"。其做法前半部分与头脑风暴法一样，让大家就某一方面的问题尽情漫谈；经过一段时间，主持人认为差不多了，就在适当时机将会议的目的、意图和盘托出，使问题具体化、明确化，作深一步的探讨。这种方法通常需要 3 小时，对于扩展自由联想的成果是行之有效的，这种方法对于确定方案、修正方案等很有用。

3）对演法

亦称"逆头脑风暴法"。头脑风暴法提倡高度自由联想，禁止批评；对演法则是靠相互批评激发创造性。其做法是分两组制定出目的方案，通过唱对台戏的方法进行辩论，攻对方所短，充分揭露矛盾；也可拿出一个方案，人为设置对立面去批评、挑剔、反驳，以期使一些潜在的危险性问题得到较充分、彻底的揭露，使新见解更加成熟、完善。这种方法对于准备报告上级或方案交付客户前的自我审查非常适用。

2. 默写法

企业形象工作中常常会为选择一个理想的契机、一个新颖的主题、一个恰当的宣传口号而伤脑筋。默写法可以激发我们的创造灵感，在较短的时间里有效地发挥集体智慧，提出创造构想。默写法亦称"635"法，其做法是：由 6 个人参加，在 5 分钟内每个人提出 3 个设想。按照"635"法则，会议主持人先宣布课题，讲清发明创造或策划的目的、要求，发给每个人几张卡片，编上号，填写时字迹必须清楚，注意在两个设想之间留有相当的间隙，供他人填写新设想。在第一个 5 分钟内，每人针对课题在卡片上填写 3 个设想，然后将卡片向右（或左）按次传给邻座，在第二个 5 分钟内，每人从别人的 3 个设想中得到新的启发，在传过来的卡片上再填 3 个新设想，然后再依次传下去，这样，半小时内可以传递 6 次，共计可产生 108 个设想。

默写法的优点是可以让每个人充分地独立思考，避免一些可以产生的压抑因素或因无法及时发言而使设想遗漏，时间短，效率高。需要注意的是出席的人应具备一定的见解，否则要在 5 分钟内提出 3 个设想是有困难的。

3. 匿名咨询法

匿名咨询法是一种比较先进的调查研究和科学预测方法。一般的策划研讨会在讨论时往往仁者见仁、智者见智，争论不休，结果也往往受到与会者心理及开会时间、环境等因素的干扰。而匿名咨询法采用许多专家背对背多次咨询的办法征求意见。领导小组对每一轮意见都进行汇总整理，作为资料再发给每位专家，请他们分析，提出新设想。由于它采取匿名方式，应聘专家互不了解，完全消除了心理因素的影响，专家们可以参照前一轮的成果修改自己的方案而无须公开说明，无损自己的威信，效率又高。这样反复几次，专家的意见日趋一致，方案的可靠性也就逐渐增强。

4. 排列法

排列法指在创造过程中对事物的特性一一列举，然后进行排列，分清主次，引出联想设计。它是进行企业"诊断"、理清思路的好方法。排列法可分为特性排列法、缺点排列法和希望点排列法。

① 特性排列法是把创造对象的特性一一列出，然后围绕特性进行创造。这种方法是从对象的"词"来排列特性，如对一个饭店进行企业"诊断"，思路可以这样展开。

ⓐ 名词特性（饭店的名称、类型、地位、设施、部门、服务项目等）。

ⓑ 动词特性（以上内容的作用、功能、效益等逐一对照）。

ⓒ 形容词特性（饭店的状态、环境、颜色、整洁等）。

排列完成后从中找出不妥之处，根据市场与公众的需要对主要特性进行改进或创新。

② 缺点排列法是改进旧事物、老企业的一种常用方法。其做法就是把存在的缺点一个个找出来加以排列，从中找到主要问题加以解决。这种方法比特性排列法简便一些，但对研究者的水平有较高要求，否则就易吹毛求疵，抓不住主要矛盾。

③ 希望点排列法一般是在缺点排列法运用的基础上，针对现存缺点提出希望而采取的创造技法。缺点排列法也称"被动发明创造法"，希望点排列法也称"主动发明创造法"。在发明创造过程与企业形象策划过程中这两种方法是相辅相成的。运用希望点创造法需要较强的想像力，提出希望达到的目的，设计出理想的企业形象。

在策划时我们往往先用缺点排列法找到问题、症结，再用希望点排列法找到思路，明确要达到什么目标、企业领导人的期望值是什么。

5. 检核表法

检核表法是根据策划需要列出有关问题，然后一个个来核对，展开思路。它几乎可以用于任何策划活动，有"创造技法之母"之称。其主要做法是列出以下问题，然后加以改进创造。

① 改变。有什么能变化？变成什么样？

② 加大。能添些什么？次数？时间？力度？

③ 缩小。能减去什么？更小？更省时？省经费？简明？

④ 代替。换什么人？什么形式？其他程序？其他来源？

⑤ 重新排列。时间？顺序？形式？成分？

⑥ 颠倒。调换因果？角色？逆向思维？

⑦ 组合。混合？集锦？结盟？并网？

6. 形态分析法

形态分析法是把 CI 设计的客体当作一个系统，一个具有多种形态因素分布和组合的系统，设计创意就是将诸种形态因素加以排列组合的过程。形态分析法就是首先找出各形态因素，然后用网络图解方法进行各种排列组合，再从中选择最佳方案。形态分析法的操作程序为。

① 确定创意目标。一般 CI 项目所要达到的目的明确后，要让 CI 设计人员围绕这一目的了解该项目通过设计开发所要形成的功能。如该项目只有达到一种稳定可靠、色彩亮丽、富于朝气的状态，才能符合该项目存在的根本目的。

② 分析诸形态要素。确定设计项目可分解的主要组成部分或基本要素，一般来说，应以 3~7 个部分或要素为宜，舍去与设计宗旨不相符的因素，以避免系统过于庞大，不易操作。

③ 形态组合。根据设计宗旨，对全部要素进行排列组合，形成平面表格化的形态组合图。

④ 评选最优方案。通过比较研究，选出符合设计宗旨的最优方案。

7. 观念法

① 与狼共舞的竞争意识：竞争是创新的伴侣，没有竞争，就很难有创新。企业经营如同此理，没有竞争对手，企业就会失去活力与生气，创新机制就难以形成。国际企业界的知名大企业和名牌产品往往都是成对成双出现的，它们既相互竞争又相互依存。因此，在企业形象的策划中，明智的企业应具备与狼共舞的意识，时刻注意以创新来向对手进攻，以创新来坚守自己的阵地，这样才能立于不败之地。

② 危机意识：危机意识是指广大企业员工要时刻感受到企业的问题和困难，特别是在成功的时候，更应该看到企业潜伏的危机。要经常向企业员工灌输和强化危机意识。危机常常使人崛起，崛起源于创新。危机意识铺垫了创造性思维的阶梯，逼迫人们认识到要摆脱危机，只有踏上创新的道路。因此，危机意识会使企业转危为安。

③ 特色意识：特色意识是指企业在经营中要以不同于他人的形象和手段展开竞争，处处体现自我的特色。发现和突出企业的特色，这本身就是一种创造。所以，特色意识本身就意味着一种创新。充分运用创造性思维，塑造企业形象的个性特征，是企业制胜的法宝。

④ 顾客至上的观念产品：产品质量再好，消费者不欢迎也是枉然。因此，企业 CI 运作的基本着眼点应放在顾客满意这个位置上来。顾客至上观念的建立是对人类传统思维中的自我中心主义的革命。以自我为中心的传统思维惯性千百年来一直在左右着人们的意识和行为，就此来说，顾客至上观念打破了自我中心理念的一统江山，其本身就意味着一种思维观念的创新。

⑤ 人性意识：在企业形象策划与设计中，人性意识是指以人为核心，通过情感交流的方式使企业和顾客双向沟通的情感观念。它是当代经营战略中的攻心战术。一个产品或企业能否为消费者所接受，质量仅是一个方面，不可忽视的是企业与消费者之间能否做到情感交流与沟通。因为消费者既然是人，他就需要情感上的满足，而不仅仅是产品使用价值上的满足。人性意识是对传统商品交换意识的创新，体现着企业对顾客作为人的存在价值的认同和尊重，反映了一个企业所达到的文化品位。

8. 迂回思考法

当我们被问题带入一种思维境界中时，我们常常又为问题的某种思维惯性障碍所阻隔，无法超越，因而陷入思维的困惑中无法自拔。这时，我们不妨换个角度，就会收到一种意想不到的效果。这就是迂回思考法的基本含义。

迂回思考法包括的范围很广，换个角度，可以产生新思维；从不同的层面来思考问题，也可以创新；反向思维可以带来意想不到的效果；打破传统思维习惯，可做出惊人的思维创举。换一种思考方法，就会得到一种新思想。思考问题不能一条路到黑，要学会不断调整自己的思维方法，甚至站在客体的位置上来思考。迂回意味着变换，变换意味着创新，只有走出既定的思维框架，我们才能到达创造性的彼岸。

9. 美感切入法

美的主体对客体某种品质的一种认同。美感的产生需要两个条件：一是客体存在着某种美的品质，这是美感产生的客观基础。二是感知这种美的存在必须具备相应的主体素质条件。没有文化的人根本无法同化文学艺术作品中的美，甚至可能发生对人体艺术作品的庸俗性理解。所以，美是主观与客观的统一。

在企业形象策划中，如果设计人员能够自觉地把美的理念融入到 CI 设计思想中去，从美感这个切入点展开思维，就会产生思维创新，创造出与众不同的新方案来。这就要求 CI 设计人员必须深入生活实践，细心捕捉自然、社会、思维等领域一切美的信息，将此升华为理念层次的美，并以这种美感来指导 CI 设计。美可以创造新思维，展示企业形象的新天地。形式的美，可以帮助雕塑企业的外部形象；道德理念之美，可以帮助我们塑造企业的理念与行为。总之，美是企业形象的灵魂，要塑造企业形象之美，就需要有美的形象设计师，选准美这个时代的切入点。

10. 求异法

从形式化角度看，创造性思维必然是传统思维方式"异化"的结果，没有思维方式的变异，就不会有思维结果的"异化"。因此，创造性思维的一个形式化特征表现为求异性。但并非所有的求异性思维都算创造性思维，即思维形式上的"异"还必须具备客观上的可行性，才能称为创造性思维，思维形式上的"异"还必须和思维结果的客观可行性结合起来，方能符合创造性思维的一般规定性。

在企业形象策划中，特别是对企业理念的设计，许多企业都面临着千篇一律的问题，缺乏可识别性，如"团结"、"奋进"、"求实"、"开拓"、"顾客至上"、"顾客就是上帝"等，早已落入俗套，没有差异性和个性而言。求异思维方法就在于打破传统思维的"路径依赖"，选择一条与众不同的新思路，构思出别具一格的企业新形象。

11. 问题归纳启示法

提出问题比解决问题更重要，提出问题等于解决了问题的一半。这些人们所公认的说法都强调了问题提出的重要性。在如何提出问题上，人们对此做了认真的研究，并把问题的种类进行了归纳，总计为 8W 问题法，具体如下：

① When 什么时候？
② Where 什么地方？
③ Who 谁？
④ Whom 为谁？
⑤ What 什么？
⑥ Why 为什么？

⑦ How 怎样去做？

⑧ How much 多少费用？

这是一种条理性清晰、逻辑性极强的思维方法。这种方法运用十分广泛，从提出问题到解决问题都能在企业形象策划与设计中得到广泛运用。无论我们碰到什么难题，都可以通过问题法来理顺思路，找到问题的症结，发现解决问题的通路。比如，一种产品在什么时间最好销？摆在什么地方最好？选择什么样的销售人员最佳？主要面向什么样的消费群体？什么样的价格能为消费者所接受？怎样做才能使消费者满意？产生问题的原因究竟是什么？

12. 联想法

联想是指人的思维由甲事物推移到乙事物，甲事物和乙事物在思维上属于因果联系，即由原因甲而想到结果乙。它属于遐想法的一种具体应用性思维形式，可以产生延伸效应。在企业形象设计中，联想法应用得比较广泛。如 CI 专家设计人员可以通过对自然界某种自然美的认识，而将其经过提炼、抽象和升华，达到一种理性的美，然后再把它转化为一种设计理念，最终体现在企业形象的设计上，转化为企业形象之美。这种美的转化意味着思维的一种创造。就此来说，联想也是一种创造性思维方法。

1.3.3 树立良好的企业形象的方法

企业要在社会公众中树立良好的形象，首先要靠自己的内功——为社会提供优良的产品和服务；其次，还要靠企业的真实传播——通过各种宣传手段介绍向公众介绍、宣传自己，让公众了解熟知、加深印象。公共关系树立企业形象的任务，主要体现在企业的内在精神和外观形象这两个方面。

1. 内在精神

内在精神指的是企业的精神风貌、气质，是企业文化的一种综合表现，它是构成企业形象的脊柱和骨架。它由以下 3 方面构成。

1) 开拓创新精神

这是每个企业都应具备的，而且是非常重要的。也就是说每个企业都应适应市场经济的需要，勇于探索、勇于创新，即要随着社会的发展、环境的变化、活动的需要和不同的公众对象，不断地对公共关系活动的内容和形式进行补充、完善和创新，使之更为丰富，更具特色，更有吸引力。这就要求公共关系人员（尤其是高层负责人）具有敏锐的洞察力，积极的求异思维，丰富的想象力和良好的知识结构，以及良好的心理素质，无畏的探索精神和活跃的灵感等。

2) 积极的社会观和价值观

企业应具有自己的社会哲学观，不仅要在营销活动中树立一个良好的形象，同时还要关心社会问题，关心社会的公益事业，使企业在自身发展的同时也造福于民众和社会。现代企业不但要从事生产经营活动，实现盈利，还需要承担一定的社会责任和社会义务，以表明企业是社会大家庭的一员，要为社会的发展贡献自己的一份力量。这样做，不但有利于社会的进步与繁荣，还能为企业赢得社会公众的普遍好感。因此，企业在开展外部公共关系工作时，应当把搞好社会公益活动，为社会提供更多服务作为重要内容。

3）诚实、公正的态度

企业应遵纪守法，买卖公平，服务周到。这种诚实的、正派的竞争态度和经营作风是企业形象的根基所在。

2. 外观形象

企业形象的树立主要是靠其内在精神素质的显现，同时也得力于公共关系的精心设计。这就要求公关人员善于运用一些便于传播、便于记忆的象征性标记，使人们容易在众多的事物中辨认，以此来加深外部公众对企业的印象。

1）企业名称

有人认为这是树立企业形象的第一步。在商业中有这么一句老话叫"卖招牌"，因为招牌的好坏对于消费者的心理有一定的影响，它甚至会影响企业的经营效果。在解放前，旧中国的一些企业对此是非常讲究的，它是集缄、鉴、训、座右铭于一体的一个缩小的广告。所以企业的名称应像给人取名那样有番讲究，而且易懂好记、清新醒目、寓意深刻；避免那种空洞、乏味、概念化而无特色的名称。一些拥有名牌产品的企业有意识地将产品牌号与企业名称统一起来，也能收到相得益彰的效果。如：美国可口可乐公司和它的可口可乐饮料；北京服装三厂生产长城牌风雨衣创出牌子后，就改名为长城风雨衣厂，这样，宣传长城牌风雨衣，既提高了产品的信誉，同时也相应地加深了人们对该企业的印象。

2）企业广告

这是一种诉求手段，一切应以加深公众印象为主，它要调动一切因素来影响公众对企业所发出信息的主观选择意向。这种宣传企业自身的公共关系广告，要比产品广告更难取得成功。它要求广告的特色与企业的特色和形象相应协调，而且要适当在某个基调上加以重复，并不断变化内容与形式，以求信息的新鲜感，但同时又不离开一个固定的主题。总之，它要达到这样一种效果，既令人感觉似曾相识，同时又不得不刮目相看。

3）企业的标志

它是现代设计的一部分，它包括商标和组织的徽标。由于它具有容易识别、记忆、欣赏和制作的特点，因而在保证信誉，树立形象，加强交流方面起着举足轻重的作用。它是企业良好形象的一部分，是企业无形的财产，其价值是可估算的。因而企业可以设计各具特色的标志作为自己的象征，用独到的艺术构思给人留下美好的印象，以达到加深公众感知的目的。

4）代表色

心理学中曾指出，在感知上，颜色起着重要作用。一个企业可以选择某种固定色调，用于企业与外界交流的各个方面，如办公室、店铺、包装系统、广告、工作服装等，形成本企业特有的一种风格，从而在心理上加深公众的感知印象。

5）环境设施

这点在商业企业显得尤为重要。商业企业舒适优美的环境布置、先进的营业设施能在生理上和心理上影响顾客和员工本身，进而直接影响到营业效果。

总之，企业形象的内容是全面的，它不仅仅是企业产品的形象，而且是企业总体文化的表现，涉及的因素比较多。因而作为形象设计的公共关系部门，应充分考虑企业自身的特点，以及公众的心理需求、兴趣和习惯，进行科学的规划和设计，以确保企业形象的完美，同时又与众不同，独具一格。

1.3.4 树立企业形象的原则

任何企业要想在公众中建立信誉，保持良好的形象，并不是一件容易的事，因而必须注意遵循以下几条原则。

1. 整体性原则

即树立一种全局观念。对于一个组织来说，建立信誉和树立形象是一项全方位的工作，它不只是靠某一个部门去独立完成。因此，企业的公共关系部门要从全局出发，制订统一的公共关系政策来协调企业的公共关系活动，使之统一化、整体化和科学化，使企业各个部门的公关工作能相互促进、相辅相成、协调一致。否则会出现相互重复，甚至自相矛盾的不良后果。

2. 长期性原则

建立信誉、树立形象是一项持久性的战略目标。它不是一朝一夕之事，而是企业公关人员及全体员工长期努力的结果。这是一种"聚生"的过程，要靠平时一点一滴的积累，这样的形象才有比较坚实的基础，否则一夜之间塑造的形象，很可能在一夜之间倒塌。另一方面，随着社会的不断进步，公众的需求会在许多方面发生相应的变化，因此企业要不断适应变化着的公众对企业评价标准的改变，不断改进和更新自己，使得本企业的形象总是处于适应社会潮流的比较高的层次上。从这一点上看，树立形象更是一项长期的任务，它要求公关人员不断努力，不可懈怠。

3. 竞争性原则

企业形象的树立是竞争的结果，同时也是加强企业竞争力的一个相当重要的手段。所以，企业建立信誉、树立形象不能靠弄虚作假和排挤对方，而是要靠企业自己的实力、妥善的经营、优质的服务、得力的宣传方法、真诚的社会交往和良好的职业道德。企业只有认真了解对手的长处，在不断改变、完善自我的同时，吸收他人的优秀经验，只有这样，企业才能在信誉和形象上赶上和超过竞争对手，在竞争中立于不败之地。

1.3.5 企业形象的建设重点

考察一个公司的企业形象，可以洞察文化的系统概貌和整体水平，也可以评估它在市场竞争中的真正实力。一个企业良好的形象主要表现在：企业环境形象、产品形象、领导和员工的形象。

1. 科学的企业理念，是塑造良好企业形象的灵魂

当前，企业理念已成为知名企业最深入人心的概念，已在悄悄地引起一场企业经营管理观念的革命。在这种情况下，许多企业都制定了本企业的口号，反映企业的理念，显示企业的目标、使命、经营观念和行动准则，并通过口号鼓励全体员工树立企业良好形象。"口号"通常所指企业理念的表现形式。海尔集团"日事日毕、日清日高"和"有缺陷的产品就是废品"、三洋制冷有限公司"创造无止境的改善"等，都说明精神理念在企业中的重要性。实践证明，培育和弘扬企业精神，是塑造企业良好形象的一种很有效的形式，对企业的发展能起到不可低估的作用。当然，培育企业精神不能单一化，要与现代企业制度建设、企业的经营管理目标，过细的思想政治工作结合起来，使其成为企业发展的精神动力。

2. 优美的环境形象，是塑造良好企业形象的外在表现

企业环境代表着企业领导和企业职工的文化素质，标志着现代企业经营管理水平，影响着企业的社会形象。

第一，企业环境是企业文化最基本的反映。如果说企业是职工劳动和赖以生活的地方，那么，就要有一个适合职工劳动和生活的保障设施，使职工能够合理地、安全地、文明地进行劳动和生活。

第二，建设优美的企业环境，营造富有情意的工作氛围是塑造企业形象的重要组成部分。企业的厂区、生活区、办公设施、生产车间、产品、现场管理、生产服务等都是企业形象的窗口。因此，每个企业要精心设计厂区的布局，严格管理厂区的环境和秩序，不断提高企业的净化、绿化、美化水平，努力创造优美高雅的企业文化环境，寓管理于企业文化建设之中，陶冶职工情操，提高企业的社会知名度，为企业增光添彩。

3. 优质的产品形象，是塑造良好企业形象的首要任务

产品形象是企业形象的综合体现和缩影。在现代企业制度中，企业自己掌握自己的命运，自谋生存，自求发展。而生存发展的出路，则往往取决于企业的产品所带来的社会效益。首先，企业要提供优质产品形象，就要把质量视为企业的生命。产品的好坏不仅是经济问题，而且是关系到企业声誉、社会发展进步的政治问题，是企业文化最直接的反映。抓好产品形象这个重点，就能带动其他形象的同步提高。要把抓产品形象渗透到质量管理体系当中去，在干部职工中形成人人重视质量，个个严把质量关的良好风气。其次，要在竞争中求生存，创名牌，增强企业的知名度，创造出企业最佳效益。在市场经济中，随着统一、开放、竞争、有序的全国大市场的逐步形成，企业必须自觉地扩大自己的知名度，强化市场竞争。多出精品，使产品在市场中形成自身的文化优势。同时，要加强产品的对外宣传，富于个性的宣传是塑造企业形象的重要手段。辽宁省食品集团公司提出"一切为了美味、营养和健康"，作为公司的标语，是对企业特性产品牧场生态的高度概括，又具有很好的引申和升华。

4. 清正的领导形象，是塑造良好企业形象的关键

企业领导在企业中的主导作用和自身示范能力是领导形象的具体体现，也是塑造良好企业形象的关键。首先，企业领导的作风，是企业形象的重要标志。有什么样的领导者，就有什么样的企业文化和企业形象。因此，企业领导干部要不断提高自身素质，既要成为真抓实干，精通业务与技术、善于经营、勇于创新的管理者，也要成为廉洁奉公、严于律己，具有献身精神的带头人。其次，要提高企业领导对企业文化的认识程度，成为企业文化建设的明白人。一是企业领导要将自己塑造成具有高品位的文化素养和现代管理观念的企业家，适应市场经济的需要，使企业在竞争中立于不败之地。二是要把握好企业文化的方向和基本原则，在学习、借鉴优秀企业经验的基础上，拓宽视野、不断创新。

5. 敬业的职工形象，是塑造良好企业形象的重要基础

职工的整体形象是企业内在素质的具体表现，把培养有理想、有道德、有文化、有纪律的"四有"新人作为企业文化建设的重要内容；培养职工干一行、爱一行、钻一行、精一行的爱岗敬业精神；树立尊重知识、尊重人才的观念；创造一种有利于各类人才脱颖而出的环境和平等、团结、和谐、互助的人际关系，从而增强企业的凝聚力、向心力，以职工良好的精神风貌，赢得企业良好的社会形象和声誉。

坚持"以人为本"的原则，使企业文化建设为提高全员素质，调动全员积极性服务。豪华的装修，雄厚的财力，并不能解决企业发展问题，其关键还是人。发动职工全员参与企业文化的实践，应做到"三个满足"，即满足员工参与民主管理的需要，满足员工渴望成才的需要，满足员工物质文化生活的需要，以此适应职工实现个人价值和物质、精神需要的意向，创造一种适应企业发展的良好文化氛围。企业要不失时机地采用岗位练兵、技术竞赛、脱产轮训和党校、政校学习等形式，从政治、技术、业务上培训职工，进一步健全以基础教育、技术等级教育、学历教育为主要内容的全员培训网络和考核管理办法。同时，要开展各种有益于职工身心健康的娱乐活动，达到寓教于乐的目的，努力造就一支适应市场经济需要的思想好、纪律严、业务强、作风硬的职工队伍。

第 2 章 企业形象概述

2.1 企业和形象

2.1.1 企业形象的含义

什么是形象？什么是企业形象？这也许是一个沉重的话题，因为它既抽象又枯燥，好在国内外学者对此已经有了不少的论述，下面择要列举。

日本学者加藤邦宏在《企业形象革命》一书中写道："何谓形象？……这个问题，曾有人加以分析，并认为：企业形象是指对公司活动的总体评价。姑且不论评价内容是否符合实际情况……如果被评价为'那家公司颇获大众好感'，或'那家公司值得信赖'等，公司蓬勃发展的远景已可预见。而多数人对某事物的同一印象，往往形成舆论而导致新的事实。由此可见形象力量之大。"

上面这段话，加藤邦宏说得非常谨慎。他只是介绍"一般人"在什么含义下使用"形象"，"曾经有人"怎么说，而他自己却没有给"形象"和"企业形象"下定义。到了后面，他指出："企业形象是存在人们心中一种模糊、朦胧的感觉，或存于脑中记忆的片段。"

另一位日本学者八卷俊雄在《企业形象战略》一书第Ⅰ单元【壹】中，第一句话就开宗明义地说："企业形象指企业的关系者对企业所抱持的想法。"在其【贰】的第一段话中，他不仅重申说："环绕企业各层面的关系者对公司的看法、观念，构成了该公司的企业形象。内部、外界对公司的看法、观念，应合乎企业实态，若不尽相合，就必须加以修正。换言之，企业实态应接近形象状态，当形象状态优于企业实态时，就必须尽力改善企业，使之与企业形象相符；反之，当企业实态优于形象状态时，就改进企业形象，使之正确地反映企业实态，这就是形象战略。"关于"什么是形象？"他在【叁】中介绍说："在过去的解释中，一直认为形象是心理学系统中所涉及的知觉，也可以说是认知或感觉的再生。我们所观察出来的事物，透过听觉、触觉等感觉的掌握，在脑海中再生，这就是所谓的形象。"著名的学者莎尔托尔认为："形象是作用而非事物，或是在某种情况下的意识。"感觉或知觉，并不是在脑海中简单投影出来的东西，它必须存有附属意识。这就是莎尔托尔在《形象论》一书中所论述的要点。经济学者多尔所著《形象》一书的主要论点如下："形象就是'深信不疑'，他不一定会和真实情况吻合。只要是脑海中所构筑出来的，自己相信是真实的事物、类似真实的事物或虚像等，均可称为形象。"

罗长海不赞成八卷俊雄把"形象"和"企业形象"归结为只是人的感觉、印象、观念、看法和意识，不赞成他把事物和企业本身排斥在形象和企业形象的内涵之外。他认为："所谓企业形象，是企业在其全部活动过程中所展现的各种特质和品质，是企业文明的总体状态，也是社会大众对企业的印象和评价。"企业形象应该是"客观企业形象"、"主体企业形象"、"社会企业形象"三者的有机统一或复合；"客观企业形象，是一个企业实际存在着的文明总体状态"；"主体企业形象，是指本企业的职工、管理者和股东对本企业综合认识以后形成的总印象"；"社会企业形象，是一个在本企业人员以外的公众心目中，主要是在顾客、社区居民和政府公务员心中所留下的印象"。

但就我国目前论述企业形象的大多数出版物来说，其观点基本上与八卷俊雄相同。有的甚至比八卷俊雄走得更远，断言形象不是事物本身，企业形象不是企业本身。例如有学者说：形象就是心理学中的知觉，即各种感觉的再现。人们通过听觉、视觉、味觉等感知事物，在大脑中形成一个关于事物的整体印象即知觉，就是"形象"。形象有如下特点：①它是人们对某一事物的感知，但它不是事物本身，形象可以是对事物不正确的认识，即假象；②形象受人们的意识影响，它不完全是感觉的；③已形成的形象规范人的行动。有人认为某企业的形象好，就可能产生购买该公司产品的行动。

自20世纪90年代以来，我国研究"形象"和"企业形象"的人逐渐多了起来。在什么是形象和企业形象这个问题上，基本上就是这两种意见，即以八卷俊雄和罗长海为代表的观点。

但是对于企业形象的含义，不同的学者有不同的界定，大致可以归纳为如下几种有代表性的定义或理解。

1. 反映评价论

主要是从主体的角度出发，把企业形象视为主体对企业实际的反映和评价。严辉武认为，"企业形象是指企业在社会公众心目中的总体看法、印象和评价"；张德、吴剑平认为，"企业形象是企业内外对企业的整体感觉、印象和认知，是企业状况的综合反映"；叶万春等主张，"企业形象是社会公众和企业员工对企业的整体印象和评价"；日本学者八卷俊雄和加藤邦宏认为，"企业形象是企业的关系者对企业所抱持的看法"，"企业形象是市场上对企业评价的一种"。

2. 企业标识论

把企业形象理解为企业独一无二的标识和特征，是企业显示区别的要素。刘光明、卢小雁等认为，企业形象即是企业识别系统，包括理念识别、行为识别和视觉识别。德国学者迪特·赫尔伯斯特把企业形象和企业标识看作是同义的，是为了回答"企业是谁"，"企业做什么"，"企业想什么"。

3. 综合存在论

这种观点把企业形象视为由主观、客观、有形、无形等综合因素构成的统一体。朱健强认为，"企业形象是一个包容面非常广的多方面的综合体。不仅包括产品、商标、厂房设备等外在的有形因素，还包括信誉、风格、价值观、经营哲学、行为规范等隐含的无形要素"。罗长海认为，"所谓企业形象，是企业在其全部活动过程中所展现的各种特征和品质，是企业文明的总体状态，也是社会大众对企业的印象和评价"，即是"客观企业形象"、"主体企业形象"和"社会企业形象"三者的有机统一。

4. 企业生命体现论

美国学者劳伦斯·D·阿克曼，对企业形象作出了与众不同的解说。他把企业看作有生命的活着的机体,企业形象是对企业生命整体的独特本性的体现和表达,是企业独特的智力、体力和情感的融合,预示了企业的潜力和命运。

日本学者加藤邦宏认为企业形象是企业力的一种,企业力是由商品力、销售力、形象力构成的。形象力在买方市场的条件下,是增加市场占有率和提高企业收益的重要条件。良好的企业形象,其效果有三方面:承认效果,容易获得较高的评价;缓和效果,即使出点差错也能得到谅解;竞争效果,顾客对形象良好的企业的产品,总是优先考虑采用。

我国学者对企业形象的功能的认识是多方面的。汪秀英把企业形象的功能归纳为内、外两大类:对企业内部的整合功能,对企业外部的传播和感召功能。朱健强把企业形象的功能概括为6类:识别功能、管理功能、传播功能、应变功能、协调功能、文化教育功能。在企业形象的分类上,大致分为内部形象和外部形象,绝大多数作者都接受和重复了"理念识别、行为识别和视觉识别"的三分法,少数作者还增加了"声音识别"。这些作者还主张,企业形象的形成是形象设计和塑造(CIS战略)的结果,形象定位与设计是创造市场的手段。一些作者还提出了企业外部形象之一的"品牌形象"的形成条件与过程。

卢泰宏等把品牌形象界定为:"一个品牌本身或拥有品牌的企业的个性体现,消费者可以用形容词来描述其对品牌的或对企业的感觉和认识。"建立品牌形象就与消费者紧密相关,品牌定位和品牌延伸是树立品牌形象和利用品牌形象的两种方式。

于春玲等认为品牌信任是保持品牌形象的条件之一,产品质量、品牌认同、企业价值观等是品牌信任的因素。外国学者对顾客信任也进行了充分的研究,他们认为,为了赢得顾客的忠诚而保持良好的企业形象,必须先赢得顾客的信任,而顾客的信任是建立稳固的购买关系和持久市场份额的关键要素。

2.1.2 对企业形象内涵重新界定的心理学依据

如果我们把个体的发展归结为人格过程,那么,企业的形象塑造无疑应看作是组织过程。从这个意义上来说,对企业形象或组织形象的研究应当归于社会心理学,属于社会心理学中的群体心理学或组织心理学。从社会学的角度看,组织即正式的群体,群体即非正式的组织。所谓群体(组织)心理学问题,主要指群体本身特有的一些心理现象,如群体凝聚力、群体气氛、群体决策、群体极端化等问题。心理学家要描述和解释所有的心理现象,就不能忽视由多个个体合作、互动所造成的结果,这就使得心理学在个体研究基础上向组织或群体研究拓展具有了客观必然性。从某种意义上说,对组织过程的研究既是心理学的应尽职责,也是当代中国心理学走向社会,为社会服务,获得社会认同的重要途径。

无论从理论上讲,还是从实践上看,企业形象的塑造其实就是一个组织过程,即塑造组织形象、促进组织健康运转和发展的过程。在这个过程中,组织员工的个体差异,他们之间的相互接近,以及他们的服从和自我支配保证了组织的形成和延续,进而必须受群体形象的影响而融入群体之中。正因如此,个体的心理、行为必然受对其产生影响的组织或群体及其形象、意识的支配,这其实反映的就是个体心理和群体心理的关系问题,如果将两者进行比较,它是一种真实的、深远的类比,是对真正的对应过程的解释,仔细地比较两者的相似性能够真正帮助我们根据其中一个对象理解另一个对象。我们的个人意识的元素就是感觉,它们由联想造成相互结合,由强化和抑制造成支配和服从的关系。在社会心理中,个体成为元素，他们的支配和服从是由于遵从和自我支配造成的。在个体心理中的统一人格可以在社会群体的统一中找到自己的社会方面的影子。对于一个组织来说，这种群体的统一的完整形式就是以企业形象为独特表征。

从事企业形象管理理论研究和从事企业形象塑造的人们都已经深切地感觉到，企业形象塑造如果只停留在经验层面或理性思辨层面是远远不够的。因为这将影响理论成果的科学性，方案操作的规范性，策划方案的说服力，实践成果的可信度。恩格斯指出，一门科学，只有当其成功地运用数学的时候，它才成其为科学。长期以来，心理学已经积累了大量的研究个体和组织过程的方法和工具，如果将其运用于企业形象的研究，势必既提升企业形象的研究档次，又拓展心理学的研究领域。

2.1.3 企业形象的定义

要理解什么是企业形象，首先要知道什么是形象。所谓形象，按《现代汉语词典》的解释是"能引起人的思想或感情活动的具体形状或姿态。"也就是说，形象本身既是主观的，又是客观的。其主观性是由于人的思想和感情活动是主观的，是人对事物的具体形状或姿态的印象、认识、反映及评价；其客观性在于形象是事物本身具有的具体形状或姿态，是事物的客观存在，是不以人的主观评价为转移的。

形象一词有着极为丰富的内涵和外延。由于现实事物本身的千差万别，形象的内涵表现也就极为生动、具体、复杂多变；由于诸多事物都会引发人的思想和感情波动，也就产生了人们对诸多事物的印象和评价，使形象的外延极为广阔。就人类社会来讲，小到一个人、一个家庭，中到一个组织、一个团体，大到一个地区、一个民族、一个国家，都有其自身独有的形象。图2-1所示为ALMAN面包房的形象标志。西装革履、彬彬有礼，我们马上会联想到一个人的基本形象；团结向上、雷厉风行，我们会马上联想到一个组织的基本形象；勤劳勇敢、丰衣足食、安居乐业，我们会马上联想到一个民族的基本形象。企业作为一种以赢利为目的的社会生产经营组织，必然也有其应有的形象，而且它影响着企业的赢利能力。

任何企业都有一个属于自己的独特的形象。或卓越优异，或平凡普通；或真善美，或假恶丑；或美名远扬，或默默无闻……良好的企业形象可以使企业在市场竞争中处于有利地位，受益无穷；而平庸乃至恶劣的企业形象无疑会使企业在生产经营中举步维艰，贻害无穷。大家可以参照图2-2太平洋房屋公司的形象加深理解。

2-1 ALMAN面包房的形象标志

图2-2 太平洋房屋公司的形象标志

企业形象，本质上就是社会公众对企业的一切活动及其表现的总体印象和评价。它包含两方面的内容：第一，企业形象的主体是企业，它是企业有意或无意地展现在社会公众面前的，包括企业内部生产经营管理和外部营销服务及社会活动在内的所有活动及其表现；第二，企业形象的接受者是社会公众，它是社会公众对企业的总体印象和评价。包括影响企业经营目标实现能力的一般公众和机构公众，其中一般公众包括企业内部员工、企业所在地居民、企业产品（服务）消费者及潜在消费者、企业相关媒体接受者等；机构公众包括与企业活动相关的政府机构、融资机构、媒体机构、社会团体及与企业营销活动紧密联系的其他的企业组织如销售商、供应商等。

2.1.4 企业形象要素

1. 企业形象的无形要素

企业形象的无形要素包括企业理念、企业制度、企业信誉等方面，是企业文化的重要组成部分，更多地表现为企业内部的、深层的形象。它构成企业形象的灵魂和支柱，对企业的影响是长期的、深刻的。

1）企业理念

企业理念是指企业的指导思想或经营哲学，是企业倡导并形成的特有的经营宗旨、经营方针、企业价值观和企业精神的总称，是企业形象的核心内容。它规范制约着企业及其员工的日常行为，对企业的生产经营发展起着导向和指导作用。良好的企业理念可以在潜移默化中引导员工的观念和行为，激发员工士气，凝聚员工精神，推动企业发展。企业理念作为企业的灵魂和核心影响着企业的一切存在，支配着企业的一切行为。它虽然是无形的，但却无处不在。

2）企业制度

企业制度是建立在企业理念基础上的，企业的管理者和一般员工都应遵守的，各项规定、准则及行为规范，是企业理念得以贯彻的必要手段，是所有员工的行为规范化、制度化和系统化的保证，也是企业得以顺利而有效运营的基础。一个国家没有法律是不可想象的一样，若一个企业没有制度作保障，更是难以想象，管理者和一般员工将无章可循，企业将成为一盘散沙，因而也将无竞争力可言。

3）企业信誉

企业信誉是企业的"金字招牌"，是企业无形形象的主要内容，是企业的宝贵财富。企业信誉是企业在日常经营活动过程中，善于实现对消费者、所有与之打交道的客户以及社会公众所作的所有承诺，由此在他们其中所树立起的相应形象。首先，企业信誉建立在企业的优质产品和服务的基础之上，是企业理念长期贯彻的结果。企业一旦在用户心目中树立了良好的信誉，不仅可以影响到现有用户的行为，而且还会影响未来用户的行为。其次，企业信誉的建立还要依赖于企业在与供应商、销售商、金融机构等打交道的过程中，严格履行合同，取信于人。最后，企业信誉的建立还依赖于企业要善于履行其社会责任及义务。信誉本身虽然是看不见、摸不着的，但是它却构成了企业无形形象的主体。

4）员工素质

企业理念要靠企业员工贯彻实施，企业员工的素质好坏对于企业理念的实施程度具有直接的影响。企业员工具有的文化素质、敬业精神、技术水准、价值观念，以及企业管理者（企业家）的管理能力、战略眼光及个人魅力等，虽然也是无形的，但却直接影响着企业的行为和表现，影响着社会公众对企业的印象和评价。

2. 企业形象的有形要素

企业形象的有形要素包括产品及其包装、生产经营环境、生产经营业绩、社会贡献、员工形象等。

1）产品形象

产品形象是企业形象的代表，是企业形象的物质基础，是企业最主要的有形形象。企业形象主要是通过产品形象表现出来的。产品形象包括产品质量、性能、造型、价格、品种、规格、款式、花色、档次、包装以及服务水平、产品创新能力等。其主要表现为企业的品牌形象。产品形象的好坏直接影响着企业形象的好坏。一个好的产品可以使广大消费者纷纷选购，一个差的产品只能使消费者望而生厌。企业只有通过向社会提供质量上乘、性能优良、造型美观的产品和优质的服务来塑造良好的产品形象，才能得到社会的认可，在竞争中立于不败之地。味全的产品示意图如图2-3所示。

2）环境形象

环境形象，主要是指企业的生产环境、销售环境、办公环境和企业的各种附属设施。企业厂区环境的整洁和绿化程度，生产和经营场所的规模和装潢，生产经营设备的技术水准等，无不反映企业的经济实力、管理水平和精神风貌，是企业向社会公众展示自己的重要窗口。特别是销售环境的设计、造型、布局、色彩及各种装饰等，更能展示企业文化和企业形象的个性，对于强化企业的知名度和信赖度，提高营销效率有更直接的影响。KENWOOD的造型如图2-4所示。

图2-3 味全的产品示意图

图2-4 KENWOOD的造型

3）业绩形象

业绩形象是指企业的经营规模和赢利水平，主要由产品销售额（业务额）、资金利润率及资产收益率等组成。它反映了企业经营能力的强弱和赢利水平的高低，是企业生产经营状况的直接表现，也是企业追求良好企业形象的根本所在。一般而言，良好的企业形象特别是良好的产品形象，总会为企业带来良好的业绩形象。而良好的业绩形象总会增强投资者和消费者对企业及其产品的信心。

4) 社会形象

社会形象是指企业通过非营利的以及带有公共关系性质的社会行为塑造良好的企业形象，以博取社会的认同和好感。包括：奉公守法，诚实经营，维护消费者合法权益；保护环境，促进生态平衡；关心所在社区的繁荣与发展，作出自己的贡献；关注社会公益事业，促进社会精神文明建设等。图2-5所示用飞机作为创意元素，体现了 TIME 时效性的社会形象。

图 2-5　TIME 的标识

5) 员工形象

企业员工是企业生产经营管理活动的主体，是企业形象的直接塑造者。员工形象是指企业员工的整体形象，它包括管理者形象和员工形象。管理者形象是指企业管理者集体尤其是企业家的知识、能力、魄力、品质、风格及经营业绩给本企业职工、企业同行和社会公众留下的印象。企业家是企业的代表，其形象的好坏直接影响到企业的形象，为此，当今众多企业均非常重视企业家形象的塑造。职工形象是指企业全体职工的服务态度、职业道德、行为规范、精神风貌、文化水准、作业技能、内在素养和装束仪表等给外界的整体形象。企业是员工的集合体，因此，员工的言行必将影响到企业的形象。管理者形象好，可以增强企业的向心力和社会公众对企业的信任度；职工形象好，可以增强企业的凝聚力和竞争力，为企业的长期稳定发展打下牢固的基础。因此，很多企业在塑造良好形象过程中都十分重视员工形象。

企业形象是企业有形形象和企业无形形象的综合，它们从不同侧面来塑造一个具体、生动、综合的形象。其中，企业无形形象是企业形象的内在的、深层次的表现，是企业形象的灵魂和支柱；企业有形形象是企业形象外在的、表层的表现，是企业形象的重要组成部分。

2.1.5　企业形象的特征

由于企业形象具有以上丰富的内涵和外延，是一个复杂的系统，因而其拥有以下几方面的基本特征。

1. 客观性和主观性

一方面，企业形象是企业实态的表现，是企业一切活动在社会面前的展示，是客观真实的，具有客观性的特征。良好的企业形象不能由企业经营者主观决定，自我感觉良好并不能表明企业形象果真良好，良好的企业形象是有客观标准的，它由企业良好的经营管理实态、良好的企业精神、良好的员工素质、良好的企业领导作风、良好的企业制度、良好的企业产品以及整洁的生产经营环境等客观要素所构成，这些构成要素都是客观实在，反映了企业的实态，是人们能够直接感知的，不以人们的主观意志为转移的。企业形象既是客观的，又是真实的。企业形象的真实性体现在企业的现象真实和本质真实这两个方面。所谓企业的现象真实，主要是指企业的名称、地点、经营的产品、产品的商标、产品的质量、服务信誉、企业的资产、企业的房屋等，都应该是看得见、摸得着的，是真实可信的。如果一个企业在现象上都做不到真实可靠，那它是毫无企业形象可言的。那种既无固定经营地点、经营产品，又无经营资本，到处招摇撞骗的皮包公司，决不可能生存和发展下去。所谓企业的本质真实，就是说，企业形象应该反映出企业的本质特征，体现本企业的精神风貌和发展方向，符合企业的经营目标和时代潮流。如果企业的客观实态是卓越的，是真善美的，尽管由于某些客观因素可能造成对企业形象的一时损害，但只要企业切实改进，消除误解，其卓越的企业形象仍会重新树立起来。反之，如果认为通过"包装"、"形象塑造"等造假手段就可以掩盖企业自身的诸多缺点甚至假丑恶现象，塑造出卓越的企业形象，那就大错特错了。这种做法只会得逞于一时，终有露出破绽的时候。因为这种虚假的企业形象缺乏客观、真实的基础。

另一方面，企业形象是社会公众对企业的印象和评价，它又具有主观性特征。作为社会公众对企业的印象和评价，企业形象并不是不以人的意识为转移的企业客观存在的实态本身，而是与人们的主观意志、情感、价值观念等主观因素密切相关，具有强烈的主观性色彩。首先，企业形象的主观性表现在企业外在形象并不等同于企业的内部实态。企业实态是一种客观存在，这种客观存在只有通过各种媒体介绍展示给公众，为社会公众认识、感知，才能形成公众接近一致的印象和评价，形成具体的企业形象。如果企业不能把其客观实态有效地全面地传递给消费者，或是企业有意隐瞒缺陷，自我美化，就会使企业形象失真乃至虚假。其次，企业形象的主观性还表现在企业形象形成过程的主观色彩。企业形象是社会公众以其特有的思维方式、价值取向、消费观念、需要模式以及情感等主观意识，对企业的各种信息进行接收、选择和分析，进而形成的特定的印象和评价，其结果是主观的。企业形象的主观性特征，要求企业在进行形象塑造时，其一切活动都要适应社会公众的价值观念、需求层次、思维方式以及情感要求，赢取公众的欢心，树立良好的形象。成功的案例如图 2-6 所示的法国航空公司标志。

图 2-6　法国航空公司的标志

2. 整体性和层次性

一方面,企业形象是由企业内部诸多因素构成的统一体和集中表现,是一个完整的有机整体,具有整体性的特征。各要素形象如企业员工的形象、产品或服务的形象之间具有内在的必然联系。构成企业形象的每一个要素的表现好坏,必然会影响到整体的企业形象。因此在企业形象形成过程中,应把企业形象贯彻和体现在经营管理思想、决策及经营管理活动之中,从企业的外部形象和内在精神的方方面面体现出来,依靠全体员工的共同努力,使企业形象的塑造成为大家的自觉行为。企业只有在所有方面都有上乘的表现,才能塑造出一个完整的全面的良好形象。图2-7所示的可口可乐服饰,就表现出可口可乐整个企业形象的整体性。

图2-7 可口可乐服饰

另一方面,由于整体的企业形象是由不同层次的企业形象综合而成的,企业形象也就具有了十分鲜明的层次性特征。企业形象的层次性表现如下几个方面。

(1) 内容的多层次性

企业形象的内容可分为物质的、社会的和精神的三个方面。物质方面的企业形象主要包括:企业的办公大楼、生产车间、设备设施、产品质量、绿化园林、点缀装饰、团体徽记、地理位置、资金实力等。在物质方面的企业形象中,具有实质性要素的是产品质量。如果产品质量低劣,即便企业有着豪华的生产经营设施,也会使企业形象毁坏殆尽,直接威胁企业的生存。社会方面的企业形象包括企业的人才阵容、技术力量、经济效益、工作效率、福利待遇、公众关系、管理水平、方针政策等。在社会方面的企业形象中,企业与公众的关系是最为重要的因素。协调好企业和公众之间的关系是塑造良好形象的有效途径。精神方面的企业形象包括企业的信念、精神、经营理念及企业文化等。富有生气和活力的企业,必然通过企业的精神形象表现出来。此外,良好的人员素质和和谐的工作气氛也是企业形象精神方面的内容。

(2) 心理感受的多面性

企业形象是企业在人们心目中的一种心理反映。由于每个人的观察角度不同,和企业的关系不同,构成了观察角度各异的局面。首先,不同的人对同一企业就有不同的看法;其次,同一人所处的不同位置也会对同一企业产生不同看法;最后,即使是同一个人在同一位置上,在不同时期也会有不同看法。总之,每个人都是从自己特殊的位置来观察企业的。所以这就决定了人们对企业形象的心理感受呈现出多面性。例如企业在其成员心目中的形象和企业在外部公众心目中的形象是不完全一致的。外部公众一般都是从评价企业产品的角度来认识企业形象的；而企业的员工则往往是从企业的工作环境、管理水平、福利待遇等方面来认识企业形象的。

（3）要素构成的复杂性

企业形象是一个构成要素十分复杂的综合体。例如：企业形象可分为有形部分和无形部分，有形部分指企业的建筑物、产品、设备等，无形部分指企业的价值观念、经营方针等；企业形象又可分为动态部分和静态部分，动态部分指企业的公关活动、广告宣传、生产经营等，静态部分指企业的标志、名称、标准色等；企业形象还可分为对内部分和对外部分，对内部分指企业形象与管理人员、职工的关系，对外部分指企业形象与顾客、社区、股东的关系等。因此，在塑造企业形象时，既要考虑企业的物质基础，又要考虑企业的社会影响；既要分析企业内部的各种因素，又要研究企业外部消费者对企业的心理感受。使企业能够塑造出社会认同并能经受时间检验的成功形象。

3. 稳定性和动态性

一方面，企业形象一旦形成，一般不会轻易改变，具有相对稳定性。这是因为社会公众经过反复获取企业信息和过滤分析，由表象的感性认识上升为理性认识，对企业必然产生比较固定的看法。从而使企业形象具有相对稳定性。这种稳定性首先产生于企业形象所具有的客观物质基础。客观存在的物质基础，如企业的建筑物、机器设备、职工队伍等，这些要素在短期内不会有很大的改变。而企业形象的树立在很大程度上依赖于企业的物质基础。其次，这种稳定性还反映在人们有相同的心理机制。这种相同的心理机制表现在人们具有大体相同的审美观和好恶感。最后，人们往往都具有共同的思维定式。思维定式是指由一定心理活动所形成的准备状态，它可以决定同类后继心理活动的趋势。企业形象是企业行为的结果，而企业行为又可能发生这样或者那样的变化。但是这种变化不会马上改变人们心目中已存在的形象。因为公众所具有的相同的思维定式，使他们总是倾向于原有的企业形象，而不会因为企业行为的改变而马上改变对企业的看法。图 2-8 所示为不变的 Coca Cola 形象。

企业形象的稳定性可能导致两种不同结果：一是相对稳定的良好企业形象。在市场竞争中，良好的企业形象是企业极为宝贵的竞争优势，企业信誉一旦形成就可以转化为巨大的物质财富，产生名厂、名店、名牌效应；二是相对稳定的低劣的企业形象。企业将会在较长时间内难以摆脱社会公众对企业的不良印象，这需要企业在一定时期内通过艰苦努力来挽回影响，重塑其形象。

最后应该指出的是，企业形象的相对稳定性只能是企业持之以恒地维护其企业形象的结果。假若认为企业已经具有了良好的形象可以放松要求，只能自毁形象，惨遭失败。正因为如此，每一个企业都应该像爱护自己的眼睛一样努力维护企业的良好形象。

图 2-8　不变的 Coca Cola 形象

另一方面,企业形象又具有动态性或可变性的特征。企业形象树立起来以后,有其宏观的时空上的稳定性。但是,企业形象并不是固定不变的,除了具有相对稳定的一面,还具有波动可变的一面。随着时间的推移、空间的变化、企业行为的改变,以及政治、经济环境变迁,它不可能一成不变,而是始终处在动态的变化过程之中。这种动态的可变性,使得企业有可能通过自身的努力,改变公众对企业过去的旧印象和评价,一步一步地塑造出良好的企业形象。也正是这种动态的可变性,迫使企业丝毫不敢松懈,努力维护企业的良好形象。因为良好企业形象的确立决非一日之功,而是企业员工长期奋斗、精心塑造的结果。但是企业形象的损坏,往往却是由于一念之差,一步之错。企业形象构成要素的任何环节、层次出现严重问题,都可能使长期培植的良好形象受到损害,甚至毁于一旦。资生堂的标志变化如图2-9所示,反映了一个动态的变化过程。

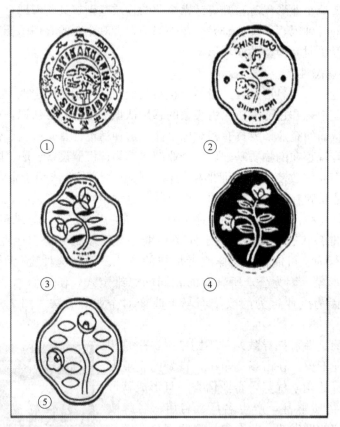

图2-9　资生堂的标志变化

企业形象可变性的特征告诉我们:在市场竞争空前激烈的态势下,不进则退,小进亦即退。任何企业,其经营业绩再好,都必须破除故步自封、小富即安、知足常乐等小农心态,要有强烈的危机意识和永不满足的精神。在企业形象塑造上没有终点,只有起点。只有不断开拓进取,创造佳绩,才能使企业形象越来越好。

4. 对象性与传播性

企业形象的形成过程,实质上是企业实态借助一定的传播手段,为社会公众认识、感知并得出印象和评价的过程。企业形象的形成过程使其具有明确的对象性和传播性。

企业形象的对象性是指，企业作为形象的主体，其形象塑造要针对明确的对象。企业作为社会的赢利组织，其形象塑造是为了实现企业经营目标，是为其营销服务的。不同的企业提供不同的产品和服务，面对不同的消费者和用户，其社会公众的构成也有不同。这就决定了企业必须根据公众特有的需要模式、思维方式、价值观念、习惯爱好以及情感特点等因素，适应公众的意愿，确定自己特有的企业形象。三菱汽车企业形象如图2-10所示，三菱野狼的诉求对象就是希望能像野狼一样自由自在、充满野性的消费者。

图2-10 三菱汽车企业形象

企业的社会公众包括企业员工、供应商、营销中介机构、竞争者、顾客、金融机构及投资者、媒介机构及媒介公众、相关政府机构、相关性社会团体、地方居民等。他们对企业的认识途径、认识方式、关注程度以及关注角度各有不同，形成的印象和评价也就带有不同特点。如消费者通过接触和使用某企业的产品来认识了解一个企业，主要从产品质量、性能、服务等方面对企业产生好或不好的印象；而金融机构则主要是从企业的信誉、偿还能力、企业实力等方面来认识企业；社会团体则从环境保护、社区贡献、就业等方面对企业形成印象。在其他社会公众中，政府机构关注企业是否合法经营；供应商及营销中间商关注企业信誉及实力；股民关注企业经营状态及发展潜力；竞争者关注企业是否遵守游戏规则等。企业只有全面了解其面对的社会公众，全方位地、系统地、有针对性地营造自身形象，才能最终得到社会公众的广泛认可和接受，树立良好的形象。

企业形象的建立必须经过一定的传播手段和传播渠道。没有传播手段和传播渠道，企业实态就不可能为外界感知、认识，企业形象也就无从谈起。企业形象的形成过程实质上就是企业信息的传播过程。传播作为传递、分享及沟通信息的手段，是人们感知、认识企业的唯一途径。企业通过传播将有关信息传递给公众，同时又把公众的反映反馈到企业中来，使企业和公众之间达到沟通和理解，从而实现了塑造企业形象的目的。

企业信息的传播可以分为直接传播和间接传播两种形式。直接传播是指企业在其经营活动中，其有关信息可直接为外界所感知。如企业建筑、办公营业场所、产品展览陈列、企业标识、员工行为等，无不作为特别的信息渠道向周围公众传递着客观、真实的信息。企业产品的消费者和用户更是企业产品信息的直接传播者，他们对产品的印象和评价，最终形成了企业的产品形象。间接传播是指企业有意通过各种专门中间媒介物所进行的传播。专门媒介物包括：印刷媒介如报纸、杂志及企业为建立形象所印制的各种可视品；电子媒介如电视、广播、电影、霓虹灯等；户外媒介如树立在繁华地段、交通要道旁的各种形象广告牌等。这些媒介的特点是信息传递速度快、受众面广。企业借助大众传媒，运用广告和宣传报道的形式，可以及时有效地发送企业信息，介绍企业实态，扩大企业知名度，消除公众误解，增进公众对企业的了解与沟通。图2-11所示为福乐用广告传播企业形象。

5. 独特性与创新性

独特性又称企业形象的差异性。社会竞争的加剧，竞争对手的增多，以及商品世界的繁华，迫使每个企业必须做到其形象的鲜明性和独特性，以显示其与众不同之处，给公众与众不同的新鲜刺激，便于公众认知、识别，吸引其注意，从而在公众头脑里留下难以忘怀的美

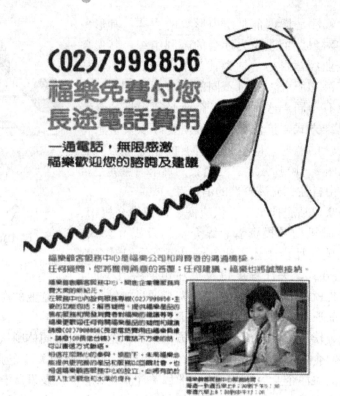

图 2-11 福乐用广告传播企业形象

好印象。

独特性要求企业具有与众不同的企业理念及在此基础之上所建立起来的经营作风和企业文化；独特性要求企业生产出具有独特性的产品和提供与众不同的服务项目及服务质量；独特性要求企业以简洁生动和富有感情的语言表达本企业产品的功能与质量，切忌人云亦云，盲目模仿别人；独特性要求企业精心设计自己的外显形象，包括企业的名称、商标，企业厂区的建筑式样和门面装潢，社区环境的绿化和美化等，使公众在一瞥之下就留下难忘的印象，增强认知效果。独特的标志设计如图 2-12 所示。

图 2-12 独特的标志设计

企业形象独特性是内容和形式的有机统一，一方面要求企业的外在形象具有鲜明的个性，另一方面更要求企业的内在精神，即内部深层形象具有鲜明独特性。任何割裂两者统一的做法，都不能使企业具有良好的形象。

企业形象仅仅具有独特性远远不够，必须在保持鲜明的独特性的同时，不断调整、创新、提升自己形象，才能适应市场需求、公众价值观、竞争状况、社会舆论、政府政策及各种环境因素的变化。

创新是企业形象的源泉，是企业永葆青春的魅力所在。一个故步自封、墨守成规、缺乏开拓进取精神的企业，其原有形象再好也会遭到世人的唾弃。随着社会经济的发展和科技的不断进步，社会公众特别是企业产品的消费者的价值观念及需求模式也在不断更新变化。企业必须及时察觉这些变化并以不断进取的态度，适时地更新企业形象，使其适应形势发展和公众观念的要求，才能立于不败之地。图2-13所示的用卡通人物在当时是一个创新。

图2-13 卡通人物

创新性并不要求企业完全抛弃原有的良好形象，企业形象的建立非一日之功，而是企业长期努力的结果，是作为企业重要的无形财富。创新只有在坚持企业优秀文化和传统，在继承企业原有的良好形象的基础上，紧跟时代潮流，适应环境变化，把创新与继承有机结合起来，才能塑造出值得信赖的良好的企业形象。

2.2 企业和品牌

2.2.1 品牌的基本知识

1. 品牌的由来

品牌的英文单词 Brand，源出古挪威文 Brandr，意思是"烧灼"。人们用这种方式来标记家畜等需要与其他人相区别的私有财产。到了中世纪的欧洲，手工艺匠人用这种打烙印的方法在自己的手工艺品上烙下标记，以便顾客识别产品的产地和生产者。这就产生了最初的商标，并以此为消费者提供担保，同时向生产者提供法律保护。16世纪早期，蒸馏威士忌酒的生产商将威士忌装入烙有生产者名字的木桶中，以防不法商人偷梁换柱。到了1835年，苏格兰的酿酒者使用了"Old Smuggler"这一品牌，以维护采用特殊蒸馏程序酿制的酒的质量声誉。

在《牛津大辞典》里，品牌被解释为"用来证明所有权，作为质量的标志或其他用途"，即用以区别和证明品质。随着时间的推移,商业竞争格局以及零售业形态不断变迁,品牌承载的含义也越来越丰富,甚至形成了专门的研究领域——品牌学。

2. 品牌的定义

一般意义上的定义:品牌是一个名称、名词、符号或设计,或者是它们的组合,其目的是识别某个销售者或某群销售者的产品或劳务,并使之与竞争对手的产品和劳务区别开来。

作为品牌战略开发的定义:品牌是通过以上这些要素及一系列市场活动而表现出来的结果所形成的一种形象认知度、感觉、品质认知,以及通过这些而表现出来的客户忠诚度,总体来讲它属于一种无形资产。所以这时候各品牌是作为一种无形资产出现的。

品牌,是广大消费者对一个企业及其产品过硬的产品质量、完善的售后服务、良好的产品形象、美好的文化价值、优秀的管理结果等所形成的一种评价和认知,是企业经营和管理者投入巨大的人力、物力甚至几代人长期辛勤耕耘建立起来的与消费者之间的一种信任。

质量是品牌的本质、基础,也是品牌的生命;服务是品牌的重要支撑,是商品不可分割的一部分,是市场竞争的焦点;形象是品牌在市场上、消费者心中所表现出的个性特征,体现消费者对品牌的评价与认知;文化价值是品牌的内涵,是社会物质形态和精神形态的统一,是现代社会的消费心理和文化价值取向的结合。

优秀管理是保证品牌成功的依靠,是品牌得以健康成长的基础,成功的品牌无不依靠管理创立、发展、创新。

现在社会各界都在谈品牌,企业希望把自己的品牌做起来,把品牌做好,国家在政策上也给予了很多支持,媒体也在传播各种品牌理念。但当前我们的品牌观念存在很多误区,很多人对品牌的认识并不清晰,造成其塑造品牌的行为模糊、随意,产生的品牌结果自然也不尽如人意。

一般认为,品牌是一种名称、术语、标记、符号或图案,或是它们的相互组合,用以识别某个销售者或某群销售者的产品或服务,并使之与竞争对手的产品和服务相区别。与品牌紧密联系的有如下一些概念。

品牌名:品牌中可以读出的部分——词语、字母、数字或词组等的组合。如海尔、红双喜、TCL等。

品牌标志:品牌中不可以发声的部分——包括符号、图案或明显的色彩或字体。如耐克的一钩造型,小天鹅的天鹅造型,IBM的字体和深蓝色的标准色等。

品牌角色:是用人或拟人化的标识来代表品牌的方式,如海尔兄弟、麦克唐纳、米老鼠、康师傅等。

商标:受到法律保护的整个品牌、品牌标志、品牌角色或者各要素的组合。当商标使用时,要用"R"或"注"明示,意指注册商标。

3. 品牌的特征

1)品牌是专有的品牌

品牌是用以识别生产或销售者的产品或服务的。品牌拥有者经过法律程序的认定,享有品牌的专有权,有权要求其他企业或个人不能仿冒、伪造,这一点也是指品牌的排他性。然而我们国家的企业在国际竞争中没有很好地利用法律武器,没有发挥品牌的专有权,近年来我们不断看到国内的金字招牌在国际市场上遭遇的尴尬局面:"红塔山"在菲律宾被抢注,

100多个品牌被日本抢注，180多个品牌在澳大利亚被抢注等，人们应该及时反省，充分利用品牌的专有权。

2）品牌是企业的无形资源

由于品牌拥有者可以凭借品牌的优势不断获取利益，可以利用品牌的市场开拓力、形象扩张力、资本内蓄力不断发展，因此我们可以看到品牌的价值。这种价值我们并不能像物质资产那样用实物的形式表述，但它能使企业的无形资产迅速增大，并且可以作为商品在市场上进行交易。

1994年世界品牌排名第一的是美国的可口可乐，其品牌价值为359.5亿美元，相当于其销售额的4倍。到1995年可口可乐的品牌价值上开到390.50亿美元，1996年又上升为434.27亿美元。

我国的品牌创造虽起步较晚，但国内的名牌发展较为迅速，像云南红塔集团的"红塔山"，浙江杭州的"娃哈哈"，山东青岛的"海尔"，四川绵阳的"长虹"等知名品牌的价值也不菲，我们以1998年评估为例："红塔山"品牌价值为386亿元人民币，"海尔"的品牌价值为245亿元人民币。

品牌作为无形资产其价值可以有形量化，同时品牌作为商品交易，比如有以品牌入股形式组建企业，有了以品牌的号召特许经营，更有加盟到名牌门下，以图发展。

3）品牌转化具有一定的风险及不确定性

品牌创立后，在其成长的过程中，由于市场的不断变化，需求的不断提高，企业的品牌资本可能壮大，也可能缩小，甚至某一品牌在竞争中退出市场。品牌的成长由此存在一定风险，对其评估也存在难度，对于品牌的风险，有时由于企业的产品质量出现意外，有时由于服务不过关，有时由于品牌资本盲目扩张，运作不佳，这些都给企业品牌的维护带来难度，对企业品牌效益的评估也出现不确定性。

4）品牌的表象性

品牌是企业的无形资产，不具有独立的实体，不占有空间，但它最原始的目的就是让人们通过一个比较容易记忆的形式来记住某一产品或企业，因此，品牌必须有物质载体，需要通过一系列的物质载体来表现自己，使品牌有形式化。品牌的直接载体主要是文字、图案和符号，间接载体主要有产品的质量，产品服务、知名度、美誉度、市场占有率。没有物质载体，品牌就无法表现出来，更不可能达到品牌的整体传播效果。优秀的品牌在载体方面表现较为突出，如"可口可乐"的文字，使人们联想到其饮料的饮后效果，其红色图案及相应包装能起到独特的效果。

5）品牌的扩张性

品牌具有识别功能，代表一种产品、一个企业，企业可以利用这一优点展示品牌对市场的开拓能力，还可以帮助企业利用品牌资本进行扩张。

4. 品牌的种类

品牌可以依据不同的标准划分为不同的种类。

1）根据品牌知名度的辐射区域划分

根据品牌的知名度和辐射区域划分，可以将品牌分为地区品牌、国内品牌、国际品牌、全球品牌。

地区品牌是指在一个较小的区域之内生产销售的品牌。例如，地区性生产销售的特色产品。这些产品一般在一定范围内生产,销售,产品辐射范围不大,主要是受产品特性、地理条件及某些文化特性影响,这有点像地方戏种秦腔主要在陕西,晋剧主要在山西,豫剧主要在河南等的现象。

国内品牌是指国内知名度较高,产品辐射全国,全国销售的产品。例如香烟巨子——红塔山;饮料巨子——娃哈哈,等等。

国际品牌是指在国际市场上知名度、美誉度较高,产品辐射全球的品牌,例如可口可乐、麦当劳、万宝路、奔驰、爱立信、微软、皮尔·卡丹等。

2) 根据品牌产品生产经营的不同环节划分

根据产品生产经营的所属环节可以将品牌分为制造商品牌和经营商品牌。制造商品牌是指制造商为自己生产制造的产品设计的品牌。经销商品牌是经销商根据自身的需求、对市场的了解、结合企业发展需要创立的品牌。制造商品牌很多,如SONY(索尼)、奔驰、长虹等。经销商品牌如"西尔斯"等。

3) 根据品牌来源划分

依据品牌的来源可以将品牌分为自有品牌、外来品牌和嫁接品牌。自有品牌是企业依据自身需要创立的,如本田、东风、永久、摩托罗拉、全聚德等。外来品牌是指企业通过特许经营、兼并、收购或其他形式而取得的品牌。例如联合利华收购的北京"京华"牌,香港迪生集团收购法国名牌商标S. T. Dupont。嫁接品牌主要指通过合资、合作方式形成的带有双方品牌的新产品,例如,琴岛利勃海尔。

4) 根据品牌的生命周期长短划分

根据品牌的生命周期长短来划分,可以分为短期品牌、长期品牌。

短期品牌是指品牌生命周期持续较短时间的品牌,由于某种原因在市场竞争中昙花一现或持续一时。

长期品牌是指品牌生命周期随着产品生命周期的更替,仍能经久不衰,永葆青春的品牌。例如历史上的老字号:全聚德、内联升等。也有些是国际长久发展来的世界知名品牌,如可口可乐、奔驰等。

5) 根据品牌产品内销或外销划分

依据产品品牌是针对国内市场还是国际市场可以品牌划分为内销品牌和外销品牌。由于世界各国在法律、文化、科技等宏观环境方面存在巨大差异,一种产品在不同的国家市场上有不同的品牌,在国内市场上也有单独的品牌。品牌划分为内销品牌和外销品牌对企业形象整体传播不利,但由于历史、文化等原因,不得不采用,而对于新的品牌命名应考虑到国际化的影响。

6) 根据品牌的行为划分

根据品牌产品的所属行业不同可将品牌划分为家电业品牌,食用饮料业品牌、日用化工业品牌、汽车机械业品牌、商业品牌、服务业品牌、网络信息业品牌等几大类。

除了上述几种分类外,品牌还可依据产品或服务在市场上的态势划分为强势和弱势品牌;依据品牌用途不同,划分为生产资料品牌等。

7) 根据品牌的原创性与延伸性划分

根据品牌的原创性与延伸性可划分为主品牌、副品牌、副副品牌,如"海尔"品牌,现在有海尔冰箱、海尔彩电、海尔空调……海尔洗衣机中又分海尔小神童,海尔节能王等。另外也可将品牌分成"母"品牌、"子"品牌、"孙"品牌等,如宝洁公司的海飞丝、飘柔、潘婷等。

8) 根据品牌的本体特征划分

根据品牌的本体特征划分又可将品牌划分为个人品牌、企业品牌、城市品牌、国家品牌、国际品牌等。如刘晓庆、姜文、张艺谋、王楠等属于个人品牌,哈市冰雪节、宁波国际服装节、CBD节等属于城市品牌,金字塔、万里长城、埃菲尔铁塔、自由女神像等属于国家品牌,联合国、奥运会、国际红十字会等属于世界级品牌。

5. 品牌的作用

1) 品牌——产品或企业核心价值的体现

品牌——消费者或用户记忆商品工具不仅要将商品销售给目标消费者或用户,而且要使消费者或用户通过使用对商品产生好感,从而重复购买,不断宣传,形成品牌忠诚,使消费者或用户重复购买。消费者或用户通过品牌,通过对品牌产品的使用,形成满意,就会围绕品牌形成消费经验,存贮在记忆中,为将来的消费决策形成依据。一些企业更为自己的品牌树立了良好的形象,赋予了美好的情感,或代表了一定的文化,使品牌及品牌产品在消费者或用户心目中形成了美好的记忆,比如"麦当劳",人们对于这个品牌会感到一种美国文化、快餐文化,会联想到一种质量、标准和卫生,也能由"麦当劳"品牌激起儿童在麦当劳餐厅里尽情欢乐的回忆。

2) 品牌——识别商品的分辨器

品牌的建立是由于竞争的需要,用来识别某个销售者的产品或服务的。品牌设计应具有独特性,有鲜明的个性特征,品牌的图案、文字等与竞争对手的区别,代表本企业的特点。同时,互不相同的品牌各自代表着不同的形式、不同质量、不同服务的产品,可为消费者或用户购买、使用提供借鉴。通过品牌人们可以认知产品,并依据品牌选择购买。例如人们购买汽车时有这样几种品牌:奔驰、沃尔沃、东风、奇瑞等。每种品牌汽车代表了不同的产品特性、不同的文化背景、不同的设计理念、不同的心理目标,消费者和用户便可根据自身的需要,依据产品特性进行选择。

3) 品牌——质量和信誉的保证

企业设计品牌、创立品牌、培养品牌的目的是希望此品牌能变为名牌,于是在产品质量上下工夫,在售后服务上做努力。同时品牌代表企业,企业从长远发展的角度必须从产品质量上下工夫,于是品牌,特别是知名品牌就代表了一类产品的质量档次,代表了企业的信誉。比如"海尔",作为家电品牌人们提到"海尔"就会联想到海尔家电的高质量,海尔的优质售后服务及海尔人为消费者着想的动人画面。再如"耐克"作为运动鞋的世界知名品牌其人性化的设计。高科技的原料、高质量的产品为人们所共睹。"耐克"代表的是企业的信誉、产品的质量品牌——企业竞争的武器。

树品牌、创名牌是企业在市场竞争的条件下逐渐形成的共识,人们希望通过品牌对产品、企业加以区别,通过品牌形成品牌追随,通过品牌扩展市场。品牌的创立,名牌的形成正好能帮助企业实现上述目的,使品牌成为企业的有力的竞争武器。品牌,特别是名牌的出现,使用户形成了一定程度的忠诚度、信任度、追随度,由此使企业在与对手竞争中拥有了后盾基础。品牌还可以利用其市场扩展的能力,带动企业进入新市场、带动新产品打入市场;品牌可以利用品牌资本运营的能力,通过一定的形式如特许经营、合同管理等形式进行企业的扩张。总之,品牌作为市场竞争的武器常常带来意想不到的效果。

4) 品牌——企业的"摇钱树"

品牌以质量取胜，品牌常附有文化、情感内涵，所以品牌给产品增加了附加值。同时，品牌有一定的信任度、追随度，企业可以为品牌制定相对较高的价格，获得较高的利润。品牌中的知名品牌在这一方面表现最为突出，如海尔家电，其价格一般比同等产品高；耐克运动鞋，比同等的李宁运动鞋、安踏运动鞋高出几百元。而在这方一方面我们还可以再看一下知名饮料企业可口可乐的例子：可口可乐公司1999年的销售总额为90亿美元，总利润为27亿美元，其中22.5亿美元为品牌给企业带来的高额利润，由此可见品牌特别是名牌给企业带来的较大的收益，而品牌作为无形资产，已为人们所认可。

6. 与品牌相关的概念

① 产品（Product）。产品是指能够提供给市场，被人们使用和消费，并能满足人们某种需求的任何东西，包括有形的物品、无形的服务、组织、观念或它们的组合。产品一般可以分为三个层次，即核心产品、形式产品、延伸产品。核心产品是指整体产品提供给购买者的直接利益和效用；形式产品是指产品在市场上出现的物质实体外形，包括产品的品质、特征、造型、商标和包装等；延伸产品是指整体产品提供给顾客的一系列附加利益，包括运送、安装、维修、保证等在消费领域给予消费者的好处。

② 商标（Trade Mark）。商标是一种法律用语，是生产经营者在其生产、制造、加工、拣选或者经销的商品或服务上采用的，为了区别商品或服务来源，具有显著特征的标志，一般由文字、图形或者其组合构成。经国家核准注册的商标为"注册商标"，受法律保护。商标注册人享有商标专用权。

③ 名牌（Famous Brand）。对于名牌最通俗的理解就是知名品牌。"名牌"一词的出现先于品牌概念，它是我国特定环境下的产物。

④ 品牌资产（Brand Equity）。品牌资产是与品牌、品牌名称和标志相联系，能够增加或减少企业所销售产品或服务价值的一系列资产与负债。它主要包括5个方面，即品牌忠诚度、品牌认知度、品牌感知质量、品牌联想、其他专有资产（如商标、专利、渠道关系等），这些资产通过多种方式向消费者和企业提供价值。

⑤ 品牌识别（Brand Identity）。品牌识别是品牌营销者希望创造和保持的，能引起人们对品牌美好印象的联想物。这些联想物暗示着企业对消费者的某种承诺。品牌识别将指导品牌创建及传播的整个过程，因此必须具有一定的深度和广度。

⑥ 品牌符号（Brand Symbol）。品牌符号是区别产品或服务的基本手段，包括名称、标志、基本色、口号、象征物、代言人、包装等。这些识别元素形成一个有机结构，对消费者施加影响。它是形成品牌概念的基础，成功的品牌符号是公司的重要资产，在品牌与消费者的互动中发挥作用。

⑦ 品牌个性（Brand Personality）。品牌个性是特定品牌拥有的一系列人性特色，即品牌所呈现出的人格品质。它是品牌识别的重要组成部分，可以使没有生命的产品或服务人性化。品牌个性能带来强大而独特的品牌联想，丰富品牌的内涵。

⑧ 品牌定位（Brand Positioning）。品牌定位是在综合分析目标市场与竞争情况的前提下，建立一个符合原始产品的独特品牌形象，并对品牌的整体形象进行设计、传播，从而在目标消费者心中占据一个独具价值地位的过程或行动。其着眼点是目标消费者的心理感受，途径是对品牌整体形象进行设计，实质是依据目标消费者的特征，设计产品属性并传播品牌

价值，从而在目标顾客心中形成该品牌的独特位置。

⑨ 品牌形象（Brand Image）。品牌形象是指消费者基于能接触到的品牌信息，经过自己的选择与加工，在大脑中形成的有关品牌的印象总和。品牌形象与品牌识别既有区别，又有联系。二者的区别在于，品牌识别是品牌战略者希望人们如何看待品牌，而品牌形象是现实中人们如何看待品牌的；二者的联系在于，品牌识别是品牌形象形成的来源和依据，而品牌形象在某种程度上是执行品牌识别的结果。

⑩ 品牌文化（Brand Culture）。品牌文化是指品牌在经营中逐步形成的文化积淀，代表了企业和消费者的利益认知、情感归属，是品牌与传统文化以及企业个性形象的总和。与企业文化的内部凝聚作用不同，品牌文化突出了企业外在的宣传、整合优势，将企业品牌理念有效地传递给消费者，进而占领消费者的心智。品牌文化是凝结在品牌上的企业精华。

⑪ 品牌延伸（Brand Extension）。品牌延伸是指在已有相当知名度与市场影响力的品牌的基础上，将成名品牌运用到新产品和服务上，以期减少新产品进入市场风险的一种策略。它可以增加新产品的可接受性、减少消费行为的风险性，提高促销性开支使用效率，以及满足消费者多样性需要。

⑫ 品牌结构（Brand Structure）。品牌结构是指一个企业不同产品品牌的组合，它具体规定了品牌的作用、各品牌之间的关系，以及各自在品牌体系中扮演的不同角色。合理的品牌结构有助于寻找共性以产生协同作用，条理清晰地管理多个品牌，减少对品牌识别的损害，快速高效地做出调整，更加合理地在各品牌中分配资源。

⑬ 品牌认知度（Brand Cognitive）。品牌认知度是品牌资产的重要组成部分，它是衡量消费者对品牌内涵及价值的认识和理解度的标准。

⑭ 品牌美誉度（Brand Favorite）。品牌美誉度是品牌力的组成部分之一，它是市场中人们对某一品牌的好感和信任程度。

⑮ 品牌忠诚度（Brand Loyalty）。品牌忠诚度是指由于品牌技能、品牌精神、品牌行为文化等多种因素，使消费者对某一品牌情有独钟，形成偏好并长期购买这一品牌商品的行为。简言之，品牌忠诚度就是消费者的重复购买行为。根据顾客忠诚度的形成过程，可以划分为认知性忠诚、情感性忠诚、意向性忠诚、行为性忠诚。

⑯ 品牌偏好度（Brand Preference）。品牌偏好度是品牌力的重要组成部分，指某一市场中消费者对该品牌的喜好程度，是对消费者的品牌选择意愿的了解。

⑰ 自主品牌（Self-owned Brand）。自主品牌是指由企业自主开发，拥有自主知识产权的品牌。它有三个主要衡量因素：市场保有量、生产研发的历史及其在整个行业中的地位。

2.2.2 品牌定位

品牌定位是指企业在市场定位和产品定位的基础上，对特定的品牌在文化取向及个性差异上的商业性决策，它是建立一个与目标市场有关的品牌形象的过程和结果。换言之，即指为某个特定品牌确定一个适当的市场位置，使商品在消费者的心中占领一个特殊的位置，当某种需要突然产生时，比如在炎热的夏天突然口渴时，人们会立刻想到包装为红白相间的"可口可乐"的清凉爽口。

品牌定位是品牌经营的首要任务，是品牌建设的基础，是品牌经营成功的前提。品牌定位在品牌经营和市场营销中有着不可估量的作用。品牌定位是品牌与这一品牌所对应的目标消费者群建立了一种内在的联系。

品牌定位是市场定位的核心和集中表现。企业一旦选定了目标市场，就要设计并塑造自己相应的产品，品牌及企业形象，以争取目标消费者的认同。由于市场定位的最终目标是为了实现产品销售，而品牌是企业传播产品相关信息的基础，品牌还是消费者选购产品的主要依据，因而品牌成为产品与消费者连接的桥梁，品牌定位也就成为市场定位的核心和集中表现。

1. 品牌定位的目的

品牌定位的目的就是将产品转化为品牌，以利于潜在顾客的正确认识。成功的品牌都有一个特征，就是以一种始终如一的形式将品牌的功能与消费者的心理需要连接起来，通过这种方式将品牌定位信息准确传达给消费者。因此，厂商最初可能有多种品牌定位，但最终是要建立对目标人群最有吸引力的竞争优势，并通过一定的手段将这种竞争的优势传达给消费者再转化为消费者的心理认识。

做品牌必须挖掘消费者感兴趣的某一点，当消费者产生这一方面的需求时，首先就会想到它的品牌定位，就是为自己的品牌在市场上树立一个明确的，有别于竞争对手的，符合消费者需要的形象，其目的是在潜在消费者心中占领一个有利的位置。

良好的品牌定位是品牌经营成功的前提，为企业进占市场、拓展市场起到导航作用。如若不能有效地对品牌进行定位，以树立独特的消费者可认同的品牌个性与形象，必然会使产品淹没在众多产品质量、性能及服务雷同的商品中。品牌定位是品牌传播的客观基础，品牌传播依赖于品牌定位，没有品牌整体形象的预先设计（即品牌定位），那么，品牌传播就难免盲从而缺乏一致性。总之，经过多种品牌运营手段的整合运用，品牌定位所确定的品牌整体形象即会驻留在消费者心中，这是品牌经营的直接结果，也是品牌经营的直接目的。如果没有正确的品牌定位，无论其产品质量再高，性能再好，无论怎样使尽促销手段，也不能成功。可以说，今后的商战将是定位战，品牌制胜将取决于定位的胜利。

2. 如何进行品牌定位

品牌必须将自己定位于满足消费者需求的立场上，最终借助传播让品牌在消费者心中获得一个有利的位置。要达到这一目的，首先必须考虑目标消费者的需要。借助于消费者行为调查，可以了解目标对象的生活形态或心理层面的情况。这一切，都是为了找到切中消费者需要的品牌利益点。而思考的焦点要从产品属性转向消费者利益。消费者利益的定位是站在消费者的立场上来看的，它是消费者期望从品牌中得到什么样的价值满足。所以用于定位的利益点选择除了产品利益外，还有心理，象征意义上的利益，这使得产品转化为品牌。因此可以说，定位与品牌化其实是一体两面，如果说品牌就是消费者认知，那么定位就是公司将品牌提供给消费者的过程。

消费者有不同类型、不同消费层次、不同消费习惯和偏好，企业的品牌定位要从主客观条件和因素出发，寻找适合竞争目标要求的目标消费者。要根据市场细分中的特定细分市场，满足特定消费者的特定需要，找准市场空隙，细化品牌定位。消费者的需求也是不断变化的，企业还可以根据时代的进步和新产品发展的趋势，引导目标消费者产生新的需求，形成新的品牌定位。品牌定位一定要摸准顾客的心，唤起他们内心的需要，这是品牌定位的重点。所以说，品牌定位的关键是要抓住消费者的心。如何做到这一点呢？自然是必须带给消费者以实际的利益，满足他们某种切实的需要。但做到这一点并不意味着你的品牌就能受到青睐，因为市场上还有许许多多企业在生产同样的产品，也能给顾客带来同样的利益。现在的市场已经找不到可以独步天下的产品，企业品牌要脱颖而出，还必须尽力塑造差异，只有与众不同的特点才容易吸引人的注意力。所以说，企业品牌要想取得强有力的市场地位，它应该具有一个或几个特征，看上去好像是市场上"唯一"的。这种差异可以表现在许多方面，如质量、价格、技术、包装、售后服务等，甚至还可以是脱离产品本身的某种想象出来的概念。如万宝路所体现出来的自由、奔放、豪爽、原野、力量的男子汉形象，与香烟本身没有任何关系，而是人为渲染出来的一种抽象概念。因此，一个品牌要让消费者接受，完全不必把它塑造成全能形象，只要有一方面胜出就已具有优势，国外许多知名品牌往往也只靠某一方面的优势而成为名牌。例如，手机市场上，摩托罗拉宣传的是"小、薄、轻"的特点，而诺基亚则声称它的"无辐射"特点；在汽车市场上，沃尔沃强调它的"安全与耐用"，菲亚特诉说"精力充沛"，奔驰宣称"高贵、王者、显赫、至尊"，绅宝则说"飞行科技"，宝马却津津乐道它的"驾驶乐趣"。这些品牌都拥有了自己的一方沃土，不断成长。因此，想要尽可能满足消费者的所有愿望是愚蠢的，每一个品牌必须挖掘消费者感兴趣的某一点，而一旦消费者产生这一方面的需求，首先就会立即想到它。

市场实践证明，任何一个品牌都不可能为全体顾客服务，细分市场并正确定位，使品牌赢得竞争的必然选择。只有品牌定位明确，个性鲜明，才会有明确的目标消费层。唯有明确的定位，消费者才会感到商品有特色，有别于同类产品，形成稳定的消费群体。而且，唯有定位明确的品牌，才会形成一定的品位，成为某一层次消费者文化品位的象征，从而得到消费者的认可，让顾客得到情感和理性的满足感。要想在竞争中脱颖而出，唯一的选择就是差异化，而定位正是在战略达到差异化最有效的手段之一。企业如不懂得定位，必将湮没在茫茫的市场中。

长期以来，可口可乐和百事可乐是饮料市场无可争议的顶尖品牌，在消费者心中的地位不可动摇，许多新品牌无数次进攻，均以失败而告终。然而，七喜却以"非可乐"的定位，成为可乐饮料之外的另一种饮料选择，不仅避免了与良种可乐的正面竞争，还巧妙地从另一个角度与两种品牌挂上了钩，使自己提升至和它们并列的地位，稳坐市场交椅。可以看出，七喜的成功主要是"定位"的成功。品牌定位对于一个品牌的成功起着十分重要的作用。

3. 品牌定位的过程

品牌定位和市场定位密切相关，品牌定位是市场定位的核心，是市场定位扩展的延伸，是实现市场定位的手段，因此，品牌定位的过程也就是市场定位的过程，其核心是STP，即细分市场（Segmenting），选择目标市场（Targeting）和具体定位（Positioning）。

1）市场细分

市场细分理论是20世纪50年代由美国营销专家温德尔·斯密提出的，有人称之为营销学中继"消费者为中心观念"之后的又一次革命。市场细分是指企业根据企业自己的条件和营销意图把消费者按不同标准分为一个个较小的，有着某些相似特点的子市场的做法。

企业进行市场细分是因为在现代市场条件下，消费者的需求是多样化的，而且人数众多，分布广泛，任何企业都不可能以自己有限的资源满足市场上所有消费者的各种要求。通过市场细分，向市场上的特定消费群提供自己具有优势的产品或服务已是现代营销最基本的前提。

消费者人数众多，需要各异，但企业可以根据需要按照一定的标准进行区分，确定自己的目标人群。市场细分的主要依据主要有：地理标准、人口标准、心理标准和行为标准，根据这些标准进行的市场细分分别是地理细分、人口细分、心理细分和行为细分。

(1) 地理细分

地理细分就是将市场分为不同的地理单位，地理标准可以选择国家，省、地区、县、市或居民区等。地理细分是企业经常采用的一种细分标准。一方面，由于不同地区的消费者有着不同的生活习惯、生活方式、宗教信仰、风俗习惯等偏好，因而需求也是不同的。比如欧洲和亚洲的消费者由于肤质、生活条件的不同，对护肤品、化妆品的需求有很大差别，因此，当羽西在中国打出"特别为东方女性研制的化妆品"口号时，得到了中国女性的青睐。另一方面，现代企业尤其是规模庞大的跨国企业，在进行跨国或进行跨国或跨区域营销时，地理的差异对营销的成败更显得至关重要。正所谓："橘生淮南则为橘，橘生淮北则生为枳"。同时，小规模的厂商为了集中资源占领市场，也往往对一片小的区域再进行细分。

如美国雷诺公司（R. J. Reynolds）将芝加哥分成 3 个特征的香烟小型市场。

① 北岸地区市场。这里的居民大多受过良好的教育，关心身体健康，因此公司就推销焦油含量低的香烟品牌。

② 东南部地区市场。该地区是蓝领工人居住区，他们收入低并且保守，因此公司就在此推销价格低廉的云丝顿香烟。

③ 南部地区市场。该地区是黑人居住区，因此公司就大量利用黑人报刊和宣传栏促销沙龙牌香烟。

(2) 人口细分

人口细分是根据消费者的年龄、性别、家庭规模、家庭生命周期、收入、职业、受教育程度、宗教信仰、种族及国籍等因素将市场分为若干群体。

由于消费者的需求结构与偏好，产品品牌的使用率与人口密切相关，同时人口因素比其他因素更易于量化，因此，人口细分是细分市场中使用最广泛的一种细分。

年龄、性别、收入是人口细分最常用的指标。消费者的需求购买量的大小随着年龄的增长而改变。青年人市场和中老年人市场有明显的不同，青年人花钱大方，追求时尚和新潮刺激；而中老年人的要求则相对于保守稳健，更追求实用、功效、讲究物美价廉。因此，企业在提供产品或服务，制定营销策略相对这两个市场应有不同的考虑。

性别细分在服装、化妆品、香烟、杂志中使用的较为广泛。男性市场和女性市场的需求特点有很大不同，比如女士香烟和男士香烟的诉求点截然不同。万宝路男士香烟强调男性的健壮、潇洒一如西部牛仔，而库尔女士香烟则突出女性的神秘优雅。

根据收入可以把市场分为高收入层、白领阶层、工薪阶层、低收入群等阶层。高收入阶层和白领阶层更关注商品的质量、品牌、服务及产品附加值等因素，而低收入者则更关心价格和实用性。比如轿车企业，房地产公司针对不同的收入人群提供不同的产品和服务。

当然，许多企业在进行人口细分时，往往不仅仅依照一个因素，而是使用两个或两个以上因素的组合。

(3) 心理细分

心理细分是根据消费者所处的社会阶层、生活方式及个性特征对市场加以细分，在同一地理细分市场中的人可能显示出迥然不同的心理特征。比如美国一家制药公司就以此将消费者分为现实主义者、相信权威者、持怀疑态度者、多愁善感者等四种类型。

在进行心理细分时主要考虑如下因素。

一是社会阶层。由于不同的社会阶层所处的社会环境，成长背景不同，因而兴趣偏好不同，对产品或服务的需求也不尽相同，美国营销专家菲利浦·科特勒将美国划分为七个阶层：上上层，即继承大财产，具有名家背景的社会名流；上下层，即在职业或生意中具有超凡活力而获得较高收入或财富的人；中上层，即对其"事业前途"极为关注，且获得专门职业者，独立企业家和公司经理等职业的人；中间层，即中等收入的白领和蓝领工人；劳动阶层，即中等收入的蓝领工人和那些过着劳动阶层生活方式，不论他们的收入有多高，学校背景怎样的人；下上层，即工资低，生活水平刚处于贫困线上，追求财富但无技能的人；下下层，即贫困潦倒，常常失业，长期靠公众或慈善机构救济的人。

二是生活方式。人们消费的商品往往反映了他们的生活方式，因此，品牌经营者可以据此进行市场细分。例如：大众汽车公司将消费者划分为"循规蹈矩的公民"和"汽车爱好者"；而一家女性时装公司则根据生活方式的不同将年轻女性分为"淳朴女性"、"时装女郎"、和"男性化女士"三大类，并提供不同品牌的时装，很受市场欢迎。

三是个性。个性是一个人心理特征的集中反映，个性不同的消费者往往有不同的兴趣偏好。消费者在选择品牌时，会有理性上考虑产品的实用功能，同时在感性上评估不同品牌表现出的个性。当品牌个性和他们的自身评估相吻合时，他们就会选择该品牌，20世纪50年代，福特汽车公司在促销福特和雪佛莱汽车时就强调个性的差异。

(4) 行为细分

行为细分是根据消费者对品牌的了解、使用情况及其反应对市场进行细分。这方面的细分因素主要有以下几项。

时机：是顾客有需要购买品牌或使用品牌的时机，如结婚、升学、节日等。

购买频率：是经常购买还是偶尔购买。

购买利益：价格便宜、方便实用、新潮时尚、炫耀等。

使用者状况：曾使用过、未曾使用过、初次使用、潜在使用者。

品牌了解：不了解、听说过、有兴趣、希望买、准备买等。

态度：热情、肯定、漠不关心、否定、敌视。

2) 市场细分的要求

企业根据所提供产品或服务的特点选择一定的细节标准，并按此标准进行调查和分析，最终要对感兴趣的细分市场进行描述和概括。有时，分别使用上述四种细分标准无法概括出细分市场时，就必须考虑综合使用上述四个标准，资料越详细越有利于目标市场的选择。最终概括出来的细分市场至少应符合以下要求。

细分后的市场必须是具体、明确的，不能似是而非或泛泛而谈，否则就失去了意义。细分后的市场必须是有潜力的市场，而且有进入的可能性，这样对企业才具有意义，如果市场潜力很小，或者进入的成本太高，企业就没有必要考虑这样的市场。

3) 目标市场的确定

在市场细分的基础上对细分出来子市场进行评估以确定品牌应定位的目标市场。确定目标市场的程序是：一是对细分市场进行评估，以确定目标市场；二是选择细分市场的进入方式。

(1) 评估细分市场

企业评估细分市场的核心是确定细分市场的实际容量，评估时应考虑3个方面的因素：

细分市场的规模，细分市场的内部结构吸引力和企业的资源条件。

潜在的细分市场要具有适度需求规模和规律性的发展趋势。潜在的需求规模是由潜在消费者的数量、购买能力、需求弹性等因素决定的。一般来说，潜在需求规模越大，细分市场的实际容量就越小。但是，对企业而言，市场容量并非越大越好，"适度"的含义是个相对概念。对小企业而言，市场规模越大需要投入的资源越多，而且对大企业的吸引力也就越大，竞争也就越激烈，因此，选择不被大企业看重的较小细分市场反而是上策。

细分市场内部结构吸引力取决于该细分市场潜在的竞争力，竞争者越多，竞争越激烈，该细分市场的吸引力就越小。有五种力量决定了细分市场的竞争状况，即同行业的竞争品牌、潜在的新参加的竞争品牌、替代品牌、品牌产品购买者和供应商，这五种力量从供给方面决定细分市场的潜在需求规模，从而影响到市场实际容量。如果细分市场竞争品牌众多，且实力强大，或者进入壁垒、退出壁垒较高，且已存在替代品牌，则该市场就会失去吸引力。如我国胶卷市场，柯达、富士两大国际品牌虎视眈眈，实力雄厚，占据市场的绝大多数利润，乐凯在民族产业的口号下力求扩大市场份额，中小企业要进入这样一个市场，成功的可能性很小，如果该细分市场中购买者的议价能力很强或者原材料和设备供应商招商高价格的能力很强，则该细分市场的吸引也会大大下降。

决定细分市场实际容量的最后一个因素是企业的资源条件，也是关键性的一个因素。企业的品牌经营是一个系统工程，有长期目标和短期目标，企业行为是计划的战略行为，每一步发展都是为了实现其长远目标服务，进入一个子市场只是企业品牌发展的一步。因此，虽然某些细分市场具有较大的吸引力，有理想的需求规模，但如果和企业的长期发展不一致，企业也应放弃进入。而且，即使和企业目标相符，但企业的技术资源、财力、人力资源有限，不能保证该细分市场的成功，则企业也应果断舍弃。

因此，对细分市场的评估应从上述三个方面综合考虑，全面权衡，这样评估出来的企业才有意义。

(2) 选择进入细分市场的方式

通过评估，品牌经营者会发现一个或几个值得进入的细分市场，这也就是品牌经营者所选择的目标市场，下面要考虑的就是进入目标市场的方式，即企业如何进入的问题，本章提供五种进入方式以供参考。

① 集中进入方式。企业集中所有的力量在一个目标市场上进行品牌经营，满足该市场的需求，在该品牌获得成功后再进行品牌延伸。这是中小企业在资源有限的情况下进入市场的常见方式。许多保健品企业在进入市场时常采用一个主打品牌进行集中营销的策略。比如，太太集团以"太太口服液"针对年轻女性养颜补血的心理进入市场获得了成功，现在又推出了"静心口服液"进入中年女性市场，也同样取得了成功。集中进入的方式有利于节约成本，以有限的投入突出品牌形象，但风险也比较大。

② 有选择的专门化。品牌经营者选择了若干个目标市场，在几个市场上同时进行品牌营销，这些市场之间或许很少或根本没有联系，但企业在每个市场上都能获利。比如宝洁公司在洗发水市场、牙膏市场、洗衣粉市场上同时开展营销活动且都取得了成功。这种进入方式有利于分散风险，企业即使在某一市场失利也不会全盘皆输。

③ 专门化进入。品牌厂商集中资源生产一种产品提供给各类顾客或者专门为满足某个顾客群的各种需要服务的营销方式。例如只生产"太阳能"热水器想供给所有消费者；或者

为大学实验室提供所需要的一系列产品，包括烧瓶、试剂、显微镜、紫光灯等。

④ 无差异进入。品牌经营者对各细分市场之间的差异忽略不计，只注重各细分市场之间的共同特征，推出一个品牌，采用一种营销组合来满足整个市场上大多数消费者的需求。无差异进入往往采用大规模配销和轰炸式广告的办法，以达到快速树立品牌形象的效果。如20世纪20年代美国福特汽车公司推出福特牌T型轿车时，公司宣布说：本公司的产品可满足所有顾客的要求，只要他想要的是黑色T型轿车。

无差异进入的策略能降低企业生产经营成本和广告费用，不需要进行细分市场的调研和评估。但是风险也比较大，毕竟在现代要求日益多样化、个性化的社会，以一种产品、一个品牌满足大部分需求的可能性很小。

⑤ 差异进入。品牌经营者以多个细分子市场为目标市场，分别设计不同的产品，提供不同的营销组合以满足各子市场不同的需求，这是大企业经常采用的进入方式。如海尔集团仅冰箱一种产品就区分出"大王子"、"双王子"、"小王子"、"海尔大地风"等几个设计、型号各异的品牌，以满足家庭、宾馆、餐厅、农村地区等不同细分市场对冰箱的需求。差异性进入由于针对特定目标市场的需求，因而成功的概率更高，能取得更大的市场占有率，但其营销成本也比无差异进入要高。

5种市场进入方式各有优缺点，企业在选择时应考虑自身的资源条件，结合产品的特点，选择最适宜的方式进入。

4. 品牌定位

选择目标市场和进入目标市场的过程同时也是品牌定位的过程。正如前面所讲，品牌定位的核心是展示其竞争优势，是通过一定的策略把竞争优势传达给消费者。因此，对品牌经营者而言，在确定目标后最重要的是选择正确的品牌定位策略，建立他所希望的，对该目标市场内大多数消费者有吸引力的竞争优势。本章2.3节将详细阐述品牌定位策略的内容。

1）品牌定位有助于潜在顾客记住企业所传达的信息

现代社会是信息社会，人们从睁开眼睛就开始面临信息的轰炸，消费者被信息围困，应接不暇。各种消息、资料、新闻、广告铺天盖地。

以报纸为例，美国报纸每年用纸过千万吨，这意味着每人每年消费94磅报纸。一般而言，一份大都市的报纸，像《21世纪经济报道》，可能包含有50万字以上，以平均每分钟读300字的速度计算，全部看完几乎需在30小时。如果仔细阅读的话，一个人一天即使不做其他任何事情，不吃不睡，也读不完一份报纸。更何况现代社会的媒体工具种类繁多，电视、杂志、网络上的信息也铺天盖地，更新快速。

如此多的媒体，如此多的产品，如此多的信息，消费者无所适从是必然的，这也使得企业的许多促销努力付诸流水，得不到理想的效果。

科学家发现，人只能接受有限度量的感觉。超过某一点，脑子就会一片空白，拒绝从事正常的功能。在这个"感觉过量的时候，企业只有压缩信息，实施定位，为自己的产品塑造一个最能打动潜在顾客心理的形象，才是其唯一明智的选择。品牌定位使潜在顾客能够对该品牌产生正确的认识，进而产生品牌偏好和购买行动，它是企业信息成功通向潜在顾客心智的一条捷径。

2）品牌定位的理论基础

品牌定位，是建立品牌形象的提供价值的行为，是要建立一个与目标市场相关的品牌形象的过程和结果。品牌定位的提出和应用是有其理论基础的。

（1）人们只看他们愿意看的事物

人们只看他们喜欢的事物，对于不喜欢的东西看得越多反而越感厌恶，不但没有美感，反而更觉得丑陋。一个定位准确的品牌引导人们往好的、美的方面体会，反之，一个无名品牌，人们往往觉得它有很多不如其他商品的特点。广告之所以是促销的有力武器，就在于它不断向潜在顾客传达其所期望的奇迹和感觉。

（2）人们排斥与其消费习惯不相等的事物

消费者在长期的购买、消费行为中往往形成了特定的好习惯。如有的人喜欢去大商场买服装、家电，去超级市场购买日常用品、食品；而有人喜欢果汁，有人喜欢可乐……消费习惯具有惯性，一旦形成很难改变，需要企业付出巨大的努力。品牌定位有利于培养消费习惯，提高顾客忠诚度。

（3）人们对同种事物的记忆是有限度的

正如我们前面所讲到的，这是个信息超量的时代，产品种类多到前所未有的地步，然而人们的记忆是有限的，很少有人能准确列出同类商品七个以上的品牌，人们往往能记住能是市场上的"第一、第二"，在购买时首先想到也往往是某些知名品牌。如可口可乐、IBM、摩托罗拉等名牌产品往往是消费者心目中的首选。

3）品牌定位是市场营销发展的必然产物

任何企业都不可能为市场上的所有顾客提供所有产品或服务，而只能根据自己的具体情况选择具有优势的细分市场，否则，就会处处兼顾、处处失败，处于被动境地。品牌定位作为市场定位的核心，就是帮助企业确定最有吸引力的、可以提供有效服务的目标。

市场营销的发展大体上经历了4个阶段：即：大众市场时代、区隔市场时代、区分区隔时代和大行销时代。大行销时代的特点是顾客的需要是价格、特性及应用导向，认为企业应致力于开发各种组合的产品，主张将市场的特性采取不同的营销组合，提供更符合顾客需要的产品和服务。在应用上致力于产品或服务的差异化，即要进行品牌定位，产品或服务的差异化并不仅仅指功能方面的差异化，而且也包括产品文化附加值方面的差异化，这两方面正是品牌定位的依据。

2.3　企业形象和企业文化

2.3.1　企业文化的概念

广义上说，文化是人类社会历史实践过程中所创造的物质财富与精神财富的总和；狭义上说，文化是社会的意识形态以及与之相适应的组织机构与制度。而企业文化则是企业在生产经营实践中，逐步形成的，为全体员工所认同并遵守的、带有本组织特点的使命、愿景、宗旨、精神、价值观和经营理念，以及这些理念在生产经营实践、管理制度、员工行为方式与企业对外形象体现的总和。它与文教、科研、军事等组织的文化性质是不同的。

企业文化是企业的灵魂，是推动企业发展的不竭动力。它包含着非常丰富的内容，其核心是企业的精神和价值观。这里的价值观不是泛指企业管理中的各种文化现象，而是企业或企业中的员工在从事商品生产与经营中所持有的价值观念。

关于企业文化的概念，在不同的发展阶段有许多不同的认识和表达。

① 美国学者约翰·科特和詹姆斯·赫斯克特认为，企业文化是指一个企业中各个部门，至少是企业高层管理者们所共同拥有的那些企业价值观念和经营实践。是指企业中一个分部的各个职能部门或地处不同地理环境的部门所拥有的那种共同的文化现象。

② 特雷斯·迪尔和阿伦·肯尼迪认为，企业文化是价值观、英雄人物、习俗仪式、文化网络、企业环境。

③ 威廉·大内认为，企业文化是进取、守势、灵活性，即确定活动、意见和行为模式的价值观。

④ 企业文化是一种新的现代企业管理理论，企业要真正步入市场，走出一条发展较快、效益较好、整体素质不断提高、使经济协调发展的路子，就必须普及和深化企业文化建设。

⑤ 企业文化有广义和狭义两种理解。广义的企业文化是指企业所创造的具有自身特点的物质文化和精神文化；狭义的企业文化是企业所形成的具有自身个性的经营宗旨、价值观和道德行为准则的综合。

⑥ 企业文化是社会文化体系中的一个有机的重要组成部分，它是民族文化和现代意识在企业内部的综合反映和表现，是民族文化和现代意识影响下形成的具有企业特点和群体意识及由这种意识产生的行为规范。

⑦ 根据以上的观点，我们可以得到以下结论。

ⓐ 企业文化是在工作团体中逐步形成的规范。

ⓑ 企业文化是为一个企业所信奉的主要价值观，是一种含义深远的价值观、神话、英雄人物标志的凝聚。

ⓒ 企业文化是指导企业制定员工和顾客政策的宗旨。

ⓓ 企业文化是在企业中寻求生存的竞争"原则"，是新员工要为企业所录用必须掌握的"内在规则"。

ⓔ 企业文化是企业内通过物体布局所传达的感觉或气氛，以及企业成员与顾客或其他外界成员交往的方式。

ⓕ 企业文化就是传统氛围构成的公司文化，它意味着公司的价值观，诸如进取、守势或是灵活，这些价值观构成公司员工活力、意见和行为的规范。管理人员身体力行，把这些规范灌输给员工并代代相传。

ⓖ 企业文化就是在一个企业中形成的某种文化观念和历史传统，共同的价值准则、道德规范和生活信息，将各种内部力量统一于共同的指导思想和经营哲学之下，汇聚到一个共同的方向。

ⓗ 企业文化是经济意义和文化意义的混合，即指在企业界形成的价值观念、行为准则在人群中和社会上发生了文化的影响。它不是指知识修养，而是指人们对知识的态度；不是利润，而是对利润的心理；不是人际关系，而是人际关系所体现的处世为人的哲学。企业文

化是一种渗透在企业的一切活动之中的东西,它是企业的美德所在。

① 企业文化是指企业组织的基本信息、基本价值观和对企业内外环境的基本看法,是由企业的全体成员共同遵守和信仰的行为规范、价值体系,是指导人们从事工作的哲学观念。

① 企业文化是在一定的社会历史条件下,企业生产经营和管理活动中所创造的具有本企业特色的精神财富和物质形态。它包括文化观念、价值观念、企业精神、道德规范、行为准则、历史传统、企业制度、文化环境、企业产品等。其中价值观是企业文化的核心。

2.3.2 企业文化理论的提出

20世纪80年代初,美国哈佛大学教育研究院的教授泰伦斯·迪尔和麦肯锡咨询公司顾问艾伦·肯尼迪在长期的企业管理研究中积累了丰富的资料。他们在6个月的时间里,集中对80家企业进行了详尽的调查,写成了《企业文化——企业生存的习俗和礼仪》一书。该书在1981年7月出版后,就成为最畅销的管理学著作,后又被评为20世纪80年代最有影响的10本管理学专著之一,成为论述企业文化的经典之作。它用丰富的例证指出,杰出而成功的企业都有强有力的企业文化,即为全体员工共同遵守,但往往是自然约定俗成的而非书面的行为规范;并有各种各样用来宣传、强化这些价值观念的仪式和习俗。正是企业文化这一非技术、非经济的因素,导致了这些决策的产生、企业中的人事任免,小至员工们的行为举止、衣着爱好、生活习惯。在两个其他条件都相差无几的企业中,由于其文化的强弱,对企业发展所产生的后果就完全不同。

2.3.3 企业文化的要素

人物、文化仪式和文化网络。企业环境是指企业的性质、企业的经营方向、外部环境、企业的社会形象、与外界的联系等方面,它往往决定企业的行为。价值观是指企业内成员对某个事件或某种行为好与坏、善与恶、正确与错误、是否值得仿效的一致认识。价值观是企业文化的核心,统一的价值观使企业内成员在判断自己行为时具有统一的标准,并以此来选择自己的行为。英雄人物是指企业文化的核心人物或企业文化的人格化,其作用在于作为一种活的样板,给企业中其他员工提供可供效仿的榜样,对企业文化的形成和强化起着极为重要的作用。文化仪式是指企业内的各种表彰、奖励活动、聚会及文娱活动等,它可以把企业中发生的某些事情戏剧化和形象化,来生动地宣传和体现本企业的价值观,使人们通过这些生动活泼的活动来领会企业文化的内涵,使企业文化寓教于乐之中。文化网络是指非正式的信息传递渠道,主要是传播文化信息。它是由某种非正式的组织和人群,以及某一特定场合所组成,它所传递出的信息往往能反映出职工的愿望和心态。

2.3.4 企业文化的内容

根据企业文化的定义,其内容是十分广泛的,但其中最主要的应包括如下几点。

1. 经营哲学

经营哲学也称企业哲学，是一个企业特有的从事生产经营和管理活动的方法论原则。它是指导企业行为的基础。一个企业在激烈的市场竞争环境中，面临着各种矛盾和多种选择，要求企业有一个科学的方法论来指导，有一套逻辑思维的程序来决定自己的行为，这就是经营哲学。例如，日本松下公司"讲求经济效益，重视生存的意志，事事谋求生存和发展"，这就是它的战略决策哲学。北京蓝岛商业大厦创办于1994年，它以"诚信为本，情义至上"的经营哲学为指导，"以情显义，以义取利，义利结合"，使之在创办三年的时间内营业额就翻了一番，跃居首都商界第4位。

2. 价值观念

所谓价值观念，是人们基于某种功利性或道义性的追求而对人们（个人、组织）本身的存在、行为和行为结果进行评价的基本观点。可以说，人生就是为了价值的追求，价值观念决定着人生追求行为。价值观不是人们在一时一事上的体现，而是在长期实践活动中形成的关于价值的观念体系。企业的价值观，是指企业职工对企业存在的意义、经营目的、经营宗旨的价值评价和为之追求的整体化、个性化的群体意识，是企业全体职工共同的价值准则。只有在共同的价值准则基础上才能产生企业正确的价值目标。有了正确的价值目标才会有奋力追求价值目标的行为，企业才有希望。因此，企业价值观决定着职工行为的取向，关系企业的生死存亡。只顾企业自身经济效益的价值观，就会偏离社会主义方向，不仅会损害国家和人民的利益，还会影响企业形象；只顾眼前利益的价值观，就会急功近利，搞短期行为，使企业失去后劲，导致灭亡。我国老一代的民族企业家卢作孚（民生轮船公司的创始人）提倡"个人为事业服务，事业为社会服务，个人的服务是超报酬的，事业的服务是超经济的。"从而树立起"服务社会，便利人群，开发产业，富强国家"的价值观念，这一为民为国的价值观念促进了民生公司的发展。北京西单商场的价值观念以求实为核心，即："实实在在的商品、实实在在的价格、实实在在的服务。"在经营过程中，严把商品进货关，保证商品质量；控制进货成本，提高商品附加值；提倡"需要理解的总是顾客，需要改进的总是自己"的观念，提高服务档次，促进了企业的发展。

3. 企业精神

企业精神是指企业基于自身特定的性质、任务、宗旨、时代要求和发展方向，并经过精心培养而形成的企业成员群体的精神风貌。

企业精神要通过企业全体职工有意识的实践活动体现出来。因此，它又是企业职工观念意识和进取心理的外化。

企业精神是企业文化的核心，在整个企业文化中起着支配的地位。企业精神以价值观念为基础，以价值目标为动力，对企业经营哲学、管理制度、道德风尚、团体意识和企业形象起着决定性的作用。可以说，企业精神是企业的灵魂。

企业精神通常用一些既富于哲理，又简洁明快的语言予以表达，便于职工铭记在心，时刻用于激励自己；也便于对外宣传，容易在人们脑海里形成印象，从而在社会上形成个性鲜明的企业形象。如王府井百货大楼的"一团火"精神，就是用大楼人的光和热去照亮、温暖每一颗心，其实质就是奉献服务；西单商场的"求实、奋进"精神，体现了以求实为核心的价值观念和真诚守信、开拓奋进的经营作风。

4. 企业道德

企业道德是指调整本企业与其他企业之间、企业与顾客之间、企业内部职工之间关系的行为规范的总和。它是从伦理关系的角度，以善与恶、公与私、荣与辱、诚实与虚伪等道德范畴为标准来评价和规范企业。

企业道德与法律规范和制度规范不同，不具有那样的强制性和约束力，但具有积极的示范效应和强烈的感染力，当被人们认可和接受后具有自我约束的力量。因此，它具有更广泛的适应性，是约束企业和职工行为的重要手段。中国老字号同仁堂药店之所以三百多年长盛不衰，在于它把中华民族优秀的传统美德融于企业的生产经营过程之中，形成了具有行业特色的职业道德，即"济世养身、精益求精、童叟无欺、一视同仁"。

5. 团体意识

团体即组织，团体意识是指组织成员的集体观念。团体意识是企业内部凝聚力形成的重要心理因素。企业团体意识的形成使企业的每个职工把自己的工作和行为都看成是实现企业目标的一个组成部分，使他们对自己作为企业的成员而感到自豪，对企业的成就产生荣誉感，从而把企业看成是自己利益的共同体和归属。因此，他们就会为实现企业的目标而努力奋斗，自觉地克服与实现企业目标不一致的行为。

6. 企业形象

企业形象是企业通过外部特征和经营实力表现出来的，被消费者和公众所认同的企业总体印象。由外部特征表现出来的企业形象称表层形象，如招牌、门面、徽标、广告、商标、服饰、营业环境等，这些都给人以直观的感觉，容易形成印象；通过经营实力表现出来的形象称深层形象，它是企业内部要素的集中体现，如人员素质、生产经营能力、管理水平、资本实力、产品质量等。表层形象是以深层形象为基础，没有深层形象这个基础，表层形象就是虚假的，也不能长久地保持。流通企业由于主要是经营商品和提供服务，与顾客接触较多，所以表层形象显得格外重要，但这决不是说深层形象可以放在次要的位置。北京西单商场以"诚实待人、诚心感人、诚信送人、诚恳让人"来树立全心全意为顾客服务的企业形象，而这种服务是建立在优美的购物环境、可靠的商品质量、实实在在的价格基础上的，即以强大的物质基础和经营实力作为优质服务的保证，达到表层形象和深层形象的结合，赢得了广大顾客的信任。

7. 企业制度

企业制度是在生产经营实践活动中所形成的，对人的行为带有强制性，并能保障一定权利的各种规定。从企业文化的层次结构看，企业制度属中间层次，它是精神文化的表现形式，是物质文化实现的保证。企业制度作为职工行为规范的模式，使个人的活动得以合理进行，内外人际关系得以协调，员工的共同利益受到保护，从而使企业有序地组织起来为实现企业目标而努力。

2.3.5 企业文化的分类

关于企业文化分类，Schein（1985）曾说："多位研究者对文化本身的定义并没有太多的改变，但因分类方式的不同，使得企业文化被分割成许多不同的类型"；也有学者喜欢通过对文化的分类，以求能以整体的观点来观察企业的现象，而非仅探讨企业文化的个别概念。

对于企业文化类型,国内外专家很多研究成果,简单概述如下。

1. 库克与赖佛提的分类

库克和赖佛特把企业文化划分为12类,分别说明如下。

① 人文关怀的文化:鼓励企业成员积极参与企业事务,并相当重视团体中的个人。企业希望成员间能有开放的、支持的、建设的互动。

② 高度归属的文化:企业成员对其所属工作团体能有相当的认同、友善的态度、开放的心胸与强烈的满足感。

③ 抉择互惠的文化:避免冲突,强调和谐的气氛,支持他人意见,可换取他人对自己的支持。

④ 传统保守的文化:保守,重视传统,特色是层级节制,严密节制。要求成员顺从决策,恪守规则。

⑤ 因循依赖的文化:层层严密监控,决策集权。

⑥ 规避错误的文化:有罚无奖赏的文化,若表现优良,则理所当然。有"多做多错,少做少错,不做不错"的心态,企业成员不再愿意负担任何责任,将自己受责备的可能性降至最低。

⑦ 异议反制的文化:此种企业充满了反制对立的特点,异议分子往往是令人赞赏的对象。企业成员会因所提之批评而声名大噪,获得崇高的地位与影响力。长久以往,会使企业成员习惯为反对而反对,因而做出不切实际的决定。当然,适度的异议具有良性的刺激,但若过度,则会产生一些没有必要的冲突,如此问题不但很难对症下药,亦难获得解决。

⑧ 权力取向的文化:此种企业不注重成员的参与,重视职位所赋予的权威,企业成员相信,只要攀登管理阶层,监控部属,并对上级的需求做响应,就能以此得到奖励。如此企业中,人与人之间的关系不再存在,取而代之的是职位与职位之间或角色与角色之间的关系。所以部属很可能会抵抗此种权威式的控制,因而降低贡献心力的意愿。

⑨ 竞争文化:即成王败寇,企业成员会因突出的表现而受到奖励与重视,企业成员彼此处于竞争态势,不能自拔,合作意愿低。

⑩ 力求至善文化:追求完美,坚忍而固执。企业中,努力不懈的人才会受到重视。企业所有成员避免犯任何错误,并使自己随时对周遭事物保持高敏感度。

⑪ 成就取向的文化:处事有条不紊、能够自行预定目标与完成目标的个人。

⑫ 自我实现的文化:此种文化有三个特点:一是重视创造性,二是质重于量,三是兼顾工作的完成与个人的成长。

进一步,Cooke and Rousseau(1988)对企业文化类型进行了整理,分为三大类,分别是满足文化、安全/人际文化和安全/任务文化,如表2-1所示。

表2-1 企业文化类型表

文化类型	企业文化子维度
满足文化	人道帮助文化:为参与及人员导向的管理 关怀亲爱文化:强调人群互动关系,分享感觉 追求成就文化:强调员工自我规划目标并充满热情地完成目标 自我实现文化:鼓励员工乐在工作、发展自我及时常创新

续表

文化类型	企业文化子维度
安全/人际文化	赞同接纳文化：避免冲突的发生及重视人际的互动关系 传统谨慎文化：公司为传统、保守及较高的控制性 倚靠依赖文化：员工较依赖主管的决策，较少参与 回避保守文化：失败的员工企业则给予严重的惩罚
安全/任务文化	对立抗衡文化：公司鼓励同仁间的对立及互相批评 权力控制文化：成员重视争取更高的职位及控制部属 强调竞争文化：成员努力、竞争以争取奖酬 完美主义文化：公司非常认同完美、持续力及辛勤工作的员工

2. E·戴尔和 A·肯尼迪的分类

美国企业管理家 E·戴尔和 A·肯尼迪，在深入考察世界 500 强企业后，发现大部分企业的文化可概括为以下 4 种类型。

① 硬汉式的企业文化：自信，个人主义挂帅，追求最佳及完美，提倡冒险精神、创新意识。鼓励企业内部的竞争，不断创新为企业的价值追求，风险高。

② 努力工作及尽情享乐文化：工作与娱乐并重，企业成员喜欢采用低风险、迅速回报的方式来取得成功。以紧张的努力工作来增强企业实力，避免大的风险。

③ 以公司为赌注，需要几年后才知道结果。

④ 注重过程文化：很少回报或完全没有回报，成员很难衡量自己所做的事，只能把全部精神放在"如何做"上，也称"官僚"文化。

3. Cameron 的分类

1985 年，密西根大学工商管理学院的 Kim S. Cameron 以企业接受风险之程度（内向—外向）及企业行为之弹性程度（弹性—控制）为构面，将文化分为 4 类：支持型文化、创新型文化、效率型文化及官僚型文化。

① 官僚型文化特征是企业层级分明，有清楚的责任及授权，工作标准化和固定化，行事态度谨慎保守，此类型文化通常建立在控制和权力的基础上，不喜变革。

② 创新型文化特征是面临的竞争环境较为复杂、多变、激烈及动态性，在这种环境下，具有企业家精神或充满企图心的人较容易成功，工作较具创造性、挑战性和冒险性。

③ 支持型文化特征是企业环境通常相当开放、和谐，有家庭温暖的感觉，企业中具有高度的支持、公平、鼓励、信任与开放，具有很高的相互合作精神，是十分重视人际关系导向的工作环境。接受变革。

④ 效率型文化特征是企业重视绩效和讲究效率，存在相互竞争的氛围，经常冒大风险和接受大变革。

4. Quinn 的分类

Robert E. Quinn 教授用两个主要的成对维度（灵活性—稳定性）和（关注内部—关注外部），可将指标分成 4 个主要的类群，4 个象限代表着不同特征的企业文化，命名分别如下。

① 团队型：强调人际关系，企业就像一个大家庭，彼此帮忙，忠心和传统是重要的价值观，重视人力资源发展所带来的长期利益、士气及凝聚力。

② 活力型：特点是强调创新与创业，企业比较松弛非规范化，强调不断的成长和创新，鼓励个人主动创新并自由发挥。

③ 市场型：强调工作导向及目标完成，重视市场及产品，对市场有敏锐的洞察力。
④ 层级型：强调规则至上，凡事皆有规章可循，企业重视结构化与正规化，稳定与恒久是重要的观念。领导以企业有良好的协调和效率为荣。

5. 河野丰弘的分类

日本的河野丰弘则把企业分为 3 种类型。
① 活力型：具有活力，追求革新、挑战，精神旺盛，无畏失败。有目标、面向外部，上下左右沟通良好，能自发地提出设想，责任心强。
② 官僚型：企业导向、例行公事、过度谨慎等。
③ 僵化型：习惯导向，安全第一，自我保存，面向内部，行动迟缓，不创新。

6. 威廉·大内的分类

日裔旅美学者威廉·大内提出 3 种企业文化类型。

(1) J 型文化

日本式企业文化称为 J 型文化，主要特点如下：实行长期或终身雇用制度，使员工与企业同甘共苦；对员工实行长期考核和逐步提升制度；非专业化的经历道路，培养适合各种工作环境的多专多能人才；管理过程既要运用统计报表、数字信息等清晰鲜明的控制手段，又注重对人的经验和潜能进行细致而积极的启发诱导；采取集体研究的决策过程；对一件工作集体负责；人们树立牢固的整体观念，员工之间平等相待，每个人对事物均可作出判断，并能独立工作，以自我指挥代替等级指挥。

(2) A 型文化

美国当前盛行的、人际关系淡漠的企业文化模式称为 A 型文化，主要特点如下：短期雇用；迅速的评价和升级，即绩效考核期短，员工得到回报快；专业化的经历道路，造成员工过分局限于自己的专业，但对整个企业并不了解很多；明确的控制；个人决策过程不利于诱发员工的聪明才智和创造精神；个人负责，任何事情都有明确的负责人；局部关系。

(3) Z 型文化

价值观主要是长期的雇用、信任和亲密的人际关系、人道化的工作条件。所以，Z 型文化能满足员工自身利益的需要，符合美国文化，又学习日本管理方式的长处，是美国未来企业发展的模式。

7. 魏杰的分类

清华大学学者魏杰提出："对于企业文化的分类，不同的著作有不同的提法，这些划分有的显得纷乱芜杂，有的则显得不够完全，我个人认为比较恰当的分类方法是将其归为经营性企业文化、管理性企业文化和体制性企业文化三个方面。"
① 经营性企业文化：是指企业在对外经营中所表现出来的价值观和方法论。
② 管理性企业文化：指的是企业在处理对内管理过程的各种关系中所形成的价值观和方法论。
③ 体制性企业文化：指的是为了维系企业体制而产生的企业文化。

2.3.6 企业文化的基本结构

企业文化通常是由企业理念文化、企业制度文化、企业行为文化和企业物质文化等四个层次所组成，如图 2-14 所示。

1. 企业理念文化

企业理念文化是指企业在长期的生产经营过程中形成的文化观念和精神成果，是一种深层的文化现象，在整个企业文化系统中，它处于核心的地位。

企业理念文化通常包括企业使命、企业愿景、企业精神、企业价值观、企业伦理道德、企业作风等内容，是企业意识形态的总和。下面我们重点谈谈理念文化中的企业精神，其他理念文化的内容可参见相关问题的论述。

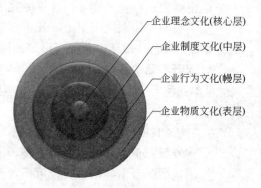

图 2-14　企业文化结构示意图

企业精神是现代意识与个性相结合的一种群体意识，它往往以简洁而富有哲理的语言形式加以概括，通过"司训"、"司歌"等形式形象地表现出来。一般来说，企业精神是企业广大员工共同一致、彼此共鸣的内心态度、意志状况和思想境界。

企业精神是企业广大员工在长期的生产经营活动中逐步形成的，并经过企业家有意识的概括、总结、提炼而得到确立的思想成果和精神力量，它是企业优良传统的结晶，是维系企业生存发展的精神支柱。本来只有人才具有精神，企业精神这一概念的自身就是把企业人格化了，它是由企业的传统、经历、文化和企业领导人的管理哲学共同孕育而形成的。集中体现了一个企业独特的、鲜明的经营思想和个性风格，反映着企业的信念和追求，也是企业群体意识的集中体现。企业精神具有号召力、凝聚力和向心力，是一个企业宝贵的经营优势和精神财富。

2. 企业制度文化

企业制度文化是得到企业广大员工认同并自觉遵从的由企业的领导体制、组织形态和经营管理形态构成的外显文化，是一种约束企业和员工行为的规范性文化。它是企业文化的中坚和桥梁，把企业文化中的物质文化和理念文化有机地结合成一个整体。

企业制度文化一般包括企业领导体制、企业的组织机构、企业的经营制度、企业的管理制度和一些其他特殊制度。

① 企业领导体制是企业领导方式、领导结构和领导制度的总称。不同的企业领导体制，反映着不同的企业文化。领导体制影响着组织机构的设置，制约着企业管理的各个方面。

② 企业组织机构是指企业为了有效实现企业目标而建立的企业内部各组成部分及其相互关系。如果把企业视为一个生物有机体，那么组织机构就是这个有机体的骨骼。

③ 企业的经营制度是指通过划分生产权和经营权，在不改变所有权的情况下，强化企业的经营责任，促进竞争，提高企业经济效益的一种经营责任制度。

④ 企业的管理制度是企业在管理实践活动中制定的各种带有强制性的规定或条例。没有规矩，无以成方圆。一般来说，企业管理制度影响和制约着企业文化发展的总趋势，同时也促使不同企业的企业文化朝着个性化的方向发展。

⑤ 特殊制度主要是指企业的非程序化制度，如员工评议干部制度、干部员工平等对话制度、总结表彰会制度等。与一般制度相比，特殊制度更能够反映一个企业的管理特点和文化特色。

企业的制度与企业的理念有着相互影响、相互促进的作用。合理的制度必然会促进正确的企业经营观念和员工价值观念的形成；而正确的经营观念和价值观念又会促进制度的正确贯彻，使员工形成良好的行为习惯。

3. 企业行为文化

企业行为文化是指企业员工在生产经营、学习娱乐中产生的活动文化，包括企业经营、教育宣传、人际关系活动、文娱体育等活动中产生的文化现象。它是企业经营作风、精神面貌、人际关系的动态体现，也是企业理念的折射。

从人员结构上划分，企业行为又包括企业家的行为、企业模范人物的行为、企业员工的行为等。企业的经营决策方式和决策行为主要来自企业家，企业家是企业经营的主角。在具有优秀企业文化的企业中，最受人敬重的是那些集中体现了企业价值观的企业模范人物。这些模范人物使企业的价值观"人格化"，他们是企业员工学习的榜样，他们的行为常常为企业员工所仿效。企业员工是企业的主体，企业员工的群体行为决定企业整体的精神风貌和企业文明的程度。

4. 企业物质文化

企业文化作为社会文化的一个子系统，其显著的特点是以物质为载体，物质文化是它的外部表现形式。优秀的企业文化总是通过重视产品的开发、服务的质量、产品的信誉和企业生产环境、办公环境、文化设施等物质现象来体现的。企业物质文化是企业文化系统的表层文化，它是由企业员工创造的产品和各种物质设施等构成的文化现象。它主要包括以下几方面。

① 企业名称、标识、标准字、标准色。这是企业物质文化最集中的外在体现。

② 企业外貌、建筑风格、办公室和车间的设计和布置方式等。生产环境的好坏直接影响员工的情绪与心理。企业如果绿化好、厂容美、环境清洁整齐，不仅可以激发员工的自豪感和凝聚力，而且可以直接影响员工的工作效率。因此，优秀的企业特别注重为员工创造优美的工作环境，并把它作为企业文化建设的重要内容，作为调动员工积极性的重要手段。

③ 产品的特色、样式、外观和包装。

④ 技术工艺设备特性。

⑤ 企业旗帜、歌曲、服装、吉祥物等。

⑥ 企业的文化体育生活设施。人有多种需要，不仅仅是物质需要，更重要的是精神需要。在物质生活水平不断提高的今天，人们对精神需要的追求愈加强烈，求知、求美、求乐等心理迅速发展，构成企业文化建设中不可忽视的课题。建立和完善员工的文化设施，积极开展健康有益的文体活动，是许多优秀企业的重要物质文化内容。

⑦ 企业造型和纪念性建筑，如雕塑、纪念碑等。

⑧ 企业的文化传播网络，如企业自办的报纸、刊物、有线广播、闭路电视、计算机网络、宣传栏等。

企业文化的以上 4 个层次是紧密联系的。物质文化是企业文化的外在表现和载体，是行为文化、制度文化和理念文化的物质基础；制度文化是理念文化的载体，制度文化又规范着行为文化；理念文化是形成行为文化和制度文化的思想基础，也是企业文化的核心和灵魂。

2.3.7 不同国家的企业文化模式与管理特点

文化是与民族分不开的，一定的文化总是一定民族的文化。企业文化是一个国家的微观组织文化，它是这个国家民族文化的组成部分，所以一个国家企业文化的特点实际就代表这个国家民族文化的特点。下面我们仅对能代表东西方民族文化特点的几个国家和地区的企业文化和管理特点作一些简要介绍。

1. 美国的企业文化的模式与管理特点

美国是一个多民族的移民国家，这决定了美国民族文化的个人主义特点。美国的企业文化以个人主义为核心，但这种个人主义不是一般概念上的自私，而是强调个人的独立性、能动性、个性和个人成就。在这种个人主义思想的支配下，美国的企业管理以个人的能动主义为基础，鼓励职工个人奋斗，实行个人负责、个人决策。因此，在美国企业中个人英雄主义比较突出，许多企业常常把企业的创业者或对企业做出巨大贡献的个人推崇为英雄。企业对职工的评价也是基于能力主义原则，加薪和提职也只看能力和工作业绩，不考虑年龄、资历和学历等因素。以个人主义为特点的企业文化缺乏共同的价值观念，企业的价值目标和个人的价值目标是不一致的，企业以严密的组织结构、严格的规章制度来管理员工，以追求企业目标的实现。职工仅把企业看成是实现个人目标和自我价值的场所和手段。

2. 欧洲国家的企业文化模式与管理特点

欧洲文化是受基督教影响的，基督教给欧洲提供了理想价格的道德楷模。基督教信仰上帝，认为上帝是仁慈的，上帝要求人与人之间应该互爱。受这一观念的影响，欧洲文化崇尚个人的价值观，强调个人高层次的需求。欧洲人还注重理性和科学，强调逻辑推理和理性的分析。

虽然欧洲企业文化的精神基础是相同的，但由于各个国家民族文化的不同，欧洲各个国家的企业文化也存在着差别。英国人由于文化背景的原因，世袭观念强，一直把地主贵族视为社会的上层，企业经营者处于较低的社会等级。因此，英国企业家的价值观念比较讲究社会地位和等级差异，不是用优异的管理业绩来证明自己的社会价值，而是千方百计地使自己加入上层社会，因此在企业经营中墨守成规，冒险精神差。

法国最突出的特点是民族主义、傲慢、势利和优越感，因此法国人的企业管理表现出封闭守旧的观念。

意大利崇尚自由，以自我为中心，所以在企业管理上显得组织纪律差，企业组织的结构化程度低。但由于意大利和绝大多数的企业属于中小企业，组织松散对企业生机影响并不突出。

德国人的官僚意识比较浓，组织纪律性强，而且勤奋刻苦。因此，德国的企业管理中，决策机构庞大、决策集体化，保证工人参加管理，往往要花较多的时间论证，但决策质量高。企业执行层划分严格，各部门负责只有一个主管，不设副职。职工参与企业管理广泛而正规，许多法律都保障了职工参与企业管理的权力。职工参与企业管理主要是通过参加企业监事会和董事会来实现。按照《职工参与管理法》规定，20 000人以上的企业，监事会成员 20 名，劳资代表各占一半，劳方的 10 名代表中，企业内推举 7 人，企业外推举 3 人；10 000～20 000人的企业中，监事会成员 16 人，劳方代表 8 人，其中企业内推举 6 人，企业外推举 2 人，10 000 人以下的企业，监事会成员中的劳资代表均各占一半。

3. 日本的企业文化模式与管理特点

日本是一个单一民族的国家，社会结构长期稳定统一，思想观念具有很强的共同性。同时，日本民族受中国儒家伦理思想的影响，侧重"和"、"信"、"诚"等伦理观念，使日本高度重视人际关系的处理。这些决定了日本企业文化以和亲一致的团队精神为其特点。"和"被日本企业作为运用到管理中的哲学观念，是企业行动的指南。

以团队精神为特点的日本企业文化，使企业上下一致地维护和谐，互相谦让，强调合作，反对个人主义和内部竞争。企业是一利益共同体，共同的价值观念使企业目标和个人目标具有一致性。企业像一个家庭一样，成员和睦相处，上级关心下级，权利和责任划分并不那么明确，集体决策，取得一致意见后才作出决定，一旦出了问题不追究个人责任，而是各自都作自我批评。企业对职工实行终身雇用、年功序列工资制。

日本是一个单一民族的岛国，但并不封闭守旧，革新精神强，大量吸收西方文化中重视科学技术和理性管理，并与传统文化结合起来，形成巨大的生产力。

4. 中国企业文化的现状

新中国成立以前，受外国资本和封建官僚买办控制的企业中，劳动者处于被残酷剥削和压迫之下，他们没有自由，没有平等，有的只是愤怒和反抗。在旧中国，具有一定带理性的中国企业文化只有在民族资本主义企业中才存在，它是由老一代的民族企业家所倡导的。前面已经提到的由民生轮船公司的创始人卢作孚先生于 1925 年所倡导的"民生精神"就是一例。

新中国成立以后，国有企业是中国经济的主体，企业文化也如同整个国家的经济建设一样，经历了一番曲折的道路。在传统计划经济体制下，高度集权的管理模式对企业文化建设既有积极的一面，也存在着严重的消极因素。所谓积极的一面是有利于体现企业的社会主义共性，形成注重国家利益的大集体观念和艰苦奋斗精神，如 20 世纪五六十年代出现的"两参一改三结合"的"鞍钢宪法"和"三老四严"的"大庆精神"，就是这种观念和精神的代表。所谓消极的一面，是这种集权管理模式强化了"官本位"观念，管理活动行政化，职工群众的积极性未能充分发挥出来，民主管理的监督约束机制显得无力。特别是在极"左"思潮的干预下，"以阶级斗争为纲"，把政治斗争绝对化，严重阻碍了企业民主制度的建立和监督制度的形成。实行经济体制改革以后，传统计划经济体制逐步转换为社会主义市场经济体制，中国企业文化建设的环境开始转变，特别是现代企业制度的建立，为建立有中国民族特色的企业义化创造了有利的政治法律环境，企业文化建设也取得了明显成效，本章中所列举的例子说明了这一点。

中国是一个历史悠久的文明国家，中国的传统文化内涵丰富，其中既有积极的一面，也有消极的一面。

2.3.8 企业文化的功能

研究企业文化，其目的是利用企业文化为企业的生存与发展发挥作用。那么，企业文化到底有些什么功能呢？

1. 企业文化具有导向功能

所谓导向功能就是通过它对企业的领导者和职工起引导作用。企业文化的导向功能主要体现在以下两个方面。

1)经营哲学和价值观念的指导

经营哲学决定了企业经营的思维方式和处理问题的法则,这些方式和法则指导经营者进行正确的决策,指导员工采用科学的方法从事生产经营活动。企业共同的价值观念规定了企业的价值取向,使员工对事物的评判形成共识,有着共同的价值目标,企业的领导和员工为着他们所认定的价值目标去行动。美国学者托马斯·彼得斯和小罗伯特·沃特曼在《寻求优势》一书中指出"我们研究的所有优秀公司都很清楚他们的主张是什么,并认真建立和形成了公司的价值准则。事实上,一个公司缺乏明确的价值准则或价值观念不正确,我们则怀疑它是否有可能获得经营上的成功。"

2)企业目标的指引

企业目标代表着企业发展的方向,没有正确的目标就等于迷失了方向。完美的企业文化会从实际出发,以科学的态度去制定企业的发展目标,这种目标一定具有可行性和科学性。企业员工就是在这一目标的指导下从事生产经营活动。

2. 企业文化的约束功能

企业文化的约束功能主要是通过完善管理制度和道德规范来实现。

1)有效规章制度的约束

企业制度是企业文化的内容之一。企业制度是企业内部的法规,企业的领导者和企业职工必须遵守和执行,从而形成约束力。

2)道德规范的约束

道德规范是从伦理关系的角度来约束企业领导者和职工的行为。如果人们违背了道德规范的要求,就会受到舆论的谴责,心理上会感到内疚。同仁堂药店"济世养生、精益求精、童叟无欺、一视同仁"的道德规范约束着全体员工必须严格按工艺规程操作,严格质量管理,严格执行纪律。

3. 企业文化的凝聚功能

企业文化以人为本,尊重人的感情,从而在企业中造成了一种团结友爱、相互信任的和睦气氛,强化了团体意识,使企业职工之间形成强大的凝聚力和向心力。共同的价值观念形成了共同的目标和理想,职工把企业看成是一个命运共同体,把本职工作看成是实现共同目标的重要组成部分,整个企业步调一致,形成统一的整体。这时,"厂兴我荣,厂衰我耻"成为职工发自内心的真挚感情,"爱厂如家"就会变成他们的实际行动。

4. 企业文化的激励功能

共同的价值观念使每个职工都感到自己存在和行为的价值,自我价值的实现是人的最高精神需求的一种满足,这种满足必将形成强大的激励。在以人为本的企业文化氛围中,领导与职工、职工与职工之间互相关心,互相支持,特别是领导对职工的关心,职工会感到受人尊重,自然会振奋精神,努力工作。另外,企业精神和企业形象对企业职工有着极大的鼓舞作用,特别是企业文化建设取得成功,在社会上产生影响时,企业职工会产生强烈的荣誉感和自豪感,他们会加倍努力,用自己的实际行动去维护企业的荣誉和形象。

5. 调适功能

调适就是调整和适应。企业各部门之间、职工之间,由于各种原因难免会产生一些矛盾,解决这些矛盾需要各自进行自我调节;企业与环境、与顾客、与企业、与国家、与社会之间都会存在不协调、不适应之处,这也需要进行调整和适应。企业哲学和企业道德规范使经营者和普通员工能科学地处理这些矛盾，自觉地约束自己。完美的企业形象就是进行这些调节的结果。调适功能实际也是企业能动作用的一种表现。

2.3.9 以企业文化为核心构筑企业形象

文化作为企业成长的内在牵引力和约束力，给企业形象的形成注入了灵魂。企业文化理论认为，企业是人的结合体，文化是企业的伴生物，培育企业文化和发挥人的主体作用是企业管理的主导环节。企业文化以既切实可行又充满希望的方式，把人、组织和企业的直觉与知识汇合在一起，一旦形成，又是所有员工的感知、思维、决策和行为共同的基础。

塑造企业形象的本质功能应该是建设企业文化，因为企业文化的核心是企业精神，而企业精神又是企业形象的精髓、灵魂。一个企业要保持长久不衰的旺盛生命力、强大的凝聚力，稳定、富有进取地发展，就要建设自己的企业文化。培养企业精神。企业也正是在这个过程中塑造自己的形象。企业文化是企业物质文化和精神文化的集合，以精神文明为主导和核心，以人为出发点，因为产品靠人来实现。如果一个企业不通过建设企业文化去培育员工朝气蓬勃的创造精神、进步的价值观念、高尚的道德情操，把企业的共同信念化为员工积极行动，更好地完成企业的经营目标和经营方针，其企业能够有良好的形象吗？

塑造良好的形象，又会进一步促进企业的主体人的发展。良好的企业形象在很大程度上左右着员工对自己工作的选择，以及他们对所从事工作的态度。因此，企业应当通过在员工心目中塑造一个受他们欢迎的企业形象来调动他们的积极性。员工会对自己所在的企业产生认同感、自豪感、愉快感，自觉维护企业形象，增加对企业的向心力，提高企业的进取意识，从而光大企业精神，推动企业文化的建设。

2.3.10 企业形象的塑造方法

企业形象决定着企业的竞争力，是企业参与国内外市场竞争的决定性力量。企业要提高产品的竞争力，必须重视企业形象的塑造。企业形象塑造是一项系统工程，要塑造出良好企业形象，必须讲究方法。科学方法历来是达到目标的有效手段，是顺利抵达目标彼岸的航船。尽管各个企业状况不同，运用的方法各种各样，千差万别，但有些方法和手段则具有普遍意义。

1. 紧抓关键

紧抓关键是马克思主义辩证唯物主义的重要方法，它完全适用于企业形象塑造活动。由于企业形象是由多方面形象构成的，所以要全方位开展工作，但这绝不意味着诸方面平均用力，而是要抓住对企业形象塑造起决定性作用的关键因素，并以此为重点开展形象塑造活动。因为企业形象主要指企业产品形象，产品质量是产品的灵魂和生命，所以产品形象塑造的关键就是要狠抓产品质量，创优质名牌产品。可以说，持续稳定的优质产品，是维系企业产品商誉和品牌的根本保证。为此，企业必须做到：一要坚持"质量第一"的方针；二要深入开展全员质量教育，强化职工的质量意识；三要依靠科技进步，促进产品质量的提高；四要建立健全产品质量保证体系，强化生产过程质量管理；五要积极开展产品质量认证活动；六要抓好售后服务，自觉接受消费者的评判检验。产品质量过硬，定会赢得社会公众的信誉，树立良好产品形象。奔驰汽车的优秀产品形象，就是建立在产品高质量基础上。据悉，奔驰车的质量号称20万公里不用动螺丝刀，跑30万公里以后，换个发动机，可再跑30万公里。正是由于其质量卓越，所以才有奔驰极优秀的形象。

2. 科学管理

要塑造良好的企业产品形象，必须进行科学管理。产品形象塑造是一项复杂的系统工程，需要人、财、物及各个环节的协调，只有加强企业内部管理，才能使这一工作有序、和谐、高效展开。为此，就要做到以下几点：学习先进的管理理论，如全面质量管理、人本管理、企业文化管理等，更新管理观念；建立健全规章制度，实施规范化管理；运用战略管理理论，完善产品形象塑造管理；抓好企业管理的基础工作，如反映人、财、物的占用、消耗和利用的各项定额，原始记录与数据、资料完整准确，班组建设等。

3. 抓住机遇

机遇是一种不以人们意志为转移的客观存在的机会，把握住时机，开展产品形象塑造活动，是一种行之有效的方法。上海新华金笔厂就曾抓住一个绝佳时机，成功地塑造了永生笔产品质量形象。事情是这样的：1982年6月，该厂收到一封由报社转来的山东省某县中学一位教师的信。信中说：他的一支永生牌金笔，15年前不慎落入水中，水浸泥埋。今年挖井，使金笔重见天日，书写依然流利。他就是用这支笔投书报社。新华金笔厂利用这个时机开展产品形象塑造活动，在报纸上发表了《井底"永生"十五年》的报道，结果永生金笔的声誉大振，良好产品形象广为人知。抓住机遇塑造产品形象，是一种花钱少、效果好的方法。当然，机遇是可遇而不可求的，所以要求企业的领导者具有敏锐的洞察力，善于抓住时机。

4. 实施CI战略

CI（Corporate Identity）战略，就是将企业理念和精神文化通过统一的视觉识别设计加以整合和传达，使公众产生一致的认同感，从而创造最佳经营环境的长期规划。其实质是通过一整套设计，把商标、产品、企业三者有机地统一起来，形成完整的企业形象。CI战略由理念识别、行为识别和视觉识别三部分构成。实施CI战略，塑造产品形象，就是要抓好三个方面内容建设。首先，要建立企业理念识别系统形象的塑造。产品形象渗透着企业的经营理念，是企业理念的结晶。企业理念是指得到社会普遍认同的、体现企业自身个性特征、促使并保持企业正常运作及长远发展而构建的反映整个企业目标、价值取向、文化特质、经营思想、企业精神等的理论体系。理念识别是CI战略的精神所在，它不仅反映企业的过去和现在，还要指导企业的未来和发展。因此，企业在建立自己的企业理念系统时，必须掌握企业历史，了解企业现状，确认企业发展愿景，并汇集各方面意见，由全体员工共同参与制定；理念系统的语言文字要准确、简练、生动、形象、易记，能够被普遍地识别、认同和迅速传播；要力戒一般化和照抄照搬，突出个性。其次，搞好企业行为识别设计。企业行为识别，是企业理念精神的动态化体现。企业在对内和对外的各种沟通中所表达的行为识别，是实施CI战略塑造形象不可或缺的重要组成部分。塑造良好的企业形象归根到底要通过全体职工完成，职工的行为方式是关键。这就要通过行为识别系统的设计加强对企业员工的教育，使员工行为规范化：要在总体目标要求上，运用相关学科的思想与技巧，对行为识别系统的内容加以整体策划，要做到企业活动的统一性和独特性的统一，使企业行为识别系统的内部系统（包括企业环境营造、员工教育和行为规范等）与外部系统（包括产品规划、服务、广告、促销等）的统一。其中特别要抓好职工行为规范的教育，从整体上提高职工素质,使职工行为与企业理念相一致。最后,要搞好企业视觉识别设计。企业需要借助静态的视觉符号把企业理念识别和行为识别传递给社会公众。当代心理学研究表明,人类对外界事物信息的获得,83%来自眼睛(即视觉),只有17%来自听觉、嗅觉、触觉和味觉。可见,企业产品形象塑造必须重视视觉识别系统。当企业通过视觉识别活动把企业产品名称、标识、色彩,长期地、广泛地、统一化地传播给社会公众时,就会在公众心目中留下深刻的印象。为此,需做好以下几点:一是企业视觉识别的设计和应用,要以企业理念为主导,行为识别为基础,使三者有机统一;二是视觉设计要鲜明、简洁、个性化,做到既注重识别性,又注重统一性和稳定性;三是重点抓好企业及其产品标识、标准字、标准色、商标、图案等基本要素的设计。

案例一:

"森达"的大名牌战略

1998年9月8日,江苏森达集团在人民大会堂宣布:意大利的尼科莱迪、百罗利、法尔卡三家著名鞋厂将定牌生产森达皮鞋。这标志着中国制鞋业开始向皮具王国意大利输出自己的名牌。

森达从毫无名气的普通企业成长为名牌企业,靠的就是"实施名牌战略,创造名牌产品"。有一年广州搞皮鞋展览,柜台前人头攒动,顾客争着选购一种皮鞋。森达集团董事长朱相桂也拿起一双,一看竟是自己企业的产品,仅仅换了一个外国的品牌,价格就比森达的出厂价高出5倍多。当森达刚刚进入北京燕莎购物中心的时候,尽管售货员再三推荐,可顾客使劲摇头:"没听说过这个牌子。"从以上事例中朱相桂悟出一个道理:牌子没名气,再好的货也不会成为大众的消费热点。于是在1992年元旦前夕的员工大会上朱相桂提出,名牌是无形的财富,名牌是特殊的生产,森达要发展,就必须创名牌。从此,"打出中华民族的世界名牌"就成了森达人不懈的追求。当年企业就拿出500万元投入广告宣传,几年来投资做广告、建卖场的资金累计达3亿多元。

从牛棚起家,多年的风雨历程,森达终于拿到全国皮鞋行业唯一的驰名商标。森达不仅叫响了自己的牌子,也获得了丰厚的回报,接连夺得"中国首届鞋王"、"畅销国产商品金桥奖第一名"、"中国驰名商标"等殊荣。据国家贸易局统计,1997年森达的市场份额就已经占到全国鞋类产品市场的31.9%。在愈演愈烈的价格大战中,你会在商场里看到"森达不打折"的字样,即使这样,日产1.5万双皮鞋仍然供不应求。

在1998年9月召开的"森达大名牌战略研讨会"上,森达董事长朱相桂又提出了"大名牌"的概念,即"各行各业、为国内国外消费者赞誉的名牌产品",受到与会的领导和专家的充分肯定。森达的大名牌战略包括五方面内涵:①大市场,21世纪初让全国各地的大多数消费者和西欧发达国家的朋友穿上森达鞋;②大份额,争取在所进商场皮鞋销售份额绝对第一;③大规模,兴建二期工程、产量增加一倍,缩小与国际名牌企业的规模差距;④大形象,用最短时间,进一步提升企业形象,使森达成为中国鞋业的代表品牌屹立于世界名牌之林;⑤大文化,广泛吸纳东西方鞋业文化,提高企业和产品的文化含量。森达的大名牌战略,无疑是跨世纪的中国优秀企业向世界名牌们发出的一份挑战书。

案例二：

国际市场上打出的"海尔"牌

1998年11月27日，著名的《金融时报》报道：亚太地区最具信用的公司里，中国海尔（Haier）排名第七，在电器、信息技术、电讯行业中，海尔的信用名列第三。这前十名中，日本就占了八家，另一家是韩国企业。

作为总裁张瑞敏创作的"海尔交响曲"中重要的一个乐章，创国际名牌，树国际信誉，是海尔集团获得此项国际殊荣、塑造出良好国际形象的关键。为此，海尔从1990年开始，采取了"先难后易"的出口战略：首先把目标瞄准用户需求水平最高，也最为挑剔的欧美市场，一炮打响创出了牌子；然后居高临下进军东南亚国家，跻身美、日等国垄断的东南亚市场。海尔坚信中国人一定能够创造中国的世界名牌，在国际市场上坚持打"海尔"牌，以产品的高质量在国际市场上树立了信誉，出口量逐年翻番。同时，海尔在发展中不断对国际市场布局进行多元化的战略调整，既取得国内市场的稳步发展，又不断开拓国际市场。仅1998年1~10月，海尔冰箱、冷柜、空调、洗衣机四大主导产品在国内市场保持领先的情况下，出口量比上年同期分别增长21％、144％、183％和134％。

海尔国际名牌战略的顺利实施，离不开成功的国际营销策略。建立国际营销网络，是海尔产品大批量出口的关键。目前，海尔已经在海外发展了499家经销商，销售网点近2万个，产品出口87个国家和地区。经过多年努力，海尔集团在世界市场的布局日趋合理：欧美地区占60％，东南亚地区占16％，形成多元化的市场特点，有效地规避了亚洲金融危机带来的风险。现在，美国市场上销售的184升以下的冰箱中，20％来自海尔；在马来西亚最大的连锁家电超市1998年1月的销售排行榜上，海尔品牌以38％的份额排在了日本、美国的品牌前面。

由于海尔坚持创国际名牌、树立国际信誉，因此在国际客商中建立了良好信誉，在国际市场上逐步塑造出良好的品牌形象和企业形象。这也许就是海尔能够在亚太地区最具信用公司的角逐中，战胜许多日、韩著名企业晋升十强，为中国民族工业争得荣誉的根本原因吧。

案例三：

"一致"从品牌到名牌

深圳市医药生产供应总公司为了结束全市个体诊所和药店泛滥、假药充斥、庸医误人的局面，于1997年创办了"一致药店"。药店开业之初，当市民们带着一种新鲜和好奇走进这些装饰一新、宽敞明亮、标识新颖的药店购药时，谁也不曾想到两年后"一致药店"如雨后春笋般在深圳的每个新建小区和边远屋村都冒了出来，成为全市人人皆知的"名牌商店"。

"一致药店"一问世就向市民做出了三项承诺、展示了五个"一致"。三项承诺是：绝不购销假冒伪劣药品，严格遵守国家物价政策，热情为每一位客户服务。五个"一致"是：一致的品牌，一致的配送，一致的价格，一致的质量管理，一致的服务规范。"一致"战略实施以后，深圳的医药销售市场面貌焕然一新，社会效益、经济效益都十分明显，基本实现了"政府满意，市民高兴，企业赢利"的目标。

"一致"战略的实施，产生了三方面的效应。一是集约化效应，通过集中采购权，确保了采购质量、降低了采购费用和药品价格，并减少了内部摩擦、提高了人员效益。二是市场控制效应，"一致"药店的药品质量和经营理念得到市民认同，"到一致去买放心药"成了深圳人的共识，原来药店泛滥、假药猖獗的混乱状况很快消失。第三是品牌效应，也是"一致"战略最成功之处。深圳作为一个年轻城市，不像北京、上海、杭州、南京等拥有许多"百年老店"、品牌信誉卓著的"名点"。"一致"有意识地展开品牌战略，靠品牌来打开市场，靠品牌来培育产品，也靠品牌来建立"一致"的医药生产供应体系。"一致"的品牌不仅得到了广大市民的接受和认可，而且也得到了国家有关医药管理部门、医药同行们的赞赏和认同。如今，"一致"品牌已经成功地从商业流通领域跨入生产制造领域，"一致"建立了华南地区最大的医药配送中心，"一致"企业集团开始筹建。

"一致"领导班子认为：品牌是一个产品区别于另一个产品，一家企业区别于另一企业的标识和符号，而只有名牌才是把优秀产品同一般产品区别开来、把优秀企业同一般企业区分开来的旗帜和航标。创造中国自己的名牌，是振兴民族经济的一条必由之路。"一致"总经理刘晓勇等人对这一点有清醒的认识和坚定的追求。为了实现"一致"品牌向名牌飞跃，刘晓勇等一班经营决策者两年来做了许多营造品牌优势、积聚品牌能量的工作。在"一致"战略成功实施的基础上，"一致"集团通过集团强强联合、区域配送联手、终端市场联动的"三联"战略，把"一致"从两年多前的"品牌"逐渐带入"名牌"的行列。

现在，"一致"不仅得到深圳乃至一些香港市民的认同、成为质量和信誉的保证，而且在深圳医药市场上的占有率也从最初的 30% 猛长到 70%，营业额连年翻了两番，遥遥领先于同行业其他企业。

案例四：

康力名牌与康力文化

提起康力品牌，略知家电掌故的人自然会想到曾经在内地风靡一时的康艺 8080 收录机。80 年代中期，当日本生产的大屏幕彩电充斥中国市场的时候，中国的消费者曾经憧憬有一天能够看到中国人自己设计和生产的大屏幕彩电。然而很少有人知道，早在 1986 年，由内地派往香港的工程师就在香港亲手设计生产了销往美、加等国的 25、28 英寸大屏幕彩电，这就是获得香港最高工业奖的康艺和康力彩电。

也许人们会问，为什么这么多年没有像长虹、TCL 等国产品牌那样听到康力的名字，只是近两三年又才突然冒了出来？话得从 1991 年说起，当康力（CONIC）品牌初闯国内市场时，由于缺乏驾驭国内市场的经验，"洋"而不能"中"用，当年生产的 16 万多台彩电只销出 3 万台，负债 3.8 亿元，濒临破产的边缘，许多人都认为如果不换牌子将回天无术。面对危机和将被砸掉的品牌，1992 年新任的领导班子走马上任，凭借顽强的毅力和重塑康力品牌的坚强信念，不仅使企业重现生机，而且回广东惠州组建了康惠电子公司，悄然加入到国内众多品牌竞争的队伍，使康力品牌跃身到中国彩电前十强的行列。

几年来支撑康力品牌从小到大、从逆境迈向成功，并走向持久深远的根本法宝是什么？用公司总经理沈达彬的话来说，就是始终不断地营造良性循环的内部系统。他们认为，企业名牌必有其独特的精神内涵和物质内涵，其中经营理念、企业文化、产品质量、技术水平是体现名牌特征的核心内容，而树立企业名牌的关键，取决于企业内部的运转状况。他们把解决企业内部系统各个环节的正常运转作为再树康力品牌的突破口，以对内部系统的调整和整治作为公司名牌战略实施的根本出路。他们提出了"严谨、科学、求实、创新"的企业格言，树立全体员工共创名牌的精神支柱，坚持"以市场为龙头、以技术为先导、以质量为生命、以效益为目标、以应变求发展"的指导思想，以企业文化推动内部管理。

公司按照市场经济法则，坚持现款交易，摆脱了三角债困扰，提高了资金使用效率。他们先后在香港、惠州、上海组建了三个新产品开发基地，保证平均每年十多个新产品源源不断地问世，力争处于彩电技术革命的前沿。他们将稳健务实的经营作风贯穿到企业的经营理念之中，反对浮夸、反对弄虚作假，以尽力为国家创利税作为检验企业最终成果的砝码，连续四年获得"广东省纳税大户"称号。他们坚持"消费者是企业的衣食父母"，本着量力而行的原则实事求是地宣传自己的品牌。他们以产品质量和完善的服务作为品牌的物质内涵，认真加强质量管理，1996年先后通过 ISO 9002、ISO 9001 质量认证；不断完善售后服务，被评为了"1998年中国消费者协会推荐商品"。

几年来，康力品牌在康力文化和内部系统良性循环的稳固支撑下，显示出日益深厚的文化底蕴，呈现出蒸蒸日上的发展势头。1997年，康力销售台数比上年增长10%，利税进入彩电业前8名；1998年上半年的销售量又比1997年同期增长70%，销售额增加32%。在国内彩电业的众多品牌出现白热化竞争的过去几年中，惠康电子却从电子百强企业倒数第二发展到如今彩电行业的一支劲旅。如果没有名牌战略和优良的文化，又哪来康力的今天呢？

第3章 企业理念策划

3.1 企业理念的概念

3.1.1 概念的解释

1. 理念的汉语词源及在《辞海》中的解释

汉语中的"理念"一词最早见于李大钊的《史观》:"至于历史进展动因何在,则又人言人殊……或曰,在精神,如圣神、德化、理念是。"秦牧也是较早提及"理念"一词的学者,在他的文章中写道:"形象思维,就是说对于要描绘的事物,脑子里有一系列具体鲜明的印象,而不模糊的概念,更不是抽象的理念。"(汉语大词典:第四卷.上海:汉语大词典出版社,1989)。《辞海》将理念解释为观念,有两种具体解释:①看法、思想,思维活动的结果;②译自希腊语 idea,通常指思想,有时亦指表象或客观事物在人脑中留下的概括的形象(参见"表象")。这在西方各派哲学中有不同的含义。首先,在客观唯心主义哲学中,常译作"理念"、"相"或"客观理念",亦有译为"理式"的。柏拉图用以指永恒不变而为现实世界之根源的独立存在的、非物质的实体。在康德、黑格尔等人的哲学中,指理性领域内的概念。康德称观念为"纯粹理性的概念",指从知性产生而超越经验可能性的概念,如"上帝"、"自由"、"灵魂不朽"等。黑格尔认为观念是"自在而自为的真理—要领和客观性的绝对统一。"其次,在主观唯心主义哲学中,通常被归结为主体的感觉与印象或产生世界的创造本原,它是事物的"涵义"或"本质"。再次,在英国经验派哲学中,指人类意识或思维的对象,即感觉与知觉。唯物主义的经验论者洛克认为观念来自对外界事物或内心活动的观察;唯心主义的经验论者贝克莱认为外界事物是"观念的集合"或"感觉的组合"。在休谟哲学中,指回忆起来的印象或想象到的印象(辞海.上海:上海辞书出版社,1999)。

2. MI 概念辨析

MI,是英文 Mind Identity 的缩写,是 CIS 三大组成部分之一。在实际操作中,MI 是最容易被误解的一块,原因是 MI 作为"理念识别",对不少人来说,其自身的可识别性就比较模糊,因此,有必要对 MI 概念作考察与辨析。按照英文原义,mind 似乎应译作"精神"才对。Mind and Body 指的是"身心",是以"精神"与"肉体"相对应。西谚有云:a sound mind in a sound body,意为"有健全的身体才有健全的精神"。很显然,mind 指的是人的"精神"。那么,又何以要将 mind identity 译为"理念识别",而不是译作"精神识别","理念"的英文对应词是 idea,并且是只在"理念"作为"观念"的替代词的时候而出现,因为在英文词汇中并没有"理念"这个名词。理念这个今天使用频率如此之高的单词,据考查,从使用而流传至今尚不足一个世纪。作为一种专门的哲学用语,"理念"一词最早出现在柏拉图、黑格尔等人译著之中。翻译家在转述柏拉图的"观念与现象"的"二重世界"时,发现这儿的"观念"与我国程朱理学所推崇的"天下万物要遵循且不可违反的"天下的"理"是一致的。理,即是观念;观念,即是理。遂以"理念"译述柏氏之"理想国",确实精到、传神。受柏拉图深刻影响的德国"观念论"哲学,至黑格尔蔚为大成。德文的 idea,正是同出一源。

根据 CI 流传途径来看,发源于美国之后,传诸欧洲,而后日本,再是中国台湾、香港地区,最后登陆中国大陆,所以,把 MI 译成"理念识别"的当是最有传统意识的台湾 CI 同仁。就某种意味上而言,西字中化,亦始终是两岸学人的共同心态。作为企业的终极目标,精神的价值取向无疑是与"芸芸众生"相区分的最后分界岭。可是这 mind,专家们偏不说"精神",而要称之为"理念",MI 明明是指的"精神主体",却偏要说成"理念识别",这就很苦了一些对其"理念"作为哲学概念,断言外界事物乃是观念的或"感觉的组合",它显示的是"自在而自为的真理"。倘若撇开哲学上唯物与唯心之间的争论,它强调的是人的主观定位,与一般意义上的"精神"相较,这种主观设定倒是加强了它的可操作性。中国人论"理",最早当推韩非。他说"万物各异理,万物各异理而道尽",意谓"理"是事物的特殊规律,和普遍规律的"道"相区别。"理者,成物之文也。"正是指的规律。由此可见,"理念"之称,实乃中西合璧,较空泛的"道"与"精神",以其词义的贴切用作企业价值取向定位,使"理念识别"从空灵走向实在。

20 世纪 70 年代与 80 年代之交,中国台湾导入的 CI 理念源于日本,再者,日本型 CI 尤其重视 MI 的主导地位,因此,在概述日本的"理念识别"系统之后,正是对"理念"一词的具体阐释。日本 CI 专家加藤邦宏的"理念系统模型"就很有代表性。它由"企业使命"、"经营理念"(公司方针)、"活动基准"(公司员工)、"活动领域"等四部分构成。加藤的这个归纳,作为塑造企业形象的"核心",确实比较清晰地规划了企业思想和企业活动领域。当然,台湾艺风堂的这个版本,在中文译名中似应略作调整,如"经营理念",虽然在"理念"前有了限定语"经营",与总领的"理念"似可区分开来,却不如按英文 management philosophy 直译为"经营哲学",以免望文生义,引人误解(沈志屏,1996)。

3. 中国的 CI 学者对 MI 的理解

关于企业理念的含义,国内外学者已有许多不同的认识和表达。

① 企业理念,是指企业的经营宗旨、经营方针和价值观。它是企业的灵魂,是企业全部运行的依据。

② 理念,顾名思义就是企业经营管理的观念,我们也称为指导思想。它属于思想、意识的范畴,包括企业文化、企业道德、企业伦理等方面的内容。

③ 企业理念,它是 CI 策划中的一个重要的基本因素,是企业的宗旨,灵魂,是企业赖以生存的原动力,是企业独特的价值观设计。

④ 所谓 MI,意指在企业经营过程中的经营理念和经营战略(包括生产和市场的各环节的经营原则、方针、规则、制度和责任)的统一、一致。

⑤ 徐建民、邓国胜将企业理念定义为："是企业在独立经营和长期发展过程中继承企业优良传统，适应时代生产的团体精神和行为规定。"

⑥ 理念识别（MI）。指企业经营信条、精神标语、座右铭、企业性格、经营策略等价值方面的内容。

⑦ 理念识别是企业经营宗旨、经营方针和价值观的整合与统一。

⑧ 所谓企业理念，是反映企业经营管理的根本指导思想并带有鲜明个性的企业文化内容之一。它包括：企业宗旨、企业精神、经营理念、经营战略、企业风气、行为取向、价值观念、员工信念等。

⑨ 企业经营理念。企业经营理念是企业生产经营活动的根本指导方针、原则，也就是企业依据什么样的思想、观念来进行生产经营活动。企业经营理念是企业运行最高原则的系统化。

⑩ 理念识别（MI）是得到社会普遍认同的、体现企业自身个性特征的、促使并保持企业正常运行及长期发展而构建的反映整个企业明确的经营意识的价值体系。

⑪ 企业理念是企业经营哲学、价值取向、企业精神的结合整体，它是企业精神文化的集中概括。

⑫ 广义而言，企业理念就是对企业经营管理的精神的形式和内容的表达和规定。狭义地说，所谓企业理念是指根据企业实态而确定的体现企业个性，并为全体成员所共享的企业使命、企业价值观、企业精神、行为准则等思想观念系统和战略系统。

⑬ 企业理念是企业在独立经营和长期发展过程中，适应时代要求，由企业领导者积极倡导、全体职工自觉实践而形成的代表企业信念、激发企业活力、推动企业生产经营的团体精神和行业规范。

综合上述各种有关企业理念的表述，可对企业理念作如下界定：企业理念是集中反映企业个性，对相关公众具有激励作用，对企业发展具有指导意义的价值体系或观念系统。它包括企业宗旨、企业价值观念体系、企业精神、企业伦理观念等多方面的内容。在 CIS 的三个组成要素中，VI 是可以直接感觉到的物，BI 是可以直接感觉到的人，MI 是无法直接感觉到的无形的思想观念。物是基础，人是本体，观念是灵魂，三者紧密联系，相互渗透，形神统一，才能构成鲜活的企业形象。有"形"无"神"，便没有生气，没有生命，没有灵魂。有"神"无"形"，则无以表达，便没有外显的企业形象。任何一家企业的 CIS 设计，其重点和难点，都是这个形与神的统一。

4. 心理学、行为科学的理论是以理念识别为核心的企业识别理论科学化的重要基础

现代组织理论认为，任何一个组织都是一个社会技术系统，组织的有效性取决于技术子系统和社会心理子系统两方面功能的发挥，对企业来讲，技术系统主要指企业的生产组织机构（包括规章制度等）；社会心理系统主要强调人的行为动机、团体合作气氛及领导行为等因素在企业经营管理过程中的作用。一般说来，组织控制程度反映着企业生产组织结构的性质与功能，决定着技术子系统功能的发挥。MI 对企业内部的作用，就是通过作用于员工的心理体现出来的。

行为科学和心理学的关系非常密切。把行为科学作为一种企业管理理论来看，它主要是从人的心理来解释人的行为，是从满足人的不同需要，实现人的不同动机的角度来激励或调动企业员工的积极性。其实，许多行为科学家本身就是心理学家，他们很自觉地把心理学的研究成果和研究方法,应用到企业管理中来,克服了古典管理理论把人视为机器的缺点,取得了很大的成就。行为科学强调"以人为中心",但它起初所研究的人,主要是单个的人。后来逐步进入到对群体的研究,开始涉及群体规范等与企业理念相关的问题。当然,即使是研究群体,行为科学的着眼点,仍然是组成这个群体的各个成员,而不是群体的整体性。正因为如此,行为科学(特别是在其早期)对群体价值观、群体精神、群体信念等在群体中的功能、作用还没有引起足够的重视。但令人欣喜的是,这种状况随着企业文化热的兴起有所改善。特别是20世纪70年代以来,很多行为科学家、心理学家开始从事社会规范与管理行为、工作行为、价值观等因素关系的研究,实际上是已逐步认识到了企业精神、企业信念、企业价值观、企业群体规范等企业文化培育人和滋养人的功能。因此,从行为科学维度审视企业理念和研究企业理念,无疑具有价值,也是可行的、有前景的。

企业行为规范是企业理念系统中价值观的主要表现形式之一,它在企业理念系统中处于具体理念层面。人们的任何行为都是贯穿着某种规范,总是受到某种文化下的社会规范的制约(S. M. Jackson, 1966),换一句话说,人的行为总是受一定理念的支配和制约的,企业中的人的行为,总是受共同的企业价值观、信念、精神等企业理念的支配和制约。台湾学者认为,社会规范可以叫做"礼",礼是用来节制个人和群体行为的工具。价值与规范形成一种互动的关系,价值的另一方面就是价值观。许多为大众所接收的价值取向,也往往从社会规范上表现出来。当人们将社会规范与准则内化为指导自己行为的方向时,价值取向就形成了。一项研究也表明,内化的社会规范、信念及对他人需要进行的移情性反应都会影响他人的价值取向。关于个人主义—集体主义价值取向的研究证实:在行为上,集体主义者更强调应与群体保持一致,遵守社会群体规范,而个人主义者则强调行为只对个人负责,不考虑别人,不遵守行为规范。由这些研究我们可以得到某种启示,即企业理念的内化表现为价值观,企业理念的外化表现为一定的行为规范。下面所讲的规范与群体绩效的关系,规范与管理培训效果或工作效果的关系,皆可说是一定的理念与群体绩效等的关系问题。

行为科学家詹德(A. Zander, 1977)认为,规范影响员工工作行为及主群体绩效研究始于1927年至1932年的霍桑实验。群体的规范、标准是决定工人生产量更重要的激励因素。有些研究还建议,群体规范的强度、在群体成员中规范的一致性水平及群体的内聚力对生产来说,都是同样重要的因素。S. H. Schwartz的决策理论也认为,特定的社会规范应用于具体的情景时,人们是否根据规范来行动,取决于现有的条件(内在或外在)是否从心理上激活了这些规范。而皮尔尼克(S. Pilnick, 1968)为了改变社会群体行为,提高群体工作效果,提出了著名的"规范分析法"。其主要内容有3项:①明确规范内容;②制定规范剖面图,找出规范差距;③进行改革。改革从最上层的群体开始逐渐向下,确定优先改革的规范项目以及根据规范标准制订改革方案,包括管理部门责任、信息交流、反馈奖励和招收新的职工。

近年来,从工作意义上的角度来研究社会规范的文献逐渐增多,这些研究多探讨员工的权力与义务和组织的关系,并且还进行了跨文化的国际比较研究。另外,群体规范的功能与企业理念功能有是一致的。群体规范对群体成员所产生的压力,在一定限度内能促使整个群体为实现群体目标而明确责任分工和统一行动步调。

另外,组织行为学认为,人的行为是由需求所驱动的,满足人们需求的活动对人会产生一种激励作用。在企业理论中,人的行为的研究已成为一个热门话题。西方的新制度学派正是从经济角度来探讨企业人员的行为及激励规律，希望通过一种产权制度安排来达到企业效率的最大化。然而他们却忽视了这一点：人们的需求是多样化的，企业里的人员既是一种理性的经济人，又是一个有情感需求的社会人，归属感、协同感、荣誉感、成就感等同样是人们的需求之一。以企业文化建设为背景的企业理念建设正是运用满足人们这方面需求的办法在企业内产生一种最为根本的激励和认同机制，这在很大程度上既是经济手段的补充和替代，又是减少企业内部交易成本的最好途径。

前面我们重点审视了 MI 对企业内部员工心理行为的影响，下面，我们再简单审视一下 MI 对企业外部员工心理行为的影响。考察企业识别理论的历史，我们可以看出，企业识别理论日益成熟的过程，就是日益关注和强调企业识别与目标对象相适应过程。从早期视觉设计说到后来的行为表现说、战争管理说和 CIS 的发展，是一个从外表到深层，从孤立地寻求企业内部特点转变为高度重视企业外部环境特别是目标市场的过程。这种以消费者为中心来建设企业识别的思想，要求认真研究消费者的心理行为特点，并把他们体现在企业识别设计之中。从一定意义上说，导入企业识别的目的就是为了抓住消费者的心理，改变消费者的行为，所以对企业识别的研究越深入，就越要求把企业识别设计置于消费者心理行为的规律之上，否则，企业识别的导入就失去了目标、原则和评价标准。伴随着企业识别的不断发展，心理行为科学的理论与方法也逐步被应用于企业识别研究的各个方面。美国 Y&R 公司通过品牌受众心理研究，提出一个良好品牌应具有知觉优势和活力，前者包括由认知、熟悉而产生的亲切感（Familiarity）及由此而产生的尊重感（Esteem）。后者包括与生活的相关性（Relevance）和差别化的特性（Differentiation）。我国学者马谋超也曾利用心理、行为学方法研究了企业识别视觉设计的评价标准问题，企图寻求一条科学与艺术相结合的企业识别设计思路。这些努力从实践上证明心理行为科学的理论和方法在企业识别理论科学化的过程中起着至关重要的作用，并且把企业识别设计应以消费者为中心的思想落在了实处，直接推动了企业识别理论的科学化。Peter（1992）曾呼吁：为促进企业识别的科学化，应借用心理行为科学的方法来建立一套企业识别的测量指标。我们相信，随着企业识别研究的不断深入，心理科学、行为科学将有着广阔的用武之地。

3.1.2 不同学科维度中的企业理念及其研究价值审视

1. 经济学维度中的企业理念及其研究价值审视

首先，我们从投入—产出的角度来审视企业理念。从经济学的观点来看，企业的经营管理过程，是一个以较少的投入赢得较多的产出的效益运筹过程。这种投入—产出过程，既是一种物质的投入—产出过程，也是一种精神的投入—产出过程，是用精神的投入—产出过程控制物质的投入—产出过程，也就是以企业人为主体的物质与精神双重投入—产出的过程。企业理念的塑造、建构过程，也就是一种精神的投入过程。实践证明，这种精神的投入并非是毫无意义的。那些高瞻远瞩的企业，往往善于用企业理念去塑造、统一员工的精神，从而用员工的最佳精神状态驾驭并保证物质的投入—产出的良性运转。

无疑，企业投入的目的是为产出最大化或者说利润最大化，企业作为自主经营、自负盈亏、自我发展、自我约束的经济主体，其生存的环境是市场，直接面对的是无情的竞争，市场对资源最优配置的根本保证是要有真实的、有效的价值信号。而要产生这样的价值信号，就必须要求企业在竞争中优胜劣汰。于是企业就产生了动力去利用各种办法以使经营效益不断提高。这些办法有生产过程中的，如资金与劳动力的投入、技术创新、新发明等。有管理中的，如新的生产组织管理方法、新市场的开拓等，还有一个重要方面就是企业文化的塑造，如良好的企业形象、适宜的生产环境、融洽和谐的员工关系、员工强烈的群体意识、优秀的企业理念，增进员工对企业的忠诚度和满意度，在各种办法的组合中，力求使它们处于一个最佳组合点。

企业对企业理念为核心的企业文化需求动力就来自于利润最大化的追求，也就是希望通过投资于企业文化获得更多的边际收益。如果企业失去了对利润最大化的追求，那么就必然失去创建企业理念的动力。

其次，我们再从资产的角度来审视企业理念。现代经济学研究成果表明，企业劳动生产率的提高越来越取决于企业的无形资产，取决于企业人力资源的合理配置，取决于企业全体员工的生产主动性和创造性，取决于企业整体的凝聚力。因此，以共同价值观为核心，以实现企业目标与员工行为准则的一致性为目的的企业理念文化就成了增强企业发展原动力的重要措施。如果一个企业的企业理念落后于企业设备和生产工具等有形资产，这个企业的综合整体能力必然会减弱，最终导致企业生产能力的下降，阻碍企业发展。企业理念等无形资产作为一种特殊的经济资源，广泛存在于企业的生产经营活动中，始终贯穿于企业运用的每一个环节。具体说来，企业理念这种重要的无形资产在生产经营活动中的作用主要表现在以下方面。其一，效益性，企业理念可以转化为巨大的经济效益，比如，海尔集团在兼并红星电器厂时，坚持不投入一分钱，而采取理念投入、文化投入先行，以无形资产投入的方式盘活了有形资产，给红星电器厂带来巨大的经济效益。其二，增值性，这是有形资产不具有的属性，企业的有形资产在一次性的投入—产出过程中就被消耗掉了，它的价值被等价地转换成新的使用价值，而无形资产一旦投入使用，不仅会转移价值，而且还会产生和积累价值，甚至使用得越频繁越广泛，其价值越高，企业理念一旦被广泛认同，就会充分发挥出它的指导功能、凝聚功能、辐射功能，从而激发出全体员工更旺的精神、更大的热情、更强的意志、更诚的信念、更严的作风和更多的贡献。其三，再生性，从重新构造企业的角度来看，无形资产远比有形资产重要，仅有有形资产而失去无形资产，重新构建企业是困难重重的；相反，拥有无形资产而失去有形资产，也完全可以依靠无形资产的巨大优势使企业起死回生。所以，可口可乐公司才敢公开宣称：即使一夜之间，可口可乐在世界各地的分公司都被大火烧光了，他们也能够凭借可口可乐的理念，精神财富及广泛的知名度、美誉度重建可口可乐帝国。其四，催化性。从企业的发展模式看，无形资产是现代企业发展规模经济，实现从粗放型经营向集约型经营转变的催化剂。我们知道，知识经济是建立在市场经济体系上更高形态的经济模式，它不仅要激活传统的有形资产，还要激活新型的无形资产——智力资本。它要求无形资本大于有形资本，并以无形资本为驱动力，用无形资本带动有形资本的发展，这是知识经济的一个显著特点，也反映出无形资产的催化作用。企业的发展应该是有形资产和无形资产的平衡发展，企业在一定的阶段要特别注重无形资产和有形资产的转换，互相扩展市场空间。完全脱离无形资产支配的有形资产有可能是毫无价值的，同样，脱离有形资产的无形资产也是毫无意义的。20世纪90年代以前，中国人不知道无形资产，在引入无形资产观念后的相当长一段时期内，我们对无形资产的认识偏差也太大，认为无形资产仅指品牌、商标等，并不认为无形资产应当包括企业管理、企业制度、企业理念、企业科研等全部，更不知道企业理念和企业有形资产的关系如同肉体与灵魂的关系。通过对企业理念的深度挖掘和广泛传播,可以对内增强凝聚力、对外增强竞争力,并努力将文化效益转化为经济效益,从而达到整合无形资产、加速企业发展的目的。

再次,我们从经济基础与上层建筑的关系角度审视企业理念。马克思主义认为:经济基础和上层建筑的统一构成一定的社会形态,而上层建筑包括政治上层建筑和思想上层建筑即社会意识形态。就企业的意识形态而言,一般比较散乱和隐含,企业理念正是对企业意识形态的一种系统描述和高度概括,它不仅仅反映了企业的过去和现在,而且还指示出企业的发展和未来,它从根本信念上、价值观上为企业行为和员工行为提供导向。可以说,企业理念是智慧的结晶,通过对企业理念的传播沟通可以开发智力、陶冶情操、振奋精神、培养人才,从根本上提高企业全体员工的整体素质,引导员工对美好生活的向往和追求。再次,被认同的企业理念为开发企业精神宝藏提供思想保证。在企业运行过程中,既可能增强员工的自主意识、竞争意识、效率意识、效益意识和开拓创新精神,也可以能滋生出拜金主义、个人主义思想。企业理念作为经营的指导思想,从根本上规定了企业行为的价值取向和经营目标,是企业各项规章制度建立的依据和理论基础。各种规范、制度、奖励惩处办法等,实际上是企业通过制度的形式,将企业员工的普遍行为加以系统化和秩序化,使员工行为成为一种职业化的行为,从而满足企业对员工的期望,而员工也将从这种职业化中得到肯定、认同和嘉奖。

2. 管理学维度中的企业理念及其研究价值审视

在管理科学史上,首先比较明确涉及企业价值观等企业理念问题的是行为科学理论阶段社会系统学派的创始人切斯特·巴纳德(C. I. Bamard,1886—1961年)他曾在美国新泽西贝尔电话公司(New Jersey Bell)担任总裁多年,退休后到哈佛大学,回顾自己的经历,于1939年写成了他的代表作《经理的职能》。他在论及经理的职能时谈到,总经理的首要职责就是要塑造和管理好组织的共有价值观。他说:"一位领导者的作用,只不过是利用组织中的社会力量来塑造出一定的价值观,并加以引导罢了;杰出的经理,就是良好的价值观的塑造者,这是杰出的经理和一般经理的根本区别。"巴纳德还谈到,"要想确定组织的价值观和目标,得更多地靠经理们的身教而非言教,已经很清楚,严格说来,目标的确定主要靠的是行动的积累,而不是言词的堆砌。"

社会系统学派的另一位代表人物菲利浦·塞尔兹尼克(Phillip Sclznick,1998),进一步发展了巴纳德关于价值观的理论,其主要内容包括三个方面。第一,关于价值观的作用。他认为,一个机构是否形成的标志,就看它有没有自己独特的价值观。他说:"把价值观灌输进组织,它们就成为机构了。这种灌输会产生一种独特性。组织向机构的转化进程相当深入时,那些独特的观点、习惯和所尊奉的其他事物就会结合起来,使组织生活的各个方面都染上一层特别的颜色,并导致一种新的社会体的出现,而这是远非形式上的协调与指挥所能企及的。"他还说:"机构的生存问题,正确地理解起来,应当是怎样维持价值观和自己独特的个性的问题。"这种观点简单地说就是:价值观决定一个企业的特色,是企业的生命。第二,关于价值观的传播。塞尔兹尼克认为,价值观通常并不是靠正规书面程序来传播的,而是是靠故事、神话、传奇和比喻来传播。因此,他主张把长远的意义和目的融会到日常行为中去,把从社会上汇集起来的神话作一番精心的加工,用鼓舞人心的和理想主义的词汇去说明本企业的价值观和方法上的独特之处,以达到建立统一的使命感、促进整体和谐一致的目的。第三，关于领导班子应该如何对待价值观的问题。他认为，在灌输企业的关键性价值观方面，领导者们别无选择，只能用一种声音说话。他说："一条重要的原则，是要创造出一个和谐一致的工作班子。各种派生政策的制定和具体运用，则应以为大家所共有的总看法为指导。""创造性领导的艺术，就是建立组织的艺术，就是对人和技术材料进行再加工，使之成为一个拥有新而持久价值观的有机体的艺术。"

从历史上看，管理科学的发展可划分为如下几个阶段：古典管理理论阶段、行为科学管理理论阶段、管理丛林阶段、企业文化阶段。现代管理科学从第一阶段向第二阶段发展的契机，是霍桑实验得到了古典管理理论所无法解释的结果；从第二阶段向第三阶段发展的契机，是系统论、控制论、信息论和计算机科学的兴起；从第三阶段向第四阶段发展的契机，则是日本企业的生产率大大超过美国，并夺走了大量原属美国企业占领的市场。管理丛林阶段上的理论，多数乃至全部产生于美国，在美国企业中得到了充分的贯彻。美国企业的生产率，从世界领先地位降落下来，无疑是对管理丛林阶段上有关理论的沉重打击。事实上，日本企业的成功，恰恰是克服了管理科学发展第三阶段上若干错误倾向的结果。以企业理念为核心的企业文化的兴起，形成了管理科学的大综合。它是在对以前理论扬弃的基础上，更加突出强调企业信念、企业精神、企业价值观等企业文化对企业发展的制胜性作用。例如，企业文化的兴起，就其重视人的作用来说，确实是行为科学发展阶段的继续，但决不是行为科学发展阶段的简单重复。行为科学阶段侧重于把心理学研究成果引入企业管理，企业文化阶段则侧重于把文化学的研究成果应用于企业管理，充分发挥文化的作用。显而易见的是，文化覆盖了人的心理和生理、人的现状与历史，因而把以人为中心的管理思想全面地显示出来了。文化的基本特点之一是共享性，即文化是一整套由某个集体共享的理想、价值观和行为准则，是使个人行为能够为集体所接受的共同标准。因此，企业文化中所重视的人，就不仅仅是个人，而是由个人组成的群体；企业文化学所要研究的，就不仅是如何满足不同个体的不同需要，而是如何塑造整个企业的价值观；企业文化学的主要目标，并不是个体的自我实现，而是企业这个群体在多变环境中的精神自主，等等。

企业文化阶段始于20世纪80年代，这时企业已经有了150年左右的历史传统，科学已进入既高度分化又高度综合的时期，社会也已经成了一个没有企业就不可能继续生存的社会，而企业管理者也已经有了好几个发展阶段上积累起来的管理经验可资利用，管理科学进行大综合的时机已经成熟，企业文化阶段也确实是管理科学发展的最新综合。企业文化着重于企业精神的培育，但也不排斥一定条件下的精确定量分析；着重于依靠职工为企业发展作贡献的热情，但也不完全否认规章制度的作用；着重于形成上下级之间融洽和谐和合作气氛，但并不主张取消上级和下级的划分；着重于关心社会与顾客的利益，但同样也关心企业与职工的利益；提倡待人宽容的企业管理，但对违反企业价值观的行为往往也严加追究；特别关心产品的质量，但也关注产量和成本；提倡职工的自主自发研究，但是也搞统一开发；特别看重质上的提高，因而总是倡导革新创新，但是也不完全放弃从量上去扩大，从而也搞规模经济；许多问题上粗略笼统，但有些问题也讲究不差分毫；企业内部既搞重复竞争，但也有整齐划一的地方。总之，不是抓住矛盾的一方面片面地否认另一方，而是根据具体条件灵活地把握双方的统一。因此，企业文化既是一种管理理论，也是一门管理艺术。作为管理理论，企业文化总是把以前各个阶段上的成果综合于自身；作为管理艺术，企业文化总是力求把矛盾处理得有利于生产力的发展。企业文化是现代管理科学发展的最新阶段，它正在把对人与对物的管理以及被西方历史传统分割开来的人的物质生活和人的精神生活，努力统一于企业管理之中。

从一定意义上说，企业管理是通过企业文化实现对人的指挥、协调与控制，企业文化的核心就是企业理念。正如每一个人都应该有自己的信仰、信念、意志和价值观一样，企业作为一个经济法人，也应该有自己的信仰、信念、意志和价值观，即自己的企业理念。没有自己优良企业理念的企业，肯定不是最佳管理的企业，尤其是在市场竞争日趋激烈的今天，一个企业如果没有优良的、较稳定并为全体职工所认同的企业理念，光凭设备、资金、技术和普通人的劳动及对这些要素的机械控制是根本不能在竞争中长期立足的，许多有远见卓识的企业家已经认识到只有把经济、技术、市场等因素与良好的企业理念实行最优化的组织与控制，才能增强广大职工对企业的信任感、自豪感和荣誉感，才能提高企业的凝聚力和向心力，从而使企业发展具有持久的原动力。

在企业管理中，有一点是应当特别强调的，即管理者的精神理念和文化形象。作为管理主体的企业管理者，尤其是企业的高层领导者的思想意识，对企业的发展有至关重要的影响。他们的思维方式，经营思路，工作作风，品质意志直接影响企业决策的正确程度，直接影响下属的思想和行为。一般说来，企业理念首先要由企业领导者倡导或认同，这说明企业领导者的思想在企业理念的形成和贯彻中有着不可低估的作用。实际上，一个企业的理念必然是或者应当是体现着企业领导者的追求目标、主攻方向及如何调动企业员工积极性的指导思想。可以说，企业文化实质是企业家思想的反映。现代企业需要思路清晰、反应敏捷、敢于创新、自强不息的企业决策者和各级主管。只要有优秀的管理者队伍，就可以创造优秀的企业文化。因此，研究企业理念，帮助企业家提炼、提升和贯彻企业理念，对企业发展有着重要的价值。

3. 文化学（尤其是企业文化学）维度中的企业理念及其研究价值审视

文化学在世界上兴起于19世纪末，至今已有一百多年的历史，文化学发展到今天，对文化概念、范围的认识已经扩展到方方面面。把经济活动和企业文化作为文化现象来研究，是当代文化学最新发展的标志。企业文化是当代文化学的最新研究课题，也是企业借文化力推动自身发展的强有力武器。因此，企业文化的兴起无论对文化学还是对企业发展来说，都有划时代的意义。企业文化属于企业经营的软环境，企业文化的塑造就是这种软环境的建设。它强调在企业管理中，不仅应重视对物的管理，而且更应重视对人的管理。在管理人的过程中，应把人看作是有思想、有情感、有各种精神需求的人，努力使员工与企业真正地融为一体，保证二者利益不断增长。日本企业在管理中就成功地利用了企业文化，它们把企业管理提高到经营哲学的高度，把企业看作一个小的文化社会群体来进行管理，最终在国际竞争格局中后来居上，形成了与美国企业文化相抗衡的日本企业文化。

企业文化的功能得到了认可，世界上兴起了一阵企业文化热潮，出现了一批著名的企业文化研究专家，如威廉·大内、理查德·帕斯卡尔、安东尼·阿尔索、伦斯·迪尔、爱伦·肯尼迪、托马斯·彼德斯、罗伯特·沃特曼等。企业在实际经营中也不断重视企业文化的塑造，我国于20世纪80年代后期曾出现过企业文化研究的热潮，试图把企业文化也注入我国企业管理之中。

纵观企业文化的发展过程，横览企业文化的研究主要成果，我们不得不承认，尽管人们对企业文化的界定各有差异，对企业文化的表达各有深浅，但有一点是共同的，个性或独特性是企业文化的灵魂和精髓,而最能营造和反映这种个性和独特性的莫过于CIS,即由MI所统摄的企业形象战略系统。由于企业文化学是一门新兴的学科,因此,对其存在着许多不同的认识和表达。从企业文化的诸多定义中,我们可以看出企业文化与企业理念的关系。

首先,企业理念是企业文化的核心。几乎所有的企业文化的定义都提到价值观,这里的价值观的概念和企业理念的概念基本是一致的。企业的成功来自于成功的企业理念,作为核心地位的企业理念无时无刻不在起指导作用。没有企业价值观,企业理念概括的企业文化起码是低层次的,经不起竞争磨砺的短视文化,也是没有企业特色的。

其次,企业理念统驭企业的行为、经营方向及企业与外界的联系等,换言之,企业理念指导企业的内部与外部的各项工作,指导企业文化的方向,影响企业文化的形成、传播和发展。

最后,企业的外显文化,典礼、仪式、企业英雄、管理仪式、工作仪式都是企业理念的外化、直观感觉形象。此外,企业理念和企业文化一般都强调人本的核心作用。企业英雄作为他人学习的榜样和敬重的对象,他们的一言一行都体现企业价值观念。英雄是一种象征,同样体现出企业人的完美型理想。有了企业英雄,企业理念所强调的凝聚功能便有了现实的导向。所以,企业英雄(劳模)也是企业文化的重要内容。

我们再从企业文化的结构上看,目前理论界一般是把企业文化划分为三个层面,即企业文化物质层、企业文化制度层、企业文化精神层进行分析研究。其中企业文化的精神层就与企业理念密切相关。

企业文化的物质层也叫企业的物质文化,它是企业职工创造的产品和各种物质设施等构成的器物文化,是一种以物质形态为主要研究对象的表层企业文化。其次是企业创造的生产环境、企业建筑、企业广告、产品包装与设计等,它们都是企业物质文化的主要内容。企业文化制度是企业文化的中间层次,主要是指对企业组织和企业员工的行为产生规范性、约束性影响的部分,它集中体现了企业文化的物质层和精神层对员工和企业组织行为的要求。

企业文化的精神层,即企业精神文化,在整个企业文化系统中处于核心地位,它是在企业生产经营过程中,受一定的社会文化背景、意识形态影响而长期形成的一种精神成果和文化观念,包括企业精神、企业经营哲学、企业道德、企业价值观念、企业风貌等内容,是企业意识形成的总和。在这当中,企业理念无疑是企业精神文化的集中体现。

4. 品牌论维度中的企业理念及其研究价值审视

余明阳认为,品牌是一个名字,但又是一个富含品质、服务、形象与承诺的名字,以至于像"可口可乐"品牌的价值已高达939亿美元。那么,品牌为什么会具有这么巨大的价值呢?有人说,农业时代竞争土地,工业时代竞争机器,信息时代竞争品牌。传统企业竞争中,最关键的是机器、厂房、设备等有形的东西,而现代企业竞争中,最重要的是品牌、人才、科技、营销网络等无形的东西,即所谓由无形的控制有形的。20世纪80年代初,在中国南方和北方同时创办了两个饮料厂,同样以1000万元为投入,北方河北的企业用800万元购买厂房、机器、设备,再用200万元作流动资金购买原材料,可最终因没有订单,苦苦支撑了三年就垮了。相反,南方广东的企业用800万元去创品牌、打市场,当订单像雪片一样飞来时,企业连易拉罐生产线都没有,甚至赞助中国赴洛杉矶参加奥运会的饮料都是借人家的生产线来生产的,生产线、厂房、设备都可以借,唯独订单是借不来的,市场是借不来的,而订单与市场都来自企业的品牌。十多年过去了,北方那家企业的品牌"维力"已鲜有人知,而广东"健力宝"却依然耀眼夺目,成为中国民族工业的骄傲。我们所熟知的"耐克"运动产品公司,则是一家名副其实的"品牌公司",公司将生产厂家虚拟化,全部力量集中于品牌、研发、营销三个方面。做品牌的人员负责让"耐克"形象永远新颖、健康、有魅力。做研究的人员负责每年推出几百上千款的新设计,引领消费潮流,一旦制成样品,研发的任务就完成了;做市场营销的人就拿着样品去收取订单,订单一确定,交由定制加工的厂家生产产品,而厂家获得的是微薄的加工费而已。市场由无形的控制有形的,而理念及其以它为核心的 CIS 系统则是无形的要素中最核心的要素,足见品牌的价值—MI。尤其重要的还在于随着信息革命和知识经济时代的到来,品牌的价值还在提升。企业品牌后起支撑作用的是以企业理念为核心的企业文化。成功的品牌,一定有一个能够引公众(消费者)的独特理念或者说一种独特的文化。

5. 系统科学维度(主要是管理熵、管理耗散结构论)中的企业理念及其价值研究审视

企业理念文化作为一种管理方式,在一定条件,其运行规律遵循系统熵值增加效应的趋势,即管理表现出从有序到无序的演变。另一方面,作为远离平衡态的开放系统的管理组织在另一条件下会形成系统的耗散结构,即表现出管理系统从无序到有序的演变。这两个理论对于企业理念文化的塑造问题具有重要的研究价值。

1) 管理熵与企业理念文化

熵定律是热力学第二定律,它描述了系统能量的转化方向,即一个封闭系统的能量只能不可逆地沿着一个方向转化。系统科学把熵的概念引进到自己的领域并把它改造为自己的范畴。当系统内部各要素之间的协调发生障碍时,或者由于环境对系统的不可控达到一定程度时,系统就很难继续围绕目标进行控制,从而在功能上表现出某种程度的紊乱,表现出有序性减弱,无序性增加。系统的这种状态,可以称之为系统的熵值增加效应。同样地,如果将熵引入管理学中,即可得到管理熵的概念。所谓管理熵是指在组织运动中,任何一种管理的文化、制度、政策、方法等在执行过程中,总是有效能量逐渐地减少、消耗掉,而无效能量不地增加,在某种条件下,这是一个不可逆的过程。这也是组织结构中的管理效率逆减规律。这个规律之所以会存在,从组织的角度来研究,其主要原因在于管理执行过程中管理效率受若干变量要素制约,这些要素都从不同层面使管理组织的效率逐渐递减,从而稳定地出现这种趋势。

企业管理方式,也有一个效率递减规律。这个规律之所以会存在,从管理的角度来研究,主要原因在以下方面。

(1) 组织结构

组织作为管理的载体,就其本身来说,有一个产生、成长、放大、膨胀、老化的过程。在这一过程中,管理熵会逐渐增加,管理效率会递减。因为组织的膨胀、老化,必然会使组织内部结构性摩擦系数加大,反应能力减弱。

(2) 信息渠道

管理的传播需要信息渠道的通畅。由于组织自身的放大、膨胀和复杂,就会使信息渠道相应延长、节点增多,使信息在传播过程中耗损、扭曲,最后使信息的有效性、及时性下降,管理熵会增加。

(3) 环境变化

企业外部环境的变化会使企业原有的管理政策与策略老化,过时而无效,使组织结构不能适应环境变化，从而导致企业管理熵增加。

（4）人的因素

企业是由人构成的，企业理念文化的主体和客体都离不开人，企业管理运动的效率在很大程度上取决于管理者与执行者的素质和对企业本身以及对工作的重视。因此，人的因素也是影响管理熵的主要因素。

具有激励性、开放性、前瞻性的理念文化的引入，可能通过对管理要素的激活，促成系统间物质、能量、信息的交换，减弱或延缓管理熵的增加，并可在适当的时间，促使系统及时升级换代，使企业"永葆青春"。

2) 管理耗散结构与企业理念文化

与管理熵相对应的是管理耗散结构。耗散结构是物理学家普里高津提出来研究开放系统发展趋势和相应条件的理论。他运用系统的观点，研究有机、无机世界及社会系统中的熵现象，并提出开放系统中，由于负熵的流入可以抵偿系统内熵的增加。一个远离平衡态的开放系统，不遵循热力学第二定律，而是通过与环境不断的交换能量、物质和信息，在一定条件下产生自组织现象，即会由无序到有序，由较低有序到有较高有序。将耗散结构理论引入管理中，即可得到管理耗散结构概念。所谓管理耗散结构指一个远离平衡态的管理组织，不断从环境中吸取能量、物质和信息，从而使管理组织的有序度增加大于自身无序度的增加，在一定条件下，形成新的有序结构和新的组织。管理耗散结构形成的前提条件是：①组织是远离平衡态的开放系统；②组织内部各要素之间存在着非线性的相互作用；③组织外部环境条件变化达到一定的值；④组织内部与环境之间不断地进行物质、能量、信息的交换，从而使组织的总熵为负。这些条件对组织发生作用，使之从无序再到有序，从混沌到协同，从而产生自组织现象，进而形成耗散结构。管理耗散结构一旦形成之后，组织便在远离平衡状态的非线性区内，处于一种动态平衡中，组织内部的一个微观随机扰动就会通过相关作用放大，发展成一个整体宏观的巨大涨落，使组织进入不稳定状态，然后又跌到一个新的稳定的有序状态，形成一种充满活力的有序结构。这时，组织具有很强的抗干扰能力、吞并融合能力和自我新陈代谢能力。

以上管理耗散结构理论，为我们建立科学的组织构架、进行组织的再造和有效的企业理念文化重塑提供了重要依据。这就是在管理熵增的趋势里，具有企业理念文化的组织更有可能通过完全开放，自我学习，自我改造，不断与环境进行物质、能量、信息的交换而克服混乱，通过协同和突变，使企业理念文化整体实现负熵值来促使管理效率的提高。

3) 管理熵、管理耗散结构对企业理念文化重塑的启示

根据管理熵论，任何一种管理的文化、制度、政策、方法在企业组织执行过程中，总是伴随着有效能量逐步减少，最终直至能量消耗至熵值最大，从而失去管理效率。同样，作为一种管理方式的企业理念文化，在其建立之初，总具有最大的能量（管理效率），但随着其中熵值的逐步递增，这种变化也会逐步失去其凝聚、激励、导向企业员工的作用，直至能量衰减至熵值最大而不再产生管理效率为止。另一方面，人类文化学家们也认为在一种文化发展的某一阶段，会出现一个普遍化的过程，也就是说，失去文化特质。这样就会形成封闭的趋稳态结构，无法进行文化交流和冲突、产生文化新质，从而走向文化沉寂，最终导致分崩离析。古代埃及、美索不达米亚、罗马以及远东各河流哺育成长起来的文明的兴盛与衰亡，都是这种发展过程的集中体现。很多企业的发展历程也显示了这样的轨迹。这些现象都是管

理熵定律起作用的结果。

由此可见，不管企业理念文化作为一种管理方式，还是作为一种文化现象，其发展过程都符合管理熵定律的客观规律性。因此，在适当的时候，对企业理念文化进行重塑、再造，是企业发展的必然选择。按照管理耗散结构理论，管理的演进是开放系统在远离平衡态的条件下由不可逆过程产生的结果。但它不是按单一轨线方式进行的，而是按照突变分叉、多束轨线方式进行的。因此，与管理熵得出的结构相反，管理耗散结构理论认为，人类的文化系统如果开始于一个同一的原始状态，那么在以后的发展过程中，就会由随机涨落而发生分叉，就会有多种方向、多种形态的可能性。进化只是定向性的，只有统计的预见性，没有明确的目标，也没有确定的发展路线。由此可见，由于耗散结构是一远离平衡态的动态的开放系统，它与外界环境发展物质、能量和信息的交换，在互相作用中发生非线性作用的结果，从而使动态系统产生许多随机涨落，使系统失去稳定性。如果说，管理熵论为我们提出了重塑企业理念文化的必要性，那么，管理耗散结构论就为我们提供了重塑企业理念文化的方法启示。

① 企业理念文化应该建立在一个远离平衡态的、动态的开放组织系统之上。因为在平衡的、封闭的系统内，熵定律是起决定性作用的、不可逆的。企业理念文化由于不能从外界引入负熵（即物质、能量和信息），就会因自身的能量递减而失去管理效率。一种文化要能够自我适应、自我学习、自我调节以适应环境变化，就必须不断从环境中吸收物质、能量与信息，以抵抗自身熵的增加，这就需要建立在一个动态的开放系统之中。

由此可见，重塑我国企业理念的一个基本原则，就是要建立一个在远离平衡态的、动态的开放系统之上的企业理念文化，不断吸收其他企业（包括国内外的）和社会文化的优秀内核，融入自身，以形成理念的耗散结构。

② 管理耗散结构对我们重塑企业理念文化的第二个启示是，应该使企业理念文化的载体——企业全体员工能以现代化的意识积极参与到企业理念文化的再造中来。对企业理念系统来说，自主性的成员对企业理念的态度将影响随机选择的过程，因而具有重要意义。因为我们本身在企业理念的发展中既是观众，又是演员，而且更重要的是演员，我们本身的态度就会决定在随机过程中我们企业理念文化的发展态势。因此，如果企业理念在耗散过程中，使企业全体员工都以现代化的意识参与到重塑中来，那么，我们重塑的企业理念也完全有走向现代化的可能性。

③ 在保持中国企业优秀传统文化的基础上进行创新，这是管理耗散结构对重塑我国企业理念文化的第三点启示。耗散结构理论认为世界是复杂的和多元的，不可能把多样复杂的现实世界还原成某个简单的永恒的管理模式。因此，物质实体是多样的，永远也不可能重复出现，这就是所谓在管理过程中某些重要方面，如重大决策以及若干变数的不可逆性和随机性占统治地位的意义。既然如此，企业理念文化建构就没有一个永恒的模式，也没有一个绝对的中心。各企业的理念文化都是各企业员工在随机选择中应付环境争取生存的工具。它的价值由它所服务的企业的生存能力来评价。因此，中国企业理念文化要完全适应市场经济、适应现代化的需要，就必须克服本身不适合新环境、新需要的弱点，在保持自身传统文化优秀内核的同时，不断进行创新，以开放、宽容的态度对待新思想、新观点，集百川于大海，汇奇珍于一炉，通过创新让企业理念文化内部产生冲突、交汇，造成动态的非平衡状态，中国的企业理念文化才会在自身中产生活力，飞跃到一个更高层次的状态上去。

3.1.3 美、日、中理念文化的比较

1. 美国理念文化的发展概况及其特点

1) 美国理念文化发展概况

美国的 CI 正式发轫于 20 世纪 50 年代中期。当时,美国 IBM 公司率先问津 CI,即通过企业标识设计来塑造企业形象,从而成为美国公众信任的"蓝巨人"公司,并在美国计算机行业取得独占鳌头的霸主地位。随着 IBM 导入 CI,美国的许多企业纷纷仿效。1970 年,可口可乐公司(Coca-Cola)导入 CI,革新了世界各地的可口可乐标志。此后,世界各地便掀起了 CI 的热潮。总体来说,欧美国家的 CI 注重运用鲜明易识的标记使公众对企业及产品产生强烈的印象。正如 1983 年版的《国际通用辞典》对 CI 概念所做的解释那样:公司或其他组织机构使用标准易识的标志以保持公众对其名称与记忆谓之 CI。由此可以看出,早期流行于欧美的 CI,是视觉识别型的。也就是说,在 CIS 三大系列中,他们更注重 VI 系统,而 MI 系统还没有引起足够的重视。美国初期 CI 重视视觉识别系统,其直接原因是由于,美国是一个多民族国家,存在语言上的差异;而且美国社会的生活节奏快,各种企业大量出现,又大量倒闭,人们已无法再像以前那样关注个别企业。企业为对抗环境的变化所造成的企业形象的模糊化,因而采取了以企业标志、标准色、标准字设计为基本内容的视觉形象设计手段,使企业的视觉形象具有超越语言、地区、文化习俗的共通性,并产生一望其标志即可辨识出企业的效果。另外,从历史原因看,美国是一个移民国家,崇尚个人价值、个人奋斗,而轻视集体价值、集体信念,而企业理念无疑是集体价值、信念的集中体现。当然,即使如此,美国企业界也还是逐步认识到企业理念的重要价值,IBM 在导入 CI 时,其公司总经理指出"在急速变化的世界中将 IBM 团结在一起的共同因素不是它的技术,而是它独有的伦理和文化,作为公司的主要动力,不能仅仅过分强调信仰有多么重要,这种信仰应成为与其他公司竞争的特殊管理风格"。20 世纪 80 年代以来,随着企业文化理论的兴起,美国 CI 开始由重 VI 向重 MI 发展。正是企业文化的兴起,或者是一种"文化的觉醒",推动了美国理念文化的兴起和发展。

20 世纪 70 年代末,面对日本经济的迅速崛起,美国一些经济学家和管理学家开始对日本企业进行全方位的考察。他们在认真调查研究后发现,在日本企业获得成功的多种因素中,排在第一位的既不是企业的规章制度、组织形式,也不是资金、设备和科学技术,而是日本的文化。企业文化使企业中的共同理想、价值观念和行为准则长期深植于员工心中,它们对企业成员有强大的感召力和凝聚力,使企业的人、财、物、管理、技术、组织技能等诸因素有效地组织起来,发挥出较高效能。

2) 美国理念文化的特征

通过前面对美国理念文化发展概况的分析,我们可以比较清楚地看出美国理念文化的主要特征。

20 世纪 50 年代的美国,企业管理进入了系统科学时代,他们全面应用系统理论、权变理论解决管理中的问题,朝着严密化、定量化、硬科学化的道路发展,这个给美国带来极大繁荣的"计划和技术至上"的理性主义管理方法发展到 70 年代之后,受到了日本的强烈挑战。美国的一些学者提出,与日本相比,美国管理的落后不在于管理方法、手段和技术的落

后，而在于缺少一种以企业文化为核心的管理体系。于是一种叫"企业文化学派"的管理思想在美国企业界日渐风行。他们呼吁将更多的注意力放在生产产品和提供服务的人，以及使用产品和服务的人上面，批判企业管理中的"纯粹理性主义"，恢复企业管理中人的中心地位。美国管理学家托马斯·彼德斯（Thomas J. Peters，1984）称："成绩卓著的公司能够创造一种内容丰富、道德高尚而且为大家接受的文化准则。一种紧密相联的环境结构，使员工们情绪饱满、互相适应和协调一致。他们有能力激发大批普通员工做出不同凡响的贡献，从而也就产生有高度价值的目标感。这种目标感来自对产品的热爱、提供高质量服务的愿望和鼓励革新以及对每个人的贡献给予承认和荣誉。"美国企业文化研究专家的这种描述，是对企业文化以人为本的企业理念的重新认识，它从较高层面上反省了企业文化特别是理念文化的价值。

美国企业理念文化具有鲜明的"个人能力主义"色彩。美国人具有好动好胜的民族特点，这有其一定的历史渊源。首先，因为北美大陆除土著民族之外的早期居民都是来自欧洲各国富有冒险精神的移民，美国成立后，西部尚有大片肥沃的土地没有开垦，"冒险家"们纷纷背井离乡，单身出走或举家西迁，寻求致富之道，开始了美国历史上著名的"西进运动"。上述历史传统特征沿袭下来，使美国民族的生活带有明显的个人能力主义及流动性、变动性的特点。因此，美国企业理念文化中培植了不怕风险、勇往直前的开拓进取精神，尊重个人、崇尚个人自由、追求个人发展的精神，鼓励自由贸易、自由竞争、任何人都要凭才智和工作而致富的精神。例如，IBM公司提出"尊重个人，发挥天性"，把创新作为该公司的企业精神，公司积极支持个人的创意，为员工组成的各种创新小组提供充分的试验条件，充分发挥每一名员工的想象力和创新小组提供充分的试验条件，充分发挥每一名员工的想象力和创造力。又如，目前世界上最大的计算机软件企业微软公司依靠充分发掘技术人员的个人潜力才得以在激烈竞争中取得独一无二的优势。这样的企业文化保证了美国在科技开发方面处于世界领先地位，率先敲打着知识经济时代的大门。

当代美国理念文化强调企业要建立共同的价值观。美国企业领导者认识到，决定公司生存和发展最重要的因素是企业共同的价值观和共同的信念。当代美国最杰出企业的价值观主要有以下四个方面。

第一，成功的企业都要有一个崇高的目标。通过目标来激励和领导员工，不能单纯以赢利作为企业的最高目标，而是要努力为消费者、为社会提供优良的产品和服务。只有崇高的目标才能产生健全而具有创造性的策略，并使个人愿意为崇高目标而献身。

第二，企业应使员工参与决策和管理工作。由于现在美国的管理人员和工人的工作性质正在发生变化，体力劳动减少而脑力劳动增加，管理阶层的工作是促使员工从事创造性的思考、学习和参与，因此企业的成功不仅要有先进的科学技术，而且必须创造一种合作文化，让员工参与合作解决问题。企业管理的领导方式已由指挥领导变为共识领导，这使员工感到自己与企业组织已结为一体，员工能为企业成功而喜悦、为企业失败而痛苦。

第三，追求卓越。这是美国企业理念文化的核心之一。追求卓越是美国企业的一种精神，表示永无止境的进步过程。成功的公司在创造一种信念，即认为今天在做的事明天就会变得不适宜，因此需要寻求更新的方式。求新求变才会使人朝着更高的成就标准努力，企业应创造一种环境、一种文化，使更多的人感到不满足、更多的人追求卓越。

第四，建立亲密文化。美国有许多始终都处于领先地位的高技术企业，其主要原因就在于这些企业大都由一群志同道合的科技人员组成,他们彼此之间容易坦诚沟通。共同激发创意,相互鼓励及启发事业的成就感。当代美国企业文化要求管理人员与下属员工建立友谊,有了友谊才会有信任、牺牲和忠诚,员工才会发挥出巨大的创造力量。美国公司及其管理人员都在为建立亲密文化而激发员工创造力的环境进行努力。比尔·盖茨(Bill Gates)和他的几位合作者和助手之间的信任和友爱,随着微软事业的日益壮大而广为流传。

在 CIS 系统中,美国在重视 MI 的同时仍然突出强调 VI。美国 CI 强调 VI 的深层原因是,美国的市场经济较为成熟,企业在理念、行为方面,经过长期的追求与规范,已经比较明晰,例如,美国企业已形成具有民族特色的企业文化。正如文化研究专家迪尔(Dill)和肯尼迪(Kennedy)所指出的:"一个强大的文化几乎是美国企业持续成功的幕后驱动力。"美国的企业文化决定了企业在策定经营理念时特别强调功效、创造力和责任心。美国的企业文化处处体现实用主义,以效益为价值标准。企业特别强调生产、利润指标。美国的企业文化正是理念、行为的精神源泉。由于这一切都比较成熟,因此在进行 CI 策划设计时,只需将其外化为视觉符号即可。

2. 日本理念文化的发展概况及其特点

1) 日本理念文化的发展概况

日本在第二次世界大战的惨重失败以后,却出人意料地在短短不到三十年的时间内,以流星般的速度在战争废墟上异军突起,一跃成为当时继美苏两个超级大国之后的世界第三大工业国和经济强国。美国一直引以为荣的王牌工业——汽车业和钢铁业受到来自日本的强大冲击,贴着"索尼"、"松下"、"日立"标签的日本电器军团打得美国电器业溃不成军⋯⋯整个西方乃至全世界都大为震惊。这股突如其来且异常强劲的"日本冲击波"迅速影响着全球几乎所有的市场,改变了世界经济竞争的大格局。

日本何以能在如此短暂的时间内取得这般辉煌的成就?日本靠什么样的管理使其产品具有如此强大的竞争力?日本经济崛起的秘密何在?面对这些问题,西方国家、尤其是美国的企业界和管理学界陷入了深深的反思之中。美国的管理理论家和管理实践家开始向日本学习,探究日本管理模式中的文化渊源,从对日本企业成功管理经验的总结和升华中抽象出其管理的精髓。各国众多致力于企业经营管理研究的学者在考察研究了许多成功企业的经验后一致认为:美国注重"硬"的方面,强调理性管理;而日本人不但注重"硬"的方面,更注重"软"的方面——企业中的文化因素,如企业全体员工共同具有的价值观念、员工对企业的向心力、企业中的人际关系等,并统称为"组织风土"。他们认为"组织风土"是在日本企业中经过长期管理实践的产物,是通过企业全体员工的言行举止自觉表现出来的,这种"组织风土"就是以企业理念为核心的企业文化。战后日本经济的高速发展和企业经营的成功无不与他们建设了强有力的企业精神理念息息相关,它推动日本企业实现了"以人为中心"的经营,使企业具有巨大的凝聚力、旺盛的技术消化能力、局部的改善和调整生产关系的能力以及适应市场的能力,激励着企业全体成员同心协力地为实现企业目标而努力奋斗。正如世界著名企业家、美国 IBM 公司董事长小托马斯·沃森(Thomas Watson)所说:"一个企业的基本哲学对成就所起的作用,远远超过其技术或经济资源、组织机构、发明创新和时机选择等因素。"

在日本,企业理念文化的表现形式是多种多样的,如"社风"、"社训"、"组织风土"、"经营原则",等等。这种企业理念文化是在企业内部把全员力量统一于共同目标之下的一种观念、历史传统、价值标准、道德规范和生活准则，是增强企业员工凝聚力的意识形态。松下幸之助的实践经营哲学可以说是日本企业理念文化发展的缩影。松下幸之助在松下电器公司成立60周年之际，出版了《实践经营哲学》一书。松下公司现有职工20多万人，产品1.4万种，工厂分布在130多个国家和地区，其营业额从战后至今，增加了4 000多倍。松下幸之助被誉为"经营之神"、"民族英雄"。该公司的成功得力于完善的企业理念文化，这种理念文化突出表现在以下三个方面。

第一，强化企业精神，企业共有价值观的塑造。松下公司是日本第一家有公司歌曲和价值准则的公司。每天早晨8点钟，公司所有的员工朗诵本公司的"纲领，信条，七大精神"，并在一起唱公司歌曲。

第二，强调重视人才，培养人才的企业人才理念。松下幸之助有一段名言：松下电器公司是制造人才的地方，兼有制造电器产品。他认为，事业是人为的，而人才的培育更是当务之急。也就是说，如果不培育人才，就不能有成功的事业。出于这种远见卓识，他于1964年在大孤建起了占地14.2万平方米的大型培训中心，后来发展为松下商学院，一年开支达40亿日元（占总销售额的0.1%）。全公司每年有1/3的人来这里接受培训。大规模的人员培训，保证了松下电器的新产品源源不断地涌向世界各地。

第三，注重创新性、丰富的企业理念文化建设，使员工有新鲜感，这样更易于职工自觉接受公司文化。每年年终时，公司自上而下动员职工提出下一年的行动口号，然后汇集起来，由公司宣传口号委员会挑选、审查，最后报总经理批准、公布。公司有总口号，各事业部、分厂有各自独特的口号。一旦口号提出，全公司都在这一口号下行动，口号本身体现了公司的价值观。

2) 日本企业理念文化的特点

日本企业理念文化的特点突出表现在以下几个方面。

"和魂、洋才"是构成日本企业理念文化的核心。日本民族自称大和民族，"和魂"就是指日本的民族精神。"和魂"实际上是以儒家思想为代表的中国文化的产物，是"汉魂"的变种和东洋化。中国儒家文化的实质是人伦文化、家族文化，提倡仁、义、礼、智、信、忠、孝、和、爱等思想，归纳起来就是重视思想统治，讲究伦理道德。日本"忠于天皇、拼死不憾"的武士道精神就是"和魂"的集中表现。日本企业家在经营管理中很好地利用了这种"和魂"，提倡从业人员应忠于企业，鼓吹劳资一家、和谐一致、相安而处、共存共荣，从强调人际和谐入手以稳定劳资关系。同时，他们又从中国的《孙子兵法》、《三国演义》等经典名著中吸取了大量营养，把中国的军事谋略移植到日本企业的经营理念塑造之中，如兵不厌诈、待竭而制、先发制人、避实击虚等都运用自如，获得很大的成功。例如，日本精工集团虽早有世界钟表业称雄之心，但在其羽翼未丰时一直采取的经营理念是，避免与实力雄厚的瑞士钟表业发生正面冲突，直到实力强大后才以大批量的高精度优质石英表和电子表涌进国际市场，仅在20世纪70年代的后5年就一举斗垮了178家瑞士手表厂，欧米伽和天梭两家钟表公司在3年内亏损2 700万元，濒临破产的边缘。精工钟表集团终于一举取代瑞士而领导了世界钟表的新潮流。"洋才"则是指西洋（欧美）的技术，日本企业非常强调向西洋学习的观念。1886年日本明治维新，开始了资本主义进程。在明治政府的大力支持下，向西洋学习先进技术及管理方法在日本企业中逐渐形成高潮，于是"和魂"和"洋才"才开始结合起来，成为日本近代企业家经营活动的指导思想。以日本化了的中国儒家文化为核心的"和魂"与以欧美的先进技术为内容的"洋才"相结合，构成了日本企业理念文化的重要基础。战后日本企业引进、吸收、消化了大量的欧美先进技术，同时又在此基础上进行了卓有成效的改造创新，创造了远比其他资本主义国家大得多的资本增值。例如，日本丰田汽车公司的企业理念是："上下一致，至诚服务，产业报国；致力于研究与创造，超越时代；力戒华美，追求质朴、刚健；发挥温情友爱，大兴家庭美风，尊崇神佛，致力生产报恩"。丰田公司就靠这种理念文化使公司形成比较和谐的劳资关系，吸收引进了其他各国的先进技术，创造出先进的管理方法——丰田工作方式，从而在新产品开发及市场竞争中取得成功，成为日本第一大企业。

日本企业理念文化具有浓厚的家族文化色彩。日本过去一直是以农业为主的国家，因此日本民族具有明显的农耕民族的某些文化特征。它首先表现为集团内部的互助合作。由于农耕作业，从播种到收获，绝非一个人的力量可以完成，家人、族人必须互助合作，这使得日本人养成了团结互助的良好习惯，与个人才能相比，他们更重视协作与技术的作用，即表现为家族主义。这种家族主义观念，在企业中则普遍表现为"团队精神"，一种为群体牺牲个人的意识。日本农耕民族的文化同时还表现为他们的乡土性，即稳定性。农耕民族以土地为中心，从事稳定而有规律的乡土性，即稳定性。农耕民族以土地为中心，从事稳定而有规律的以农业生产为主的活动，在一定的生产力条件下，只要没有严重的自然灾害，农业收成总是大体均衡的，这样就使之逐步养成了比较稳定的生活习惯。时至今日仍可清楚地看到，日本的"家族主义"与"稳定性"等民族特征在企业生产经营理念中表现得十分明显。家族主义精神要求和谐的人际关系，因此"和为贵"的思想是日本企业理念文化的核心。这是吸收了中国儒家学说而形成的人生哲学和伦理观念，日本企业追求的"人和"、"至善"、"上下同欲者胜"等共同意识皆源于此。日立公司的"和"，松下公司的"和亲"，丰田公司的"温情友爱"，都深受中国佛教及儒家"和为贵"思想的影响。这时的"和"，就是和谐一致、团结协作。企业领导和管理人员从各方面关心员工的福利以至家庭生活，员工也以企业为家，用高质量和高效率的工作来报答企业。在企业内部，人们以处理"家庭关系"的宽容心理来处理相互之间的关系，形成善意的人际环境。近年来，日本又吸收西方文化中的一些成分，倡导企业民主，企业经协商或主动创造一些环境和场合，让员工提出意见，以缓解企业内部矛盾，使员工心理上得到一定满足。日本企业家甚至还别出心裁地发明了出气室，里面放有董事长、总经理等企业高层领导的塑像，员工可以在那里用橡皮锤狠狠地砸这些代表着某企业领导的塑像以泄心中不满，"人"也砸了，气也出了，员工回到岗位照样好好干活。

以人为中心的思想是日本企业理念的重要内容。无论是终身雇用制、年功序列制，还是企业工会，日本企业经营模式的这三大支柱都是紧紧围绕着人这个中心的。三者相互联系、密切配合，从不同侧面来调整企业的生产关系，缓和劳资矛盾。正是这些形成了命运共同体的格局，实现了劳资和谐，推动着企业经营管理的改善和提高。日立公司前总经理吉山曾指出："我认为问题不在组织，而在人。"在他的倡导下，日立公司提出了"人比组织机构更重要"的企业理念，企业用尊重、信任和关怀来沟通与员工之间的感情。本田公司坚持"以人为中心"的经营理念，他们认为企业经营的一切根本在于人，注意把公司办成有人情味的集团，公司基本任务除了制造消费者喜爱的产品——汽车之外，还要为员工提供一个能发挥自己才能的安居乐业的场所。为此，本田公司特别重视员工有没有朝气和独创精神，在分配青年员工工作时总是稍微超出他们的实际能力一点，并要求各级负责人都得有向年轻部下委让权限的胆量。日本企业强调："人才开发的利益大得无穷"、"企业教育训练投资的投入产出系数最大，是最合算的投资"、"只有人才才是企业活力的源泉"等人才理念，尽管日本企业提高劳动力的创造性是为了最大限度地强化资本获取剩余价值的能力，但它们重视人力资源开发、重视教育工作的思想却值得借鉴。日本企业通过教育提高员工素质，坚持"经营即教育"的思想，不断发展和巩固企业文化。松下电器公司自创办以来一直把教育作为经营理念的核心，松下幸之助认为"人的智慧、科学知识和实践经验都属于社会财富，而且比黄金更有价值"，他还提出了"造物之前先造人"的思想。丰田汽车公司也提出要尊重人，以人为轴心，他们的口号是"既要造车也要造人"。丰田公司第三任总经理石田退三指出："谋事在人，任何事业要想获得较大发展，最重要的是必须以造就人为根本。"丰田公司认为，企业由人、财、物三要素组成，第一位的是人，人就是财产，培养优秀的人就是增加公司的资产，无论谁都应该在造就人上下工夫。因此，丰田公司从文化知识、技术技能、道德修养和思想感情等多方面对员工进行教育训练，调动他们的积极性、主动性，从而确立了世界著名企业的地位。日本企业进行员工教育培训主要从满足员工自我成就的需要出发，竭力使员工在受教育中增长才干，不断创造新的成就，使员工感到企业是自己实现理想的场所，自觉激发出为企业"尽忠效力"的内在动力。

20 世纪 90 年代以来，由于泡沫经济的破灭，日本企业进入了结构调整的艰难时期，相应地在管理方式上吸收了美国能力主义的长处，更强调内部竞争和效率，但日本企业理念文化的基本形态并未发生根本变化。相反，欧美企业则普遍借鉴日本模式，重视企业理念文化的建设，"团队精神"成为欧美跨国公司核心价值观的一部分。

3. 中国企业理念文化

1) 中国企业理念文化发展概况

中国企业理念文化的兴起有两个重要的时代背景。一个背景是以 1978 年党的十一届三中全会为标志，中国开始进入一个新的历史时期——改革开放时期。改革开放，是中国企业理念文化形成的内因。第二个背景是几乎与中国的改革开放同时，国际企业文化潮流的兴起与涌入。是构成中国企业现代理念文化形成的外因。其实，中国企业理念文化还可追溯到改革开放以前。中国计划经济体制时期出现的大庆精神和《鞍钢宪法》，就其实质内容来说，就属于企业理念文化范畴。但其提出者倡导者都是政治组织和政治家，其内容则适合于中国的每一个企业，很少有只适用于某一个企业的个性。这是因为，当时企业本身的"计划"特征，决定了它还不可能成为企业理念文化的主体。要发展"一个一个样，个个不一样"的各具特色的企业理念文化，其前提是企业本身是市场竞争和企业理念文化的主体。从 20 世纪 80 年代初开始，中国企业开始向市场竞争主体转化，取得了企业理念文化主体的地位，中国企业理念文化开始出现"一个一个样，个个不一样"的生动活泼局面。因此，严格地讲，中国企业理念文化兴起于 20 世纪 80 年代初期。直接催生中国企业理念文化兴起的是欧美、日本企业文化理论和 CIS 传入中国。

首先，在学术界，掀起了企业文化理论包括企业理念文化的评价、研究的热潮。从 1983 年到 1987 年，我国先后翻译出版了美、日、英等国最具代表性的企业文化著作，包括美国的"四重奏"，日本的松下幸之助、土光敏夫、井直薰、盛田昭夫等人的著作，以及介绍英国优秀企业及其文化的专著《制胜之道——英国最佳公司成功秘诀》。学术界在评价欧美、日本的企业文化理论的基础上，迅速开展了对中国企业文化的研究工作，结合中国国情，出版了中国人自己的企业文化专著，并在高等院校开设了企业文化课程。其中影响较大的研究中国企业文化的专著有：《中国企业文化——现在与未来》（张德、刘冀生著，商业出版社1991年出版）、《管理之魂》（邹广严主编，西南财经大学出版社1988年出版）、《中国社会主义企业精神》（汤茂义等编著，经济管理出版社1988年出版）、《企业文化学》（罗长海著，中国人民大学出版社1991年出版）、《新视野、新思路——企业文化与企业思想政治工作》（李培、张红薇等，新华出版社1991年出版）、《建设社会主义企业文化》（陆云主编，今日中国出版社1995年出版）、《企业文化理论与实践》（王成荣主编，中国社会科学出版社1991年出版）、《企业文化——走出管理的困境》（印国有主编，中国城市经济社会出版社1980年出版）、《企业文化论》（张大中、孟凡驰主编，东方出版社1995年出版）、《企业文化建设的运作》（郝真主编，中国经济出版社1995年出版）等。在这些学术著作中，学者们大都明确指出了理念文化在企业文化中的核心作用，有的学者还对企业理念问题进行比较系统而深入的研究、探讨。

其次，在企业界，也掀起了以企业理念文化为核心的企业文化建设热潮。一方面，中国企业大胆借鉴欧美、日本企业理念文化的精髓，事实上，许多中国企业在借鉴西方企业理念方面受益匪浅，特别是用"以人为中心"思想，克服"见物不见人"的倾向；以"顾客至上，市场导向"的经营理念，克服"唯我独尊，技术（生产）导向"的痼疾；以"追求卓越"的价值观，取代"差不多就行"的得过且过心态；以"诚实守信"的商业道德，克服"一切向钱看"、见利忘义的不良风气；以"开拓创新"的不懈追求，克服"小富即安"、"因循守旧"的中庸之道；以真诚合作的团队精神，克服过度竞争、以邻为壑、内耗不止的劣性文化，均收到了良好的效果。在20世纪80年代中期，第二汽车制造厂、长城钢厂、大同煤矿、上海无线电十八厂、上海嘉丰纺织厂、广州白云山制药厂等企业，在企业文化建设上做出了突出的成绩。90年代以来，海尔集团、长虹集团、三九集团、春兰集团、海信集团、红塔集团、华为集团、中国移动通信公司、联想集团等企业，以骄人的业绩跃上行业前茅，同时它们都培育出各具特色的优秀企业文化。目前，在企业界和理论界，对企业理念——文化大体上形成了以下共识。

① 企业理念文化是客观存在的，它对企业的生存和发展发挥着举足轻重的作用，企业理念文化建设已经成为企业经营管理的重要组成部分。

② 中国企业的企业理念文化建设，应该吸取发达国家的有益经验和系统理论，但不能移植照搬，而应深深扎根于中国传统文化与社会主义市场经济的土壤之中。

③ 中国国有企业具有思想政治工作的优良传统和工作优势，应该将这种优势与企业文化建设相结合，创造具有中国特色的企业理念文化建设格局。

④ 企业形象是企业理念文化的外显，企业理念是企业形象的本源。建设优秀的企业理念，对内可凝聚强大的精神力量，对外可塑造完美的企业形象，从而增强企业的竞争力。

⑤ 如果说现代企业管理经历了经验管理、科学管理、文化管理三个阶段的话，那么中国绝大多数企业正经历由经验管理向科学管理阶段的过渡。在这个过渡中，不仅应健全制度，实行"法治"，而且应"软硬兼施"，建设好相应的企业理念文化，这是科学管理中国化的重要内涵。

⑥ 文化管理是面向21世纪的管理。在文化管理下，企业理念文化建设成为企业经营管理的"牛鼻子"。长虹、海尔、春兰、三九等优秀企业已率先向文化管理过渡，其重要标志

是：以人为本，以文治厂（店）。它们为众多中国企业指明了前进的方向。

虽然许多中国企业在企业理念文化建设上尚处在启蒙期或进入期，但重要的是，大家已经认识到体制转轨中观念更新的迫切性，认识到转轨变型必须伴随着企业理念文化的变革，现代企业制度必须与现代企业理念文化相配套。相信，中国的企业理念文化建设必将迎来新的更加波澜壮阔的热潮。

2）中国企业理念文化的特点

由于中国特有的国情、历史传统以及时代特征，使中国企业理念文化呈现出不同于欧美、日本理念文化的独特面貌。

(1) 中国企业理念文化具有以社会主义为价值导向的基本特征

中国企业理念文化以社会主义为价值导向，也就是以邓小平理论为价值导向，这是由于邓小平理论是中国社会主义建设的根本指导思想。邓小平指出："社会主义的本质，是解放生产力，发展生产力，消灭剥削，消除两极分化，最终达到共同富裕。"（《邓小平文选》第3卷，373页）中国当代的企业理念文化，正是在邓小平理论的价值导向下建设起来的。中国当代卓越的企业理念文化，特别是公有制公司的企业理念，其价值观念体系一般总是有三个子系统。

第一个子系统，是和"解放生产力，发展生产力"紧密相关的各种生产经营理念。主要是树立经济效益理念、效率优先理念、市场竞争理念、优胜劣汰理念、争创第一理念、革新创新理念、优质服务理念、合理利润理念、资金增值理念、股东权益理念等。这是中国企业价值观念体系中最主要的部分，也是可以向西方发达国家的企业理念借鉴的部分。

第二个子系统，是和"消灭剥削，消除两极分化"相联系的各种价值观念。我国的实践经验表明，形式上"消灭剥削，消除两极分化"并不难，我国在"文化大革命"时期可以说已经没有剥削，已经没有两极分化。但是，这种形式上的消灭与消除，由于不是建立在生产力高度发达的基础上，所以并不是真正的进步，不是持久巩固的，不是通向社会主义与共产主义，而是走到了平均主义。正如恩格斯所说："只有在社会生产力发展到一定程度，发展到甚至对我们现代条件来说也是很高的程度，才有可能把生产提高到这样的水平，以致使得阶级差别的消除成为真正的进步，使得这种消除可以持续下去，并且不致在社会的生产方式中引起停滞或倒退。"根据马克思主义和邓小平理论中的这些观点，在中国企业理念文化建设中，确立和"消灭剥削，消除两极分化"相联系的各种价值观念，就不应该是形式上的"剥削可耻"、"为富不仁"之类的理想观念，而应该是实际上也确实是联系发展生产力来强化职工当家做主的理念、优化劳动条件的理念、兼顾公平的理念、控制分配差距的理念、奉献为公意识、公有私有都应该为社会主义祖国服务的理念等。

第三个子系统，是和"最终达到共同富裕"相联系的各种价值观念。"最终达到共同富裕"，是允许和鼓励一部分人通过诚实劳动与合法经营先富起来，然后带动和帮助其他人也富裕起来，这体现在企业理念文化建设中，就是确立团结互助理念、公益事业理念。

(2) 中国企业理念文化具有显著的所有制色彩

我国向来具有按所有制来区别对待企业的传统。企业的所有制不同，其政策环境、历史沿革、所在行业、规模大小、面临任务、组织结构，等等，就都不一样。因此，中国企业的所有制不同，其企业理念文化也就具有不同的特征。

国有独资企业理念文化的特点表现在：一是长期受计划经济体制影响，企业理念抽象、笼统的现象仍较严重；二是企业理念往往与企业思想政治工作及与国家的方针、政策结合得比较紧密；三是明显带有体制转轨的痕迹，如强调"革新"理念等。集体所有制企业理念一方面也长期受计划社会体制影响，另一方面，由于其历史包袱相对较国有企业少，因此在企业理念上的塑造比较单纯，那就是穷则思变，尽快改变落后的面貌，因而形成了赶超型的理念文化。

私有制所对应形成的企业理念文化，其一般特征可概述为——追求自我，实现自我，管束自我，消融自我。中国当代的私有企业，是在曾经被消灭的历史背景下再生出来的，是经历过"否定之否定"磨难的。因此，私有企业主一般并不以赚取尽可能多的利润为人生目的，而是以"干成事业，实现自我"为人生目的，即所谓"人生为一大事而来，做一大事而去"（张果喜语）。为实现自我，也能管束自我，消融自我，"使自己每一步都符合共和国发展的逻辑"（刘永好语）。外商独资企业所对应形成的企业理念文化，是异国型理念文化。其一般特征可概述为——坚持异国风格，固守原有模式。异国理念文化是人们最容易感受到的，如可口可乐的享受快乐理念、英特尔的创新理念、麦当劳的方便和清洁理念，等等。

一方面充分吸收国外先进的经营理念，同时结合民族文化，塑造出有民族特色的企业理念。如荣事达集团就是一家中外合资公司。荣事达地处安徽合肥，安徽是中国徽商商业文化的发祥地，素有"和气生财"、"互惠互利"的商业精神。该集团充分吸取其精髓，并借鉴国外先进经营理念，结合自身实际，提出了"互相尊重，相互平等，互惠互利，共同发展，诚信至上，文化经营，以义生利，以德兴企"为核心精神的"和商"理念。

（3）中国企业理念文化具有"崇尚辩证结合方法"的基本特征

从方法上看，中国当代的企业理念文化建设，明显具有"崇尚辩证结合方法"的基本特征。如企业理念文化建设与精神文明建设相结合，与思想政治工作相结合，与建设典章制度相结合，与搞好企业公共关系相结合；发扬本国优良传统与吸收外国先进经验相结合，"硬"措施与"软"工作相结合；严格要求与耐心说服相结合，等等。多种多样的结合方法的形成既有悠久的历史原因，也有着深刻的现实原因。

（4）中国当代的企业理念文化，明显具有"发展不平衡"的特征

这种特征，主要表现为：改革开放的特区、新区先于、快于、优于一般地区，沿海地区一般说来先于、快于、优于内地；市场竞争激烈的行业，真枪实弹地搞企业理念文化的程度，远高于仍属垄断经营的行业；大型公司好于小型企业；已经上市的股份有限公司，对待企业理念文化建设严肃认真的程度，远远高于其他各种公司。之所以出现这种"发展不平衡"的现象，有两个方面的原因：一是受国家发展战略的影响，如优先发展东部沿海地区，这一部分地区改革开放的力度比较大，市场竞争意识比较强，受国外先进经营理念的影响比较大，因而比较注重企业理念文化的塑造。二是体制和所有制方面的原因，国有企业长期受计划经济体制影响，企业理念文化的"计划"色彩太浓，观念转换滞后，没有形成与市场经济紧密结合的企业理念。

3）中国企业理念文化存在的问题和误区

第一，企业理念文化是企业的灵魂，在理论上虽已为各界接受，但在实践上真正发挥企业理念文化的作用还很不够。表现为：对企业文化特别是企业理念上层重视、下层不重视，理论上重视、实践中不重视等；怎样处理企业理念和企业管理的关系，还缺乏深入研究和理论指导，企业理念往往游离于管理之外，无法有效地发挥灵魂和支配作用；企业和管理界在

意识上并不到位，对于企业理念文化管理的难度、复杂程度和个性化、持续化的要求，还没有足够的思想准备；缺乏企业理念文化管理贯彻实施的根本纲领和安排，缺乏坚定不移的目标和缜密周到的策划，缺乏多种形式的训练、灌输和强化，企业缺乏一批具有哲学、文化学、社会学、行为学、心理学、管理学综合素养的高水平的推进人员，缺乏常设推进机构。所有这些，使企业理念对多数企业生产经营发挥的作用还不显著。

第二，企业理念文化真正成为以文化为管理手段的一种高层次软管理，在我国目前的状况下还不成熟。企业理念文化从根本上说是给企业生产经营建树一套完整的价值体系，提供一种根本的经营哲学。并以此作为灵魂，注入企业生产经营的一切方面，对企业发生导向作用。要达到这个目的，要求企业家能自觉经营、理性经营，要综合企业的社会使命、经济使命、文化使命，综合企业与市场的关系、与环境的关系、与竞争对手的关系等。在此基础上做全面思考，形成根本观点和根本看法，并使这些观点和看法与员工达成共识，形成企业稳定的价值系统和个性化的企业理念。目前，我国许多企业家为大量事务重重缠绕，很少能冷静下来思考企业深层次的问题。企业理念文化建设虽然受到重视，但无法放到全局和根本战略的位置上去抓。

第三，中国企业理念文化初级性还表现在：企业理念所显示的个性特征很不鲜明，共性大于个性。中国企业的理念文化无疑应为具有中国管理的共性特征，以表现社会主义中国企业的共同理想、信念和价值追求。但是，共性只能存在于感动的个性之中，并通过个性表现出来。在当前企业文化的培育中，比较突出的问题是用共性代替个性，千厂一式，千厂一面。不管是高科技企业还是低技术企业，不管是新公司还是老工厂，企业理念价值观或企业精神等企业理念，往往试用于一切厂矿、一切单位，这种情况反映了我国多数企业理念的培育还处在初级阶段，具有个性的企业理念还没有培育出来。而且，如果没有自觉、长期、脚踏实地、实事求是地培育、总结和提炼，没有经营实践中的检验和锤炼，有个性的企业理念是不能形成的。

然而，长期以来，我国不少企业尽管也提出了自己的企业精神，但总的来说表现为大同小异，缺乏个性。有的甚至徒有其名，成为企业的一种装饰品；有的则是好词垒砌，名不副实。如许多企业提炼的企业精神都是"以人为本"、"追求完美"、"追求卓越"，却没有进一步具体的内容。至于像"团结、奉献、创新、求实、开拓、进取"等空泛的口号或企业理念，更难以体现企业鲜明的个性，展现企业独特的风格，并且实际上也难以具体操作实施。正是企业精神本身的这种空洞、抽象和雷同，致使企业精神不能和企业自身的实际相结合，从而对内无法把这种精神内化为广大职工的意识，变为职工的实际行动；对外无法识别企业，无法使公众对企业形成良好评价。由此可见，我国的企业在进行企业理念文化建设过程中，应该把培养有个性的企业理念放在首位。企业理念不是上级制定的一种法定模式，要求所有的企业生搬硬套，而是各个不同企业在长期的生产经营实践中认真揣摩、选择、总结、提炼和培养出来的。它应当充分展现企业自身的性质和特色，把握自己行业和产品在市场经济及人民消费中所处的地位和作用，形成自己独特的经营理念和价值体系。即便是同一行业的企业，由于各企业的历史、现状、经验、环境、人员素质等不同，所形成的企业精神、企业网络、企业形象乃至整个企业的文化也必然不同。所以，各企业必须在能够体现民族性和时代性的前提条件下，大力培育自己富有鲜明色彩的企业理念。实践证明，成功企业之所以成功，是与富有个性色彩的企业理念分不开的。

3.1.4 企业理念基本概念

企业的宗旨、灵魂是策划中的基本因素,是企业赖以生存的原动力。它是企业独特的价值观的设计,它规定了 CI 策划系统的整体方向,BI 都是由它来引导和发展的。

企业理念是企业对本企业经营活动用理性科学的思维而形成的具有明确指导意义的观念。通俗地讲,企业理念就是企业的意识或企业的思想。任何一个企业都是在一定的思想指导下从事自己的生产经营实践活动的。这种思想体现着企业的理想、追求、价值、风格等等。企业理念既是企业性质、定位及生产经营活动所决定的,反过来又对企业的生产经营活动以有力的推动。正像一个人的思想不可能和别人的思想完全类同一样,一个企业的理念总有它独特的地方,它既不是简单地照抄其他企业的,也不是可以随意提出的。

企业理念从企业文化角度讲,属于企业文化最核心的部分,是最能体现企业的个性、促使并保持企业正常运作及长远发展而构建的反映整个企业明确的经营意识的价值观体系,具有感染力、凝聚力、影响力,对企业的行动、企业的活动、企业的形象传达具有一种统摄作用。没有理念的企业只会是一盘散沙,没有理念的企业形象 CIS 系统不会成为一种体系。高明的企业家会高度重视企业文化建设,更把企业理念建设放在企业文化建设的首位。

1. 企业理念的内容

企业理念系统是企业的基本价值观,是由许多具体特征发挥不同作用因素构成的,主要成分是事业领域、经营战略、基本理念。

1) 企业的基本理念

企业的基本理念主要有:企业基本价值观、行为准则、道德规范和员工责任感、荣誉感等。其中价值观是核心的内容,而行为准则、道德规范是企业基本理念的外在表现。

(1) 企业基本价值观

价值观是基本理念的基础和核心,它规定着全体员工的共同一致的方向和行为准则,它指导着公司整体的活动和形象。公司的基本价值观是企业的宗旨,是员工的共同信念和信仰。

(2) 行为准则和道德规范

行为准则和道德规范是企业价值的外在表现,它是员工在日常的工作中遵循的基本行为规范,是为公司实现宗旨和目标服务的。

2) 企业的事业领域

事业领域是公司的业务范围,公司只有确定了自己的业务范围之后,才能表明自己存在的价值观。一个业务范围不明确的公司,其形象、营销往往会受到巨大的损失。

3) 企业的经营战略

企业经营战略是企业理念的重要组成部分,但是随着时代的变化而改变。一个企业的战略方针直接决定企业成败;正确的战略,使企业兴旺,错误的战略,可能使企业倒闭破产。因此在企业 CIS 导入过程中一定要具有企业特点的 CIS 战略。

2. 企业理念的功能

企业的经营理念是企业的灵魂,是企业哲学、企业精神、企业价值观等的集中表现,同时也是整个企业识别系统的核心和依据。企业的经营理念要反映企业存在的社会价值、企业追求目标及企业经营的基本思想。这些内容,通常尽可能用简明确切的、能为企业内外乐意接受的、易懂易记的语句来表达。

比如：麦当劳的理念就是 Q、S、C、V。字面上的意思是质量（QUALITY），服务（SERVICE），清洁（CLEAN），价值（VALUE）。这是它的创始人在创业初期就确定的，富有快餐业的特征。四个字母概括了企业对全社会的承诺：它只要开业经营就必须在任何情况下向顾客提供高质量的食物（Q），自助式的良好服务（S），洁净整齐的用餐环境（C），及物有所值的消费方式（V）。理念一经确定，它的经营管理模式，它的各项规章制度，它对食物的科学配方及制作规程，它特有的充分尊重顾客的服务方式，以及它的视觉识别系统，都是 Q、S、C、V 这一经营理念的具体体现。而这一理念也成了企业员工上下一致奉行的信条与信守的准则。

企业理念定位要准确、富有个性、表达简洁独到，才具有识别性。同时，针对企业员工的实际情况，企业的文化水平、经营素质、传统优势等提炼出振奋人心的、上下内外都能接受的并且能在企业内部变成大家实际行动、企业外部博得社会认同的理念，才能达到企业形象对内激励、对外感召的效果。具体内容有：经营哲学、经营宗旨、企业精神、核心价值观、企业信条、经营目标、经营方针和发展战略。

3. 企业理念的分类

企业的差别首先来自企业不同的理念，企业不同的理念定位决定了企业不同的形象定位。因此，企业理念内容的差别是企业差别的根源。从目前企业的现实状况来看，可将企业理念分为以下几类。

第一类，抽象目标型。这一类型的企业理念浓缩目标管理意识，提纲挈领地反映企业追求的精神境界或经营目标、战略目标。这类企业理念往往与企业生产经营目标联系起来，直接的、具体地反映在企业口号、标语之中。

第二类，团结创新型。提炼团结奋斗等传统思想精华或拼搏创新等群体意识。

第三类，产品质量、技术开发型。强化企业立足于某类名牌产品，或商品质量，或开发新技术的观念。

第四类，市场经营型。注重企业的外部环境，强调拓宽市场销路，争创第一流的经济效益。

第五类，文明服务型。突出为顾客、为社会服务的意识。

综上所述，企业理念是得到普遍认同的、体现企业自身个性特征的、促使并保持企业正常运作以及长足发展而建构的反映整个企业明确的经营意识的价值体系。由此可见，企业理念是企业文化的集中体现。

3.2 企业理念的识别

3.2.1 企业理念识别概述

理念识别是企业识别系统的核心。它不仅是企业经营的宗旨与方针，还包括鲜明的文化价值观。对外它是企业识别的尺度，对内它是企业内在的凝聚力。完整的企业识别系统的建立，首先有赖于企业经营理念的确立。

所谓理念，就是企业经营的观念，我们也称之为指导思想。它属于思想、意识的范畴。在发达的国家中，现在越来越多的企业日益重视企业的理念，并把它放在与技术革新同样重要的地位上，通过企业理念引发、调动全体员工的责任心，并以此来约束规范全体员工的行为。所谓识别，就是鉴别。从 CIS 战略来理解识别包括两层含义。一是"统一性"，即指企业内外，上下的理念都必须一致。以理念识别而言，如果企业领导与员工对企业的使命、制度、价值观等理念不一，就是缺乏统一性。二是"独立性"，也就是使每个企业的理念区别于其他企业，只有独立性才能达到识别的目的。因此，每个企业在确定企业理念时，不能千篇一律，而应体现出企业的"个性"，让广大消费者通过这种有个性的企业理念来认识企业。那么，究竟什么是理念识别呢？通过上述分析，我们认为：理念识别（MI）是得到社会普遍认同的、体现企业自身个性特征的、促使并保持企业正常运作以及长足发展而构建的反映整个企业明确的经营意识的价值体系。而且我们认为，MI 的概念应该永远是一个开放性的体系，它随 CIS 战略的导入，将会不断融入我们国家自身的文化精髓，并适应我们国家高速发展的经济形势，形成有中国特色的、有中国民族工业特点的企业信息传播的识别理念。

3.2.2 理念识别系统

1. 理念及理念识别

理念这个词最早出现于希腊柏拉图著作里，它是指一种观念、思想、意识。理念的英文含义强调与肉体相对的"心"、"精神"、"意识"的意思，同时也有"意向"、"意见"、"见解"和"理智"、"理念"等含义。作为企业经营管理的一个术语，主要是指经营思想、经营意识。理念识别是指设计、策划、实施统一独特的企业理念并为公众所认知、认可的过程。

2. 理念识别系统

企业理念有其丰富的内容和构成要素，这些内容和要素构成了理念识别系统。它主要包括以下几方面内容或构成要素：企业使命、经营宗旨、经营哲学、经营战略、经营方针、行为准则、企业价值观。

1）企业使命

企业使命是企业行动的原动力，它含有两层意思：功利性和社会性。任何企业都将追求最大限度的利润作为其最基本的使命之一；同时它作为社会的构成细胞，必然对社会承担相应的责任，为社会的繁荣和发展完成应尽的义务。在实际中，功利和社会责任，企业都要兼顾，舍去任何一个，企业都将无法生存。因而，明确了企业使命，就明确了企业自身存在的意义，找到了企业存在的位置。企业使命是构成企业理念识别系统的最基础性的要素。

2）经营宗旨

企业经营宗旨就是企业的最高目标。应该说以一定的方式满足顾客的需求从而借此实现自己的利润目标，应是每一个企业的经营宗旨。任何企业都以赢利为目的，但若不以满足顾客需求为经营宗旨，并借此实现这一目的，企业将失去竞争力，不能长久存在。

3) 经营哲学

企业经营哲学就是企业的指导思想,是指导企业上下左右、决策及活动的工具。"顾客至上"、"质量第一"、"开拓创新"等等,都分别是许多企业的经营哲学。企业哲学一旦确定,它将成为所有决策与活动的中心,即一切决策及活动将按其要求做。经营哲学是理念识别系统中的中心构成要素。

4) 经营战略

为履行企业使命,实现企业宗旨,在经营哲学的指导下,企业必然要进行战略规划。经营战略是指企业在对周围环境分析的基础上所制定的长远目标及为实现这一目标的方案和措施。经营战略是目标和手段的统一,是带有全局性、长远性、重大性的决策和规划。它为企业经营指明了方向。

5) 经营方针

经营方针是指为执行和实现企业经营战略而做的指导性规定,是企业经营哲学的细化。企业经营宗旨和战略目标甚至是战略措施相同,但企业的经营方针可以不同,它保证企业以一种什么样的方式或特色要求实现其目标。

6) 行为准则

行为准则是指企业所有员工在其各自的工作岗位内应遵守的有关具体规定和制度。如劳动纪律、工作守则、操作规程、考勤制度等。

7) 企业价值观

企业价值观是指企业及所有员工对其活动意义、作用的认识、判断及由此而决定的行为趋势。它是从每一个人的认识、看法、判断方面对企业经营哲学和行为准则所进行的补充。

3.3 企业理念的策划

CIS 策划开始于 MIS。MIS 是 BIS 和 VIS 的基础,即是说,BIS 和 VIS 都是在 MIS 的基础上设计与实施的。MIS 策划主要包括企业理念的开发、企业理念的定位和企业理念的实施等内容。

3.3.1 企业理念开发

MIS 策划首先开始于企业理念的开发与设计。理念并非是企业决策者的主观臆想,或是某人所倡导的一句简单的口号。它是依据企业的主客观情况,并遵循一定的原则,按照一定的程序来开发设计的。

1. 理念开发的依据

1) 时代特征

理念开发不能脱离企业所处的时代。时代在不断变迁,不同时代具有不同的特征。就中国来说,20 世纪五六十年代的"一大二公"和"自力更生"、六七十年代的"以阶级斗争为纲"和"人定胜天"、八九十年代的"改革开放"和"市场经济",这些不同时代的不同特征无不反映在企业的经营理念之中。时代特征尽管不能作为企业理念开发的直接依据，但其影响却是很大的。

  2）民族特征

  不同的民族具有不同文化和价值观念。企业应着眼于本民族的传统文化、民众心理、宗教信仰来制定与本民族传统相吻合的企业理念，以使企业的经营思想能迅速根植人心。日本很多公司都强调"和"，这主要源于古代的圣德太子，他强调"以和为贵"的精神宪法，推崇佛教、儒家思想，以此建立新社会体制，应付新文化冲击下的社会问题，并成为民众生活观念形成的依据。在中国，中华民族文化历史悠久，有着丰厚的文化遗产，这些精神财富遗留下来，仍然影响人们的生活。因此中国企业的理念设计应立足于传统文化与现代生活的相切点，体现善良、团结、勇敢、向上、不屈不挠的民族特性和气概。

  3）行业特征

  企业理念的开发要立足于企业所处的行业，针对行业技术状况、市场状况、产品特征、人员素质、消费者的偏好等来设计自己的理念。工业企业在构筑企业理念时，应围绕提高产品质量，降低成本，提高售后服务等方面进行。杜邦"为了更好地生活，制造更好的产品"则是一个典型的例子。高新技术行业应把尖端技术、创新能力、开拓精神放在首位，正如日本日产公司提出的："用眼、用心去创造"。交通运输业应侧重于安全和准时，"高度可靠性"正是美国航空公司提出的口号，总之，不同行业有其不同的特点，企业在进行理念开发时，必须把握自己所处行业的当前特征和未来走势，在科学分析的基础上构筑与企业长期业务规划相吻合的企业理念。

  4）业者偏好

  业者偏好是理念开发最直接的依据，它再现了企业领导者的个性特征和对企业特色的理解或希望，是领导者对企业在市场中的定位，表现为企业从上到下在经营活动中的一贯性总体倾向。企业理念在很大程度上是企业领导人自身观念的延伸，如日本大荣公司的中内董事长所持的物美价廉的思想，以及松下幸之助具有的产业报国的观念都成为企业理念设计的依据。当然这些个人观念必须为员工和消费者所接受，并在实际中得以实施，才能变个人观念为企业观念、变个人个性为企业个性。

 2. 理念开发的原则

  1）个性化原则

  个性化原则是指企业所设计的理念必须使自己能在同业中拥有特色。对任何企业来说，"团结、求实"固然必要，"顾客至上"也很重要，但如果企业都将其作为理念，企业就无个性可言。理念是指导行为的工具，理念无特色，必然行为无特色、产品无特色，因而也就无法树立形象可言。

  2）社会化原则

  理念虽然需要个性化，但必须为社会所认同。因而，理念的开发与设计必须同公众和消费者的价值观、道德观和审美观等因素相吻合，以得到社会公众的认同，获取较高的知名度和美誉度。

  3）简洁性原则

  企业理念是企业价值观的高度概括，其字面必须简明，内涵必须丰富，并易于记忆和理解。简洁、清晰、新颖的企业理念将更会深入人心。

4)人本原则

人本原则即是以人为中心,企业必须将理念当作一种管理工具来应用。开发和树立企业理念的根本目的在于激发企业员工的积极性和创造性,科学的企业理念及其有效的实施,将会使所有的企业员工得到尊重和信任,使企业拥有一种良好的氛围和环境。

5)市场原则

企业理念必须体现顾客需求和竞争的要求。对于企业来说,理念是指导其经营活动的工具,而企业活动既是满足顾客需求的过程,也是与同业者进行竞争的过程。因而,企业理念必须有助于这一过程。

3. 理念开发程序

企业理念的开发包含 4 大步骤:检讨调研报告、激发理念创意、比较筛选创意、构筑创意内涵。

1)检讨调研报告

企业形象调研报告,已就调研实况对企业形象进行了评价和综述,这为企业导入 CIS 提供了基础。但企业在开发理念时必须再次检讨这一报告,以发现理念定位的方向和目标,有助于解决企业所面临的形象问题,避免企业理念规定的随意性和单纯的联想。理念开发人员应根据调研结果,开设问题表,并根据表中列出的有关问题,探求新观念、新方针、新政策,以创造性地解决问题。这一过程关键要注意两点。

第一,必须根据企业调查的动机与结果提出一份能够涵盖企业实态又与企业形象识别系统直接相关的问题表。

第二,确定有助于问题解决的总指导思想,形成企业理念,在此基础上,借助发散思维和收敛思维的交替使用,逐步探讨解决这些问题的可能性对策。

2)激发理念创意

企业理念有以下几种来源:企业管理者、企业专业人员、企业一般员工,企业外部专家、社会公众。为激发理念创意,在企业内部,可采用专家或专业人员会议法、研讨法、头脑风暴法,对一般员工可采取有奖征集法。在企业外部可采取针对专家的德尔菲法和针对社会公众的征集法。在实际中,针对企业一般员工和社会公众的征集法常被使用,这种做法有 3 种优点:①发动所有人员智慧、群策群力、集思广益,有可能征集到最好的企业理念;②通过征集活动使广大员工主动参与 CI 导入活动;③面向社会公众的征集活动本身就是一种形象传播和树立的过程。

3)比较筛选创意

在结合理念开发的依据和原则的基础上,开发者应在识别性、鲜明独创性、现实可行性的基础上,对各种创意进行筛选,选择科学有效的企业理念。具体筛选时,应遵从以下几个原则:

① 语句合乎语言规范;

② 语意明确,含意清楚;

③ 体现产品及行业特点;

④ 新颖独特,防止千篇一律。

4)构筑理念内涵

对已定为企业理念的创意,要给予丰富的内涵,以便在以后的理念传递和理念实施过程中有案可查，富有依据。规定理念内涵首先要从字面上给予科学合理的解释，在此基础上，可通过联想与比喻，使其内涵延伸，以便与树立理念的真正目的相吻合。最后，针对理念的要求，明确企业的发展战略、管理者的职责和员工的行为准则等。建立在上述内涵基础上的企业理念，必须具有极强的导向、渗透、凝聚、激励、辐射、识别功能，以使其成为能与其他企业相区别而又易于识别的内容。

3.3.2 企业理念定位

企业理念是企业的灵魂和核心，是企业运行的依据。因此企业理念定位是否准确，不仅直接影响企业行为识别系统、视觉识别系统的开发与实施，而且最终影响企业营运成功与否。

1. 定位模式

企业理念的个性化决定了企业之间的形象差异性，因而不同的理念定位将导致企业形象定位的不同。但由于不同企业具有不同的主客观情况，因而，也必然具有不同的理念定位模式。企业理念的定位模式主要有目标导向型、团结凝聚型、开拓创新型、产品质量型、技术开发型、市场营销型、优质服务型等。

1）目标导向型

采用这种定位模式，企业将其理念规定或描述为企业在经营过程中所要达到的目标和精神境界。它可分为具体目标型和抽象目标型。显然，具体目标是指企业要达到的销售、利润或市场目标，而抽象目标往往是指企业所要达到的一种社会目标或所要实现的一种精神境界。现实中，各企业更倾向于使用抽象目标来规定企业理念。例如，具体目标型以丰田公司为代表："以生产大众喜爱的汽车为目标"；具有抽象目标型企业理念的公司有日产公司："创造人与汽车的明天"，以及美国杜邦的"为了更好地生活，制造更好的产品"。

2）团结凝聚型

采用这种定位模式，企业将团结奋斗作为企业理念的内涵，以特定的语言表达团结凝聚的经营作风。这种定位有利于加强全体员工的团结合作精神，促进企业内部形成和谐融洽的工作气氛，更大地发挥员工的积极性和创造性，同时还有助于获得顾客的认同，或使顾客有一种宾至如归的感觉。例如，美国塔尔班航空公司的"亲如一家"，上海大众汽车有限公司的"十年创业，十年树人，十年奉献"等，即属此种类型。

3）开拓创新型

采用此种模式定位，企业以拼搏、开拓、创新的团体精神和群体意识来规定和描述企业理念，目的在于激发员工的创造力和创新意识，提高企业的竞争实力，不断开发新产品以满足市场不断升级的产品需求，并战胜竞争对手。典型的例子有日本本田公司的"用眼、用心去创造"和贝泰公司的"不断去试，不断去做"，日本住友银行的"保持传统，更有创新"等。

4）产品质量型

采用此类定位模式，企业一般用质量第一、注重质量、注重创名牌等含义来规定或描述企业理念。如上海英雄股份有限公司的"至尊'英雄'，卓越风范，赶超一流"。此类定位模式的目的是以产品的高质量来树立企业的好形象。

5）技术开发型

这种类型的企业以尖端技术的开发意识来代表企业精神，着眼于企业开发新技术的观念。这种定位与前面开拓创新型较相似，不同之处在于开拓创新型立足于一种整体创新精神，这种创新渗透于企业技术、管理、生产、销售的方方面面，而技术开发型立足于产品的专业技术的开发，内涵相对要窄得多。如日本东芝公司的"速度，感度，然后是强壮"，佳能公司的"忘记了技术开发，就不配称为佳能"等。

6）市场营销型

这种类型的企业强调自己所服务的对象，即顾客的需求，以顾客需求的满足作为自己的经营理念。典型的是，麦当劳的"顾客永远是最重要的，服务是无价的，公司是大家的"，施伯乐百货公司的"价廉物美"。

7）优质服务型

这类企业突出为顾客、为社会提供优质服务的意识，以"顾客至上"作为其经营理念的基本含义。这种理念在许多服务性行业如零售业、餐饮业、娱乐业极为普遍。例如，美国假日饭店的"为旅客提供最经济、最方便、最令人舒畅的住宿条件"，北京西单购物中心的"热心、爱心、耐心、诚心"，北京百货大楼的"用我们的光和热去温暖每一个人，每一颗心"。

2. 理念表述

理念定位只是确定了企业理念的基本含义，但并未确定它的表述形式。理念表述是指企业用一定的口号、标语并通过标准色、标准字体将企业理念的内涵予以表达。它包括以下几方面工作。

1）表述开发

表述开发是在理念定位的基础上进行的。其实，从某种意义上说，理念开发的方式就是理念表述开发的方式。也就是说，企业可通过企业内部的会议法、研讨法、头脑风暴法和征集法，以及对外的德尔菲法和征集法，来求得理念的表述。并通过筛选、比较，选择出最能反应理念定位和内涵的表述方式。

理念开发不单单是一句口号的创造，它同时需要决定所需字体和标准色。以下是生产体育用品的日本美津浓公司进行理念表述开发的具体事项及要求。

(1) 理念字体的设计

字体主要符合以下几方面标准：①要表现运动的开朗性和健全性；②要具有恒久性，可应付从20世纪80年代到21世纪的时代变化；③要具有社会性，合乎运动用品的格调；④要具有国际性，表现出世界著名厂商的特点；⑤要具有时髦性，符合时代潮流；⑥要具有多样性，以能适应各种媒体的特点。

(2) 标准色的选择

采用蓝色二色调（钻蓝色和天蓝色），表现运动的速度感和新鲜感，同时也表达企业的严正格调和稳定性。

(3) 标语口号

理念的口号表述为"The World of Sports"，即"运动的世界"。强调当今世界从职业到业余都属于运动世界，在日本及世界各角落，只要有运动场面，就有美津浓的形象存在。

2) 表述原则

理念表述应遵循以下 5 条原则。

① 美学原则。字体和色彩从视觉上具有美感，富有吸引力。
② 传播学原则。所用字体和色彩，易被公众记忆和理解，具有良好的传播效果。
③ 简明原则。在不影响传播效果的基础上，标语口号尽量简短。
④ 变化性原则。要随着社会潮流和市场形势的变化，不断变换标语口号。
⑤ 独特性原则。要与同业者有所区别，保持创新和特色。

3.3.3 企业理念实施

企业理念实施是将理念渗透于企业员工的观念和行为之中的过程。从企业主动导入 CIS 的角度来看，企业理念实施主要包括理念传递、理念解释、理念教化、理念应用四个阶段；从企业员工的角度来看，企业理念实施的过程则主要包括理念接收、理念理解、理念接受和理念实践 4 个阶段。

1. 理念的传递与接收

理念的传递是理念实施的第 1 步。要使企业理念内化为员工的信念和自觉行为，必须首先让员工知晓企业的理念是什么。

1) 传递的方法

理念传递的方法从总体上来讲为反复法，即通过多角度、多层次、多途径、反复多次的传递，以使企业的理念深入人心。具体而言，理念的传递有以下几种方法。

(1) 宣传资料法

企业通过印制各种材料将企业理念蕴含其中，使员工有机会获悉企业理念。这些材料大致可以分为 4 类。

① CIS 手册。其中包括 MIS、BIS、VIS 三部分的内容及其说明。
② CIS 刊物。在企业内部流通的定期或不定期的 CIS 专门刊物。
③ CIS 专栏。如果已有内部刊物，可在其中开设 CIS 专栏。
④ 员工手册。将企业理念、行为准则、规章制度等内容编制成员工手册，各执一份。

(2) 唱合法

利用有线广播、闭路电视、板报、会议、联欢、座谈、比赛等形式和机会采用唱公司歌、升公司旗、讲公司史的方法，深入广泛地进行企业理念传递活动。

(3) 环境法

此法是将企业理念视觉化，使之与企业环境融为一体。例如，以图案、书法等形式将企业理念的内涵表现出来，并进一步做成条幅、壁画等，形象化地表现出来，并在公司的大门口、办公室等工作场所悬挂张贴，进行直观传递。

2) 接收的障碍

通过以上几种方法的传递，大部分员工会获悉和接收了企业理念，但由于传递方法的局限性和员工的主观原因，往往部分员工并未接收企业理念，其主要障碍有以下几个方面。

(1) 宣传资料法所面临的障碍

利用印刷材料传递企业理念会面临以下接收障碍：①印刷材料的单调性和乏味性会使传

递效果大减；②如若对自己的切身利益影响不大，员工很难自觉地仔细阅读非常正规的印刷材料；③由于工作繁忙，部分员工会对各种印刷材料视而不见。

(2) 唱合法所面临的障碍

利用唱合法传递企业理念会面临以下接收障碍：①唱合法的呆板会使员工产生抵触情绪；②有些唱合方式不见得适合所有员工，例如，不同年龄、不同性格、不同背景的员工所要求的唱合方式是不同的；③对唱合法中的有些形式，员工会视而不见，如有线广播和闭路电视，对有些方式或机会，员工会逃避参与。

(3) 环境法所面临的障碍

利用环境法来传递企业理念，虽然具有非常简洁、醒目的特点，但易使员工认为企业只是在做表面文章，从而会产生消极或抵触情绪。

3) 障碍的克服

面对上述各种接收障碍，企业要综合利用各种方法。各种宣传资料要针对员工的特点设计其形式和内容，提高其吸引力和员工的兴趣；唱合法各种形式从时间到场合、从形式到内容要易于为员工接受；环境法一定要与其他各种方法相配合，并与周围的环境相协调，与员工的精神风貌和行为举止相协调。

2. 理念的解释与理解

通过企业各式各样的传递工作，员工不仅要接收企业的理念，同时对企业理念的含义要有正确的理解，而要达到这一点，就需要企业对其理念有一科学的解释。对理念的理解是员工对理念内涵的感悟，是从表面的获悉到达了深层的认知。

1) 解释的原则

任何一项企业理念都具有其丰富的内涵，企业在导入 CIS 过程中，必须对其有一种科学的解释。在解释过程中，应注意以下几项原则。

(1) 导向性原则

企业理念是企业的指导思想，对它的解释必须与企业的发展方向、发展战略及其战略目标相吻合，只有这样它才能为企业的决策和活动起导向作用。

(2) 重点突出原则

正因为企业理念是企业决策与活动的向导。因而，在解释企业理念时，只需将能代表企业的本质和发展方向的内涵进行说明，也就是说，解释企业理念要重点突出。例如日本的日立公司在理念的解释中，重点选择了 3 条：①以满足消费者为本，做消费者需求的向导和可信赖的朋友；②以技术为本，努力进行技术的创新，努力在国际市场上取得成功；③以诚实为本、奉行诚实、智慧、热情的行为理念。

(3) 具体化原则

对于理念的解释，还应注意将其具体化，以使员工明白在具体工作中自己应做些什么，该怎么做。例如，日本著名的电通公司，其总体理念是"所有电通人，都是卓越的富有创新精神的全能沟通或传播服务者"，公司将其具体化后，形成了所有员工必须遵守的"电通人的行为规范"，共 10 条。

① 工作中应当发挥自己的创造性，而不是由他人赐予思想。
② 工作中应当主动地争先干，而不是被动地让人催着干。
③ 大的工作应相互较着劲地干，小的工作应自己不厌烦地去干。

④ 瞄准困难的工作去做，最终会取得巨大的进步。

⑤ 一旦较起劲来就决不松懈，即使是被杀死也决不松劲，直到任务完成。

⑥ 注意周围的事情，身边的事都是永恒的天地万物的表现。

⑦ 制订计划；有了计划，再加上耐心和技术，就会有希望。

⑧ 一定要有自信心，如果没有自信心，即使是有韧性和毅力，你的工作精神也不完整。

⑨ 应当眼观六路，耳听八方，注意不要出现疏忽之处。

⑩ 不要怕意见分歧，分歧是进步之母，是成长的肥料；如果怕分歧，说明你还稚嫩，不老练。

这就是电通公司著名的"魔鬼十则"，由于其强烈、鲜明、不同寻常的创造性，很快形成电通独具特色的"厂风"，受到世人瞩目。凭借这种"厂风"，电通的员工被培育成标准的战斗力强大的军团，为该公司的高速发展作出了巨大的贡献。

2）解释的方法

其实，在现实中，理念的解释与理念的传递是同时进行的。因而，理念的传递方法同时也就是理念的解释方法。除此之外，为了使员工能正确地理解和掌握理念的含义，企业可以采取测验法、游戏法、讨论法、培训法等多种形式，使企业理念真正能深入人心。其中，培训法对理念的解释和理解非常有用，像美国通用电气公司（GE）的 FMP 培训（财务经理培训项目）、日本松下的管理学院、麦当劳的汉堡大学，都是解释理念、学习理念、理解理念和掌握理念的有利时机和场合。

3）理解的障碍及其克服

在现实情况下，尽管企业主管 CIS 导入的人员在想尽各种办法努力传递和解释企业理念，但由于各方面的原因，员工对企业理念的内容仍会难以理解。

（1）解释方式欠当，员工根本不能准确掌握企业理念的内容

这可表现在很多方面，例如，面对很多宣传材料，员工根本无暇或无兴趣顾及；虽然参与了某种唱合，但由于对这一方式根本不感兴趣，从而也无法掌握所传递的内容。因而，企业在导入 CIS 时，必须设计易于被人接受的传播方式，将企业理念解释给全体员工。

（2）在各种解释方式中，使用语言不当

不管是利用印刷材料，还是利用人际传播，如若所使用的语言不当，都会引起员工的反感，或引起员工的片面理解或误解。因而，主管这一方面工作的人员，必须训练有素，其所用语言文字科学、恰当、合乎规范、易于理解。

（3）解释不清楚

解释需要一定的技巧和方法，如若解释人员素质较低，其表达或表述困难或含混不清，必然会导致对企业理念理解的困难。这要求企业在传递和解释理念时，必须首先做好计划，并经过必要的检讨，然后再进行公开传播。

（4）使用专业术语过多

在解释和规定企业理念的内涵时，所使用的术语要易于理解，避免使用专业性过强的术语，以及难以被普通老百姓理解的术语。主管此一方面工作的人员要时刻记住，受众是企业的所有员工，而不仅是企业的管理人员。因而要考虑到一般人的接受能力。

（5）知识背景差异

企业管理人员和一般员工之间在知识背景方面肯定存在着差异，这必然形成彼此之间交

流和沟通上的困难。因而在传递和解释企业理念过程中,企业主管此方面的工作人员,必须充分考虑一般员工的知识背景,利用适宜的方式解释企业理念,以利于一般员工理解。

3. 理念的教化与接受

理念的教化是将理念的传播作为一种制度固定下来,以实现企业理念的渗透、分享和接受。

1) 教化的形式

教化的形式多种多样,应该说,凡是成为一种制度化、惯例化的企业理念传递、解释、说教、宣传方式,都可称为教化的方式。这些方式主要包括以下几种。

① 脱产长期培训。像松下员工进入其管理学院学习、麦当劳员工进入其汉堡大学学习,即属此类。期限一般2~3年,这是进行企业理念说教的良好机会。

② 在职长期培训。如美国通用电气公司的FMP培训即属此类,一般为两年。这也是灌输企业理念的良好时机。

③ 定期短期培训。借此机会宣讲企业理念。

④ 定期研讨、演示。可借研讨、演示业务工作之际,说明理念如何被贯彻于业务工作之中的。

⑤ 每天或每逢会议之时,唱厂歌、诵信条、背原则、升厂旗。

⑥ 定期学习员工手册。

⑦ 定期出版CIS内部期刊。

⑧ 定期在内部刊物上设有CIS专栏或刊登有关CIS方面的文章。

⑨ 定期出有关CIS方面的墙报、板报。

⑩ 每天通过厂内广播播报企业理念、厂歌,以及有关CIS的文章。

⑪ 定期举办以展现企业理念为目的的文艺演出、运动会、游戏及其他竞赛等。

⑫ 在各部门、各层次树立典型,用榜样的力量感化员工、影响员工。

通过以上教化方式,经过长期的潜移默化,企业员工会慢慢地从心底里认可和接受企业理念。

2) 接受的障碍及其克服

尽管通过制度化的各种说教方式能够使企业理念得到心理上的强化,但是由于制度本身的问题、方式的问题,有时会影响员工的参与程度,产生抵触情绪,使说教的内容难以为员工所接受。

(1) 接受的障碍首先来自于员工

如果存在下列情况,会影响员工对企业理念及其内容的接受:①员工带有偏见,部分员工从开始可能就不赞成某些方式和做法,认为这些做法不适应时代潮流,或是认为这些做法显示了某些人的动机不纯;②员工不赞成某些解释,也许员工能够接受某些教化方式,但可能对企业理念及其内容定位不同意,从而难以接受。

(2) 接受的障碍也可能来自于说教的形式本身

如果有如下情况,可能会形成接受障碍:①有些会议常常是由公司的首要人物上台发言,如果发言者不注重说话的技巧,不能够吸引员工的注意力,报告就将成为单向的说教,空洞乏味,从而影响员工对会议内容的接受;②对于各种游戏而言,公司往往注重了其对于员工业余生活的丰富作用而忽视了其文化内涵,忽略了其对于公司理念的传导作用。虽然各种活动能极大地增进员工之间的友谊,促使形成团结和谐的气氛,但由于活动本身的特点决定了员工更热衷于活动的形式而非活动的目的;③在运动会中,大家往往更关注比赛的成绩甚至是比赛的奖品,而不太注意活动创办的宗旨;④在文艺表演中,员工可能把注意力集中在节目的形式上,而忽略了活动举办的动机、目的等内容;⑤各种活动在激发员工创造力的同时,往往存在一定的竞技性质,这样就会让很多人望而却步,认为自己没有比赛或者是表演的天赋,而对活动失去了兴趣,这样固定下来的活动,就成为了部分员工娱乐的机会,失去了最初建立时的普遍性目标;⑥唱厂歌、升厂旗、诵信条,形式呆板,其内容可能很难深入人心。

(3) 接受的障碍也可能来自于其他方面

例如,企业的产品质量差、销售量低下、经济效益不高、企业管理混乱、环境脏乱、职工生活得不到保障等,这些因素都会影响员工对所传递和说教的理念的接受。

因而,说教是一项极其艰难的工作。随着时代的变迁,人们思想意识的变化,企业在选取说教方式时,必须跟上时代节拍,采取当代员工喜闻乐见的说教方式,寓教于乐。这就需要相关人员事先在调研的基础上,进行周密的策划。同时,单纯理念的说教,不可能马上带动一切行为的规范,因而,为使理念说教发挥更大的作用,企业必须对企业工作进行全方位的完善,为员工认可和接受理念提供良好的环境。

4. 理念的应用

理念的应用实际是员工在彻底地领会和接受企业理念的基础上,将其贯彻于日常的工作之中,用其来指导行为,将之付诸实施。

1) 应用的方式

企业理念应用的方式和过程,实际就是企业行为识别系统(BIS)的设计和实施过程。在理念及其内容接受的基础上,通过对理念的分解和细化,提出各个部门的一般员工和管理者应该遵守的规章制度、行为准则和工作作风,而相关人员必须将其直接用于其工作之中,不管是被迫的,自觉的,还是习惯性的。

理念的贯彻与准则的执行,既体现于企业内部的业务开展和管理之中,也体现于企业对外的各项业务活动和管理之中;既体现于日常工作之中、也体现于工作之余的生活之中;既体现于人们的行为举止之中,也体现于人们的仪表风貌之中;既体现于一般员工之间,也体现于企业领导者之间。

2) 应用的障碍

虽然让员工彻底接受企业理念非常难,但让全体员工彻底按照企业理念的规定去做并成为一种自觉的行动和习惯,更是难上加难。这主要来自于以下几方面的障碍。

① 应用障碍首先来自于不可能将企业理念科学清楚地分别细分为各个部门的行为准则。由于准则的不科学或不清楚,必然会误导员工行为,或使相关人员无所适从。

② 应用障碍也可能来自于员工缺乏动力。理念的应用,更多的是一种要求、一种责任,如果没有与之相适应的激励措施,员工就没有应用理念的积极性。

③ 应用障碍也可能来自于员工缺乏能力。如果企业招聘工作的疏漏,误用了能力相对低下的人,或者由于人员安排不当,某些人难以适应某一岗位的工作,这都会影响岗位要求的实施。

④ 应用障碍有可能来自于领导者缺乏对员工的指导。尽管有各种行为准则,有各种激励措施,但如果管理者不对员工进行必要的工作指导,员工就很难完全按照理念的要求去行

事，在有些情况下，虽然也会达到目的，但往往是事倍功半。

⑤ 应用障碍有可能来自于整个企业的体制与机制。由于现存的企业体制和机制有很多这样或那样的缺陷或不足，这会大大限制企业理念和各种行为准则的贯彻执行。

因而，企业在导入 MIS 过程中，必须科学周密细致地按照理念的要求设计各个部门的规章制度和行为准则；在实施各种规章制度的过程中，要有完善的激励机制，以便使员工产生执行规定的动力；企业要合理进行人力资源的开发和管理工作，对员工进行合理的配备；加强各级领导者管理能力的提高和管理素质的培养，对下属进行科学有效的领导；与导入 MIS 相配合，建立完善的企业组织形式、管理体制和运行机制，构建完善的 BIS，为理念的实施创造环境和条件。

案例一：

世界著名企业的经营理念

三菱家训
1. 小不忍则乱大谋，实乃经营大事业的方针；
2. 一旦着手事业，必须求其成功；
3. 绝对不能经营投机事业；
4. 以国家观念为基础来经营事业；
5. 任何时候均应抱有至诚服务之意念；
6. 勤俭自持，慈善待人；
7. 仔细鉴别人才技能，以求达到适才适用；
8. 善待部属，事业上的利益应多分给部属；
9. 大胆创业，谨慎守成。

住友家训
1. 不得越超权限，不得刚愎自用；
2. 不得借职务之便，图取私利；
3. 不得作一时的投机，不得为目前之利益，而有危险之行为；
4. 在职务上未经许可，不得领取或私借金钱物品；
5. 职务上不得有过失、失策、怠慢、疏漏等情形；
6. 不得有破坏名誉、损伤信誉之举动；
7. 在私人往返的金钱交易证书上，不得使用各店、各部的名称；
8. 重廉耻，不得有贪污行为；
9. 不得私议有关他人之毁誉褒贬的事务；
10. 不得泄露机密。

朝日新闻社的朝日新闻纲领
1. 立于不偏不倚之地，以贯彻言论之自由，并求民主国家的胜利，与世界和平的确立；
2. 基于正义人道，献身于新闻，以求国民之幸福，排除一切的不法与暴力，并与腐败战斗；
3. 作真实、公正、迅速的报道，以进步的精神作评论，以达到中正的境地；

4. 常存宽容之心，重视品格与责任，以建立清新厚重之风格。

日立理念

1. 诚：将优良产品贡献给社会；
2. 开拓精神：积极进取，独立自主；
3. 和：尊重他人的意见，以和为本。

佳能目标与社风

目标：

1. 创造世界第一的产品，促进文化的提升；
2. 创造理想的公司，追求永远的繁荣。

社风：

1. 拥有自发、自觉、自治的"三自"精神；
2. 以实力主义为格言，追求人才的运用；
3. 相互信赖，促进了解，贯彻和的精神；
4. 以健康明朗为格言，促进人格的涵养。

本田社规与经营方针

社规：本社立于世界的视野，应顾客之需求，生产价廉物美的产品。

经营方针：

1. 常眈梦想与青春；
2. 重视理论、构思与时间；
3. 热爱工作，使工作场所明亮清爽；
4. 勿忘不断地研究与努力。

麦当劳箴言：赢家与输家

赢家：永远是答案的一部分；
输家：永远是问题的一部分。
赢家：永远有一个计划；
输家：永远有一个借口。
赢家：常说"让我来帮你做"；
输家：常说"那不是我的事"。
赢家：总是看到每个问题的答案；
输家：总是看到每个答案的问题。
赢家：常说"可能很困难，但希望很大"；
输家：常说"可能有希望，但困难重重"。

案例二：

浦江饭店的历史回顾

1843年，上海开埠之后，对外政治、经济、文化等交往活动日趋频繁，大量来自西方的外交官、传教士、商人、旅游者等络绎不绝地涌入上海滩，造成了上海住宿接待设施——

旅馆饭店需求的猛增。当时外国客轮大多停泊在外滩一带。为满足南来北往旅客的需要，有人在洋泾浜（今延安东路）陆续开设了一些传统的客栈。但当时上海尚无一家能满足外国上层人士需要的新型西式饭店。1846年，英国人阿斯脱豪夫·礼查在公馆马路（今金陵东路）外滩附近兴建了一座称作Richards Hotel（即礼查饭店）的现代化饭店，标志着中国第一家西商饭店的诞生。并有多项史料显示，礼查饭店是当时上海最高档的也是唯一的新式饭店。1856年，苏州河上建立起的"韦尔斯桥"极大地方便了苏州河南北的交通运输。1857年，苏州河北岸、黄浦江边上的外虹桥地块，有一块供渔民晒网的荒地被礼查看中，并以低廉的价格购进。第二年亨利·史密斯（Henry Smith）从礼查手中买下该块地，并着手兴建新的礼查饭店。1860年，一幢两层楼外廊式建筑（南部和东部两座房由长廊连接起来）的西式饭店竣工建成，更名为Astor House Hotel，中文名称仍为礼查饭店。这也就是今天浦江饭店这座中国最古老的西商饭店的建筑遗留物。

1. 浦江饭店企业形象识别系统设计

面对愈来愈多的现代化酒店，身处日益激烈的市场竞争环境中的浦江饭店究竟路在何方？是推倒重来，还是以老饭店为发展重点？早在1995年，衡山集团的领导，就曾在面对拆除浦江饭店原址新建高星级饭店的方案，做过这方面的论证。正如衡山集团总裁吴怀祥所说的那样，"新饭店在哪里都可以建，老饭店却会一去不复返。"发展最好的切入口还应在基于老饭店的发展。但面对这样一家老饭店，又应该如何发展，如何利用其优势呢？浦江饭店的最大优势，也是别人无法模仿的优势，就是在于其长达近一百六十年的历史所沉淀下来的文化底蕴。而企业形象识别系统（CIS）正是其充分发挥这一优势的极佳办法。根据企业形象识别系统（CIS）的理论，企业形象识别系统主要由理念识别系统（MIS）、行为识别系统（BIS）、视觉识别系统（VIS）这三大要素构成。本设计方案也是从这三个方面进行设计的。

对于浦江饭店这样的老饭店，视觉识别系统是其企业形象识别系统（CIS）中最重要的部分，它需要依靠视觉形象上的改变来抓住人们猎奇的心理，吸引人们的眼球，做到与众不同的差异化，建立自己独特的优势。企业形象识别系统（CIS）其他两大要素——理念识别系统（MIS）与行为识别系统（BIS），同样具有重要的意义。但老饭店与新饭店在这两大要素上存在着区别，也同样存在着共性。在理念识别系统中，同样作为服务业，老饭店与新饭店的企业价值观、企业使命、企业精神、经营宗旨都应该是通过团队合作与改革创新，以提供客户满意服务为要务。在行为识别系统中，诸如服务规范、营销活动、公益活动，这些都是酒店业比较共性的部分，可能仅仅只在于具体行为模式、活动主题等具体实施上有着一些差异。本文主要着墨于老饭店在企业形象识别系统上比较个性的地方，而对作为酒店业共性的地方就不再予以详细说明。

2. 理念识别系统

企业理念识别系统是企业文化在意识形态领域中的再现，是企业形象识别系统的基本精神所在，是企业形象识别系统（CIS）运作的原动力和实施基础，属于企业的最高决策层次，是企业形象识别系统（CIS）中的灵魂。它对行为认识系统（BIS）和视觉识别系统（VIS）具有决定作用并通过行为认识系统（BIS）和视觉识别系统（VIS）表现出来，就好比一个人具有的内在独特气质只能通过他的行为和外表才能感受到。完整的企业形象识别系统（CIS）的建立，有赖于企业经营理念的确立。

企业理念识别系统（MIS）可以重塑企业理念，改造企业风格，提高企业员工的价值观念,振奋企业精神,是企业形象识别系统(CIS)中重要的组成部分。企业理念识别系统(MIS)的主要内容包括企业精神、企业价值观、企业使命、企业目标、经营宗旨(信条)、经营理念、市场定位等。在浦江饭店的实例中,企业理念识别系统(MIS)也同样具有非常重要的意义。但是作为老饭店,它也属于服务业,在企业价值观、企业使命、企业精神、经营宗旨上,与新饭店一样,都应该是以提供客户满意服务为第一要务。所以本设计方案在企业理念识别系统(MIS)设计中,就不再涉及这些方面。

1) 企业目标

企业目标是发展成为中国最好的以历史为主题的主题式酒店,成为世界级酒店。

新世纪的到来,中国酒店业迎接着加入 WTO 的机遇与挑战,酒店业的经营环境发生了根本性的变化:无常态的技术创新不断加速,无主流的顾客需求瞬息万变,无国界的酒店集团日益扩张,无壁垒的市场竞争日趋激烈。在这种背景下,以变应变,以变制变,创新发展,是中国酒店业的必然战略选择。

目前中国酒店有六大主流发展模式:主题式酒店、产权式酒店、绿色酒店、品牌连锁式酒店、异化酒店、E 化酒店。其中主题式酒店是其中一个重要的发展模式。主题酒店从建设开始就注重其主题文化的营造。从设计、建设、装修到管理经营、服务都注重酒店独特的主题内涵,突出酒店的文化品味,形成酒店的个性,从而在市场上形成鲜明的主题形象;把服务项目溶入到主题中去,以个性化的服务代替刻板的规范化服务模式,从而体现对客人的尊重。21 世纪,酒店的竞争越来越趋向一种更高质量的竞争,这竞争就是文化的竞争。主题式酒店就是让客人在消费过程中能够有一种文化的享受。

浦江饭店迄今已经有近一百六十年的历史,它的很多条件已经被固定,很难再做出大幅度调整。比如它没有地下停车场,也不可能重修地基,而在周围寻找空间,这同样也存在难度。所以要想让浦江饭店在硬件设施上达到甚至超过五星级酒店的标准,这一点很难做到。而且浦江饭店的核心竞争力也并不在于此,也不应盲目去追求五星级酒店的目标,应充分利用自己的历史文化的优势,另辟蹊径,发展主题式酒店,突出自己的历史文化的特色,营造出相应的主题文化。并在主题式酒店这一领域内发展成为中国同类酒店的领导者,并努力成为一个世界级酒店。

2) 核心经营理念——传承历史、创新服务

浦江饭店的前身是建于 1846 年的礼查饭店,它标志着我国近代史上第一家具有现代意义的西商饭店的诞生。如今浦江饭店所具有的西式特色建筑、独特的人文遗迹成就了饭店悠久的历史;古老而独特的西式建筑风格和作为"第一家西商饭店"的独一无二的代表性,同时也成就了饭店的独特优势,是其他饭店所无法媲美也无法模仿的。可见,百年来积淀下的历史和文化是饭店的一笔宝贵财富。因此,饭店的一切活动都应该围绕如何继承并发扬历史来做文章,从室内装潢到员工制服,从硬件设施到软件服务,无一不应体现其悠久的人文历史和西式建筑风格。而丢掉历史、忽视历史都会使浦江饭店失去其最宝贵的财富,唯有重视继承、发掘和发扬历史才能形成浦江饭店独一无二的竞争优势。在传承历史的基础上还要考虑如何不断地推陈出新,为古老的饭店赋予现代化的管理和服务,以满足现代顾客的多样需求,并在日益激烈的市场竞争中立于不败之地。安于现状、墨守成规、一味的追求"老",沉溺于已有的那么一点历史资本,最终会导致饭店成为僵化的老古董,失去前进的动力和竞争力。浦江饭店的任务不仅是继承、挖掘和发扬饭店过去已有的历史,更要创造浦江饭店的

未来，造就浦江饭店现代的辉煌。而创新服务则是关键。创新是一个企业生命的源泉，只有不断地创新才能加强企业的竞争力，在这个飞速变化的竞争环境中保持自己的优势。总之，传承历史与创新服务是一个有机的统一体。传承历史不代表守旧、不进行创新。创新服务也要在传承历史的基础之上进行。只有把两者有机地结合起来，才能够引导企业建立自己的核心竞争力并适应现代竞争的需要。

3) 核心竞争力

① 浦江饭店积淀下的悠久历史和文化，保留下的19世纪巴洛克建筑风格，积淀下的人文历史，例如：中国最早的西式饭店、历史名人曾下榻该饭店、中国第一盏电灯亮起的地方、第一家证交所开业的地方。这些都成为浦江饭店独特而宝贵的无形资产，也是其核心竞争力应该建立和发挥的地方。

② 国际声誉，曾与国际青年旅行社联盟，在国际上具有一定的声誉，特别是在国外学生、自助旅行者群体中影响较为广泛，这也是其独特的资产。

4) 市场定位

通过对核心竞争力的判断和分析，明确了浦江饭店的定位。

(1) 风格定位——百年西商老饭店

浦江饭店最大的特点就是"老"，是西方人在中国开办的第一家西式饭店，延续至今，已有百年的历史，同时有着许多的人文历史遗迹——名人房、第一家证交所等；而饭店目前处于二星级，在整个行业中处于中档，在许多硬件设施和服务上都无法与行业内的高档饭店相比，即使通过改革达到了同行业内的较高标准，也无非是模仿和雷同于其他饭店。因此，浦江饭店应该尝试走差异化的道路，实施差异化战略，在其他饭店很少具备甚至不具备也无法模仿的竞争优势上建立和发展自己的核心竞争力，在"老"字上下工夫，继承、发掘、发扬已有的历史，再配以现代化的管理和服务，从而形成自己的特色，以更少的投入获得更大的收益。这就是它的定位——"百年西商老饭店"，而非"现代化星级饭店"。

(2) 市场定位——逐步取消低档客房服务，成为经典名邸

随着经济的发展，平均消费水平的提高，竞争的日趋激烈，顾客的需求档次会不断提高，要求饭店向更高档次发展；另外，随着饭店资源和实力的增强，声誉的提高，从人力、财力、物力方面也有能力支撑其向更高档次发展。因此，从饭店的长远发展来看，在保证浦江饭店自身特色和差异化的前提下，可以逐步取消低档客房服务，全方位的提升饭店的设施和服务档次，成为经典名邸。

第4章

企业行为策划

4.1 企业行为的概念

4.1.1 企业内部行为

行为主体是设计和实施 BIS 的框架基础。然后,企业须在此基础上进一步规范企业内部行为,这是 CIS 设计的关键内容。包括:员工选聘、员工考评、员工培训、员工激励、员工行为、决策行为、领导行为和内部沟通等。

1. 员工选聘

1) 选聘标准

从理论上讲,选聘员工的唯一标准是应聘者有能力完成工作目标,因而,要为应聘者提供平等的应聘机会,消除性别、种族方面存在的歧视和偏见。就实际而言,选聘员工的具体标准要视岗位的特殊要求而制定。一般而言,员工选聘的标准主要包含以下几方面:①道德素质。要求有事业上的进取心、工作上的责任感和良好的道德修养。②身体素质。要有充沛的精力、体力胜任工作。③学历水平。学历水平是个人能力的一个重要的表现,应该选择学历与职位要求相符的员工。④工作经验。具有一定相关工作经验的员工可以更快地熟悉工作,进入角色。⑤业务能力。这是企业最关心的方面之一,它直接关系到员工能为企业作出多大的贡献。

企业可以通过观察和背景调查来了解应聘者的以上情况,并将静态分析和动态分析结合起来,将知识测试和能力测试结合起来,判断应聘者是否达到了既定的选聘标准。

2) 选聘原则

虽然选聘员工的标准因企业的不同而有所差异,但有一些基本原则是各个企业都应该考虑的:①因事设职,因职设人。设置职位,是因为有这项工作而需要这名员工。职位本身不是摆设,不能因职位设置不当而造成工作障碍。选聘员工应当从工作的本身需要出发,挑选相宜的人员,中国的很多古训,如"唯才是举","任人唯贤","外举不避仇,内举不避亲",等等,都是选用人员的正确原则。②从严挑选。要选聘合适的员工,必须从一定数目的候选人中慎重地筛选,仔细地审察,才能作出较合适的决定。没有一定数目的候选人,选择余地太小,就无法通过比较和鉴别,也就无法选择到满意的人员。③同一任命在不同时期不同地域可能需要不同的人选。这是因为，不同时期、不同地区，会有不同的客观情况，不同的工作任务和工作目标要求，因而就有不同的选聘标准。④综合考虑应聘者的长处和短处。"尺有所短、寸有所长"，不能要求应聘者都是十全十美的全才。每个岗位要求的能力不同，只要一个人的长处适合于一个岗位，而他的短处不至于阻碍他完成任务，就应将他列入考虑的范围。有的人尽管很优秀，但如果缺乏岗位最需要他具备的优点，那么其他的优点对于这项任命就没有大多的参考价值。用人所长、避人所短，才能广泛招贤纳士，壮大企业。⑤尽可能多地了解应聘者的背景。单凭短短的招聘活动（如面试等），很难了解一个人的全貌。所以，在条件许可的情况下，应当尽可能从应聘者以前就职公司的上司、同事或下级那里了解更多其背景情况。

2. 员工考评

1）考评的内容

一般而言，考评可分为工作行为评价和工作成果评价，前者主要是对工作行为的规范性进行人与人之间的相互比较和对照统一标准的绝对评价，而后者主要针对工作之后的成果进行相互比较和绝对评价。这两方面考评的内容相辅相成，不可偏废。尤其在导入 BIS 过程中，工作行为的考评是非常重要的一个环节。

具体来讲，考核内容包括：员工的工作热情、主动性；员工的开拓性和创造力；员工的合作协调能力；员工日常履行行为准则的情况；员工的工作效率和所完成的工作成绩，等等。

2）考评方法

企业制订了客观的考核标准，还必须辅以科学的考核方法，才能对被考核者作出全面、系统、客观、公正和准确的评价。下面介绍几种考评方法。

（1）自我评价法

这种方法就是按照自己管理自己的宗旨，对本人进行自我评价的一种方法。其主要内容包括：①现在担任的职务内容；②最近一定时期所致力的工作和对所获成绩的自我满足程度；③履行现职需要哪些知识、能力和态度，自己是否具备；④处于此职位和完成此工作任务自己发挥了多大作用；⑤未来的打算和努力。

（2）民意调查法

即以民主方式通过民意测验来评定员工的行为和绩效。

（3）直接应试法

是指事先拟定好问题对员工进行现场考核，其主要有两种形式：笔试和口试。

（4）实践检测法

这种方法是指有目的地安排被考核对象在指定岗位上按规定的目标任务和时间要求去任职工作，对他们的实际表现作出鉴定和评价。

（5）工作行为评价法

主要包括：书面报告、排序、两相比较、行为对照表、关键事件、图表评价、描述行为等方法。

3）考评原则

企业在考评员工过程中，应该掌握以下原则。①事前性。考评标准应在评价之前制定和公布，以便遵照执行，而不应只用于事后的评价。②参与性。只有得到被评价者参与，才会取得他们的合作和理解。③公正性。评价标准、评价行为、评价过程都应该公正，且每一部门、每一员工都应接受评价，防止出现评价死角。④规范性。考评本身应尽可能客观、准确、明确、科学，以求最大限度地减少主观偏见、感情色彩等个人因素。⑤奖惩性。评价是为了鼓励先进，鞭策落后，只有奖惩分明，才能收到效果。⑥同一性。上、下级和各级同事之间，最后目标是同一的，都是为了促进工作，进行评价时，要注意加强团结合作和互相信任。⑦细微性。标准必须分出良差，分清不同工作人员的优劣界限。⑧可靠性。要保证所得到的信息的可靠性，就要求评价者平时对被评价者经常注意观察，同时还要求尽量征求各个方面的意见。⑨实用性。评价材料必须有参考价值，能直接用于奖惩、升迁、调整之用。

3. 员工培训

企业不仅要对新员工进行培训，同时也要对在职员工进行不断培训。对员工进行统一培训是 BIS 设计的重要内容。

1）培训内容

一般而言，企业对员工进行培训的内容包括两方面。①一般知识培训包括：公司的发展历史、公司历史上的主要人物、公司的经营理念及其含义、经营理念具体运用和实施的方式、公司的行为准则及其遵守、公司的奖惩制度等。②具体业务能力培训包括：经营理念在具体业务中的应用、行为准则在具体业务中的应用、业务知识培训与更新、解决业务问题的具体方法等。

2）培训方法

企业经常采用的培训方法主要有以下几种。①指导。即由有经验的员工对新员工进行个别指导，如我国企业所普遍采用的"师傅带徒弟"的方式。②工作轮换。就是让员工互换工作，一般是在一个岗位待上几个月，其目的是使受训人能获得不同的工作经验。③脱产培训。就是让员工在一定时期内脱离工作岗位去接受专门培训。④讨论与演示。就某一培训内容进行讨论、演示，与会者相互交流、切磋，提高认识，出谋划策，激发热情，增强员工的协作精神与向心力。⑤实地观摩与示范演练。组织放映录像片、幻灯片，参观取得优秀成绩的单位，并邀请有关方面的专家做现场示范表演。⑥在实际工作中边检查边纠正，员工边工作边改进。⑦重复性演习与比赛。组织员工就某一业务工作集中反复演习，以期熟练掌握，并在此基础上举行观摩比赛，评选优胜，予以奖励。

3）培训原则

企业在培训工作中，应遵循以下几项原则：①事先应制订完备的培训计划。应由企业高层领导、人事部门、具体业务部门共同制订计划、组织实施。②高度重视对新职员的全面培训。尤其是有关企业的一般知识培训，如公司理念、行为准则、奖惩制度等，以期使之有一良好的开端。③注意对员工的目标激励。应设计许多阶段性的目标，加强受训员工的自信心。④注重实践。培训者要引导学员积极将所学知识和技能贯彻到学以致用。⑤注重反馈。密切关注受训者情况，以决定训练进展速度和训练方法。

4. 员工激励

员工激励是一种领导行为和奖惩制度，因而，其本身就是 CIS 的内容之一，也是实施 CIS 的重要体现。

1）激励方式

对员工的激励方式多种多样，比较常用的有以下几种。

(1) 物质激励

涉及员工的物质利益主要有：工资、奖金、福利、工作条件等。员工在工作中，能否得到合理的报酬，在完成任务之后，能否得到公正的业绩评价，这是激发职工积极性的基本前提。

(2) 关怀激励

公司领导者对员工经常在生活上和思想上给予帮助和鼓励，会加深员工对公司的感情，从而产生努力工作的热情和高度责任感。

(3) 荣誉激励

荣誉是贡献的象征，每个人都有强烈的荣誉感。对作出突出贡献的员工予以表彰和嘉奖，则会增强他们对工作的热情。

(4) 榜样激励

在公司内树立先进典型，使员工学有目标、有方向，就会产生强劲的进取动力，激发出高涨的工作热情和正确的行为动机。

(5) 目标激励

目标激励就是为员工设置适当的目标，激发他们产生为实现目标而努力的行为动机。其特点是：通过帮助员工确立既定的目标，使之诱发行动的力量，并按照目标的要求来自觉控制自身的行为方向，挖掘自身的心理和生理潜力，全力以赴实现目标。

(6) 参政激励

让员工参与公司目标的制定和决策，会使公司员工对公司的目标和经营决策有"认同感"，视公司成败为自己的成败，因此会努力工作，完成目标。

(7) 职位升迁

对于富有企业家精神，具有较强管理能力的职员，应当考虑提升他们在企业内的职位，使他们承担更多的责任。这些人往往有极强的事业心，不会拘泥于一时的收入或评价。他们要求的是工作上的不断挑战和提高，对于他们，职位的改变会更适合。

2) 激励原则

激励职工应遵循的基本原则如下。

① 从实际出发，以员工的基本需求为基础。善于根据员工不同的需要来选取激励方式。

② 坚持物质和精神激励的统一。企业应善于激发员工高层次的心理动机，引导他们积极进取，奋发向上。

③ 奖罚要分明。既不能以奖代过，也不能用过抹奖。

5. 员工行为

企业形象的塑造离不开员工的共同努力，员工的行为直接体现着企业的整体素质。没有良好的员工行为也就不可能有良好的企业形象。员工行为包括一般行为和岗位行为两部分内容，企业往往通过员工手册对其加以规定、规范。

1) 一般行为

一般行为是指企业全体员工包括企业各级管理者在内都应遵守的行为规范。通过一般行为，人们可以感受到企业的精神面貌、企业的氛围、企业的文化、企业的形象。例如：员工按时上下班、工作场所保持安静、工作时间行走快步如风、接待来宾或接听电话热情礼貌、工作忙时自觉加班加点、同事之间沟通时和蔼礼让、同事之间工作配合默契、员工穿着打扮得体、员工精神面貌积极向上,等等。

2) 岗位行为

岗位行为主要针对员工具体工作而言。不同的岗位对员工的行为要求有差异。一般行为是基础性要求,而岗位行为是更具体、更高层次的要求。比如柜台人员对顾客礼貌周到,电话总机人员应答及时亲切,企业司机遵守交通规则,经理人员的公关行为得体,生产人员按规程操作,等等。

6. 决策行为

决策是指企业管理人员在调研分析的基础上为解决某一问题而制订行动方案并在所有备选方案中择优的过程。科学、有效的决策行为是企业导入BIS的目的之一,也是BIS设计的主要内容。

1) 决策程序

各级领导者的决策行为是否科学、有效,首先要看是否按照科学的程序进行决策。一般而言,决策的程序按照以下步骤进行:发现问题与确定目标,调研分析、寻找原因,拟定各种解决方案,评价和选择最优方案,决策的执行与检查,决策调整。

2) 决策类型

由于企业活动非常复杂,因而,管理者的决策也多种多样。不同的分类方法,具有不同的决策类型。按决策的作用分为战略决策、管理决策和业务决策。战略决策是指有关企业的发展方向的重大全局决策,由高层管理人员作出。管理决策是指为保证企业总体战略目标的实现而解决局部问题的重要决策,由中层管理人员作出。业务决策是指基层管理人员为解决日常工作和作业任务中的问题所作的决策。按决策的性质分为程序化决策和非程序化决策。程序化决策是指有关常规的、反复发生的问题的决策。非程序化决策是指偶然发生的或首次出现而又较为重要的非重复性决策。按决策的问题的条件分为确定性决策,风险型决策和不确定型决策。确定性决策是指可供选择的方案中只有一种自然状态时的决策,即决策的条件是确定的。风险型决策是指可供选择的方案中,存在两种或两种以上的自然状态,但每种自然状态所发生概率的大小是可以估计的。不确定型决策指在可供选择的方案中存在两种或两种以上的自然状态,而且,这些自然状态所发生的概率是无法估计的。

7. 领导行为

领导行为是企业行为识别系统的有机组成部分。另一方面,领导行为的科学与否在很大程度上决定着BIS是否能得到彻底贯彻执行。

1) 领导者的素质

领导是为实现群体或组织目标,在与被领导者和环境相互作用下施加影响的过程。领导者就是具有这种影响力并发挥这种影响力的人。领导者应具备的素质是在领导的实践过程中形成的,可以通过训练和培养造就。美国普林斯顿大学的有关教授认为,企业领导者须有以下十大素质。

① 合作精神。愿意与他人共事,能赢得别人的合作,不以权压人,而是以理服人,让人感到信服和佩服。

② 决策才能。能根据客观实际情况而不是凭主观想象作出决策,具有高瞻远瞩的能力。

③ 组织能力。善于发掘下级能力与才智,善于组织人力、物力与财力。

④ 恰当地授权。能提纲挈领的抓住大事,而把小事分散给下级去处理。

⑤ 善于应变,不墨守成规。
⑥ 勇于负责。对国家、职工、消费者及整个社会都有很高的责任心。
⑦ 敢于创新。对新事物、新环境、新技术、新观念,都有敏锐的感受力和接受力。
⑧ 敢于冒险。敢于承担风险并乐于在挑战面前进行各种大胆的尝试。
⑨ 尊重他人。能虚心听取别人的意见并接受其合理观点,不妄自尊大,能器重下级。
⑩ 品德超人。其人品言行为众人所景仰。

以上所列领导者的条件,几乎没有人通过先天遗传而继承的,大都需要通过长期的实践磨炼而逐步培养。另外,不同的社会制度,不同的文化背景对领导人提出的要求也不尽相同。

2) 领导作风

美国的社会心理学家卢因把领导者的工作作风分为三类:专制作风,权力定位于领导者个人手中,靠权力和强制命令让人服从;民主作风,权力定位于群体,以理服人、以身作则;放任自流作风,权力定位于每个职工手中,工作事先没有布置,事后没有检查,权力完全交给下级,一切任其自然发展。在实际工作中,这三种极端的工作作风并不常见。大多数领导者的工作作风往往属于三种类型之间的混合型。

3) 领导的艺术

领导是一种管理技能,更是一门艺术。领导艺术具有经验性、哲理性、创造性、多样性和随机性的特点,包括以下内容。

① 待人的艺术,用人唯贤是举,制度面前人人平等。以身作则,为人表率。兼听则明,偏听则暗。善于团结人,善于做思想工作。

② 办事的艺术,抓大事,顾全局。贵实干,戒空谈。尽量排除干扰,知难而进。松紧结合,居安思危。

③ 管理时间的艺术,巧排时间计划。杜绝时间浪费。发挥时间效能。

8. 内部沟通

在企业中,若上传下达、下情上察、渠道畅通、沟通方便,便形成一种良好的氛围,这既是 BIS 导入追求的目标之一,也是 BIS 设计的重要内容。

1) 沟通渠道

在企业内,由于成员间沟通的途径不同,可分为正式沟通和非正式沟通两种途径。正式沟通一般是在企业内根据明文规定进行信息传递与交流。如企业内部的文件传达、召开会议、上下级之间的定期交流等。分下向、上向、横向和外向沟通几种方式。下向沟通一般以命令方式向下级传达上级所决定的政策、计划、规定之类的信息。上向沟通是指下级依照规定向上级提出正式书面或口头报告。横向沟通是指在同一层次不同业务部门之间的信息沟通。正式沟通往往采取发布指示、会议制度、个别交谈的方式。

非正式沟通是指通过正式组织途径以外的信息流通。这些途径繁多且无定向,例如,同事之间随意交谈、亲朋好友之间的传闻等。对于非正式沟通,领导者要尽量做到:正本清源,使信息正式公开化;避免员工过于闲散,使员工对企业领导产生信任和好感。

2) 沟通的原则

企业在内部沟通中应该遵循的原则主要有真实性原则、完整性原则及机制性原则。真实性原则即不管是上向沟通、下向沟通还是横向沟通,所传递的信息必须准确无误,且不宜被受众所误解或片面理解。完整性原则是指所传递的信息必须全面，以不被受众断章取义。及时性原则是指传递信息要具有时效性，信息过时，将毫无用处。

4.1.2 企业市场行为

在设计和导入BIS过程中，企业不仅要重视规范其内部行为，而且更应重视规范自己的市场行为，包括创新行为、交易行为、竞争行为、服务行为、促销行为等。

1. 创新行为

企业要在市场中树立不断创新的形象，就必须具有创新行为。要进行创新，首先必须具有创新意识。创新既是不断变化的市场需求的要求，也是应付日趋激烈的市场竞争的需要。创新的本质就是求异思维，它作为一种观念须贯穿于企业经营活动的始终，用以指导企业管理者的经营决策和一般员工的经营活动。在市场上，企业始终要追逐比竞争者更有效地满足市场需求的目标。

任何企业都需不断创新，不管是生产企业、商业企业，还是运输、旅游、餐饮、银行、保险等企业，都可在自己的经营范围内力求不断创新。创新体现在很多方面，就生产企业而言，任何部门，包括人事、计划、财务、生产、营销等，都有不断创新的问题，就其市场行为而言，企业要进行产品实体创新（包括创新特点、功能、性能、质量、花色品种等）、品牌创新、包装创新、服务创新、广告创新、市场推广手段创新，等等。

2. 交易行为

企业在市场上时时处处要与其他企业发生交易往来关系，在这一过程中，企业有关人员以良好的姿态出现，就能树立起良好的市场形象，否则，将败坏企业的形象。所以，良好的交易行为既是导入CIS追求的目标之一，也是BIS设计的重要内容。在交易行为中又包括了谈判行为、履约行为及交易道德几方面的内容。

1) 谈判行为

在谈判过程中，企业形象会通过谈判人员直接传达给客户，所以谈判人员必须具有良好的素质：第一，应具有较好的语言表达能力；第二，应具有较高的沟通协调能力；第三，应具有较强的决策能力；第四，应有良好的谈判技巧；第五，要有丰富的相关知识，如政治、法律、市场、企业、社会文化、心理等方面的知识。

谈判人员一般是代表企业与合作对象进行谈判，因而他们不但是企业利益的代表者，同时也是企业形象的代表者。谈判人员在谈判桌前的表演，实际是向谈判对手推销企业的形象的过程。

不同的国家谈判风格迥然不同，给对方的印象也大相径庭，美国人性格外露直率，能直接向对方表示积极的态度和诚意来谋求自己的经济利益。他们在业务上兢兢业业，少传统少束缚，重实际重功利，善于创新、守信用、重视效率。阿拉伯人重名誉，喜欢结成紧密和稳定式的部落集团，但他们缺乏时间观念。日本人不过分计较眼前小利，而是深谋远虑，善于开拓市场，以笑脸讨价还价；他们办事认真、理性极强，但比较固执而不易变通。因而，企业在谈判过程中，一方面要具有本民族特点；另一方面，要选择与本企业形象一致的谈判风格。

2）履约行为

履约行为是体现企业基本形象的重要方面。按时、保质提供合同约定的商品或服务，及时、足额支付货款，是保证企业高信誉度的基本要素。市场经济是契约经济，合同的履行是市场经济得以顺利运行的基础。很难想象，一个不能守信用的企业，能在市场中确立良好的企业形象。这要求企业领导者和相关的职能部门必须严格贯彻执行所制定的行为准则。

3）交易道德

交易道德是反映参与交易的各方在交易行为中应当遵守的"诚实守信"社会道德规范。相对于法律的强制性约束而言，交易道德是对交易各方的非强制性的软约束。市场经济的基础是信用，要在市场竞争中立于不败之地，树立良好的企业形象，就必须遵守约定俗成的交易道德。短斤少两、假冒伪劣、隐瞒事实、请客送礼、行贿受贿等现象都是不良的交易道德，而诚实、守信、公平竞争等则是良好的交易道德。

3. 竞争行为

竞争是市场经济的基本特征，公平竞争、优胜劣汰是市场经济的基本法则。企业要在市场中立稳脚跟，必须具有强烈的竞争意识，利用各种竞争方式展开竞争。竞争行为也是包含在企业行为识别系统中的基本行为。

在市场经济条件下，企业要生存，要发展，必须具有强烈的竞争意识，将其当作一种观念指导企业的经营决策和经营活动，使其决策具有竞争性，活动具有竞争性。企业具有竞争意识，并不意味企业可以不择手段地进行不公平竞争，竞争意识本身要求企业要具有创新意识，通过创新取得竞争优势。

竞争无所不在，竞争的表现形式亦多种多样。企业的竞争，在市场上，主要体现在产品竞争、价格竞争、分销竞争和促销竞争四个方面。产品竞争主要体现在增加品种、提高质量、增加功能、更新品牌、改进包装、完善服务等，以比竞争者更优的产品和服务满足顾客需求。在市场中主要体现在以比竞争者更低廉的价格服务于顾客。而要达到这一目的，在其背后必须想方设法降低生产成本和经营成本。在市场中，主要体现在选择合理的运输工具和运输线路、选择合理的仓储机构、使用有效的销售渠道并积极与中间商进行配合，将产品以最快的速度和最低廉的费用送到客户手中。企业要在市场竞争中取胜，必须还要以比竞争者更优的促销宣传方式将有关企业和产品的信息传递给顾客，这些方式包括广告、人员推销、营业推广和公共关系等。

竞争是激烈的但同时在竞争中又必须遵守竞争道德。优胜劣汰是市场竞争中的根本法则，但这种法则是建立在公平竞争的基础上的。同时，同业者虽是竞争对手，但并非真是你死我活。企业与竞争对手的关系应是，在竞争中求联合，在联合中有竞争，在竞争中共同发展。在市场中，虽然企业要贯彻竞争导向，但同时也必须贯彻顾客导向。企业更应以满足顾客需求为目的，而不应只以打败竞争对手为目的。

4. 服务行为

企业提供服务的对象直接是顾客，因而，完善的服务行为能直接在客户中树立其良好的市场形象，它是 BIS 设计的重要内容。

1）服务意识

服务意识应当根植于企业管理者和每个员工的观念中，企业应当为顾客提供各种售前、售中、售后服务。要树立服务意识，首先必须具有顾客意识、竞争意识。服务是以顾客需求为基础，服务是竞争的有力手段，服务是树立企业形象的有力途径。

2) 服务组合

企业在营销产品过程中，必须根据客户的需要和产品的特点决定所提供的相应服务。不同的产品需要有不同的服务。就一种产品而言，客户往往需要多种服务，且对这些服务具有不同的重视程度。例如，加拿大的工业设备采购者按重要性的次序，将企业应提供的服务分成以下 13 种：①运送的可靠性；②迅速报价；③技术咨询；④折扣；⑤售后服务；⑥销售代表；⑦便于接触；⑧更新保证；⑨制造商广泛的经营范围；⑩式样设计；⑪信用；⑫测试设施；⑬机械加工设施。企业一方面要全方位地提供优质服务，另一方面要在前面的受重视程度高的服务项目上具有很强的竞争力。

3) 服务方式

企业还必须决定用什么方式来提供各种服务。首先必须确定每一服务因素的价格。例如，就电视机维修服务而言，企业可有三种选择：①可以提供为期一年的免费修理业务；②可以售出一份服务合同；③企业也可以不提供任何维修服务，让用户在市场上寻求满足。

接着，企业可以用 3 种方式来提供维修服务：①雇佣和培训自己的维修服务人员，将其分布于当地市场；②同当地的经销商一起做出安排；③在当地特约独立的公司提供必要的维修服务。

4) 服务质量

企业在提供服务的过程中，必须注意提高服务质量，这是展现企业形象的良好机会。决定服务质量的因素主要有 5 个，按其重要性进行排序如下。

① 可靠性。完全、准确地按承诺的服务履行的能力。

② 迅速反应性。有帮助顾客的愿望以及能提供迅速的服务。

③ 可信性。职员的知识和礼仪以及他们传递信任和自信的能力。

④ 情感性。服务部门应对顾客表示关注以及个人的关心。

⑤ 有形性。物质设施、设备、人员和沟通材料的外在表现。

那些管理卓越的公司在服务方面有一些共同的做法。

① 战略观念。令顾客满意是公司的长远战略，它们可以称为是顾客主导型企业。充分了解目标顾客以及他们的需求，制定出有特色的战略去满足这些需求，并能赢得顾客的忠诚。

② 高层管理对质量的全面承诺。对不合乎质量要求的产品、服务或人员，能做出及时的处理。

③ 为服务规定高标准。如瑞士航空公司的目标是：要求 96% 以上的旅客评价其服务为优良，否则便采取行动。

④ 服务绩效监督制度。一些顶尖的公司对本公司的服务绩效和竞争者的服务绩效都定期进行核对、评价。

⑤ 尽量使抱怨的顾客得到满意。对各种抱怨能作出及时、宽宏大量的反应。

⑥ 使职员和顾客感到满意。管理工作杰出的公司认为员工关系会反映顾客关系。管理部门应尽量保证员工对工作的满意度，创造一个对优良服务绩效给予奖励的环境。

5. 促销行为

促销宣传是企业对外树立形象的主要工具，因而，在设计和策划 BIS 过程中，必须对企业的促销宣传行为加以规范。

1）广告行为

虽然广告作为市场营销的一种有力工具，有其独特的规律性但它同时作为一种树立企业形象的手段，必须统一在企业理念之下，进行规范化作业。从广告形式到广告内容，从广告主题到广告定位，从广告媒体到广告表现，都必须做到统一化，使公众能够识别。

2）推销行为

推销的过程就是人与人之间打交道的过程，因而，它直接会给予顾客一定的印象。若推销人员能给人一种胜任、礼貌、可信、可靠、反应敏捷、善于交流的印象，良好的企业形象就会树立起来。企业在设计BIS过程中，必须专门对推销人员制定出岗位行为准则，以规范他们与客户打交道的行为。

3）推广行为

企业可利用的营业推广方式有很多，有专门针对消费者的，有专门针对中间商的，有专门针对推销人员的。企业在实施各种营业推广之前，必须在市场调研的基础上进行周密的策划，充分论证其现实可行性及其赢利性。一旦公布于众，进行实施，则要实现自己的承诺，取信于民。否则，不仅无助于企业形象的树立，反而会损害企业的形象。

4）公共关系行为

公共关系也是树立企业形象的一种工具。它通过与企业各类公众的直接沟通，为企业创造一种良好的社会关系环境，从而树立起良好的企业形象。在公关活动过程中，公关人员必须遵守应有的行为规范，同时，所有的公关项目必须在同一的企业理念指导下展开。

4.2　企业行为的识别

企业行为识别（BI），是CIS的动态识别系统，包括对外回馈、参与活动，对内组织、管理和教育。可称为CIS的"做法"，是企业实现经营理念和创造企业文化的准则。企业的行为识别系统基本上由两大部分构成：一是企业内部识别系统，包括企业内部环境的营造、员工教育及员工行为规范化；二是企业外部识别系统，包括市场调查、产品规则、服务水平、广告活动、公共关系、促销活动、文化性活动等。

4.2.1　企业内部识别系统

企业内部识别就是对全体员工的组织管理、教育培训及为其创造良好的工作环境，使员工对企业理念认同，形成共识，增强企业凝聚力，从根本上改善企业的经营机制，保证对客户提供优质的服务。

1. 工作环境

工作环境的构成因素很多，主要包括两部分内容：一是物理环境，包括视觉环境、温湿环境、嗅觉环境、营销装饰环境等；二是人文环境，主要内容有领导作用、精神风貌、合作氛围、竞争环境等。

创造一个良好的企业内部环境不仅能保证员工身心健康,而且是树立良好企业形象的重要方面,企业要尽心营造一个干净、整洁、独特、积极向上、团结互助的内部环境,这是企业展示给社会大众消费的第一印象。

2. 员工的组织管理和教育培训

实施 CIS 战略,需要企业全体员工的协作,员工是将企业形象传递给外界的重要媒体,如果员工的素质不高,将损害企业形象。所以 CIS 战略的推行,必须对企业员工加强组织管理和教育培训,提高每位员工的素质,使每位员工认识到自己的一言一行都与企业整体形象息息相关,只有通过长期的培训和严格的管理,才能使企业在提供优质服务和优质产品上形成一种风气、形成一种习惯并且得到广大消费者的认可。

员工教育培训的目的是使行为规范化,符合企业行为认识系统的整体性的要求。员工教育分为干部教育和一般员工教育,两者的内容有所不同。干部教育主要是政策理论、法制、决策水平及领导作风教育。一般员工教育主要是与日常工作相关的一些内容,如经营宗旨、企业精神、服务态度、服务水准、员工规范等。企业培训教育的方式很多,主要是:①制定 CIS 战略实施方案,包括企业导入 CIS 战略背景、发展目标定位、MI、BI 手册,使全体员工对实施 CIS 战略有一个明确的认识,提高实施的自觉;②编印说明企业标志、企业理念及员工行为规范的手册,让员工可以随身携带;③举办培训班,通过培训对领导和骨干首先进行导入 CIS 战略的培训教育,之后可以在全体员工中举办培训班,促进自我启发;④制作对员工教育使用的电教说明,即利用影视工具说明企业有关导入 CIS 的背景、经过及具体的理念内容。

3. 员工行为规范化

行为规范是企业员工共同遵守的行为准则。行为规范化,既表示员工行为从不规范向规范的过程,又表示员工行为最终要达到规范的结果。它包括的内容有:职业道德、仪容仪表、见面礼节、电话礼貌、迎送礼仪、宴请礼仪、舞会礼仪、说话态度、说话礼节和体态语言等。

编唱企业之歌(厂歌、行歌)。在 CIS 战略中,为增强企业凝聚力可以借助厂歌来达到目的。因为经过行歌的编唱可以宣传企业的理念,又可以振奋员工的精神,缓解员工工作紧张的压力,特别是青年员工偏爱音乐,对这种形式喜闻乐见,易于接受,因此,有愈来愈多的企业为迎合员工这一心理,将企业理念谱写成自己的企业之歌,取得了良好的效果。此外,行为识别的内部系统还包括福利制度、公害对策、作业合理化、发展策略等内容。

4.2.2 企业对外识别活动

企业外部识别活动是通过市场调查、广告宣传、服务水平开展各种活动等向企业外部公众不断地输入强烈的企业形象信息,从而提高企业的知名度、信誉度,从整体上塑造企业的形象。

1. 市场调查

企业要推销出适销对路的产品,就必须进行市场调查,以求得与消费需要的一致性,在此基础上进行新产品设计和开发。特别是要通过市场调查搞好市场定位,即根据市场的竞争情况和本企业的条件,确定本企业的产品和服务在目标市场上的竞争地位,从而为产品创造一定的特色,赋予一定的形象,以适应顾客的一定需要和爱好。

2. 服务水平

服务,可以说是企业形象一道光环,优质服务最能博得客户的好感。就服务内容而言,包括服务态度、服务质量、服务效率;就服务过程而言,包括三个阶段,即售前、售中和售后服务。服务活动对塑造企业形象的效果如何取决于服务活动的目的性、独特性和技巧性。服务来不得半点虚伪,它必须是言必行、行必果,带给消费者实实在在的利益。

3. 广告活动

广告可分为产品广告和企业形象广告。对 CIS 系统,应更加重视形象广告的创造,以获得社会各界对企业及产品的广泛认同。企业形象广告的主要目的是树立商品信誉,扩大企业知名度,增强企业内聚力。产品形象广告不同于产品销售广告,它不再是产品本身简单化再现,而是创造一种符合顾客的追求和向往的形象,通过商标、标志本身的表现及其代表产品的形象介绍,让产品给消费者留下深刻的印象,以唤起社会对企业的注意、好感、依赖与合作。

4. 公关活动

在市场调查的基础上进行必要的公关活动,这是企业行为识别的重要内容。通过公关活动可以提升企业的信誉度、荣誉度,能消除公众的误解,取得社会的理解和支持。公关活动的内容很多,有专题活动、公益活动、文化性活动、展示活动、新闻发布会等。

企业行为是企业理念的直接显现,也是企业贯彻理念和发展的基础。一个企业崇高的理念不能只是一面辉煌的旗帜,或是一句响亮的口号,它应该充分渗透到企业各个部门以至每个员工的行为中去,成为共同自觉遵守的行为规范体系,从而提高整个企业及其全体员工的素质。

4.2.3 企业行为识别界定

企业行为识别所涉及的面非常广泛,它大至企业决策,小至员工的岗位操作活动、对待客户的言谈举止;既指企业全体人员参与的集体行动,也可指个别员工的某一活动;既有企业对某一目标的长时间执着追求,也有临时发生的应急行为。这些都是构成企业行为识别的重要内容。

如果说,MI、VI、TI 是企业个性的重要体现,那么企业各层次的行为识别同样是体现企业个性的一个不可或缺的方面。尤其对外界公众来说,企业究竟怎么做,做的效果怎么样,看的是企业行为,他们往往把这看成是现实的理念。人们宁可多费心思去从实际活动中分析、判断一个企业的理念,而不愿单纯停留于企业自身关于理念表述的言辞上。

对于几乎涵盖了企业经营管理全部活动的行为识别,可以从以下三个方面进行分类,也是三种研究方法。

第一,按行为涉及的公众对象来分析,可以把企业行为分为对内、对外两个部分。对内包括:管理干部培训制度、员工教育(服务态度、电话礼貌、应接技巧、服务水准、作业精神)、生产福利、工作环境、内部修缮、生产设备、废弃物处理、公害对策、新产品研究开发等等。对外包括:市场调查与开拓、公共关系、促销活动、流通政策、股市对策、开展公益性文化活动等。

第二，按行为状态，可分为静态识别和动态识别。企业行为实际是静态行为与动态行为的统一。作为静态行为，它强调的是企业内部合理的规章制度的建立、行为规范的认定、组织结构的完善、人员素质的提高等。动态的行为则强调在企业理念指导之下，由统一的行为准则和企业制度管理规范制约下的员工，在自己的工作实践中表现出来的行为特征，着眼于企业通过实践活动反映出来的经营实态。这种分类方法的特点是：BI 不仅要强调企业各类行为规范的建立，更应强调企业和员工在实践中的动态表现，特别重视要通过各种经营活动、公关活动所表现出来的企业动态形象。企业的静态行为识别和动态行为识别是不可分割的整体。前者是企业行为特征的凝聚，是企业长期奋斗的结晶；而后者的实质则是对企业已有形象的显现和辐射。要防止这样一些偏向，即只重视规章制度、行为规范的建立，不重视各项规章制度、行为规范的实施；只强调企业内部行为的完善与规范，不注意或不善于通过动态活动去扩散和传播这种行为的特征；只注意相对静止的环境下企业行为的优化，忽视了用动态形象去展示、优化企业行为。否则，不可能真正构成完整的行为识别体系。

第三，按行为规范性来分，可以把企业行为分为不规范行为、规范行为和创意行为。不规范行为是指不符合企业规章制度和规范的各种行为，它阻碍着企业目标的实现，甚至对实现企业目标起着南辕北辙的作用，会损害企业形象。这是任何企业都要力求加以避免、克服的。但由于人们对企业理念理解的肤浅、行为习惯没有端正、约束不严，或者由于制定的规章制度偏于理论化、概念化、缺乏可操作性等原因，造成不规范行为的大量存在。例如，炎热季节有的员工不按规定着装，穿拖鞋、背心上班，甚至生产中光背操作；有的明知生产原料价格昂贵，对零星散失的原材料，不肯费举手之劳捡拾起来；企业内部有些部门沟通信息缺乏主动传递的积极性，等到有关部门来电询问时，只说是"忘了通报"，这才急急忙忙翻资料查数据；有的销售员工背熟了"顾客是上帝"的口号，可是当一个陌生的客人寻找到办公室，茶水也不倒一杯，把"上帝"晾在一边。克服不规范行为是 BI 的一个重要课题，是口号的本质所在。

规范行为是企业从上到下各级人员、从企业大的行动到个别员工工作都按规范要求进行操作的行为。例如，有一天某饭店咖啡厅有人在谈生意，由于人多声音嘈杂，女服务员听到一位客人请对方再说一遍刚说过的话。见此，她马上和客房部经理联系，腾出一个清静的场所供客人谈话，博得客人好感。由于行为规范是经过深思熟虑并经过长期实践检验、反复修改后确定的，所以规范行为具有合理性、严密性，有利于形成良好的企业个性。强化规范行为和克服不规范行为是一个问题的两个方面，两者相辅相成。

创意行为，是企业各层次开展的新颖、奇特、别具一格的活动和不同凡响的运作方式。它是由企业具有丰富创意的各类员工经过精心策划而采取的创新行动。

4.2.4 企业行为识别系统和企业理念识别系统的关系

企业行为识别系统是企业理念识别系统的外化和表现。企业行为识别是一种动态的识别形式，它通过各种行为或活动将企业理念观测、执行、实施。

企业理念要得到有效的观测实施，必须首先要科学构建企业这一行为主题，包括确定企业组织形式、建立健全企业组织机构、合理划分部门、有效确定管理幅度、科学授权。企主体架构完善，企业的运行机制才能完善，企业的行为才能有基础保证，企业的理念才能真正贯彻执行。所以，在企业行为识别系统中，企业主体特征是最基本的基础性因素。

企业的行为包括的范围很广，它们是企业理念得到贯彻执行的重要体现领域，包括企业内部行为和企业市场行为两个方面。内部行为有：员工选聘行为、员工考评行为、员工培训行为、员工激励行为、员工岗位行为、领导行为、决策行为、沟通行为等。企业市场行为包括企业创新行为、交易行为、谈判行为、履约行为、竞争行为、服务行为、广告行为、推销行为、公关行为等。

4.2.5 企业行为识别系统的形成

通过对企业实际状况调查，制定出企业理念之后，应通过企业整体的活动识别、视觉识别在实践中贯彻企业理念。如果说 MI 是想法，那么 BI 是做法。BI 有对内、对外两个活动，对内就是建立完善的组织、管理、教育培训、福利制度、行为规范、工作环境、开发研究等来增强企业内部的凝聚力和向心力；对外则通过市场营销、产品开发、公共关系、公益活动等来表达企业理念，取得大众认同，树立形象。

1. 企业内部活动识别

强化公司内部的凝聚力和向心力有各种活动方式，大体有如下几类：一是关心员工的生活、利益、前途；二是企业内部宣传教育；三是培训，主要有公司报、员工手册、公司内部宣传海报、公司内部的活动等几种方式，要在 MI 的指导下展开进行；四是公司歌曲。

2. 企业外部活动识别

企业通过外部活动向社会公众传达企业形象，提升企业认识度，主要包括以下几种方式。

①市场调查。通过市场调查了解消费者的购买心理，对公司的建议和意见，通过改进提高公司的水平。②同市营销。同市营销是个动态的过程，也是企业经营的重要而且是面向大众的过程，因此设计好营销中的促销、广告、新闻发布会等对表示企业形象大有好处。③公共关系。公共关系和公益活动是在提升企业形象起极重要的作用，是现代企业竞争的有效手段。④新产品的开发。新产品的推出是公司展示自己形象和理念的大好机会，企业具有不断开发新产品才能在市场中立足。

3. 企业视觉识别

企业视觉识别是 CIS 的标志识别符号，是企业形象的视觉传递形式，它是最有效、最直接的。

视觉识别（VI）设计的原则如下。

① 充分传达企业理念。

② 民族性原则：不同的国家，不同的地域都有不同的文化，因此视觉识别设计必须传达民族的个性。

③ 简洁、抽象、动态原则。

④ 员工参与原则：VI 开发要充分让员工参与，这样便于激发积极性和认同感。

⑤ 法律原则：设计形象时要符合高标准、知识产权法律等的要求。

⑥ 艺术性原则、个性原则。

4. 视觉识别设计的基本内容
① 标志的设计。
② 标准字、标准色的设计。
③ 应用要素的设计。
④ VI 手册。

4.2.6 企业行为识别系统的构成和目标

行为识别（BI）是 CI 的动态识别形式，它的核心在于 CI 理念的推行，将企业内部组织机构与员工的行为视为一种理念传播的符号，通过这些动态的因素传达企业的理念、塑造企业的形象。企业的行为识别系统几乎覆盖了整个企业的经营管理活动，主要由两大部分构成：一是企业内部系统，包括企业内部环境的营造、员工教育及员工行为规范等；二是企业外部系统，包括产品规划、服务活动、广告关系及促销活动等。

企业行为识别的目标在于通过企业内部的制度、管理与教育训练，使员工行为规范化。企业在处理对内、对外关系的活动中，体现出一定的准则和规范，并以实实在在的行动体现出企业的理念精神和经营价值观。通过有利于社会大众和消费者认知、识别企业有特色的活动，塑造企业的动态形象，并与理念识别、视觉识别相互交融，树起企业良好的整体形象。员工教育、规范建立和管理提升是建立有效的 BI 系统的关键环节。

1. 员工教育是将企业理念贯穿于行为的基础

行为识别系统的建设不是员工自发的。如果公司的理念只以教条文化的形式出现，那么企业的员工就不会把它放在心上，也就无法渗入组织内，成为企业成员共同的价值观而表现在行为中。因此，必须开展多种形式的教育培训，让全体员工知道本企业导入 CIS 的目的、意义和背景，了解甚至参与企业识别系统的设计，熟悉并认同企业的理念，清楚地认识到企业内每一位员工都是企业形象的塑造者。员工教育主要包括企业理念和企业文化方面的内容。通过教育培训，使员工从知识的接受到情感的内化，最终落实到行为的贯彻。

2. 制度和规范是建立行为识别系统的有力工具

企业建立行为识别系统，不能只靠铺天盖地宣传教育，还需要制定和完善一系列具有可操作性的制度和规范。制度和规范使企业和员工的行为有章可循、规范统一，它具有一定的强制性。对员工而言，制度和规范是一种约束，但也是其顺利完成工作的保证。制度和规范的设计必须以正确的企业理念为指导，必须有助于员工在一种宽松的环境中准确无误、积极主动地完成自身的工作。制度和规范的内容如果偏离了企业理念，将会造成员工思想与行为的不协调、不统一，直接影响员工的积极性和创造性的发挥，给企业管理带来失误和损失。

3. 卓越的管理是行为识别系统顺利实施的保证

BI 规范化管理是 CI 导入过程中关键的环节，同时也是最难把握的一环。理念可以树立确定，视觉符号可以设计，而人的行为却难以理想化地进行统一。因此，BI 系统的顺利实施，需要有效的管理手段作为保证。与美国、日本企业雄厚的管理基础和高度现代化的管理手段相比，我国企业的管理基础还十分薄弱，因此，企业必须将 CI 战略的实施建立在整体管理水平提升的基础上。就是说，企业在开展 BI 建设的过程中，首先要在组织上和制度上进行管理革新；其次，要有计划地开展员工培训工作，重视人才的开发和引进，提高员工的整体素质；要特别注重管理人员的开发和培养，建立一支高素质的现代经理人队伍，从而保证企业整体水平的提高和管理革新的有效实施。

总之，我国企业在导入 CIS 时，必须走出各种认识上和行为上的误区，综合考虑自身的经营管理现状，注重 MI、BI、VI 的系统化设计和整体化实施，强调 CI 导入与管理水平的提升并举，通过 BI 系统的有效实施，把企业的理念贯穿于企业的一切活动以及员工的行为之中。只有这样，企业才能从整体上和根本上提升和改善形象，才能使 CI 战略真正获得成功。

4.3　企业行为的策划

如果说 MIS 是 CIS 之"心"、之"脑"的话，企业行为识别系统，即 BIS，则是 CIS 之"手"、之"身"，是 CIS 之"行为"、之"做法"，是 MIS 之实践，它直接表现在对内的组织制度、员工管理、行为规范及对外的交易行为、竞争行为、服务行为、促销行为中。

4.3.1　建立识别系统的原则与程序

在企业导入 CIS 过程中，建立科学、完善的行为识别系统是其中的难点，需要遵循一定的原则、按照一定的程序进行。

1. 建立行为识别系统要遵循以下五项基本原则

1）以理念为导向

理念识别是企业独特的文化和价值观的设计与形成，是企业形象定位和传递的开端，是 CIS 策划过程中的起点和向导，以后任何一阶段的工作，都是在贯彻执行 MIS 设定的内容。能否建立起一个完善的企业识别系统，主要依赖企业理念识别系统的建立与执行。只有把企业理念这一思想体系扩展到动态的企业活动与静态的视觉传播设计之中，才能完美地创造独特的企业形象。企业理念对企业政策的制定、企业活动的开展和企业形象的传达具有一种统摄的作用。

企业理念的导向功能主要表现在：①它规定企业行为的价值取向，提高企业员工的凝聚力；②它为企业确立经营宗旨和经营目标，从而为企业发展指明了方向；③企业理念是企业各项规章制度建立的依据和理论基础。

2）以市场为中心

企业作为市场经济的微观主体，一切活动都离不开市场。它所需的原材料要从市场中取得，它的产品和服务要在市场上实现其价值。在这一过程中，由于同业者充斥市场，因而，必然会产生彼此之间的竞争；同时，为了在市场竞争中取得有利地位，各企业必然从市场需求出发开发产品和服务，并制定相应的策略。因而，企业在建立行为识别系统时，必须同时贯彻竞争导向和需求导向，以使自己的行为围绕着市场这一中心来展开。

3）以效率为目标

企业导入 BIS，目的是为了通过规范人们的行为，提高决策效率、管理效率、工作效率，从而提高经营绩效。因而，企业在设计 BIS 时，必须以此为目标。在这一方面，日、美企业的做法值得推崇。日本企业特别注重企业文化与经营理念的传递与教化，以此形成员工强烈的信念，而员工会严格按这一信念行事。美国企业注重将企业理念条例化、制度化，员工将按相应要求和规定行事。这样做的结果都会使效率大为提高。这与我国企业形成鲜明的对比。有关资料表明，在我国企业口号中，"团结"使用率高达41%，"创新"与"开拓"的使用率超过20%，"进取"的使用率也达10%。且不说这清一色的理念是否会树立起独特的企业形象，只是就理念的贯彻来说，对于千篇一律的理念，很难想像员工会感兴趣，更何况，企业只是这样笼统粗糙地简单表述，而怎样传递、说教，或怎样使其条例化、制度化、企业并未做多少工作。如此这般，肯定不会给企业带来多少实质性的变化，更无提高效率可言。

4）以统一为特征

从企业识别的英文含义来看，"识别"一词本来就包含有"统一"之意。这里有两层含义：一是企业要有统一的理念、统一的行为、统一的视觉形象；二是企业行为、视觉形象要与企业理念相统一，如果各想一套，各做一套，企业将成为一盘散沙。

就建立行为识别系统来说，从领导者行为到一般员工行为，从对内工作到对外工作，企业必须在同一理念的统帅下，按照各自的行为规定来展开。在这方面，麦当劳、肯德基在全世界的连锁店为我们提供了学习的榜样。

5）以创新为工具

行为识别的目的是建立统一性与独特性。统一对指企业自身而言，是一个形象统一的整体，独特是指企业的行为体现出与其他企业不同的个性，而这种个性，正是大众认识企业的基础。现代社会，商品的差异更多地表现在品牌、企业的差异上，缺乏独特性的企业，很容易被淹没在商品的海洋之中，而这种独特性，正是依靠创新产生的。以创新为工具，设计出与众不同的企业行为，使公众通过企业行为来了解企业、认同企业，是建立企业行为识别系统的努力方向。

2. 建立识别系统的程序

建立企业行为识别系统，需要按照一定的程序来进行。这一程序主要包括：建立企业理念、制定行为准则、行为准则传递、行为准则贯彻和规范性行为的习俗化五个阶段。

1）建立企业理念

企业理念的开发与建立，是建立行为识别系统的基础阶段。

2）制定行为准则

在企业行为识别系统导入过程中，如何将企业理念条例化为一系列的行为准则，是其关键的一步。行为准则，要根据企业所在的行业及其业务性质和要求制定。日本经济新闻社根据对各行业的调查，并通过整理发现，各行各业的要求是不一样的。例如，食品业：安全性、信赖感、规模、技术；电气机器：安全性、可信度、技术；纤维业：安全性、技术、可信度、销售网的实力、规模；输送用机器：可信度、安全性、规模、技术；化学药品：安全性、规模、可信度、技术、发展性；商业（经销商）：可信度、安全性、社会风气、规模、服务品质；商业（销售业）：规模、安全性、发展性、可信度、海外市场的竞争能力；金融业（保险）：规模、可信度、安全性、发展性、强势的宣传广告力；金融业（证券）：规模、传统、销售网的实力、可信度、安全性；玻璃、水泥：安全性、规模、可信度、传统、发展性；建筑业：安全性、传统、规模、强势的宣传广告力、新产品的开发、时代潮流。

行为准则的制定，涉及诸多细节，从人际行为、语言规范到个人仪表、穿着，从上班时间到下班以后，都需要规定。在制定过程中，一方面要按照企业理念的要求；另一方面要考虑行业特点，同时也要对企业所处的主客观条件进行分析，例如，员工素质、管理人员素质、技术条件等。

3）行为准则传递

行为准则制定之后，要通过各种渠道进行传递、解释和说教，通过说明它的目的、意义和含义，让员工接收、理解和接受，并能在各自的岗位上照此行事。有关行为准则的传递、解释和说教与企业理念的相关内容相类似，在此不再赘言。

4）行为准则贯彻

要使行为准则得到彻底贯彻，必须注意以下几方面工作：①准则本身具有可操作性。②要有必要的奖惩制度和激励机制与之配合；③要对员工进行必要的培训，并在执行中具体加以指导；④要随时进行监督检查，发现问题及时处理；⑤完善企业各方面工作，为员工贯彻准则提供良好的环境；⑥培养典型，带动他人。

5）规范性行为的习俗化

规范性行为的习俗化是指企业所有员工能够自觉地执行各种行为准则，按照行为准则要求行事，并成为一种自然而然的自己本身所拥有的习俗行为。可见，这是行为识别系统实施的最佳状态。规范性行为的习俗化，需要企业、管理者、一般员工的不懈努力、持之以恒的坚持已有的成功做法，从而便会使企业从人员管理走向制度管理，从制度管理最终走向自我管理。

4.3.2 科学构建行为主体

导入BIS，规范企业行为，首先要求有一合法、科学、完善的行为主体，即企业。因而科学构建行为主体是企业导入BIS的前提。

1. 决定企业的组织形式

迄今为止，企业组织形式主要有以下3种：个人企业、合伙企业、公司企业。

1）个人企业

个人企业是指一个人出资经营，归个人所有和控制的企业。这种最古老、最简单的企业形式，在现代的经济社会中，也发挥着重要作用。它主要适合小规模生产和经营。

个人企业的特点在于：①开办、关闭、转让手续简单；②所需的资本小，人员少，经营灵活；③保密性较好，个人企业的财务不需公开，较易于保密；④负无限责任，业主要用自己的全部个人财产对企业的债务负责；⑤资金有限，个人企业一般都规模较小，很难筹集起巨额资金投资；⑥个人企业一般技术、业务不全面，只处于某一个加工、增值环节；⑦个人企业的企业寿命依赖于业主寿命，随业主寿命终结而终结。

2）合伙企业

合伙企业，是由各合伙人订立合伙协议，共同出资、合伙经营、共享收益、共担风险，并对合伙企业债务承担无限连带责任的营利性组织。按照中华人民共和国合伙企业法规定，设立合伙企业，应当具备下列条件：①有两个以上合伙人，并且都是依法承担无限责任者；②有书面合伙协议；③有各合伙人实际缴付的出资；④有合伙企业的名称；⑤有经营场所和从事合伙经营的必要条件。

合伙企业与个人企业相比有以下特点：①扩大了资金来源和信用能力；②结合了多个合伙人的经验和才智；③转让须经过其他合伙人的同意才能进行，比较困难；④无限连带责任限制企业发展；⑤企业寿命较短；⑥各合伙人之间协议成本较高。

3）公司企业

公司是由许多投资者集资创办的法人企业，在法律上具有独立性。公司的两种主要形式是有限责任公司和股份有限公司。有限责任公司股东以其出资额为限对公司承担责任，公司以其全部资产对公司的债务承担责任。股份有限公司，其全部资本分如等额股份，股东以其所持股份为限对公司承担责任，公司以其全部资产对公司的债务承担责任。

公司企业有如下特点：①股东负有限责任；②股份可转让，流动性好；③可以募集大量资金；④公司有独立的寿命；⑤管理较科学，效率较高；⑥创办手续复杂，费用高；⑦保密性差，财务状况比较透明；⑧政府的限制较多；⑨社会负担重，要承担双重税赋。

企业须根据以上各种形式的特点、要求，选择。决定合适的企业组织形式。

2. 设计组织机构

在一定的企业组织形式下，不同的组织机构形式，具有不同的决策方式、不同的信息沟通方法、不同的行为方式，因而，组织机构也同样是企业行为识别系统构建的基础，是企业识别系统的有机组成部分。

1）组织机构类型

从总体上来看，组织可分为两种类型：正式组织和非正式组织。

（1）正式组织

所有成员彼此互相沟通，为既定目标采取共同行动，并依法或依规章制度的有关规定，形成一个组织，这个组织就是个正式组织。正式组织必须包括以下几个系统：第一，有一个职能化系统，人们有可能实行专业分工；第二，有一个有效的激励系统，引导成员自觉地作出贡献；第三，有一个权力（权威）系统，导致集体成员去接受管理者的决定；第四，有一个决策系统，为组织的发展指引方向。

正式组织的一个重要问题是设计合理的组织机构。企业不同，所处的条件不同，组织机构的形态就不同。而不同的组织机构形态，适应于一定的条件，有其长处，也有其短处。所以，要根据实际条件，在分析各种组织机构形态利弊的基础上，合理选择与企业理念相容的组织机构形态。

根据机构设置原理，企业的组织机构，大致有下列几种可供选择：直线制、职能制、直线职能制、矩阵管理制、事业部制、多维立体制。

直线制形态的特征是：①机构简单，权责分明，联系简捷；②自上而下执行单一命令原则；③主要管理人员通晓必需的各种专业知识，亲自处理各种业务；④各级领导人执行全部管理职能下设职能机构；⑤管理费用低；⑥适用于人数较少、规模较小、生产过程不太复杂、生产技术比较简单的企业；⑦在企业规模大、产品多、业务杂、技术要求高的情况下，个人的知识、能力势必影响到企业进一步发展。

职能制形态的特征是：①适应于规模庞大、生产技术复杂、管理分工比较细的企业；②管理职能不集中于企业主要领导人，而是由各职能部门去承担；③为高层领导设置职能部门；④由于规模庞大，企业领导人的经验、能力、精力等不能自上而下地对生产经营活动进行有效的管理、指挥，所以，企业的各个组成部分，由各专门机构进行专业管理，避免管理不周而造成过多的损失；⑤任何职能部门都可以领导、指挥企业基层作业活动，政出多门，多头领导，往往使基层作业部门无所适从，容易造成生产秩序紊乱。职能制实行的条件是：企业必须有较高的综合平衡能力，各职能部门为同一个目标进行专业管理。

直线职能制形态吸收了直线制和职能制的优点综合而成，其特征是：①命令、指挥集中在企业最高层；②为各级领导设置职能部门或职能人员，以此作为主要领导人的参谋和助手，并发挥其专业管理的作用；③职能部门对基层作业部门有指导权、监督权，一般没有指挥权，指挥权由企业各级主要领导人分级行使。

矩阵管理制形态由纵横两套管理系统组成。一是纵向职能系统，另一套是横向目标系统。横向目标系统一般按产品工程项目组成专案规划部，设专案规划领导人，全面负责专案的综合工作。各专案规划部的成员是各职能部的有关人员。纵向系统按销售、生产、技术等专门领域设置职能部，在各专案规划部中发挥职能作用。其特点是：①工作人员属于两个领导部门，其从属具有多重性；②矩阵结构是固定的，但各专案规划的项目是多变的，项目完成，有关人员撤回，另上新的项目，再聚集与该项目有关人员；③具有较大的适应性，灵活性；④这种形态适应于生产经营复杂多变的企业。

事业部制是在总公司下面按产品、地区，业务范围划分事业部或分公司。事业部或分公司自主经营，独立核算。其特点是：①决策权并不完全集中于公司最高管理层，而是分权给事业部，有利于它们统一管理，独立核算；②公司最高管理层摆脱了日常事务，集中精力进行重大决策的研究；③公司的适应性强；④适于规模大、产品种类多、经营范围广、分地区经营、技术上和生产上可以相互独立进行的企业；⑤管理层次多，管理费用高，各事业部协调比较困难，易产生各自为政，本位主义的倾向。

多维立体制形态，是直线职能制、矩阵管理制、事业部制和地区、时间结合一体的复合机构形态。其特征是在上述各种形态结合的基础上，与地区、时间等方面取得协调，适用于跨国经营的巨型企业。这种组织结构包括三类管理机构：一是按产品划分的事业部，是产品利润中心；二是按职能划分的专业参谋机构，是专业成本中心；三是按地区划分的管理机构，是地区利润中心。多维立体制能把产品事业部、地区和公司专业参谋部门三者的管理较好地统一和协调起来。

不同的组织机构形态，具有不同的信息沟通方式、决策体系，从而会具有不同的行为方式，尤其是决策行为、领导行为和管理行为等将有很大的不同。因而，企业应根据自己所处的行业、经营规模的大小选取合理的组织机构形态。这既是构建企业行为识别系统的内容，也是其基础。

(2) 非正式组织

在实际生活中，人与人之间不仅存在正式往来关系，还存在非正式往来关系。在一个企业里，在同一车间的同事之间，或者在兴趣相同的人们之间，或者因职务关系接触较多的人们之间，存在各种各样的往来，从而形成各种各样的群体。这些人的往来，不是按照正常隶属关系进行的，而是以感情、爱好、兴趣等因素联系在一起，从而形成经常往来的群体，这种群体叫非正式组织。非正式组织所产生的人际传播，对企业行为识别的潜在影响很大。

任何正式组织之中都有非正式组织存在，两者常是相伴而存的。非正式组织和正式组织的最大区别是前者没有共同的目标，它的成员和形成是不定的，经常变动的。所以，不可能像正式组织那样有清楚的组织意图。但是非正式组织对于正式组织的士气和工作效率却有很大的影响，这种影响可能是好的，也可能是坏的。在导入BIS的过程中，对这一点应该有充分的认识，了解非正式组织在实施BIS中的重要意义，利用非正式组织为实现企业的目标服务。例如，小道消息，可能是谣传、闲言碎语，也可能是准确的消息，相关人员应当认识到小道消息的不可避免性，尽量利用它来传递准确的信息，作为正式信息渠道的补充。因而，在导入CIS过程中，企业应自觉运用非正式组织。

2) 组织机构设计的原则

一般来讲，设计正式的组织机构主要应遵循以下几项原则。

(1) 目标一致性原则

这一原则要求组织机构设计必须有利于企业目标的实现。任何一个企业成立，都有其宗旨和目标，因而，企业中的每一部分都应该与既定的宗旨和目标相关联。否则，就没有存在的意义。一个生产企业的目标是通过生产某种满足社会需要的产品实现利润的最大化，那么，它的组织机构一般包括为实现这一目标而设立的计划部门、采购部门、生产部门、销售部门、财务部门等。同时，每一机构根据总目标制定本部门的分目标，而这些分目标又成为该机构向其下属机构进行细分的基础。这样目标被层层分解，机构层层建立，直至每一个人都了解自己在总目标的实现中应完成的任务。这样建立起来的组织机构才是一个有机整体，为总目标的实现提供了保证。

(2) 统一领导，分级管理的原则

统一领导是现代化大生产的客观要求，它对于建立健全组织，统一组织行动，协调组织是至关重要的。要保证统一领导，组织机构一定要按照统一领导的原则来设计。根据这一原则，任何下级只能接受一个上级的领导，不得受到一个以上的上级的直接指挥。上级不得越过直属下级进行指挥（但可越级检查工作），下级也不得越过直属上级接受更高一级的指令（但可越级反映情况）。职能管理部门只能是直线指挥主管的参谋和助手，有权提出建议，提供信息，但无权向该级直线指挥系统的下属发号施令；否则就是破坏统一领导原则，造成令出多门，使下级无所适从。

要保证统一领导，应该将有关组织全局的重要权力集中在组织的最高管理机构。例如，组织目标、方针、计划、主要规章制度的制定和修改权，组织的人事、财务大权等，都必须集中在组织的最高管理层，以保证整个组织活动的协调一致。在实行统一领导的同时，还必须实行分级管理。所谓分级管理，就是在保证集中统一领导的前提下，建立多层次的管理组织机构，自上而下地逐级授予下级行政领导适当的管理权力，并承担相应的责任。

(3) 专业化原则

专业化就是按工作任务的性质进行专业化分工，也就是说，组织内的各部门都应该尽量按专业化原则来设置，以便使工作精益求精，达到最高效率。

(4) 相互协调的原则

为了确保组织目标的实现，在组织内的各部门之间以及各部门的内部，都必须相互配合、相互协调地开展工作，这样才能保证整个组织活动的步调一致，否则组织的职能将受到严重影响，目标就难以保证完成。

(5) 权责对等原则

权是指管理的职权，即职务范围内的管理权限。责是指管理上的职责，即当管理者占有某职位,担任某职务时所应履行的义务。职责不像职权那样可以授予下属,它作为一种应该履行的义务是不可以授予别人的。职权应与职责相符,职责不可以大于也不可能小于所授予的职权。职权、职责和职务是对等的,如同一个等边三角形三边等值一样,一定的职务必有一定的职权和职责与之相对应。

(6) 有效性原则

有效性原则要求组织机构和组织活动必须富有成效。①组织机构设计要合理。要基于管理目标的需要,因事设置机构、设置职务匹配人员,人与事要高度配合;反对离开目标,因人设职,因职找事。②组织内的信息要畅通。由于企业内组织机构的复杂性和相互之间关系的纵横交错,往往易发生信息阻塞,这将导致企业管理的混乱,因而对信息管理要求,一要准确,二要迅速,三要及时反馈。只有这样才不至于决策失误,才能了解到命令执行情况,也才能及时得到上级明确的答复,使问题得到尽快解决。③主管领导者要能够对下属实施有效的管理。为此,必须规定各种明确的制度,使主管人员能对整个组织进行有效的指挥和控制。只有明确了规章制度,才能保证和巩固组织内各层次和人们之间关系的协调一致。

(7) 集权与分权相结合原则

这条原则要求企业实施集权与分权相结合的管理体制来保证有效的管理。需集中的权力要集中,该下放的权力要大胆地分给下级,这样才能增加企业的灵活性和适应性。如果将所有的权力都集中于最高管理层,则会使最高层主管疲于应付琐碎的事务,而忽视企业的战略性、方向性的大问题;反之,权力过于分散,各部门各把一方,则彼此协调困难,不利于整个企业采取一致行动,实现整体利益。因此,高层主管必须将与下属所承担的职责相应的职权授予他们,调动下层的工作热情和积极性,发挥其聪明才智,同时也减轻了高层主管的工作负担,以利于其集中精力抓大事。但在一个企业中,究竟哪些权力该集中,哪些权力该分散,没有统一的模式,往往是根据企业的具体性质和管理者的经验来确定。

(8) 稳定性与适应性相结合原则

这一原则要求企业组织机构既要有相对的稳定性,不能频繁变动,但也要随外部环境及自身需要作相应调整。一般来讲,一个企业有效活动的进行能维持一种相对稳定状态,企业成员对各自的职责和任务越熟悉,工作效率就越高。组织机构的经常变动会打破企业相对均衡的运动状态,接受和适应新的组织机构,会影响工作效率,故企业组织机构应保持相对稳定。但是,任何企业都是动态开放的系统,不但自身是在不断运动变化,而且外界环境也是在变化的,当相对僵化、低效率的组织机构已无法适应外部的变化甚至危及企业的生存时,组织机构的调整和变革即不可避免,只有调整和变革,企业才会重新充满活力提高效率。

3. 划分部门

1) 部门划分的方法

按划分的标志不同,有以下划分部门的方法。

(1) 按人数划分

这是一种最简单的划分方法,即每个部门规定一定数量的人员,由主管人员指挥完成一定的任务。这种划分的特点是只考虑人力因素,在企业的基层组织的部门划分中使用较多,如每个班组人数的确定。

(2) 按时间划分

这种方法也常用于基层组织划分。如许多工业企业按早、中、晚三班制进行生产活动，那么部门设置也是早、中、晚三套。这种方法适用于那些正常的工作日不能满足市场需求的企业。

(3) 按职能划分

这种方法是根据生产专业化原则，以工作或任务的性质为基础来划分部门的。这些部门被分为基本的职能部门和派生的职能部门。基本的职能部门处于组织机构的首要一级，当基本的职能部门的主管人员感到管理幅度太大，影响到管理效率时，就可将本部门任务细分，从而建立派生的职能部门。这种划分方法的优点是遵循了分工和专业化原则，有利于充分调动和发挥企业员工的专业才能，有利于培养和训练专门人才，提高企业各部门的工作效率。其缺点是，各职能部门容易从自身利益和需要出发，忽视与其他职能部门的配合，各部门横向协调差。

(4) 按产品划分

这种方法划分的部门是按产品或产品系列来组织业务活动。这样能发挥专业设备的效率，部门内部上下关系易协调；各部门主管人员将注意力集中在特定产品上，有利于产品的改进和生产效率的提高。但是这种方法使产品部门的独立性比较强而整体性比较差，加重了主管部门在协调和控制方面的负担。

(5) 按地区划分

相比较而言，这种方法更适合于分布地区分散的企业。当一个企业在空间分布上涉及地区广泛，并且各地区的政治、经济、文化、习俗等存在差别并影响到企业的经营管理，这时就将某个地区或区域的业务工作集中起来，委派一位主管人员负责。这种方法的优点是：因地制宜，取得地方化经营的优势效益。其缺点是：需要更多的具有全面管理能力的人员；增加了最高层主管对各部门控制的困难，地区之间不易协调。

(6) 按服务对象划分

这种方法多用于最高层主管部门以下的一级管理层次中的部门划分。它根据服务对象的需要，在分类的基础上划分部门。如生产企业可划分为专门服务于家庭的部门、专门服务于企业的部门等。这种方法的优点是：提供服务针对性强，便于企业从满足各类对象的要求出发安排活动。其缺点是：按这种方法组织起来的部门，主管人员常常列举某些原因要求给予特殊照顾和优待，从而使这些部门和按照其他方法组织起来的部门之间的协调发生困难。

2) 划分部门的原则

从普遍意义上讲，企业划分部门应遵循以下原则。

① 确保目标实现。如在生产企业中，除生产部门外，销售、财务、人事、计划部门都是确保企业目标实现所必需的。

② 力求部门数量最少。企业组织机构要求精干高效，部门必须力求最少，但这是以有效地实现企业目标为前提的。

4. 确定管理幅度与层次

1) 管理幅度的确定

确定管理幅度需考虑以下影响因素。

(1) 计划制定的完善程度

事先有良好、完整的计划，工作人员都明确各自的目标和任务，清楚自己应从事的业务活动，则主管人员就不必花费过多的精力和时间从事指导和纠正偏差，那么主管人员的管辖幅度就可以大一些，管理幅度大，管理层次就相对少一些；反之，计划不明确不具体，就会限制一个管理人员的管辖范围，管理幅度就相对较小。

(2) 工作任务的复杂程度

若主管人员经常面临的任务较复杂，解决起来较困难，并对企业活动具有较大影响，则他直接管辖的人数不宜过多；反之，可增大管理幅度。

(3) 企业员工的经验和知识水平

当管理人员的自身素质较强，管理经验丰富，在不降低效率的前提下，可适当增加其工作量，加大管理幅度；同样，下属人员训练有素，工作自觉性高，也可采用较大的管理幅度，让他们在更大程度上实行自主管理，发挥创造性。

(4) 完成工作任务需要的协调程度

如工作任务要求各部门或一个部门内部需要协调的程度高，则应减少管理幅度，以较为高耸的结构为宜。

(5) 企业信息沟通渠道的状况

当企业沟通渠道畅通，通信手段先进，信息传递及时，可加大管理幅度。

2) 管理层次的确定

管理幅度确定后，可以此作为依据，并结合企业规模、活动特点，确定管理层次。大部分企业的管理层次可分为三层。

① 上层。其主要任务是从企业整体利益出发，制定企业的战略目标和大政方针，对企业实施统一指挥和综合管理，具有最高权威。

② 中层。其任务是根据总目标制定本部门的分目标，拟订实施计划的方案、程序和步骤，并评价绩效，纠正偏差。

③ 基层。其任务是组织基层员工按制订的计划和程序完成各项任务。

5. 授权

授权是指上级授给下属一定的权力，使下属在一定的监督之下，有相当的自主权和行动权。授权的合理与否，直接决定了一个企业的决策效率、决策风格和行为特点。

1) 授权的原则

权力和职责对等的原则。授权必须具有足够的范围，以使分派的职责得以完成。权力太小，授权形同虚设，往往会使下级在决策之前必须请示上级，延误决策；而授权范围过大，会使权力失控。所以必须根据职责的大小授予权力。

责任的绝对性原则。权力与职责可以被分派给下级，但对上级的责任，既不能分派，也不能委任。一个管理者为完成工作负有某些职责，即使其下属人员也有一部分责任，但该管理者自己不能推卸掉他对该项工作的最后责任。

命令的统一性原则。命令的来源应当统一，一个下级只从一个上级接受分配的职责和授予的权力，并仅对这个上级负责。否则，多头授权，将使被授权人无所适从。

2) 集权与分权的程度

集权与分权的程度是相对的，不存在完全的集权，也不存在完全的分权。分权程度一般由下列因素所影响。

企业自身状况，包括以下内容。①企业形成的历史。若企业是自身发展起来的，则集权的程度就高，若是由联合或合并而来，则分权的程度就高。②企业规模。企业规模大决策数目多，协调沟通困难，宜于分权；相反，企业规模小，决策数目少，宜于集权。③企业的动态特征。正处于迅速发展中的企业，一般要求分权，而发展稳定的企业，一般趋向集权。

企业的管理特点，包括以下内容。①领导人的管理哲学、主管人员的个性和所持的管理态度，均影响权力分散的程度。②主管人员的数量和管理水平，主管人员数量多，管理能力强，阅历丰富，则可较多地分权，反之则趋向集权。③方针政策的连贯性要求。企业内部长期保持执行同一种政策或相似的政策，则集权程度较高，反之宜于分权。④控制技术和手段的运用。通信技术的发展，统计方法、会计技术及其他技术的改进，有助于趋向分权，但计算机的运用也有助于趋向分权。

企业外部环境，包括政治、经济、科技、文教、社会等因素。如经济困难和竞争加剧，可助长集权制。

案例：

浦江饭店的行为策划

企业行为识别系统是在理念系统得以确立的基础上所形成的，用以规范企业内部行为，管理、教育企业员工的一切社会活动。企业行为识别系统通过所有工作者的行为活动得以表达，使其成为企业传播之手，视之可见，触之可感，把企业理念通过对内、对外的活动全面地表达与再现出来。企业理念系统是行为识别系统的内蕴动力，它在企业内部指导着企业的各项培训、教育、组织建设、管理实施与工作软环境的再创造等项活动；在企业外部指导着企业的市场调查、产品开发、公共关系、广告宣传和各项促销活动等，从而使企业的行为识别系统从对内与对外两个方面得以表现与实施。

企业行为识别系统（BIS）分为对内系统与对外系统。对内系统主要包括：企业内部环境的营造、员工培训及员工行为规范化等；对外系统主要包括：服务规范、促销活动、公益活动策划等。在浦江饭店的实例中，企业行为识别系统（BIS）也同样具有非常重要的意义。但是作为老饭店，它也属于服务业，在员工培训、员工行为规范、服务规范、促销活动、公益活动策划上，与新饭店有着一定的共性。所以本设计方案在共性方面就不再予以详细阐述，但由于在促销活动、公益活动策划等方面，企业没有建立相关体系，所以本设计方案从一般性角度予以简要概述，希望可以给企业以相关指导。

1. 对内系统

1）内部环境营造

① 浦江饭店在物理环境上，行政人员办公区与客房混在一起，服务人员作业区有的也是在客房区内。

② 有些办公室脏、乱、差，且经常大门敞开，因为在客房区，客人常有走动经过，很容易一览无余。这非常不利于在客户中建立优秀的企业形象。

③ 长久散漫的环境，没有培育竞争的泥土。

创造一个良好的企业内部环境不仅能保证员工身心健康，而且是树立良好企业形象的重要方面。企业内部环境是企业建设的重中之重，如果没有良好的内部环境，企业无法建立科学规范的管理体系，也无法留住优秀的员工、稳定人才队伍。企业内部环境之于企业好比鱼之于水,没有良好的内部环境,企业就像是一条没有水的鱼,无法生存。企业的工作环境包括物理环境与人文环境两种。物理环境,包括光线度、办公室布局、自然环境、营销装饰;人文环境,主要内容有领导作用、精神风貌、合作氛围、竞争环境等。

策划后的现状主要是:

① 行政办公区与明确分开。平时服务人员作业区与客户区分开,或予以明确划分。营造一个干净、整洁的内部环境。行政办公区同样应参照客房区进行复古的改造。通过企业内部的装饰布局来体现企业的文化导向,这是企业展示给公众和员工最直接、最外在的形象感觉。

② 鼓励员工参与良性竞争,建立良性竞争的氛围,同时保持企业一直以来的团结互助的传统。使员工之间既有竞争,又很团结,保持凝聚力。比如可以在员工间举办"服务之星"大赛,评选提供客户最满意服务的员工。促使企业向积极进取、团结互助的方向发展。

2) 员工培训

① 没有建立培训体系。

② 未对员工进行过系统的服务培训,对新进员工只有简单的帮、带传统。

③ 虽然外国客源占饭店客源的相当比例,但员工懂外语的只占很小的比例,也没有相应的语言培训。

④ 除了管理层与部分老员工外,其余员工对于企业的历史不甚了解,更不会意识到沉淀了一百多年的历史对于企业的发展有何意义。

企业员工是企业形象的活化和外部传达的重要媒体,他们素质的高低以及是否能够具体表现企业的经营理念、方针和价值观,将给企业的整体形象带来影响。企业形象识别系统(CIS)方案的推广与实施,必须从员工的一言一行、接人待物等细微之处切入。进行有声有色、规范系统的宣传教育和培训,可以为统整和规范企业的整体行为打下坚实的基础,最终实现企业整体的提升。浦江饭店要想真正利用其丰富的历史内涵,向百年西商老饭店的方向发展,就必须有着与之相匹配的员工队伍。而由于种种的历史原因,浦江饭店的员工队伍的素质并不是很高。提高员工队伍素质,改变现有状况,建立一支优秀的员工队伍的手段在于培训。对于浦江饭店这样的老饭店,它与新饭店的区别在于,不仅要培训员工服务知识、服务意志,最重要的还在于对饭店的历史文化的培训。建立相对完整的培训体系,并在实践过程中不断修正,以求建立的培训体系能够达到提升企业的目的。

(1) 管理层培训

管理层有着指导、推动企业发展的重要作用。最高管理层对企业在激烈的市场竞争中生存、发展、壮大起着决定性的作用。不论是什么样的企业,最能左右资本的运作,并使之不断增值,对企业实行有效管理的第一人,即是企业领导者、带头人。他们的状况直接影响企业的盛衰兴亡。而中层管理者在上情下达、下情上达中起着不可或缺的桥梁作用,他们还要担当起培育下属的责任。所以在培训中,首先必须注重对管理者能力的培养与提高。综合素质的提高:一个优秀的管理者必须有着优秀的综合素质,所以对于管理层的培训必须是全方位的培训,而不能只是管理理论,或是管理技巧的培训,对管理层的培训不仅应包括管理理论知识的培训,而且还要包括将理论与实践相结合的培训。饭店历史的熟悉:作为一位管理层,要首先熟悉饭店的历史,对员工起到以身作则的作用。员工只需了解饭店的历史,能给予客人很清晰的介绍,并对于企业在此基础上制定的战略可以理解。但管理层不仅必须掌握以上要求,还必须比员工对饭店的历史理解得更深刻,制定出结合历史的发展战略与目标,建立相应的共同愿景,领导员工向着这个方向努力。

变革的认识与推行:改革涉及的所有人都必须对改革的重要性与必要性有着清楚、正确的认识,尤其是作为改革推动者的管理层。同时,改革势必要损害到一部分人的利益,要做好利益受损害方的安抚与利益补偿工作,最大限度地减小改革可能遇到的阻力。

(2) 员工培训

员工是企业战略的实施者,没有员工的配合,再好的战略也无法推行。员工的一举一动都代表着企业的形象,要依靠他们来具体化企业的经营理念、价值观。员工的素质对于企业的形象有着重要的影响作用,所以在培训中,也必须注重对员工能力的培养与提高。

语言能力:统一使用普通话,掌握简单英语,能与外宾进行简单交流。

业务能力:准确掌握饭店历史、客房历史、甚至每一处建筑特色,能够对客人清晰准确的介绍,并且能够理解和认同企业基于历史的发展方略,积极为此做出自己的贡献;掌握服务知识,具有业务操作能力,可将企业的历史文化融入到日常的服务工作中去。

服务意识:强化员工对于企业经营宗旨、企业价值观的理解和认同,把"客户为先"的理念默化到员工的一言一行、一举一动中,从而使企业能够为客户提供最满意的服务。

3) 员工行为规范化

浦江饭店在脱离上海大厦之前,与上海大厦遵守共同的管理标准与员工行为规范。虽然管理标准与员工行为规范十分详细,但没有得到很好的实施,甚至整个饭店只有一份详细的行为规范。员工行为未能做到规范化,随意性大,没有规范化的意识。更多的是依靠传统,而非依靠科学的标准去约束员工的行为。

行为规范化是企业人力资源管理行为的细化,包括企业内部管理中经常发生的、体现企业人本文化的管理行为,如考核沟通、员工关怀、辞退面谈、违规处理等管理行为。它既表示员工行为从不规范向规范的过程,又表示员工行为最终要达到规范的结果。它包括的内容有:职业道德、仪容仪表、见面礼节、电话礼貌、迎送礼仪、说话态度、说话礼节和体态语言,等等。本部分是老饭店与新饭店共性的部分,就不再详细阐述。

策划后的行为的具体体现在以下方面。

(1) 完善原有员工规范

虽然已经有比较全面完善的管理标准与员工规范,但任何标准都是有其适用条件的。应对原有员工规范进行修订与完善。可借鉴国内外较成熟的饭店管理模式与标准,对原有标准与员工规范进行整体改革,并注意与浦江饭店的具体实际相结合,做适当的调整。

(2) 与培训紧密结合

行为识别的规范管理,在很大程度上依赖于有效的培训。要使员工做到行为规范化,必须与培训有效结合起来,充分发挥培训的作用。使规范中一些具体的执行细节落到实处,反复演示,反复练习,促使从学习的规矩到自发的行为。

(3) 建立奖惩制度,推行员工行为规范化

奖惩制度对管理的成效具有很大的作用。在员工行为规范的执行过程中,有必要制定一套合理合情的奖惩制度,以调动广大员工的积极性,使行为识别规范更富有成效。

2. 对外系统

1) 服务规范

与员工行为规范存在同样问题。浦江饭店在脱离上海大厦之前，与上海大厦遵守共同的服务规范。虽然服务规范十分详细，但没有得到很好的实施，甚至整个饭店只有一份详细的服务规范。员工也没有规范服务的意识。更多的是依靠传统，而非依靠科学的标准去约束员工的行为。

制定服务规范的目的，是通过它的贯彻实施，树立企业良好的服务形象，提高产品市场竞争力。营销服务是一门多种学科交叉渗透的科学，内容十分丰富，知识极为深邃，但其中最重要的还是必须树立良好的服务精神。企业领导人必须成为树立服务精神的核心与向导。还要善于把优质服务精神注入到企业经营理念中去。对员工进行培训、教育，调动员工的积极性，把提供优质服务作为每位员工的宗旨。

2）促销活动

没有促销活动策划体系，很少进行促销活动策划。所谓促销，就是营销者将有关本企业及产品的信息通过各种方式传递给社会公众，促进其了解、信赖并购买本企业的产品，以达到扩大销售的目的。由此可见，促销的实质是营销者与社会公众之间的信息沟通。促销活动可以建立和提高企业及企业产品的知名度；可以建立并提高企业及企业产品的信誉度；可以建立并提高企业及企业产品的美誉度；可以建立有效的外部信息沟通网络。在对各种促销活动进行策划时，如何树立企业形象显得十分重要。因为，企业具有良好的社会公众形象，可以使企业和社会公众之间的信息沟通更顺畅、更持久，它对企业发展的影响也是深远的。对于促销活动，老饭店与新饭店的区别可能也仅在于促销主题的选择上，老饭店可以利用自己的历史文化作为活动主题。所以本部分只从一般的角度来对促销活动的策划进行相关的规范。

（1）确定促销活动主题

促销不是为了促销而开展，它还肩负着品牌建设的任务。促销活动一定要有一个主题，这是整个促销活动的灵魂，目的在于提高品牌美誉度。从目标消费者的心里挖掘最富有煽动性的促销活动主题，以此主题为整个推广活动的核心，整合各种营销要素，在终端与消费者形成互动的氛围，最大限度拉迈消费者与产品、企业的心理距离，吸引一批稳定的忠诚消费群体，从而最有效地推动产品销售业绩的持续增长。每一项促销活动都应有其针对性，才会给总体活动起到了画龙点睛的作用。

促销主题要从一个时间段中考虑，在这个时间段可以设计不同的主题，但是每个主题之间必须有联系，整个活动主题一脉相承，一气呵成，形成具有震撼效果的品牌影响力。促销活动主题要与产品品牌诉求和定位相一致，避免给目标消费者混乱甚至错乱的印象，必须根据公司整体品牌战略目标来确定；促销活动主题是打动消费者的关键，一定要贴近目标消费者利益，是他们关注的重点，而不是给老板看的。促销主题要简洁、突出、富有创意，并且朗朗上口，反映促销活动的核心思想；促销主题还要充分利用时势热点，诸如春节、母亲节、奥运等，要有一定的新闻价值，在一定程度上能够引起社会舆论的关注。

主题促销活动主要有三种：以产品为主题的促销活动；以季节特点为主题的促销活动；结合特定节假日的促销活动等。需要明确主题促销活动绝不是简单的买赠、特价、路演等活动形式，而是围绕一系列主题这个活动灵魂来体现出品牌的诉求和定位、消费者的利益。

（2）选择促销工具

确定促销主题后，接下来要考虑的就是选择什么样的促销工具。所谓选择促销工具，就是指企业为了达到销售促进目标而选择最恰当的促销方式。促销工具选择得当，可收到事半功倍的效果，相反，若工具使用不当，则可能与促销目标南辕北辙。促销工具的选择应根据活动的目标、竞争条件和环境、促销对象及促销的费用预算和分配等进行考虑。

促销工具大致分为对消费者，对中间商（指旅行社）和对企业内部三大类。对消费者可采用的有：宣传册、赠品广告、奖品奖金等。对中间商可采用的有：折扣政策、销售竞赛等。对企业内部的有：公司内部公共关系、营销人员销售竞赛、营销业务员教育培训、促销手册等。在饭店的收入中很大部分是来自团体客户，且这部分收入较稳定。这些团体客户主要来自于旅行社，所以旅行社是促销活动中非常最重要的对象。在确定促销工具后，还要通过试验来确定促销工具的选择是否适当，刺激程度是否理想，现有的途径是否有效。经试验后与预期相近，便可进入实施阶段。在实施中要精心注意和监测市场反应，并及时调整促销方案，保持良好的实施控制，以顺利实现预期的方案和效果。

在现代信息社会中，不仅要重视现实的促销活动，还要借用高科技手段，进行网络促销。而网上促销（Cyber Sales Promotion）是指利用 Internet 等电子手段来组织促销活动，以辅助和促进消费者对商品或服务的购买和使用。可采用如下网上促销策略：网上折价促销、网上抽奖促销、积分促销、网上联合促销等。

（3）媒体宣传的告知

促销活动效果不理想，很大一部分原因在于促销活动信息根本没有传达到目标消费者，自然不可能空穴来风实现促销预定的目标。促销活动的开展必须结合媒体宣传，使促销活动的信息得到最广泛的传播，诱导目标消费者发生购买行为，也在于凝聚促销现场的人气，满足终端门店对人流、现金流的追求。媒体宣传并不仅指电视广告，它有更多的表现形式，如路演、报纸软文、传单、邮报、手写海报、店内广播、门店显示屏、短信等不一而足。营销人员应该结合区域市场特点以及公司的实际投入力度来拟制最有效的媒体宣传告知组合，以达到事半功倍的宣传效果。在终端门店内部，需要考虑手写海报、看板、条幅、店内广播、店内显示屏等；在终端门店外部，可以考虑路演、传单、邮报、店外显示屏等；在空间投放可以考虑：电视字幕、电台、报纸软文、短信等，如此形成立体交叉的宣传告知模式。在媒体宣传要避免资源投入的浪费或者不到位。首先，要考虑市场实际状况，权衡自身产品与竞争产品在市场表现上的差距大小，再结合公司投入力度，拟订阶段性媒体宣传实施方案，即铺垫期、启动期、高潮期、收尾期的宣传传播方案，力求将有限的资源投入到核心、重点区域、门店，有的放矢，真正做到有效直达目标消费者；此外更要切忌一股脑遍地开花，造成资源的严重浪费。

（4）人员组织管理

往往一个好的促销活动方案由于执行和管理的漏洞而不能达到预期的效果。促销活动的执行效果关键还在于组织的执行力，需要事先成立促销活动的组织以及明确人员职责分工，通过培训和监控来确保整个促销活动顺利开展。促销活动的组织及职责的分工是活动稳定有序进行的前提。在组织建立方面，必须既有总指挥、总协调等类似主管的角色，也有各个项目的具体负责人。在职责分工方面，应体现清晰明确的原则，专人专责，避免职责不清，相互扯皮现象的发生。在促销执行过程中应当实行主管负责制，一方面项目负责人必须维护主管的权威，另一方面主管必须对所属区域内的所有事件负责。人员系统的培训是保证促销活动质量的关键所在。不仅仅针对促销人员，对参与促销活动所有工作人员都需要进行系统培训，当然各个人员培训内容具有不同的侧重点。通过对企业背景、产品特点、促销技巧等方面的培训提高促销人员的业务素质。并且在促销活动中，引导促销人员要关注消费者的心理变化,根据消费者的不同性格特点,采取不同说服方式。对于活动参与的其他人员需要明确促销活动的目的、方式、主题、内容、注意事项、活动整体流程、典型问题处理、问题反馈程序、促销管理内容,各种表格的使用方法及相关奖惩规定等。严密的监控措施是保证促销活动高效开展的重要环节,主要包括促销活动期间的常规例会、报表体系及相关奖惩措施等。同时,企业还要注意做好对促销员本身的激励工作,提高士气,最终达成提高销量的目的。实施项目奖励计划,使销售成绩与促销员的收益挂钩,调动促销员的积极性。在项目执行过程中,对完成并超过目标销量的城市及促销员按其完成目标销量的比例给予不同的奖励,并设立销量排行榜,大大促进了促销员的积极性。

3) 公益活动策划

没有公益活动策划体系,很少进行公益活动策划。社会公益活动是以赞助社会福利事业为中心开展的公关促销活动,比如赞助社会福利、慈善事业、资助公共服务设施的建设等,通过这些活动,在社会公众中树立企业注重社会责任的形象,提高企业的美誉度。社会公益活动从近期来看,往往不会给企业带来直接的经济效益,而且使企业付出额外的费用,但是,从长远来看,通过这些公益活动,企业树立了较完备的社会形象,使公众对企业产生好感,为企业创造了一个良好的发展环境。对于公益活动,老饭店与新饭店间不存在什么明显的差异。本部分只从一般的角度来对公益活动的策划进行相关的规范。

(1) 社会公益活动策划的准备性工作

在着手进行社会公益活动策划之前,应首先做好以下两项准备工作:①企业形象现状及原因的材料分析。它要求策划人员在进行策划之前,对策划所依据的材料进行一次分析、审定。调查材料必须真实、可靠,否则,再好的策划也不会取得成功。②确定目标,这是社会公益活动策划的前提。社会公益活动的具体目标是同调查分析中所确认的问题密切相关的。一般来说,所要解决的问题也就成了社会公益活动的具体目标。

(2) 社会公益活动的对象选择

企业促销的具体目标不同,选择社会公益活动的对象也不一样。虽然社会公益活动总体上是以资助或赞助某一项活动为主要特征的,但是,社会公益活动的对象不同,其赞助的内容、形式、特点及效果也不同。可以采用资助社会福利事业;赞助文化教育事业等活动。

(3) 社会公益活动的运作技巧

虽然上述各种公益活动不会给企业带来直接经济利益,但是,在实施过程中,企业还是要运用各种有效的公共关系技巧,来扩大公益活动在社会上的影响。企业在开始社会公益活动运作时,可以采取各种技巧和方式,大造公益活动声势,以此震撼社会公众,从而使社会公益活动形象更加生动。

第5章 企业标识系统策划

5.1 企业标识系统的概念

帮助企业获得源源不断的利润及收益,除了完美独特的产品品质和一流的服务外,公司声誉和形象也是刺激消费者需求的一个深层的心理因素。因此,一个成功的公司形象是倡导企业繁荣至为关键的因素。作为公司第一形象的标识系统,也自然而然在商业界得到较大的关注并成为商业成功的一个至关重要的组成部分,起着举足轻重的作用。

1. 什么是标识

标识,作为人类社会的伴生物,它的悠久历史和重要程度,远远超过我们通常的认识。标识起始于文化和物质条件,借助于材料,即文字载体的解决,当时代的车轮前进到多维喧嚣的信息社会的今天,我们又将如何定义标识呢?标识,是以特定的、明确的造型、图案、文字、色彩来表示某种事物或象征某种事物的,它不仅有作为事物存在的象征性作用,而且包括目的、内容、性质的总体表现。标识就是将事物抽象的精神内涵以具体可见的形象表现出来。企业的标识分为企业自身的标识和商品标识两种。

商标是用以区别不同生产者和经营者的商品和劳务的标志。商标是通过形象、生动、独特的视觉符号将商品的信息传达给消费者。商标的使用者是商品的生产者、经营者或劳务的提供者,商标的使用对象。

企业标识是从事生产或经营活动的经营者自己的标识。企业标识通过造型单纯、含义明确、统一标准的视觉符号,将企业的理念、企业的规模、经营内容和性质等信息,传达给社会大众,以资认同与识别。

企业标识和商标具有不同的作用和功能。在我国,企业标识和商标都同样受到法律的保护,但保护的程度不同。商标主要是用来识别商品的,而企业标识主要是用来识别企业的。商标一定与某些特定的商品相联系而存在,而企业标识并不完全如此,它一定与商品的生产者或经营者相联系而存在。商标权具有时效性,任何注册商标都具有有效期,而企业标识与企业本身紧密相连。商标的效力随着产品市场的开拓而扩大,而企业标识的影响往往具有一定区域性特征。随着社会信息的日益繁杂与庞大,使不少企业日益重视企业形象和商标形象的统一化,形象化,以便于消费者的识别和辨认,因而国外不少企业将自己的商标和企业标识合二为一，通过宣传、塑造商标形象，在扩大商标的知名度和美誉度的同时也扩大企业的知名度和美誉度，提升了企业形象。

因而，企业标识在今天激烈的市场经济中扮演着越来越重要的角色，企业在创办之初，最为当务之急的是设计一个符合企业经营理念和产品内容的企业标识。而组织完善、制度健全的工商企业，更是会针对企业标识的独特功能，以企业标识为中心，建立一套完整的企业形象视觉识别系统，借以发挥设计的综合力量，衍生为经营战略的有力工具。

2. 对标识的理解

任何室内和室外用于学校、商业、服务机构、产品、个人、组织机构、住所或建筑等提供辨认广告或方向信息的装置。包括在这个定义中也可以是图案（如 LOGO）、文字、引起别人注意的媒介物（如横幅或标记雕刻）、颜色突出的店面招牌或建筑元素。展示信息、象征符、触觉符、图解符的所有展示物。伴随公共信息的时代产物，包括用文字、图片来描述位置、方向、商业名称、产品、服务或其他公共信息。这里的标识包括三大类：常用标识（用来识别建筑物或所有物的物理特征）、操作标识（与建筑物的居住者有联系的或用来标识操作需求）和项目标识（用来识别程序或项目）。

标识的确扩大了媒介的沟通渠道，这一点是和我们的移动生活密不可分的。被标识了的建筑物，诸如被普遍公认的麦当劳餐厅的建筑设计就是一种标识。一个表面折弯的建筑，诸如怀旧西方庄园的人工店面也被认为是一种标识。利用以商业或产品本身特点采取以最佳能见度的方式特征来选取标识，扩展与你的顾客沟通。不管使用何种方式，你的标识必须足以吸引你的客户，所有的信息必须是清晰易读的。

5.2 企业标识系统的识别

企业标识一旦确定，随之就应该展开标志的精致化作业，其中包括标识与其他基本设计要素的组合规定。目的是对未来标识的应用进行规划，达到系统化、规范化、标准化的科学管理。从而提高设计作业的效率，保持一定的设计水平。此外，当企业视觉结构走向多样化的时候，可以用强有力的标识来统一各关系企业，采用统一标识不同色彩、同一外形不同图案或者同一标识图案不同结构方式，来强化关系企业的系统化精神。企业标识可以从不同的使用功能、不同的造型特点、不同的构成要素进行识别。

5.2.1 依据企业标识的不同功能分类

企业标识和商标是两种不同功能的标志。在现代企业中有这样两种不同情况：一是企业标识就是商标；二是既有企业标识又有商标。

企业标识就是商标，即企业标识和商标品牌同一化战略，目的在于求取同步扩散，强化印象的效果，企业在塑造品牌形象的同时也建立了企业的权威性和依赖感。企业传播力度、效率和经济性都会很高。一般而言，规模庞大、组织健全、知名度较高的成熟企业、经营内容集中单一的企业、服务性企业等有的采用这一模式。有的以企业的名称推广品牌标识，借以提高品牌的知名度，有的企业的商标品牌的知名度较高，便以商标品牌名称统一企业的名称和标识。可口可乐的商标如图 5-1 所示。

企业标识和商标品牌各自独立，也是基于现代企业经营策略和市场营销形态的需要。许多知名企业依据国际化的经营、多角化经营、市场占有率提升、企业形象的保护作用等因素的需要。商标具有独立性，能使企业在开发新产品、新品种，在市场份额的竞争中各个击破，非常主动。如美国可

图 5-1 可口可乐的商标

口可乐公司除有"可口可乐"品牌外，还有"芬达"和"雪碧"汽水品牌；日本松下电器有"National""Panasonic""Technics"三个名称，是为针对不同市场情况而分别确定的。我国不少企业对自己已生产的产品命名不同的商标名称也是基于以上的设想。

上述两种情况，无论是企业名称＝品牌，或是企业名称≠品牌，两者的策划和设计都是基于企业的发展目标和经营战略。在着手进行标识设计之前，必须认真地考虑企业的经营战略、组织机构与商标品牌的关系，既要反映企业的现在状态，又要有长远的目光。

5.2.2 依据标志造型特色分类

标志造型有具体的、抽象的、具体和抽象相结合的三大类。

具体标识往往是经过修饰、简化、概括或夸张过的具体图像。由于标识的使用目的、应用场合、传播条件的客观要求，即使是具体的企业标识，也应是非常简练大方和易于识别、记忆的。方圆电气的具体标识如图 5-2 所示。

抽象标识一般是以点、线、面、体为造型要素进行设计的。抽象标识大多为几何形、有机形和无机形。抽象标识具有较好的视觉效果和传播应用的方便性特点，但也有理解上的不确定性之缺陷，只有在综合的宣传条件下，赋予其含义，才能达到其识别、记忆以及和企业同一性的功能，如图 5-3 所示。

图 5-2 具体标识   图 5-3 抽象标识

抽象与具体相结合的标识，不仅具有抽象标识和具体标识的优点，而且改变了它们的缺陷，如果是设计手法高明的话，往往能产生优秀的作品，如图 5-4 所示。

图 5-4　抽象与具体相结合的标识

5.2.3　依据标识的构成因素分类

依据构成因素的不同，企业标识可分为文字标识、图形标识和图文结合的组合标识三种。文字标识有直接用中文、外文和汉语拼音的单字或单词构成的，也有用汉语拼音或外文单词的字首进行组合的。文字标识往往能直接传达企业和商品的有关信息，具有可读性的特点，但其识别记忆性不及图形标识，如图 5-5 所示。

图形标识也包括具体、抽象以及具体与抽象相结合三类，图形标识有生动、形象、便于传达、易于识别记忆的特点，但其可读性不佳，如图 5-6 所示。

图文相结合的组合标识是文字标识和图形标识优势互补的产物，集中了两者的长处，克服了两者的不足，因此具有可视性、可读性、视觉传播与听觉传播的综合优势。在现代企业标识的设计中被广泛采用，如图 5-7 所示。

图 5-5　文字标识　　　　　图 5-6　图形标识　　　　　图 5-7　图文相结合的组合标识

5.2.4　依据标识设计的造型要素分类

依造型要素的不同，企业标识可分为点、线、面、体四大类。因为各造型要素本身就具有独特的造型意义,可增强标识设计的表现力,还能强化企业经营理念的说明性,或传达企业产品内容的特性,因此在设计中,可根据设计对象的特性,设计表现的重点,选择合适的造型要素,以创造具有独特个性的企业标识。

1. 以点作为标识设计造型的基本要素

点是最基本的设计要素。点可以构成线,构成面,点具有延展性,适合于各种构成原理和表现形式的运用。可以由点的大小,形状的差异,位置的疏密,距离的远近构成空间和透视、近似和渐变、节律和韵律等多种视觉形态。几何形的点具有理性的特点,有机形和偶然形的点具有自然、亲和的特点,在标识图形的设计中,经常以圆点来造型,用以构成线,织成面,堆积成为体。特别是用以表现现代科技高速发展,如电脑、资讯、电信业的现代化特点,圆点具有极强的表现力,如图5-8所示。

图5-8 以点为要素的标识

2. 以线作为标识设计造型的具体要素

线是一种相对超长的形象。其类型很多,总的可以分为两类:一是几何线;二是随意的线。人类对线的认识已经非常丰富,对线的表现力的探索也非常成熟,各类刚柔糙滑、抑扬顿挫、粗细疏密的线不仅能表达各种形体,而且能表达人们丰富的思想感情,著名的中国线描十八法就是例证。线是一切形象的代表,又可分为直线和曲线两大系统,线的长度为其造型特性,并且有粗细,长短宽窄的弹性变化,直线具有方向性和速度感等象征意义。曲线则表现了转折、弯曲、柔软等特征。在标志设计中线的运用非常广泛和丰富,具有极强的表现力,如图5-9所示。

3. 以面作为标识设计造型的基本要素

面是点的延扩,是具有二次元性质的造型要素。面可经由"点扩大""线条宽度增大"而形成"积极的面"。也可由"点密集""线集合""线条围绕"而形成"消极的面"。面可以分为几何的面和随意的面,几何的面是由数字方式借助仪器构成的。随意的面是由自由的线构成的。几何形中的三角形、长方形、圆形、椭圆形、五边形、多边形在标志设计中最常采用,或作为造型要素,或作为背景、外形,以衬托主题、图案,如图5-10所示。

图5-9 以线为要素的标识

图5-10 以面为要素的标识

4. 以体作为标识设计造型的基本要素

体是点、线、面的多维延扩,是在二次元的平面上表现三度空间的一种视觉幻想,一种视觉错觉。以体造型的标志图形能产生实在感和压迫性,利用立体作为标志图形造型要素有以下三种情况：一是利用标识设计的题材（文字，图案）本身的转折、相交、结合而构成立体；二是在标识设计题材的侧面，增加阴影，制造厚度，使其产生立体感；还有的立体形是有趣味的矛盾体，既有实在的立体感，又是在现实中不可能出现的图形，其视觉冲击力也是非常强的，如图5-11所示。

5. 综合多种造型要素的标识设计

在实际设计中，往往不是仅限于使用某一种造型要素，而是综合多种造型的基本要素进行设计的，才能充分地发挥标识图形的视觉表现力度。设计中多采用主辅明确、对比协调、轻重适度的手段，创造出生动活泼、个性突出、易识别、易记忆的标识图形来，如图5-12所示。

图5-11 以体为要素的标识

图5-12 综合多种要素的标识

5.3 企业标识系统策划

5.3.1 企业标识设计的原则和要求

企业标识设计的原则和要求包括以下几个方面。

1. 构思深刻，构图简洁

企业标识，是利用"符号语言来传达信息的，构成时首先应该抓住企业标识的功能特点和内在需要，进而产生形式格调"，运用点、线、面、色彩构成视觉象征的形式要素来体现其形式格调，实现标识的表达形式。因此，要充分揣摩题材内容，在设计中要体现构思的巧妙，把所想到的构图，尽可能地体现出来，然后经过反复推敲，去粗取精，充实和发展图形，最后改到较为简洁生动，集中概括的图形。

2. 形象生动，易于识别

标识是以生动的造型图像构成视觉语言。这种造型图像通过观众的眼睛，传到他们的精神系统，留下深刻印象，起到视觉吸引力的作用。如果标识图形杂乱无章，平庸无奇，便不能引起观众的心理冲动，其结果是索然无味，过目即忘。所以标识形象应力求生动，有较强的个性，避免自然形态的简单再现，在设计时使用夸张、重复、节奏、象征、寓意和抽象的手法，才能达到易于识别，便于记忆的效果。

3. 新鲜别致，独具一格

这是企业标识图形设计的精神所在。企业的标识符号、图形和文字，都应具备自身的特色，要充分体现出别具一格的效果。因此应特别注意避免与其他标识雷同，更不能模仿他人的设计。创造性是标识设计的根本原则，特别是一些抽象的企业或品牌标识，要设计可视性高的视觉形象，设计者更应发挥丰富的想像力，才能达到新颖别致、富有美感的传达效果，如图 5-13 所示。

4. 符合美的法则，运用形态语言

企业标识图形，应该是符合美的造型规律。使人们在视觉接触中唤起美感，引起美的共鸣与冲动。在设计企业标识时，应注意图形的比例、尺度的统一与变化、均衡与稳定、对比与协调的问题。企业标识设计还必须运用世界通用的形态语言，避免一味追求传统的、狭隘的形态语言，而造成沟通上的困难，同时又要注意吸取民族传统的共同部分，努力创造具有中国特色的世界通用的标识形态语言，如图 5-14 所示。

图 5-13　独特的标识

图 5-14　具有形态语言的标识

此外，由于企业标识具有经确定不能随意更换、修改的特点，设计中应尽力全面地考虑问题，除了应遵守有关法律规定外，还应注意如下特点。

1) 注意各国禁忌图案和禁忌颜色

如伊斯兰国家认为猪、乌龟是不干净的东西；牛在印度是神圣的代表；在日本樱花象征美丽，但忌用荷花、菊花；山羊图案在英国被称为"不正经的男子"；在马达加斯加和瑞士，猫头鹰图案是不祥之兆和死亡的象征；阿拉伯禁用六角以及雪花；非洲禁用黑熊；法国禁用核桃；美国禁用大象；印度禁用佛像；非洲禁用狗；意大利禁用菊花。因此这类标记符号，应避免用于企业标识设计。

2) 要注意清晰、醒目、适合各种使用场合

企业标识必须做到图形清晰，非常引人注目，不仅要有显著特征，而且要做到远看清晰醒目，近看精致巧妙，从各个角度，各个方向看上去都有较好的识别性。有的标识一经改变视角，就和别的企业标识雷同。企业标识必须考虑到不同媒体上的传达效果，如喷在汽车身上，在汽车行驶中也能清楚地看到，可灵活应用在电视广告、霓虹灯广告、建筑物上以及其他包装印刷品上。企业标识图形的阴文和阳文的效果要一致，平面、立体图形均具有一定的视觉效果，放大缩小时形态清晰，配以色彩时更具特点，如图 5-15 所示。

图 5-15　识别性高的标识

5.3.2 企业标识设计的形式美法则

企业标识设计是一种视觉艺术，人们在观看一个标识图形的同时，也是一种审美过程。在审美过程中，人们把视觉所感受的图形，用社会所公认的相对客观的标准进行评价、分析和比较，引起美感冲动。在企业标识符号的设计中通常应遵循的形式美法则有：

1. 统一与变化

任何一个完美的标识图形，必须具有统一性。图形的统一性和差异性由人们通过观察来识别。当图形具有统一性时，人们看了图形必然会产生畅快的感觉。这种统一性愈单纯，愈有美感。所以，欲使图形美，必然具有统一性，这是美的根本原理。但只有统一而无变化，则不能使人感到有趣味，美感也不能持久，这是因为缺少刺激的缘故。所以，统一虽有和谐宁静的美感，但过分的统一也显得刻板单调。

变化是刺激的源泉，有唤起兴趣的作用，但变化也要有规律，否则无规律的变化必然引起混乱和繁杂，因此变化必须在统一中产生。

所谓在变化中求统一，主要是在构成图形美感的因素——点、线、面、体、色彩、质感、量感中去发挥它的一致性的因素，去寻找它的内在联系。而统一中求变化，则是在有机联系中利用美感因素中的差异性，起到冲突或变化。通常运用对比、强调、韵律等形式法则来表现美感因素的多样性变化。其变化手法有：简化、夸张、添加、省略、适合变形法、几何法等，或利用同质图形的重复构成节奏的美。在变化时应力求以简为主，以少胜多，以一当十，这样才能获得统一和谐的美感。

2. 对称与均衡

对称是均齐的类似型，世界万物大都是对称的，对称是生理和心理的要求。对称的形式多种多样，在企业标识图形设计中一般采用左右对称，放射对称等。对称的构图方法有移动、发射、回转、扩大等。

均衡是在不对称中求平稳，所谓均衡虽然具有力学上平衡的含义，就平面图形而言，则主要是指视觉均衡。均衡可分为调和均衡与对比均衡两大类。调和均衡是指同形等量，即在中轴线两面所配列的图形的形状、大小、分量相等或相同。除了图案造型的均衡外，还有量的均衡、色的均衡、力的均衡，在标识图形设计时必须相应考虑，以追求标识的视觉张力。

3. 比拟与联想

比拟是指事物意象相互之间的折射、寓意、暗示和模仿。而联想是由一种事物到另一种事物的思维转移与呼应，它一般并不作理性美的表示，而是与一定事物的美好联想有关。它使企业标识图形别具风格，使人产生标识形象的延展效应。比拟与联想的图形造型，大都是从自然中抽象出来的几何形状，接受自然现象的暗示，带有自然广义倾向的初级模拟造型，其特色是形式逼真，一目了然；或对自然物进行提炼、概括、抽象、升华。寓意性的标志，比较含蓄，具有一定的典故、联想和寄托。但必须设计得巧妙，能让人易记易懂，否则会让人百思不得其解，反而降低标志的传达功能。

4. 节奏与韵律

节奏与韵律是物体构成部分（包括图形构成）有规律重复的一种属性。节奏的形态美，就是条理性、重复性、延续性等艺术形式的表现。韵律美则是一种抑扬顿挫有规律的重复，有组织的变化。节奏是韵律的条件，韵律是节奏的深化。

节奏也就是"律"，这种"律"不仅表现在音乐上，而且反映在其他方面，当物体失去均衡则会引起运动。此种运动如有规律，则称之为"律"。节奏也和视觉的顺序有关。因为视觉是眼的工作过程——组织图像。因此视觉神经与肌肉不断地去计量和联系可见的视觉特征上的差别，如色彩、明度、饱和度、质感、位置、形状、方向、间隔、大小等。或通过渐大渐小、渐多渐少、渐长渐短、渐粗渐细、渐密渐疏，色调上则表明为渐强渐弱、渐深渐浅等渐变。在标识图形设计中，如果将线的长短、粗细、曲直、方位等进行不同程序的变化和巧妙组合，便会创造出不同的"律"的形式。归纳起来分为：循环体、反复体及连续体。

5. 调和与对比

调和即"整齐划一，多样统一"。调和是设计形式美的内容，具体包括表现手法的统一、形体的相通、线面的协调、色彩的和谐等。如利用这些构成的差异性，采取的不同的艺术效果，差异大者为对比，表现为互相作用，相互烘托，鲜明突出的个性。

在标识设计中，对比和调和应用极广。如在大小、方向、虚实、高低、粗细、宽窄、长短、凹凸、曲直、多少、厚薄、上升下降、集中分散、动静、离心、向心，以及奇数与偶数的对比中。对比是标识图形取得视觉特征的途径，调和是标识完整统一的保证。

6. 比例与尺度

任何一个完美的图形，都必须具备协调的比例尺度，良好的比例关系，应符合理性美。可以运用几何的数理逻辑，来表现图形的形式美。在标识图形中常用的比率有：整数比、相加级数比、相差级数比、等比级数比、黄金比等。

标识设计的形式美法则，不能孤立和片面的理解，因为一个完美图形的设计，往往要综合利用多种法则来表现，这些法则是相互依赖、相互渗透、相互穿插、相互重叠、相互促进的。随着时代的变化，审美标准、设计手法也在不断发展，好的标志图形总是好的意念与适当的形式相结合的产物，如图5-16所示。

图5-16　标识的比例与尺度

5.3.3　企业标识设计主题的选择

企业标识设计的主题、素材是标识设计的根本依据，企业标识的主题一旦确定，造型要素、表现形式与构成原理才能展开。不重视主题的选择，或者带有随意性和主观性的做法都会使设计事倍功半。即使标识图形本身非常美，也只能是装饰而已，既不符合企业的实态，也没有长久的生命力。

标识设计的题材主要分为文字标识与图形标识两大类，其中又可分为中文、英文、字首、全称字首、具体和综合等类型。以下就企业标识的设计主题形成分类说明如下。

1. **以企业名称和品牌名称为题材**

这是近年来在国际上较为流行的做法,即所谓字体标识(Logo mark),它可以直接传达企业情报。一般在企业名称的字体设计中,采用对比的手法,使其中某一字体具有独特的差异性,在平面设计中也称对比或特异,以增强标识图形的视觉冲击力。往往特异的部分,亦是标志的意义重点,是标识图形的注目点和特征,也是企业信息的主要内容所在,具有辨认、识别和记忆的功能,如图5-17所示。

2. **以企业名称和品牌名称的字首为题材**

这是以企业名称或品牌(商标)名称中选第一个字母作为造型设计的题材,因为造型系统愈是单纯,设计形式愈活泼生动。字首为题材的标识,有单字字首、双字字首、多字字首和集合等形式,多字字首组合的标识,大多数是没有意义的。但也有一些可能会有某种意义,或和某个英文单词的意义相近或相似。如遇到这种情况就必须引起重视。如图5-18所示。

图5-17 字体标识

图5-18 字首题材标识

3. **以企业名称、品牌名称与其字首组合为题材**

这类题材的设计特点,在于求取字首形成强烈的视觉冲击力,与企业名称字体的直接诉求的说明性特点相结合。强化字首特征,增强字体标识的可视性,发挥相乘倍率的效果。Kodak胶卷标识就是由单词字首集合而来,其读音似相机快门的启闭声,非常生动易记,而且图形简练,使人很容易辨别出字母"K"的造型。如图5-19所示。

4. **以企业名称、品牌名称或字首与图案组合为题材**

这种设计形式是文字标识与图形标识综合的产物。兼顾文字说明与图案表现的优点,具体与抽象相结合。两种视觉样式相辅相成,具有视觉和听觉同步诉求的效果,如图5-20和图5-21所示。

图 5-19 字首特征组合　　图 5-20 文字与图形综合　　图 5-21 文字与图形综合

5. 以企业名称、品牌名称的意义为题材

按照企业名称或企业商标名称的意义，将文字转化为具体化的图案造型，或象征表现或直接表现，能起到看图识物的作用，具有一目了然的功效，此种标识图案的设计形式，以具体化的居多，如图 5-22 所示。

图 5-22 文字图形化标识

6. 以企业文化、经营理念为题材

将企业独特的经营理念和企业精神、企业文化，采用具体化的图案或抽象化的符号，具体地传达出来。通过含义深刻的、单纯的图形视觉符号，唤起社会大众的共鸣与认同。随着企业的产品、服务、广告传播活动的开展，使标识图案与企业形象具有同一性。

7. 以企业经营内容与产品外观造型为题材

通过写实的设计，表达企业的经营内容和产品的造型。可以直接传达企业的行业特征、经营范围、服务性质和产品特色等信息。

8. 以企业或商标品牌的历史传播或地域环境为题材

这种设计构思具有强烈的故事性和说明性特点，通过强调和突出企业或品牌的悠久历史传统和独特的地域环境，以引导消费者对企业产生权威感、认同感和新鲜感。此类标识多采用具有装饰风格的图案或卡通形式，简练、生动、个性突出，其他标识很难与之雷同，这种形式也常用于企业造型角色的设计中。

5.3.4 企业标志的设计流程

1. 调查、分析

企业、品牌标识是企业识别系统（CIS）的核心，也是整个企业传播系统的枢纽。标识设计的成功与否，直接影响到识别系统以至企业 CI 总体战略的成败，标识设计的良莠，还会影响企业经营的业绩。这可以从世界各大企业的标识作为市场竞争的先锋的实例中得以证明。标识一旦在市场竞争中站稳脚跟，有一定的知名度，便转化为企业无形资产，无价之宝。这是任何一个了解市场竞争之法的企业家会明白的道理。因此，企业在进行标志设计时，一定要精心策划，全力以赴，开发出来一个精致，成功的标识，使之成为企业竞争的延利器。

标识图形的设计是整个 CI 战略的组成部分，是企业综合状态的外在表现的重点。因此，在标识设计的正式作业之前，必须对企业情况进行了解，作为设计意念开发的前提。在此之前我们已经对企业的情况作了广泛而深入的调查，通过对问题的分析，确定了未来企业 CI 战略的指导思想和任务，基本明确了 VI 设计的目标。因此，企业标识设计的前提应基于以下几个方面：

① 企业经营的理念与未来的发展规划；
② 企业经营的内容，产品的特性，服务的性质；
③ 企业经营的规划与市场占有率；
④ 企业现在的社会和市场知名度；
⑤ 企业经营者对 CI 战略的期望；
⑥ 企业经营者对标识等视觉识别内容（题材、造型、形式）的期望；
⑦ 企业所在行业的特点及竞争对手的有关情况等。

标识图形是视觉的，对其开发作业和展开应用的实施细节，在设计前也必须有充分思考和准备，避免因设计条件考虑不周而造成展开运用的严重缺失。一般而言，在设计之前需确定的事项包括以下几个方面：

① 是作为单一的企业标识，还是需照顾到企业集团成员中各关系企业？
② 是否要考虑与企业原有标志的延续性问题，还是全然创新设计？
③ 是否要考虑与商标的联系？

④ 如何展开媒体运用设计？

在上述企业经营状况和标识设计展开应用细节进行分析研究的基础上，方能整理出设计的意念与表现的重点。

2. 意念开发

意念开发即立意。在一一分析了企业的规模、品牌印象、经营理念、经营内容、产品特色、技术和服务等因素后，结合企业期望树立何种形象，一个大体清晰的企业面貌便产生了。要使设计有的放矢，应在此基础上整理提炼出企业的基本形象关键语，并且由基本形象概念转变为设计概念。到此企业标志设计有了一个明确的方向和目标，可以通过选择合适的设计主题、素材和表现要素，使设计具体化。

依照设计主题和素材分类，可得到八个设计方向：①以企业名称、品牌名称为题材；②以企业名称、品牌名称的字首为题材；③以企业名称、品牌名称为字首组合为题材；④以企业名称、品牌名称或字首与图案组合为题材；⑤以企业名称、品牌名称的含义为题材；⑥以企业文化、经营理念为题材；⑦以企业经营内容、产品造型为题材；⑧以企业或品牌的历史传统或地域环境为题材。

依据上述设计方向进行设计可产生不同个性和形象特征的标识。一般来说，企业商标品牌的知名度高，企业产品的市场占有率强，企业的规模大，较适合采用文字系统标识。可收到视听同步诉求的效果，不必借助华丽图案装饰或优美造型的说明和诱导，来捕捉消费者视觉的焦点。

若是企业名称和品牌的知名度不太高，为了刻意强调企业名称和品牌名称，提高其知名度，也可采用字体标识（logo mark）的形式，通过视听结合的方式来强化企业名称，品牌名称的诉求力，在消费者心中建立深刻的印象。

相对于标识来说，具体的图案或抽象的符号比较直观和形象，不仅具有强烈的识别性、说明性，而且具有亲切感。特别在标识的推出阶段具有明显的优越性，主要体现于丰富的表现力和可视性上。

在标识开发设计之初，着重设计意念的大量萌发，广泛联想，多角度，多方位的构思。根据企业或产品的特性，寻求水平方向的发展，充分挖掘各种设计意念的资源。不能只专注于某一方向、某一角度或某种形态，先广后深是标识设计前阶段的特点。

3. 设计表示

当标识设计的意念开发取得很多的发展方向的时候，可从中选择几个符合企业经营理念、企业精神和企业现状，具有远见的发展方向，进行个别深入的垂直发展。设计重点在于：①确定标识的基本造型要素。是以点、线、面、体单一因素造型。还是综合多种因素进行设计。②选择恰当的构成原理。依据形态构成美的规律和形式法则进行分析、探讨，如动与静、节奏与韵律、比例与尺度、空间与分割、对称与平衡。如果说前阶段的设计构思以重视感性为特征的话，在此阶段则要充分运用设计造型的手段，理性地去思考问题。在合理运用构成原理的基础上调动各种造型要素，力争创造符合企业精神、有独特个性、应用时有较大灵活性的标识视觉图形出来。

从下面几个设计实例中，我们可以明晰地了解从标识的创意、题材选择、制作技巧到设计完稿的全过程。

1）美国 Gillette 公司

美国 Gillette 公司是一个有较长历史的老企业，鉴于原有企业形象越来越模糊不清，决定对企业标识进行重新设计，借此导入 CI 战略。设计方向以继续保持企业悠久传统和良好的信誉为基础，采用企业名称为题材，维持消费市场的占有率和已经获得的社会大众的认同。

接受此项设计任务的是德国有名的家用电器公司 Braun 的传播设计部门，由知名的设计家弗莱兹·依契勒，史蒂芬·梅与沃弗甘·史密特合作完成，其设计从企业名称字首着眼，展开水平发展。造型要素采用线条，以表现 Gillette 公司鲜明的时代感、高新技术产业、产品精细、优雅而富有弹性的特点，如图 5-23 所示。

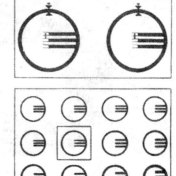

图 5-23　美国 Gillette 公司

2）韩国住宅银行

韩国住宅银行标识的题材，以企业名称的含义（住宅）作为设计意念的出发点，并采用线面结合的手法，将具体的房屋建筑概括简化为单纯的线面几何形，并以回转对称（放射对称）的构成形式，表现企业营运不断发展壮大的象征意义，标志呈五星图案，简单易记，变化丰富，是一成功的标识设计，如图 5-24 所示。

图 5-24　韩国住宅银行

3）美国曼哈顿银行

一个好的视觉符号，应该展示某种明确而又清晰的"感觉力"的结构，并通过这一生动的结构去解释企业的或商品的独特性质。由车麦耶夫和盖斯玛尔为美国曼哈顿银行设计的标识，就是一个有力的范例。从图中我们可以看出，它的内部是一个正方形，外形是一个八边形，这样一种构造产生的是一种对称的图形，给人以一种镇定自若、紧凑连贯的感觉。它四周严密，似乎以大块的石块砌成（从那平行的边线和角度可以看出），看上去像是一座森严壁垒的工事，任何干扰都不能妨碍它，任何变化都不能动摇它，连时间的流逝和更迭也不能改变它，与此同时，它看上去似乎具有生命的活力，有着自己的奋斗目标和方向。因为它包含的每一个单位的顶部都是尖利的，看上去都隐含着能动的力量。一个包含着永恒的自转运动的静止体，如图 5-25 所示。

4）国际毛纺组织

当我们第一次看到设计师弗朗西斯科·萨洛格利亚为国际毛纺组织设计标识时，我们很可能认不出这是一个关于纺织品的标识，因为它那柔软的、富有弹性的和圆润光滑的形状所展示出来的东西，并不是某一具体的纺织物，而是一种极为一般的"性质"。它那精心设计的优雅的形态，无论如何也不会使我们把它等同于厚重的花呢，也不会觉得它被用来专指羊毛。只有在一种恰当的背景中，这一简单的图形才能集中而又具体地体现出其最本质和最希望表达的"性质"，从而帮助人们从中得到自己最希望得到的信息，如图 5-26 所示。

图 5-25　美国曼哈顿银行

图 5-26　国际毛纺组织

5.3.5　标识的精细化作业

标识的精细化作业，是指对设计定稿的标志进行视觉修正和进一步完善，以确保其造型的完整性以及将来在各种传播媒介应用中的一致性。所谓标识的精细化作业一般包括这样几个内容：

① 标识造型的视觉修正；
② 标识造型的数值化（即标准作图）；
③ 标识运用尺寸的规定和放大、缩小的视觉修正；
④ 标识的变体设计；
⑤ 标识与基本要素的组合规定。

标识造型的视觉修正，是指对以视觉原理为依据，从整体的视觉构成样式到具体每一个造型细节作认真的推敲。因为构成标识的文字和图案，都是用圆规、直尺等绘图仪器按照可循的尺度绘制的，但是与人类的心理感觉，总是有着若干程度的差距，亦即客观存在着视错觉的情况。再加上审美意识的主观判断性，进行标志造型的视觉修正显得非常重要。例如：同样粗细的直线，水平线看起来粗于斜线，斜线又粗于垂直线；当圆形的直径与直线的宽度相同时，视觉上圆形的直径比直线略窄；当两条或两条以上的线段不作垂直相交时，相交点犹如墨水在纸上渗开一样，即所谓光渗现象；黑底白色线段比白底黑色线段看起来稍宽一些；两条粗细长短相同的线段垂直平分成"丁"字形，其中被对等分割的线段在视觉上显得短一些；水平线二等分，右边的线段看上去比左边的线段长；正方形和等边三角形都会显得扁；图形的视觉中心比几何中心略高，等等。诸多错视的因素是我们进行标识视觉修正时必须认真注意的问题。

在进行视觉修正时，要始终抓住设计的主题特征不放，只能强化不能减弱。不能因为几何作图而伤及标识的个性特征。必须在突出主题特征的前提下平衡各种造型要素，使其发挥多种造型要素的综合作用，形成集中统一的视觉样式。局部的修正和细微特点的处理既要注意与主题特征的统一，又要控制在相对次要的地位。才能强化标识的视觉中心，才能保证标识有充分视觉张力，如图 5-27 所示。

日本 MAZDA 汽车公司字体标识的视觉修正过程就

图 5-27　标识的视觉修正

是一个很好的例证。MAZDA 公司字体标识的最大特色在于处在中心位置的"Z"字的斜线分割。以其力动速度充满生气的造型为视觉中心，也是企业精神内涵的重点，而在最初的设计过程中，似乎显得造型单薄，骨架松散，为改变这一状况，设计了如下 7 个修正方案：

① 扩大整理字体左右的宽度；

② 缩小整理字体左右的宽度的同时增加字体笔划的宽度，使其更加厚重；

③ 增加整理字体的高度，略微减细线条的宽度；

④ 强调中线部分，使其突出明显，线条的宽度略微增加；

⑤ 线条宽度不变，增加整组字体的高度；

⑥ 线条高度不变，线条宽度增加；

⑦ 高度保持不变，略微缩小整组字体的宽度。

最后在推荐的方案中将 Z 字母的斜线部分缩短，使其两边的角度更尖锐，以增强造型的视觉张力，将字母 A 之前的 M、D 两字母与 A 的距离稍微调整，将 M 字母的空间部分略微加宽，增加其易读性；MAD 三字母的右上角曲线，修正为统一的弧度，以保 M 与 A、D 与 A 之间隔的均等。

整个标识修正的过程始终围绕一个中心，就是充分体现 MAZDA 公司高度技术性、科学性、时代性、国际性的成熟公司形象。突出字母"Z"的视觉中心地位，显示其力动和程度的勃勃生气。整个操作过程是严谨的、科学的，主观的感觉和客观视觉分析相结合，创造出的标识图形具有很强的生命力，如图 5-28 所示。

图 5-28　日本 MAZDA 汽车公司标识的视觉修正

5.3.6　标识造型的标准作图

为了确保标识造型的统一性和一贯性，需对其日后应用设计基础上的实际运用，进行各类实施细节的规定，以避免在将来任意地使用，导致企业的标识产生变形和差异化的不统一现象。针对将来运用的需要，进行标识的精致化作业，主要目的在于树立系统化、标准化等使用规范的权威性，使变化多样的应用设计基础上，按照事先规划的方案，全面展开标识的应用项目。通过各种传播媒介反复使用，发挥设计整体统一的力量，使企业精神传达更为明确更为深远。

企业标识是企业的象征，是整个视觉传达设计的核心，标识的精致化作业是非常重要的一环。因为，任何不正确的使用与任意的设计，都容易造成企业管理水准低下，企业形象不成熟的负面效果。使用时间越长，传播范围越广，负面的影响就越大。一旦在消费者心目中造成欠佳的印象，要挽回这一局面是不易的，如图 5-29 所示。

标识在 CI 系统中的使用项目繁多，使用场合各异。为了能准确再现标识，不至于走形，在印刷媒

图 5-29　设计和使用不成熟的标识

体等项目中,为了方便使用,一般是设计成各种尺寸的,已经过变体的标识样本,将其做成照相底片或不干胶,提供给设计者选择使用。但上述方式,一般适合于尺寸较小的标识使用,而在招牌、标识牌、建筑外观等大型应用设计的场合,精心准备的标识样本与底片已不敷使用,必须重新手工制作,因此标识作图法便成为大型标识复制的依据和标准。

标识作图法的重点是将标识图形、线条规定成标准的尺度,便于正确复制和再现。标识的标准作图方法一般有以下几种。

一是方格法:即在正方形的格子线上绘制标识图案,以说明线条的宽度和空间位置关系,方格可以由设计者自己按标识图案线条的比例尺寸自行设计并绘制,也可以选用印刷好的计算纸(工程绘图用纸),如图 5-30 所示。

二是比例标识法:以标识图案的总体尺寸为依据,设定各部分的比例关系,并用数字标示出来。

三是圆弧角度表示法:为了说明标识图案的造型和线条的弧度和角度,标准圆心的位置,圆弧的半径或直径,参照水平或垂直线表示斜线的角度。

标识的标准作图通常采用上述三种方法。这三种表示方法可单独使用,也可综合使用,使用的基本原则是以数值化为前提,力求简明准确,方便作业,避免任何随意性,以保证标识图形在应用中保持一贯的形象,如图 5-31 所示。

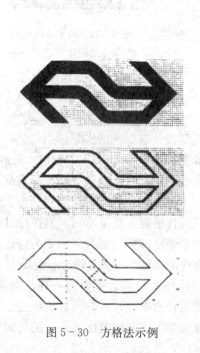

图 5-30 方格法示例

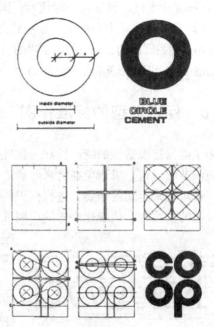

5-31 方格法、比例标识法和圆弧角度表示法示例

5.3.7 标识尺寸的规定与视觉放大缩小的修正方法

因为标识在 VI 系统中是使用频率最高、应用范围最广的视觉要素。对标识的展开应

用，必须制定出详细和严格的规定，来确保标识的完整与顺利实施。其中，对标识应用中尺寸的放大、缩小的修正法，要特别地予以规定。

标识运用在应用设计的用品上，常常需要放大或缩小使用。一般在名片、信封、信纸、标签上，由于尺寸较小，常会出现模糊不清，粘成一团的现象。对企业情报传达的正确性与认知性，均会产生不良的作用。因此，为了确保标识放大、缩小后的视觉认知保持同一性的效果，必须针对标识应用时的大小尺寸订立详细的尺度规定。如规定标识缩小使用的极限为多少毫米（mm），以防止任意缩小，破坏原有造型样式。另外，标识放大或缩小后，其造型的某些细节部分的尺寸需进行修正。避免放大引起的空泛现象，或外形特征丧失。避免缩小引起的关键细节模糊。因此，要视情况给予适当的修正和弥补，如图 5-32 所示。

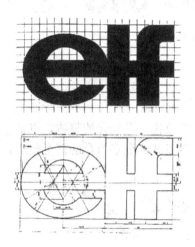 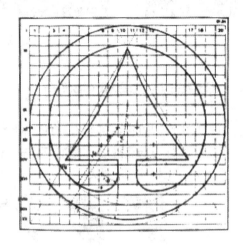

图 5-32 标识尺寸的规定与视觉放大缩小

由于标识应用复杂多样的特点，因此在标识设计之初，应注意以下几点：
① 避免复杂的图形与烦琐的纹样，应采用单纯、明快的图案和线条；
② 标识图案的线条粗细变化不宜太大，力求图案空间的均衡和统一；
③ 标识的色彩应力求鲜明，注意其明度、彩度的对比关系。

5.3.8 标识的变体设计

在 VI 中，作为视觉符号的重点——标志，使用的范围非常广泛，其中又以印刷媒体的使用频率最高，各种印刷媒体对标识图案的造型要素有不同的要求，变体设计正是为了配合印刷媒体所作的设计表现。

标识变体，要万变不离其宗，以不改变原有标识的设计宗旨和标识形式为原则，灵活运用各种造型要素。一般变体设计的方法有：
① 线条粗细的变化；
② 彩色与黑白的变化；
③ 正形与负形的变化；
④ 各种点、线、面的变化（如空心体、网纹线条、点织面、线织面等）。

标识的变体如图 5-33 所示。

图 5-33 标识的变体

5.3.9 标识与基本要素的组合

将标识与基本要素进行各种组合设计，使之成为规范化、系统化的整体，也是应用设计的需要。其中，以标识与企业名称标准字，标识与品牌名称标准字组合的情况最多，设计应用最广。如图 5-34 和 5-35 所示。

图 5-34 标识与基本要素的组合

图 5-35 标识与基本要素的组合

基本要素的组合系统，以应用设计项目的客观需要为依据。根据应用媒体的规格尺寸、排列方向、编排位置、空间关系等，设计出所需的组合单元，如横排、竖排、斜排、大小、方向等不同形式的组合。设计的重点是，使标识与基本要素的构成取得均衡感，使之获得合理的比例与协调的空间关系，如图5-36所示。

图 5-36 标识与基本要素的均衡

标识与基本要素的组合系统，大致有如下几种式样。
① 标识与企业全称、或缩写标准字的组合单元；
② 标识与企业名称标准字、品牌名称标准字的组合单元；
③ 标识与企业名称标准字、品牌名称标准字及企业造型角色的组合单元；
④ 标识与企业名称标准字、品牌名称标准字、企业造型、企业口号、宣传标语的组合单元。
此外，还可以根据企业的实际情况，设计各种组合单元，如图5-37所示。

图 5-37 标识与基本要素的组合方式

案例：

浦江饭店的企业标识系统策划

企业视觉识别系统（VIS）是指根据企业确定的理念和经营活动的要求，设计出系统的识别符号，以刻画企业个性，突出企业精神，并借助各种传媒，让社会各界和消费者一目了然地掌握其中传递的信息，从而达到企业形象有识别和传递的功能。它是企业形象识别系统（CIS）中最具传播力和感染力的层面。企业视觉识别系统（VIS）的基本要素包括企业名称、企业标志、企业造型、宣传口号等。

在浦江饭店的实例中，企业视觉识别系统（VIS）是企业形象识别系统（CIS）中最重要的组成部分。对于浦江饭店这样的老饭店，视觉识别系统是其企业形象识别系统（CIS）中最重要的部分。对于企业形象识别系统（CIS）另两大要素——理念识别系统（MIS）与行为识别系统（BIS），老饭店和新饭店总是存在共性的部分，而对于企业视觉识别系统（VIS）要素，正是老饭店突出个性，与新饭店做到差异化，吸引人们的眼球，抓住人们猎奇的心理，建立自己独特的优势的重要手段。

本设计方案中的企业视觉识别系统（VIS）部分从企业名称、企业标志、企业造型、宣传口号四大部分进行详细阐述，先分析企业的现状，再根据设计依据，提出设计方案。

1. 企业名称

饭店自1846年成立，企业名称为"礼查饭店"，至解放后，从1959年更名为浦江饭店，一直沿用至今。使用"浦江饭店"这一企业名称，虽然没有使用"礼查饭店"的名称时间长，但也已有近50年历史。礼查饭店虽然曾在历史上名噪一时，但毕竟已经是近百年前的风光了，了解的人大多已经故去。解放后，人们所知道的是浦江饭店，而且在改革开放前，浦江饭店在上海还是有一定影响力和知名度的。所以仍应沿用"浦江饭店"这一企业名称，维护其品牌资产，而不应贸然舍弃现有的一切，重新建立新的品牌。

在英文名称上，建议恢复使用"Astor House Hotel"。因为外国客源也是浦江饭店客源的重要来源之一，使用拼音"Pujiang"加饭店的英文表述"Hotel"，一显得不伦不类，二也会令许多外国人不甚理解，也就无从记忆，不利于建立自己的品牌知名度。

综上所述，企业名称应采用"浦江饭店"，而英文名称应采用"Astor House Hotel"。

2. 标志

1）图形设计要点

饭店名称国际化：加入饭店英文名称"Astor House Hotel"悠久历史；加入饭店的建造年代、建筑特征；加入建筑的缩微图背景色；与浦江饭店建筑的楼面颜色一致，采用深棕色，体现饭店的悠久历史。

2）具体标志设计

（1）标志体现浦江饭店悠久的历史

浦江饭店的前身是"华夏第一店"即：落户上海建于1846年的礼查饭店（Astor house hotel），至今已有157年的历史。以此强化浦江饭店的悠久历史和"华夏第一店"独一无二的代表性。

(2) Astor house hotel：体现饭店的国际化特点

浦江饭店的前身是建于1846年的礼查饭店（Astor house hotel），是落户于上海乃至中国的第一家由西方人开办的西式饭店，Astor house hotel是自饭店建成以来一直沿用的英文名称，所以在饭店标志中加入这一古老的英文名称，一方面体现饭店的国际化，另一方面也体现了饭店的悠久历史，使人更真切地感受到饭店的悠久历史和西式特色。

(3) 标识继续沿用浦江饭店的传统形象识别标志

图形中心是浦江饭店的原有标志，即"浦江"两个字的汉语拼音第一个大写字母的组合。基于原有标志在人们心中已经形成的印象和影响力，对标志加以扩展，有利于标志更快的被顾客接受和认同。

(4) 标识象征企业强大的凝聚力

象征企业以其强大的凝聚力，将人才紧紧团结在一起，走传承历史、创新服务的成功道路。企业标志应该体现在企业证件、文具、账票、符号、印刷出版物、媒体广告、商品包装、服装、接待用品等方面。

3. 企业造型

1) 正门

① 外在包装与宣传不到位，整体感觉灰暗、破旧、压抑，无法令人在看到建筑的同时，了解这座欧式古典风格的建筑是近代第一家西式饭店——浦江饭店。正门过低，茶色门玻璃颜色偏暗，不够明亮，门口光线不好，给人灰暗、破旧、压抑的感觉；空调、排水管裸露，广告牌摆放杂乱无章，所蒙尘埃未得到及时清除。顶层背包客房间在外晾晒的衣服影响阳台清洁。阳台缺少适当的装饰。"浦江饭店"标牌不醒目。门前缺少服务生、迎宾小姐。

正门和大堂是顾客走入饭店最先接触到的地方，标志着整个饭店的整体风格和档次，是顾客的第一印象所在，很大程度上影响着入住率和顾客的整体评价。

对正门及楼面进行适当的清洁与整修，加强宽敞、明亮、豪华的感觉。正门需要重新整修：增加正门高度，玻璃宽大透明，门厅上方空调分机重新考虑位置及布局。体现豪华、明亮、通透、庄重的西式建筑风格。空调、排水管摆在合适的位子，隐蔽起来。广告牌样式需要统一，建议放在大厅门口处。楼面需要整修，恢复古典特色。

② 加强外在包装，增强店面的宣传力度，充分发挥其地理优势，扩大知名度。标牌设计需更加醒目，门厅上的烫金招牌"Pujiang House Hotel"。因为饭店客源中外国人占很大一部分，"Hotel"改为"Astor"用其英文名比用拼音更为妥当。建筑物西侧处于外白渡桥路口，凡经外白渡桥的行人与车辆必然经过浦江饭店，因此，西侧增加广告灯箱或招牌名称，以引起经过车辆行人的注意。建议阳台摆放鲜花作为装饰，美化外观。门前增设身着欧式古典服装的服务生、迎宾小姐。强化饭店的古老历史，展示19世纪风情。还可帮助客人提行李、做向导，于细微处显示服务质量。

2) 大堂

① 布局不够合理、风格不突出。缺乏宽敞、明亮、豪华的感觉，整体档次需要提升。大堂的内部装潢未突出19世纪西式古典建筑风格，包括地面、台阶、墙壁、天花板。

② 前台台面过高，服务种类过多，显得杂乱。前台后面的布景单调，二星级标志与饭

店的定位和特色不符，墙壁颜色过深。公用电话样式不够统一，略显杂乱，缺乏美感和历史味道。

③ 服务部影响大堂的整体风格和氛围，音乐声嘈杂、商品种类过杂、占用较大的空间，与浦江饭店风格不相一致。

④ 休息区域划分不清楚，空间小、桌椅摆放过少、不配套，环境不够安静、舒适。没有提供适当的服务。

⑤ 航空售票处广告牌随意摆放在正门处，经营人员形象和素质较差。破坏了饭店的整体布局、形象、正常经营。

⑥ 证券交易所、银行未能给饭店客人提供附加服务。占用了大堂很大空间，影响大堂的整体布局。是历史遗迹，构成了浦江饭店与众不同的特色。大堂是顾客在进入饭店后对饭店的内部装潢、摆设、整体风格、服务质量的第一次全面接触和感受，是饭店整体形象和风格的代表和标志，需要关注每一个细节，体现饭店对顾客无微不至的关怀。

重新设计之后的企业形象：

① 合理化布局，凸显19世纪欧洲风格。营造豪华、舒适、安静、明亮的氛围，给经历旅途劳累的顾客以家的感觉。大堂顶部、墙面、台阶、地面、陈设的物品都应体现浦江饭店悠久的历史和欧式古典风格。

地面：大理石或木质地板，尽可能恢复原貌。

台阶：通往客房楼梯铺设红地毯，直至电梯处，体现豪华、温馨。

墙壁：建议摘除名人画像，用壁灯或花篮装饰。

天花板：模仿教堂天花板，绘制油画，体现19世纪欧式建筑风格。

大堂内装饰的花盆应加浦江饭店名称及标识大堂内的考勤系统移入办公室内。

② 前台台面重新设计，营造亲和力。前台后的墙面可以悬挂一张能够体现饭店的主要特色的大幅照片：浦江饭店某张历史照片、欧式古典名画等。二星级标志可考虑摆放在附属次要的位置上，或不摆放。前台边的四个公用电话可以考虑按历史演变顺序来摆放。

③ 营造舒适安静的环境。摆放舒适、体现古典特色的桌椅、烟灰缸，并在其上加浦江饭店名称及标识。适当摆放植物花卉，放轻音乐。提供一定的免费服务如茶水；有偿服务如：咖啡、饮料、及其他食品。使顾客产生归属感、安全感、舒适感，消除等待时的烦躁情绪，也使大堂内的客流调度井井有条。针对名人房区域，将原来服务区出售的某些商品转换成房间内付费使用的商品，通过为入住顾客提供商品清单的方式"送物上门"；针对背包客区域，可专门开辟小型售货区，出售这些商品。不同客房区域安排的商品种类根据不同类型客人的需求而定。在大堂内保留出售古董、纪念品的区域，营造文化氛围。

④ 将航空售票处、证券交易所、银行收回，经过整修开辟新的服务区域，例如大型宴会厅，增加了饭店的服务功能，改善了大堂的整体形象，对饭店的长远发展和总体形象的提升有更大的益处。这是整体效益与局部效益的权衡。

3) 走廊（包括楼梯、电梯）

① 首先应提供给客人统一整齐、清爽干净的整体感觉，在客人未入客房前营造温馨的氛围。目前在外观上主要存在以下几点问题：灭火器、电线等设施外露，破坏了饭店的整体形象。墙壁颜色不统一，颜色偏暗，涂料色泽和质感不好，厚重的油漆掩盖了历史的

气息，而细致的木纹、漂亮的图案才是重现 19 世纪豪华饭店的必要细节。地板过于破旧，凸凹不平，这固然体现出它年代已久，但更多折射的是历史的沉重与压抑，无法表现出历史上曾经的华贵与奢侈。而且这也是导致员工工作时声音过大的一个客观原因。走廊光线昏暗。古老房子内昏暗的光线无法给人一种温馨、享受的感觉，反而会给人一种阴森的感觉。

② 形象识别不够，应使客人时刻意识到自己是身处在有 157 年历史的浦江饭店。作为一家百年老饭店，仅有统一整齐、清爽干净的感觉是不够的，还要着力体现它独一无二的悠久历史。在这一点上，很多地方还做的不足，例如：窗玻璃、楼梯、扶手缺乏美感和古典艺术特色；墙壁上照片和名画说明不够详细、装饰不够精致。无法给人以视觉上的有力冲击，无法使客人对饭店的悠久历史产生认同感。

③ 良好的环境不仅需要精心的构思，更需要每个浦江人细致的呵护。尽量避免由于人为原因使饭店形象受到影响。目前这方面主要存在以下问题：卫生用具摆放在走廊的角落中，房间内撤换下需清洁的床单等用品随意堆放在走廊中。员工工作区域（包括办公室、盥洗室、厕所、仓库等）都暴露在走廊当中。工作区域多在去客房的必经之路上，很容易暴露给客人和每一个外来人员。不但影响工作人员的正常办公，还会影响饭店的整体形象。员工作业时声音偏大，影响客人休息。无论员工在工作中谈论的是否为工作内容，都会给人一种嘈杂的感觉。而在这样一家有悠久历史的老饭店里，更多地是让客人在一个相对安静的环境里寻找和感受 19 世纪的历史。

走廊（包括楼梯、电梯）是客人及外来人的必经之处，每一处细节的精心装点和处理会体现饭店对于自身形象的关注、对顾客的精心呵护，能使顾客从细微处体会到饭店服务的精致和周到。走廊总体上仍然要体现欧式古典风格，注重细节，充分利用每一处角落，使之成为景观，光线应该更加柔和温暖，而非昏暗、阴冷。主要体现在以下几点。

① 从细节入手，做到统一整洁，这是所有设计的基础。外露的设施内置。裸露的电线放入墙体内，或围绕电线做出别致的花纹。走廊墙体颜色统一，给人以统一的形象。走廊灯换作光线柔和的节能灯，不宜挂灯光偏黄显昏暗的白炽灯，而节能灯，灯光较柔和，光线也比较明快。铺设地毯，从客观上减少走廊内产生噪音的可能，保证客人更好的休息。窗台上放置盆景装饰。

② 强化历史感，挖掘历史底蕴，再现 19 世纪上海滩豪华饭店的风采。按照欧式古典装饰风格整修窗玻璃、楼梯、扶手、墙面，可使用雕花装饰，镶嵌金边，扶手柱子上装饰盆景。古式窗户开关修复。在墙壁内可嵌入不同风格的壁灯、艺术品。墙壁上挂仿古画。对墙上的艺术品做更详尽的说明和精致的装饰。选取一楼通向中楼的长走廊，中楼与主楼在建筑上就有一定的分离感，可利用这种分离感和中楼更悠久的历史，最大限度上减少现代感，墙壁上悬挂反映上海历史变迁的有代表性的画，从入口处反映现代繁华的上海，到另一端反映 19 世纪饭店建立初的旧上海，服务生可一边引领客人，一边向客人进行介绍，另一端无论是摆设还是服务人员服饰都体现 19 世纪的特点，让客人仿佛穿越时间隧道回到 19 世纪。

③ 从视觉上强化客人对饭店悠久历史的意识，使客人时刻意识到自己是身处在有 157 年历史的浦江饭店。比如：走廊中摆设的盆景，可在花盆上加浦江饭店的名称以及标识。休

憩处桌上的烟灰缸古典化，并加浦江饭店的名称以及标识。

④ 员工服务区域具体标明，与客房区较好的分离，随时注意关门。把工作区与客房区分开，服务员处理被单等业务操作在工作区进行，而不是在走廊中进行。铺设地毯，入住的客人多为游客，让出去游玩一天的客人回来时踩在柔软的地毯上，更能体现出饭店对客人的细微关怀和人性化服务。一层至二层主楼梯因加盖一间房，导致光线不太好，保持较好的古式铅玻璃无法引人注目。可将此段楼梯进行复原，增强采光性。楼梯处墙壁悬挂仿古名画、风景画等。楼梯转弯处放置鲜花。电梯可恢复成古式拉门式的电梯，增强客人的新奇感和对饭店历史的认同感。电梯间内需要装修，增加对饭店的宣传介绍，悬挂饭店的宣传画，播放舒缓的古典音乐。一方面让客人进一步对饭店有深入地了解，另一方面让客人的精神得到放松。

4) 客房

① 客房档次、区域划分不明显，硬件（房间整体环境）、软件（服务）在不同档次和价位的房间中体现得不明显。某些有价值的客房并未充分开发利用，仍停留在低档次上，甚至价位低的房间窗外的视野更为开阔，采光及朝向都优于价位高的房间。例如：几个背包客房间窗景视野要比某些名人房和标房还好。

② 形象识别不够，房间内的布局、装饰有待进一步完善，应使客人时刻意识到自己是身处在有157年历史的浦江饭店。房间过于空旷，空间利用不足，例如：酒柜、衣橱、电视柜等，可以放置一些古典特色的装饰品。茶几、墙壁、床上用品、垃圾桶、烟灰缸、椅子等用具缺乏特色。某些标准房、背包客房的用具（如：衣橱、桌椅、沙发）比较破旧，地板需要整修。客房内的文字说明的包装过于陈旧。名人房缺乏凸显历史特色的饰品，对于该房间历史的介绍过于简单。

客房是饭店经营的核心业务之一，是饭店整体状况的集中体现，是客人享受饭店服务的主体区域。总体上应该以科学的标准明确区分客房的种类和所在区域，并按照档次和价位提供相应服务。客房内的装潢仍然需要根据客房入住对象的需求和品位，或凸显19世纪的古典风貌、营造名人效应，或提供舒适、方便、温馨的客房环境。总之，视客房种类而定，凸显特色。重新设计后主要体现在以下几点。

① 更加清楚、科学地区分客房的种类、档次、所在区域。总体上应该以明确的标准划分名人房、名人区域房、背包客房。划分的标准：房间的历史、视野、朝向、空间、环境（装饰）、服务等。三大类房间中可按此标准进一步细分。实现差别化。应该对每一客房进行实地勘查，根据各项标准对客房进行综合评判，重新划分各客房的档次。名人房与背包客房太近，应该采用适当的方式进行分隔。例如，可将背包客房统一集中在某一区域，达到与名人房分离的目的。服务上也应体现出差异性来，客房的档次越高，提供的服务种类越多。

② 完善客房的布局与包装，努力做好每一个细节。实现同一种类、档次客房中家具式样、颜色、材质、风格的统一性。客房内的家具如有所损坏，应予以及时更新。茶几、垃圾桶、烟灰缸、椅子换作统一古朴式样。铺设地毯，在高档房内铺设精美、有艺术特色的小地毯。增加19世纪西洋摆设或有中国特色的传统物品摆设。因饭店历史悠久，有些房间的通风性和透气性并不好，造成某些客房有些令人不适的气味，尤其是中楼，可在房间内增加精美的香蕉炉，散发令人愉悦的淡淡清香。既弥补了过于空旷的缺点，又改善了气味。窗台处

增加盆景的摆放。既可使房内的客人感到愉悦，也可改善建筑的整体外观，让外部的行人觉得这是一个如花园一样美丽的饭店。床是客房里最占空间的家具，也是客人主要使用的家具。对于高档客房，可将床换作欧洲中世纪风格的古典的大床，一更体现历史感，二更显豪华。

③ 从视觉上强化客人对饭店的意识。饭店提供的洗漱用品包装上，可在浦江饭店图片下加上饭店的创始年份"1846"的字样。在客房内的小物件上加浦江饭店的名称以及标识，如垃圾桶、烟灰缸等。饭店的特色与亮点在于名人房。对于名人房应重点利用"名人效应"，体现历史文化的沉淀。

④ 布局与装饰上再现历史。将房间内所有的用具都恢复至名人所在的年代（包括：窗户、玻璃、壁炉、门、地板、天花板），抓住能表现当时时代特点的物品和装饰风格，使客人走进房间就仿佛走进了那个年代，感受到的是扑面而来的原汁原味的历史气息。模拟名人用过的物品（如：用过的笔、桌椅，爱因斯坦的小提琴，卓别林的帽子、拐杖等具有代表性的物件，可根据老照片复原。）图文并茂，增加对名人生平、房间历史的介绍，如：叙述一段关于这个房间的往事、小故事、传说。以此增添房间的神秘感和历史魅力。表现形式：老照片、油画、复原画、CD、音乐、画册等。增加与名人相关的书籍摆放，以下详细说明。换衣间内装穿衣镜，以便于客人着装。

⑤ 改善窗景。名人房窗景一般都不大好，可将玻璃换做不透明但采光性好的玻璃，最好带有雕花。或者可将从房间可见的屋顶全部改成屋顶花园。

⑥ 提供附加服务。增加鲜花的摆放。提供水果，提供饮料，主要可包括有着精美器皿的外国酒、咖啡等，可另行计费。

⑦ 名人房的特别服务。对入住名人房的客人，在征求客人同意的情况下，将其名字留在名人簿上，将该顾客作为浦江饭店的名人顾客。其含义为：入住名人房，就会成为浦江饭店顾客档案中的"名人"，同时将有着深厚历史积淀的名人房的幸运和福气带给顾客，并预祝顾客将来成为社会上更大意义上的名人。由此，入住名人房的顾客享受到的不仅是高品质差别化的客房环境和服务，而且更能体会到自己地位的与众不同，精神上得到被尊重、被祝福的感受。嘉宾题名簿改为活页，方便客人的留言的保存。首页为名人的相关简介及入住浦江饭店的时间，其后为名人的格言，为手写体，仿佛名人亲自题上去一样。

例：

● 410 格兰特房

尤利塞斯·辛普森·格兰特（1822—1885）1868年当选美国第18任总统。1872年连任。1861年美国南北战争爆发：出任联邦军上校团长。后任联邦军总司令。1865年率军攻克"南部联盟"首府里士满，结束了美国内战。1868年和1872年他两次竞选总统获胜。格兰特一生是与南北战争紧密联系在一起的。打造格兰特房的特色，可着力渲染南北战争的氛围。可在房间内摆放以南北战争为背景的小说《飘》、南北战争的导火索《汤姆叔叔的小屋》、格兰特好友马克·吐温反映南北战争时代风土人情的小说《哈克贝里·芬历险记》等，此外还可配备碟片《飘》等反映美国南北战争的影片。为了让客人更大限度地了解格兰特，感受这位著名的总统，可在房间内收藏格兰特的"回忆录"，并可收集有关格兰特的轶事。格兰特总统从小酷爱骑射，以高超的骑术和善于驯服烈马而出名。可将墙上的佩剑画改为马鞭或其他与驯马有关的物品。

- 404 卓别林房

卓别林（1889—1977）英国电影演员、导演、制片人、编剧和电影作曲家。银幕上多为一个头戴高帽子、身穿礼服大衣、嘴上留着小胡子的形象。不朽的代表作有：《淘金记》、《城市之光》、《摩登时代》、《大独裁者》等。卓别林可谓是家喻户晓，所以要更加留意细节，才能让客人感受到这位喜剧大师的气息。如在房间内摆放大头皮鞋、手杖、高帽子等更能代表卓别林特点的物品。卓别林一生所拍的影片很多，客人全部看完的可能性很小，而且将所有影碟摆放不仅太多，也没有必要。可以收集整理出影片内容简介、拍摄背景、所取得的成绩，并给出推荐观看的等级，帮助客人选择欣赏影片。在房间内摆放若干影片，其余由服务员保管，可由客人随意索取。此外，应将影碟的包装改为浦江饭店的封皮，强化客人对这157年老饭店的认知。也可摆放其部分电影剧照，或者有关电影剧照的汇编画册。在房间内摆放卓别林描写其个人生活的传记——《我的自传》，使客人更多地了解这位影坛大师。

- 304 爱因斯坦房

爱因斯坦（1879—1955）是现代物理学的开创者和奠基人。爱因斯坦在物理学的许多领域都有贡献，比如光量子说，分子大小测定法，布朗运动理论，建立狭义相对论并推广为广义相对论，在辐射量子方面提出引力波理论，开创了现代宇宙学。于1921年获诺贝尔物理学奖。因为爱因斯坦所做的理论研究对一般人而言，比较艰深，无须在客房内配有其相关论文，可配相关理论的科普读物。再增加有关爱因斯坦的详细生平及逸闻趣事。爱因斯坦爱抽烟斗，在房间内摆放真的烟斗和少量烟草，让客人走近客房即可闻到淡淡的烟草味，仿佛这位名师刚刚离开房间。爱因斯坦的最大爱好是拉小提琴，在房间内摆放小提琴、琴谱、琴谱架，并在房间内配备播放小提琴曲的老式唱片机。

- 310 罗素房

伯特兰·罗素（1872—1970）英国哲学家、数学家、散文作家、社会活动家和政论家。1950年获诺贝尔奖。可在房间内摆放其代表作品《西方哲学史》、《我的哲学发展》、《幸福之路》、《自由之路》、《哲学问题》、《数学原理》，还有其诺贝尔奖获奖作品《婚姻与道德》及1922年写下的对中西文明的比较、对中国人性格优劣的论述和对中国前途的预测描绘的《中国问题》。

根据企业的未来发展目标来看，应取消这项服务，放弃低端市场，专营高端市场。那些空间很大的房间可以考虑将之改造为套房。一可充分利用空间，二也使价位与空间大小合理配比。那些空间相对较小的房间可改做单人房。

5) 餐厅

① 定位不准确，风格不突出，服务不到位。餐厅种类单一。缺少西餐厅、大型宴会厅、饮茶厅、露天餐厅。菜式过于单一，无特色，没有提升档次的菜系。服务质量需要改善。内部装潢需要改善，整体档次有待提升。设备过于陈旧（电视、桌椅等），不够整洁，风格不够高雅。包房内需要增加凸显中国风格的装饰物，原来的装饰过于简陋。

② 酒吧在管理和服务上缺乏与饭店的统一性。餐厅是以餐饮为核心，集休息、交流、娱乐、感受文化、享受服务为一体的场所。因此，在为顾客提供特色、满意的餐饮服务的同时，应该注重营造不同风格的环境和文化氛围，满足顾客其他几个方面的需求。具体的设计应该注意：

准确定位，提升餐厅总体档次，从硬件设施和软件服务两方面着手。目标顾客定位：入住饭店的客人，外来就餐者。满足中高档消费层次顾客的需要。提供不同风格、不同内容的服务，以满足不同国籍、年龄、偏好、职业顾客的要求，同时满足不同场合的需要。如：会议、宴会、婚礼、舞会等场合。建议划分为中餐厅、西餐厅、大型宴会厅、饮茶厅、露天景观餐厅、酒吧、快餐厅。

改善餐厅整体装潢，包装应与该餐厅目标定位相统一。墙壁内镶嵌灯饰，餐厅整体灯光效果因风格而异。酒吧餐桌上的灯光可改为蜡烛光。天花板增加装饰图案。设点菜师，介绍特色菜，帮助顾客点菜。帮助顾客提高点菜效率，从而提高饭店客流的周转速度，缓解因客流量大而产生的空间不足问题；另外也能够保证顾客品尝到饭店的特色菜。

6）老吧

建议一：将老吧回收自主经营，以保证其风格与饭店整体风格一致。

建议二：与其他著名品牌的咖啡馆合作经营，改成咖啡厅。

7）员工制服

① 制服无特色，没有与饭店的风格统一起来。

② 各类工作岗位的制服差别不明显。

③ 缺乏企业形象识别标志。

企业要参与市场竞争，就必须塑造良好的企业形象。而作为企业员工的外在包装——制服，正是以其全新的文化理念，崭新的视觉感应和综合功能，成为现代企业参与竞争，走向国际化的不可缺少的一部分。员工制服应具有行业特点、职业特征，并符合企业整体形象的统一要求。

① 制服应根据职位、可按以下种类划分。

ⓐ 管理人员。

ⓑ 服务人员。又包括：门口服务生；前台接待员；客房服务员；餐厅服务员。

ⓒ 工作性质、所在工作区的整体风格划分，体现特色。迎宾小姐：古典欧式风格目前的服饰没有什么特色，应更体现出饭店的风格与古典欧式风格。

ⓓ 厨房区服务人员：厨师制服。

ⓔ 就餐区服务人员：与各餐厅的定位、风格相匹配。

ⓕ 维修人员。

ⓖ 保安。

② 饭店的整体定位是百年西商老饭店，所以其整体风格应是古典西式风格，这点也应该在制服上体现出来。但在中餐厅工作的员工制服，则应该体现中式风格。

③ 服装上应该增加浦江饭店的标志，佩戴带有企业标志的工号牌。既可增加员工的自豪感，又使外界对于饭店的形象识别产生视觉上的统一感受。

8）宣传口号

① 管理制度化、服务标准化、行为规范化、设施现代化、顾客管理信息化、装潢古典化。

管理制度化：饭店管理是精细而复杂的工作，实现制度化的管理，使管理有据可依，受到制度的保证，才能使企业的管理井井有条，不陷入混乱之中。

服务标准化：服务需要遵循一定的制度要求，达到一定的标准，从而保证服务的高质量。

行为规范化：员工的举手投足，都代表着企业的形象，体现着企业的文化，企业的一切管理、制度、规范、标准都会通过员工的行为体现出来。因此，只有规范化的员工行为，才能使客人对饭店所欲建立的良好形象从心理上产生认同感。

设施现代化：用现代化的设施提高服务质量，保证顾客享受到现代化优质便捷的服务。

顾客管理信息化：利用顾客信息准确把握市场动态，是企业分析市场环境的重要手段之一，建立顾客信息数据库，对顾客信息进行分析，确定目标顾客市场，制订相应的策略。还应该有针对性地分发VIP卡，有效提高回头客的比率。

装潢古典化：悠久的历史和建筑风格需要具体的物化，让客人产生直观的印象和明显的视觉冲击，以此凸显饭店的悠久历史这一优势。所以要做到装潢上的古典化，体现西式的建筑风格，使客人有置身19世纪的感觉，领略19世纪的风情，享受现代个性化的服务。

② 饭店的优势在于别人无法模仿的悠久历史和人文遗迹。名人区域房应立足于挖掘历史，充分利用其悠久历史，向此类目标顾客提供与其他饭店不同的服务。让客人领略19世纪的风情，感受那浓厚的历史气息。同时也要让客人感受到历史的进步，让客人感到虽然恍若身处19世纪，但依然可以享受到现代文明所带来的便利，享受到现代化、个性化的服务。此宣传口号可主要用于名人区域房的高端目标顾客，以及相关媒体的宣传中。

③ 走过时间长廊，带您领略19世纪的风情、与名人"亲密"接触。可设计专辟出一条走廊作为时间长廊，或在通向名人房区的走廊中通过各种手段营造19世纪的古典气息，使客人在走过这里时，强烈的感受到19世纪的风情，恍若身处那个年代。这条时间长廊是连接现代与古典，现实与梦幻的桥梁，走过这里，即将进入的是名人房，而在名人房里，顾客将感受名人的气息，与名人"亲密"接触。"走过时间长廊，带您领略19世纪风情、与名人'亲密'接触"，既体现出核心经营理念的一部分，又通过制造一定的悬念使客人对即将享受到的服务产生应有的预期。此宣传口号可主要用于通向名人房的走廊和相关媒体的宣传中。

④ 4C：古典（Classicality）、清洁（Cleanness）、舒适（Comfort）、方便（Convenience）。这一理念可以看作是对饭店总体服务简明的概述，古典遵循传承历史的核心理念，清洁、舒适、方便遵循创新服务的核心理念。同时附带英文，简洁明了，便于记忆，给人的印象深刻。因此，增强了对外国客人的宣传力度，而外国客人也是浦江饭店的一大客源。建议将此宣传口号用于对外宣传的媒体中，包括因特网上。

第6章 企业形象策划的操作

6.1 企业形象策划的提案和调研

6.1.1 企业形象策划的提案

企业形象策划操作流程的第一阶段就是提案阶段。企业形象策划的提案阶段又包括五个小的阶段：第一，要明确导入企业形象策划的动机；第二，组建负责企业形象策划的机构；第三，安排企业形象策划作业的日程；第四，将各项作业的预算费用导入；第五，完成企业形象策划的提案书，结束提案阶段。

1. 明确导入企业形象策划的动机

企业导入企业形象策划的动机是多种多样的，它不仅与企业内部的经营状况和管理状况有关，而且也和国内外社会经济发展的环境有关。这样的话，企业导入企业形象策划就需要确定导入时机，在此基础上，首先应该做好内部导入，然后在外部实施推广，进而全面展开企业形象策划的传播。

确定导入时机就是要确定企业内部、外部的需求背景，针对具体企业的营运及设定状况选择时机，同时明确导入的目的与目标，及时立项。导入时机根据企业发展的不同情况可以分为：企业组织新生、企业扩大经营范围、创业周年纪念、新产品开发与上市、进军海外、经营出现危机、公司上市等。

1）企业组织新生，即新公司成立，合并成企业集团

企业组织新生，是指新的企业团体的创立，或者是企业所有性质产生质的改变，或者是企业整体自身在生产力和组织结构等方面，产生了新的变化。根据以往的经验来看，利用企业组织新生的时机导入企业形象策划是很有效的，相对来说，也比较容易。原因在于：新公司成立之际，由于没有传统的束缚，可以设立理想的经营理念与良好的视觉识别系统，同时，还可以从头开始并且较快建立起行为识别系统。所以，新公司成立时是导入企业形象策划的最佳时机。通过实施企业形象策划战略，以独特的、系统的识别系统将企业形象传达给公众，可以收到先声夺人的效果。而企业合并、联营、集团化以后，从经营的范围、规模及项目均与以前的企业有所不同，特别是几家公司合并为企业集团后，企业理念和标志不统一，容易给公众造成识别的障碍，此时

导入企业形象策划，可以使公众对企业的形象由模糊变为清晰，进而达到树立全新形象的目的。所以企业组织新生的具体形式不同，导入企业形象策划的具体操作也会有所不同。目前，按照企业组织新生的五种形式，导入企业形象策划的时机分为以下5种。

① 投资组建新的企业，利用公司成立或投资、营销的时机，导入企业形象策划。在这种时机导入，对企业来说比较容易。新建的公司在宣布投资的时候，可以通过新闻发布会、报纸、广播、网络或者电视等一些方式来形成导入企业形象策划的引子。还可以利用企业投资奠基仪式，作为企业形象策划导入的契机。另外，在企业投资典礼仪式和首批产品推向市场的仪式上，推出企业形象策划传播系统。这类导入形式，要在进行投资计划的同时，考虑企业形象策划的导入计划。

② 企业之间在进行合并、联营、集团化之际。集团公司、合资公司与股份公司导入企业形象策划。无论是内部的导入，还是外部的导入，新性质的公司成立都会有一定的仪式，这也不失为一个很好的时机。

③ 兼并、收购从属的小企业或者破产的企业时，导入企业形象策划。政府和新闻界对此都特别关注，所以，企业应充分利用这一时机，展开新视觉的企业形象策划的传播，使新的企业被公众所接受。

④ 从属性的企业变为独立的法人时，是新独立的企业导入企业形象策划的最佳时机。从属企业从大型的企业中独立出来，无论是从公司的名称、生产规模，还是从公司的管理，都有别于原来的企业。导入企业形象策划的传播，可以让人们认同新的企业形式，使企业在公众中树立独立完整的企业形象。

⑤ 企业更换名称的时候导入企业形象策划。企业更换名称，可以消除旧的企业形象和公众对企业的不良认识，革新企业形象中的消极因素。选择合适的时机，通过名称的变更和企业形象策划的导入，可以让人们感受到创造新境界的企业之举，并由此来鼓舞员工斗志、吸引新老朋友，推动企业的经营和管理，使企业以新的、更有力的形式重新启动。

2) 企业扩大经营范围，朝多角化方向发展

随着时代的变迁，企业本身也在不断的成长，朝多角化的经营目标迈进，由于企业经营内容的多角化，企业生产的主要商品的比重就有可能发生变化，这样就往往使得原有的企业标志、名称、经营理念等发生与生产性质、内容不符的情况。因此，导入企业形象策划，改变公众对企业的原有理解和印象，建立符合实际和未来发展趋势的企业形象识别系统，才能使新开发的产品与企业的关系相统一。

3) 企业创业周年纪念时导入企业形象策划

创业周年纪念是对企业成长的一种肯定，也是企业具有自信心的一种表现。选择在创业周年纪念时导入企业形象策划，可能有不同的动机。如富士公司1979年在创业45周年时，实施了企业形象策划战略，旨在适应技术革新的潮流，将企业形象统一为"综合音像信息的产业"，并面向21世纪，实现"世界性的富士软片"、"技术的富士软片"的企业目标。不论企业是出于什么样的动机，在企业周年纪念时发布企业形象策划计划，往往可以消除公众对企业的刻板印象，给人以全新的感觉，同时可以唤起人们对企业所作贡献的美好回忆，显示公司目前的实力和发展前景，提高企业员工的自豪感和荣誉感。企业创业周年庆典一般会推

出一系列的活动,此时,引入企业形象策划更加容易引起媒体和公众的关注,从而扩大企业的知名度和社会影响力。

4) 新产品的开发与上市时,企业导入企业形象策划

这也是市场营销取胜的因素之一。新的产品、新的包装、新的视觉,必然可以给公众一个全新的产品印象。因此,在新产品上市时,通过市场和消费领域导入企业形象策划,既可以收到产品促销的效果,又可以塑造企业的形象,使得企业形象策划传播,从购物与服务这个出口进入到公众的日常生活当中。

5) 在企业进军海外,实施国际化经营时,导入企业形象策划

企业从事国际化经营,原有的企业名称、标志与包装及产品品牌可能不再适合国际化的需要,而且其中某些会与一些国家的习俗发生冲突。因此,在开拓国外市场时,适时导入企业形象策划战略,不仅可以使产品打入国外市场,同时还可以使企业扬名海外。

6) 企业经营出现危机,要消除负面影响时

企业面临经营不善的危机,停滞不前时,除了彻底进行改组之外,还可以通过导入企业形象策划的战略来提高企业的活力和竞争力,消除在公众中的负面影响。

7) 公司上市时

股份制企业发行股票,成为上市公司时,配合募股,导入企业形象策划,不仅可以树立企业形象,而且可以提高股票交易价格。

此外,在企业的高层领导人更换及企业组织结构发生重大改变时,在旧有的制度系统不再符合新的经营方向需要时,都是企业导入企业形象策划的良好时机。

6.1.2 组建负责企业形象策划的机构

企业形象策划的导入是一项长期的复杂的工作,需要企业高级管理人员的支持,各部门负责人与职员的积极配合以及专业公司的协助,同时也要有充足的经费来保证前期调研、企业策划和实施的顺利进行,企业形象策划的导入工作需要落实到具体的机构和个人。

企业应该根据实际情况组建一个企业形象策划委员会,并且设置常务机构,企业形象策划委员会应该有特定的个人或者单位来承担,它是推广和实施形象策划的协调机构和核心机构。它直属于企业最高决策部门,通常由企业主要负责人直接领导。这个委员会最好由以下三种人组成:企业内部人员,最好是企业主管与部门负责人;企业外的企业形象策划专家顾问;专业公司的人员。

1. 企业形象策划委员会组建原则

组建负责企业形象策划的机构,即企业形象策划委员会,一般要遵循自身的原则、各组织联系的原则和外界协调的原则。

1) 自身的原则,即本身的自律原则

委员会成员要有超前意识,要从企业自身的情况出发,用长远发展的眼光和同国际接轨的高度来把握企业形象导入的切入口;同时还要具有科学的态度和求实敬业的精神,具有强烈的事业心和责任感,具有与众不同的创意和思路,这样才能对问题讨论出实质

性的结果。

2) 各组织联络的原则

企业形象策划涉及企业全局，因此，在推广和运作过程中，必须加强企业内部各组织部门之间的联络功能，力求使企业各单位和部门形成自觉地行动。另外，在设立企业形象策划时，应该注重该组织的广泛性，加强与各部门员工的沟通，这样才能充分反映员工的意志和心态，得知各部门的实际情况，使得讨论具有实际的意义。

3) 外界协调的原则

由于企业形象策划的整个运作过程中，涉及外界人士对本企业形象的评价问题，所以要注意加强与政府、社区管理部门等大众传播部门的联络，尤其是和外界的企业形象策划的专门机构保持密切的联系，以确保企业形象塑造的顺利进行。

2. 企业形象策划委员会的分类

企业形象策划委员会是一个在企业内部起综合协调作用的"社团"型机构，它带有准职能部门的性质，但是它在实际推进运作当中的力度和授权的范围远比其他的职能部门大。它的组成方式一般可以分为计划团体型和部门负责型两种。

1) 计划团体型

由各部门派出代表来组成，人数由企业的大小来决定，一般为 10～15 人。大部分委员属于兼任性质，只有少数人属于专职，大公司往往需要专职的计划团体。

2) 部门负责型

由总务、宣传、公关、企业文化等部门来负责企业形象策划的推进，以前多由广告宣传部门负责，现在有些企业设置专门的部门来推广企业形象策划作业。企业形象策划委员会的构成方式不尽相同，一般可以分为上位管理型、活力型和混合型。

① 上位管理型。由企业各部门的负责人组成。由于成员均属高级主管，在讨论的时候能够很快地得出结论。

② 活力型。由一些在企业工作数年的职员组成，这些职员的工作年限一般均在 10 年以内，能够提出富有年轻活力的意见，得到大胆和创新的结论。但是这种机构对所讨论的问题难以拍板，不具有权威性，如果企业负责人也参加委员会，那么问题将会迎刃而解。

③ 混合型。由职位、年龄、资历不同的人组成，一般企业最高负责人也会参加，若能够用巧妙的方式进行工作，就可以从委员会各式各样的事件中得出理想的结论。

6.1.3 安排企业形象策划作业的日程

企业形象的导入和推广是一项长期，并且复杂的工程，至少需要 2 年的时间。因此，在企业形象策划作业初期，企业应该制定一个相应的长远而明确的计划，知道企业形象策划作业有哪些项目，如何分配项目时间。按照企业形象策划导入推广的四大阶段，企业可以在作业项目、主要内容，时间安排和负责人确定之后，编制一份日程表，如表 6-1 所示。

表 6-1 企业形象策划作业日程表

阶段	编号	作业项目	主要内容	时间安排	负责人
提案阶段	1	明确导入企业形象策划的动机	确定导入时机就是要确定企业内部、外部的需求背景,针对具体企业的营运及设定状况选择时机,同时明确导入的目的与目标,及时立项	2007… — 2007…	*** ***
提案阶段	2	组建负责企业形象策划的机构	根据实际情况组建一个由企业、专家顾问、专业公司三方组成的企业形象策划委员会,并且设置常务机构	2007… — 2007…	*** ***
提案阶段	3	安排企业形象策划作业的日程	按照企业形象策划导入推广的四大阶段,根据企业的具体情况拟定作业项目与进度安排,提交讨论,确定之后制表	2007… — 2007…	*** ***
提案阶段	4	导入企业形象策划各项作业的预算费用	仔细进行各项作业的预算,写出企业形象策划预算书,提交企业主管与财务主管的审核	2007… — 2007…	*** ***
提案阶段	5	完成企业形象策划的提案书	按照规范完成企业形象策划提案书,充分说明导入企业形象策划的动机、负责机构的设想及工作安排、项目预算	2007… — 2007…	*** ***
调研阶段	1	制订调研总体计划	制订调研计划,其中包括调研内容、调研对象、调研方法、调研项目、调研程序安排	2007… — 2007…	*** ***
调研阶段	2	分析与评估企业营运状况	分析企业各种相关报表与调查资料、走访有关人士,充分收集资料,并进行分析判断	2007… — 2007…	*** ***
调研阶段	3	企业总体形象调查与视觉形象项目审查	采取定性和定量两种形式,就企业的基本形象、特殊形象,对企业内外单位人员进行采访与问卷调查。收集视觉形象项目的相关资料,分析比较,广泛征求意见,得出审查结果	2007… — 2007…	*** ***
调研阶段	4	调查资料的分析与研究判断	对营运与形象调查的所有资料进行整理、统计,对企业营运的实际情况与形象建设现状做综合的研究与评估。明确企业目前的状况,初步设想企业形象策划导入战略	2007… — 2007…	*** ***
调研阶段	5	完成调研报告	将调研成果记述在系统的报告书中,提交企业形象策划委员会相关人员的讨论与审议结果	2007… — 2008…	*** ***
企业形象策划设计阶段	1	企业形象策划导入的企划书	在有关企业形象策划导入的动机、目的、基本方针、计划安排、措施保证、费用等有关项目初步明确的基础上,企业形象策划专案人员向企业主管与董事会提交一份书面的企业形象策划导入企划书	2008… — 2008…	*** ***
企业形象策划设计阶段	2	创立企业理念	提出具有识别意义的企业理念,其包括企业使命、经营观念、行动准则与业务范围等,并提供规范的行为特征。创作企业口号、企业歌曲等	2008… — 2008…	*** ***

续表

阶段	编号	作业项目	主要内容	时间安排	负责人
企业形象策划设计阶段	3	开发设计视觉识别系统	确定企业命名或者更名策略，将企业形象概念体现在基本设计因素的设计中，再以基本设计为准，开发应用设计要素，商标与包装设计需要认真开发。对新的设计方案进行技术评估与形态反应测试、修改、举一反三，最后确立。并且编印形象策划设计手册	2008…—2008…	******
	4	办理有关法律行政管理手续	企业名称登记或更名登记，商标核准与注册登记	2008…—2008…	******
实施管理阶段	1	内部传播与员工教育	完成企业形象策划委员会的改组与工作交接。制订内部传播的计划。准备教材，实施员工企业形象教育。定期发行企业形象策划通信，并举办普及企业形象知识，动员大家参与企业内部公关活动	2008…—2009…	******
	2	推广理念与设计系统	按计划举办各种公关活动，对外树立企业新形象，扩大知名度与提高好评度，对内推广贯彻理念，鼓励员工士气，发扬敬业精神。同时向企业有关部门认识宣传新的设计系统，督导应用，并定期检查	2008…—2009…	******
	3	组织形象策划对外发布	制订对外发布计划，选择媒体，安排时间与频率、确定发布内容，合理预算，完成发布计划	2008…—2009…	******
	4	落实企业各部门的企业形象策划管理	将企业形象策划计划落实到企业营运的相关部门的实际工作中去，融化到日常企业管理的制度中，如实施与营销战略中，全面质量管理活动中	2008…—2009…	******
	5	企业形象策划导入效果测试与评估	制定督导与定期测试评估制度。定期完成对内对外企业形象建设效果测试，进行效益统计。并制定改进方案，实施改进方案	2009…—2010…	******

6.1.4 导入企业形象策划各项作业的预算费用

从观念上来说，导入企业形象策划所发生的费用，应该当作是一种投资，一种开发项目的投资。首先，在企业的资产损益表中，应该企业形象策划发生的费用将划入固定投资类，企业形象策划投资的效益不是短期内可以看到的，两年或者三年都有可能。办企业本来就是一种事业，从长计议，谋大发展，看得长远才行。对于企业形象策划导入的有关投资，应该采取明智的态度。其次，企业形象策划又与一般固定资产，诸如厂房、机械设备的投资不同，它是一种回报周期较长，但回报潜力很大的软性投资。企业不应该看到眼前的直接利益就任意删减企业形象策划项目的投资。最后，企业形象策划是一项长期的工作，相应的也是一种长期投资。

这就需要仔细进行各项作业的预算，制定出企业形象策划预算书，交企业主管与财务主管审核。企业形象策划项目预算必须符合企业形象策划导入计划。至于一个企业究竟要投入多少企业形象策划费用，占企业投资总额的比例多少才算合理，至今也没有什么统一的标准。预算多了，自然造成不合理开支的浪费；预算少了，又要影响企业形象策划导入计划的顺利进行。预算怎样做才能够更加合理。具体计划具体核算，总的原则包括以下两点。

(1) 计划

企业形象策划导入投资预算在企业形象策划实质性工作开展之前就要完成，总有计划意外的变化因素，所以预算只是概算，可能性误差在±10%即可。合理的计划是根据企业形象策划导入的总方针确定的。企业导入企业形象策划要达到什么目标，要采取什么步骤，要发生什么费用，只要合理分配，企业形象策划预算就可以计划完善、合理。

(2) 效益

预算应该以效益为宗旨。企业形象策划投资也要讲求效益，尽管效益的体现可能是相对长期的。从效益角度进行合理预算，还要合理控制，及时检查企业形象策划费用是否得当，是否有浪费或者紧缺，发现不合理的就应该及时调整预算。一切从节约出发，以保证企业形象策划顺利推进为宗旨，预算就会合理、有效。

企业形象策划预算书的内容与格式不可能进行统一规定，企业形象策划的导入计划不同，预算书也会有一些细节上的差别，具体计划具体拟定。

6.1.5 完成企业形象策划的提案书

提案阶段的一切准备工作就绪之后，有关导入企业形象策划的动机、目的、基本方针、计划与费用都初步明确了。企业形象策划专案人员应该向企业形象策划相关部门、相关人士提交一份书面的企业形象策划导入企划书。

企业形象策划提案书是一份规划性的文件，注重全面性、总体性设想，旨在使企业形象策划获得企业主管的通过，相关人士的赞成，并使将来企业形象策划调研、设计与实施能按照预定目标有重点、有步骤地进行。企业形象策划提案书的内容主要包括以下几点。

1. 提案的目的与企业导入企业形象策划的背景说明

这部分内容一定要表述清楚，因为它不仅决定了提案的通过，各方面的支持，还能决定企业形象策划系统运行的方向。关于导入企业形象策划的理由，应该进行客观的分析、陈述，准确判断该企业在现代社会、企业界与同业间的地位与现状。企业形象策划的导入与实施，能解决什么问题，改善什么现状，取得怎样的预期效果，如果不及时导入企业形象策划，企业将面临什么样的问题等。这些要点都要一一说明。当然，也要注意，分析与说明必须准确、客观。问题不等于缺点，任何一个企业都存在或多或少，或大或小的问题，如果把问题分析说明处理成缺点罗列的话，也会造成企业主管与有关人员心理上的障碍，不利于合作，同时也要避免危言耸听。

2. 导入企业形象策划的计划方针

这也是企业形象策划提案书的一个重点内容。根据前面所列的问题与背景，提出推进企业形象策划的基本方针。例如，推进企业形象策划是一项需要企业人员全体动员、人人参与的运动。它是企业经营与发展的有机部分。企业形象策划专案可以由企业内部有关部门直接负责，也可以从专业的角度考虑委托专业公司设计或代理发布。导入企业形象策划的计划重点或偏重于新产品的开发、市场拓展；或旨在提高服务质量，建设行为识别系统；或从塑造企业形象总体出发等基本方针策略，这些都应该明确。

3. 具体作业方案

其中包括导入企业形象策划的日期，企业形象策划专案负责机构、协办机构，企业形象策划作业的完成时间，企业形象策划作业的总目标与效果预测。为明确起见，应该提供一份简明的企业形象策划作业日程或计划表。

4. 企业形象策划项目的费用预算

尽可能准确地预估导入企业形象策划所需的费用，减少误差，当然也要留出一定的灵活空间。预算可以列出一览表或预算表。

企业形象策划提案书旨在获得项目批准，广泛的理解与支持。因此，企业形象策划提案书不仅要条理分明，客观具体，还要富于说服力。企业形象策划提案书直接关系到企业形象策划项目是否成立，将来的作业是否能够成功。

6.1.6 企业形象策划的调研

企业形象策划提案书获得企业形象策划委员会、企业领导或董事会的通过之后，企业形象策划的导入就开始进入调研阶段。企业形象策划的调研关系到企业形象策划计划的成败，所以掌握调研的基本方法和程序十分重要。接下来要阐述的是企业形象策划调研的程序、调研计划的制定、调研队伍的管理及资料分析技术等方面的内容。

企业形象策划的调研是一项庞杂的工程，需要企业内部人员与专业公司人员共同来完成。只有进行完善的调研计划，进而充分地调查研究之后，才能够取得足够的资料和可信度较高的结论。确保调研质量的前提是要遵循科学的调研程序，并且制订足够周密的调研计划，只有这样，才能够做出系统而精确的调研报告。

1. 调研程序

为了保证有效率且保质保量地完成企业形象策划的调研，人们在长期的实践中，逐步形成了一套严格的工作程序，一般说来，它包括确定调研问题、制订严密的调研计划、收集信息、分析所收集的信息、完成报告等5个阶段。

1）确定调研问题

在完成企业形象策划提案之后，导入企业形象策划的首要任务是调研，而进行调研的首要任务是确定企业目前所存在的问题，明确为什么要导入企业形象策划，即导入企业形象策划的具体动机。企业形象策划所包含的内容非常丰富，因而，企业必须将相关方面的问题一一列出，以便进一步地调查、研究与分析。例如，现在企业的理念有什么问题？企业理念的传播和实施方面有什么问题？企业的行为识别系统存在什么问题？企业组织形式、机构有什么问题？企业的视觉形象如何？企业名称、标志是否需要更换？广告展示的形象如何？等等，都是需要深入研究的问题。

2）制订严密的调研计划

在调研问题明确的基础上，企业就需要制订相应的调研计划。该计划一般包括：调研目标、收集资料的来源、选择调研方法、制订抽样方案、确定具体行动方案、调研预算制定、制定监控措施等7个部分。

3）收集信息

调研计划制订之后，接下来的工作是收集信息。该阶段的工作就是依照调研计划选定调研方法和时间安排，选取调研对象，准备调研工具并进行实地信息收集。

4）分析所收集的信息

即对所收集到的信息进行分类、整理、比较，将和调研目的无关的因素以及可信度不高的信息剔除，并对余下的信息进行全面系统的统计和理论分析。

在进行该阶段工作时，首先应该确定信息的完整性，如果所需信息不完备，就需要尽快补齐；接下来，应该根据调研目的以及对所需信息的质量要求，对信息进行取舍，并判断信息的真实性；然后，对有效信息进行编码、录入等工作，建立数据文件库；最后，依据调研方案规定的要素，按照统计清单处理数据，把复杂的原始数据变成易于理解的解释性资料，并应用科学的方法进行分析，得出调研结论及可行性建议。在该阶段工作的过程中，应该严格以原始资料为基础，实事求是，不得随意扩大或缩小调查结果。

5）总结报告结果

总结报告结果是企业形象策划调研的最后阶段。编写调研报告书，将通过调研所得到的信息及分析信息所得出的结论以书面的形式递交给企业管理部门，它是调研完成的标志。调研报告是调研工作的最终成果，应该具有真实、客观和可操作三条性质，能够切实为管理层提供有用的信息和建议，为企业导入企业形象策划提供各种依据和参考。

2. 调研计划

制定调研计划是调研中关键的阶段，调研计划提供了调研工作的具体方案，指导调研工作的顺利进行。调研计划的内容包括以下几个方面。

1）确定调研目标

企业在明确有关企业形象、企业标识系统现存问题的基础上来确定调研目标的。所发现的问题不同，调研的目的也就不同。

2）确定信息来源

收集资料是分析问题的基础，问题不同，调研目标也不同，资料的来源也可能不同。资料来源有一手资料和二手资料两种。

一手资料是向被调研者收集的，尚未汇总整理，需要由个体过渡到总体的统计资料，也称为原始资料或初级资料。一手资料必须由企业进行亲自收集，更详细、更富有针对性，但同时需要花费的时间和成本要相对多一些。它一般是通过实地调研、访问有关人员等方式获得。所收集的一手资料必须是与调研目标有关的重要信息，避免成本的浪费。所收集的资料企业要妥善保管，以便日后使用。

二手资料是已经经过整理加工，由个体过渡到了总体，能够在一定程度上说明总体现象的统计资料，也称为次级资料或现成资料。它比一手资料的成本更低、获得的速度更快、能够及时使用、可以节约人财物力。二手资料可以来自企业内部，也可以从外部获得。对于企业形象策划而言，二手资料的内部来源有现有的企业口号、理念、制度、企业财务报表、工作计划、产品技术标准等，外部来源有公开出版物、有关主管部门文件、相关法规等。运用二手资料要尽量了解企业目前的公开出版物、有关主管部门文件、相关法规等。同时为了调研的需要，调研人员在需要时还要收集更确切的一手资料。

3) 选择调研方法

确定调研方法就是要选择什么方式来收集资料。调研分调查和研究两个步骤。首先通过客观科学的方法进行抽样或综合性调查，然后在翔实的调查资料基础上进行资料分析，得出可靠有效的结论。

调研通常可以采取以下3种形式。

① 采访形式：选择采访了解企业内外部情况、有一定见解的有关人士。在采访资料的基础上进行分析研究。

② 问卷形式：设计具有明细项目的问卷，选择问卷对象、派发、收集、综合、统计、分析等。

③ 现有信息资料统计分析：其中包括企业制度、口号、理念、年度财务报表、市场调查书、广告策划书。

调研方式方法可以根据具体的情况来选择确定。为了特定的企业形象策划，调研方法在选择上也可以有所侧重。

4) 制订抽样调查的方案

在进行企业形象策划调研时，由于各种限制，不可能对所有符合条件的相关对象进行全部调研。采用科学的抽样方案，就可以通过只对总体中抽出的一部分个体作为样本进行调研，根据样本信息，推测总体情况。在实际操作中更多是采用抽样调查的方式，所以在调研计划中一定要对调研所采取的抽样方案进行明确的规定。

抽样调研有工作量小、调研费用低、耗时较少等优点。但在实际操作中应特别注意采用正确的抽选样本的方法，使样本能真正代表总体，并恰当地确定样本数目，使得公司在符合调研要求的前提下降低调研费用。抽选样本的方法有许多种，根据是否依照随机原则进行抽样可以分为随机抽样和非随机抽样。

随机抽样是按照随机原则组织抽样调查工作。这种方式的特点就是以概率论与数理统计为基础，首先按照随机原则选取调研样本，使调研总体中的每一个体都有同样被选中的机会，从而使样本更具有代表性。同时，应用随机抽样，可以依据样本值推算出总体值，并可以计算出抽样误差的大小，在调查前就将误差控制在允许的范围内。随机抽样有3种具体方式，简单随机抽样、分层抽样和分群抽样。

非随机抽样是抽样时不遵循总体中每个单位都有客观相等被选中机会的原则，而是按照调研人员主观的判断或标准抽选样本的抽样方法。非随机抽样调研重视从样本值或特征推断总体特征，但这种推论缺乏量上精确度的科学依据。在调研实践中，为了快速得到总体一般性质方面的信息，以及为了进一步的深入调查研究而进行前期试探性调研的情况下，适于采用非随机抽样方式选择调研对象。较为常用的非随机抽样方法有3种：随意抽样、估计抽样和配额抽样。

公司可以根据具体的情况确定可行的抽样调研方案，方案的确定一定要在保证节约成本、获得确切信息的基础上来做出。

5) 行动方案

在确定了调研内容和目标，选取了合适的调研方法和抽样方案之后，就需要确定具体的行动方案，包括工作内容、工作进度的日程安排。

即使已经有了确定的调研方法，在制订行动方案时还需要使其具体化，充分考虑到在实际操作中所需要的各种工具、工作量的大小等问题，只有将调研工作的具体细节体现在实际的行动方案中，在进行调研时才会有据可依，从而使工作能顺利进行下去。

工作进度的日程安排要根据调研内容的多少和时间的要求，有计划地安排，以便调研工作有条不紊地进行。比如何时做好准备工作，何时开始并在多长时间内完成某一调研项目等。在进行企业形象策划调研时，调研题目一般都比较多，需要在制订行动方案时统筹安排，确定哪些调研需要首先进行，哪些又可以同时推进等。

同时在制订行动方案时，应该将对工作进度的监督和对调研人员的考核包括进去，只有建立有效的监督机制，将监督的任务具体到某个部门或个人，才能及时发现问题，克服薄弱环节，从而保证调研质量，得到可靠的调研结果。

6）调研预算

企业在进行调研的过程中，并非任意对所用项目进行大规模调研，调研费用应该受到预算的约束。企业应该从本身实际状况和经济实力出发，选取较重要的调研项目进行重点调研，并给予资金支持。

调研预算内容较多，如确定调研人员的酬劳，调研中使用设备的花费，以及场所使用的费用等。在进行调研预算时，应该严格按照工作程序，计算出调研人员的工作量，参照平均薪酬水平确定酬劳，该过程应该对从事不同工作的调研人员进行区分，如访问员和统计分析人员所取得的酬劳应该不同。同时对于调研所使用的设备等，应该从实际需要出发，从而确定是租用还是购置。

在操作中，应该进行细致的预算编制，将各种支出按日期和项目进行列明，从而形成一种有效的预算约束，对支出进行严格控制，避免浪费。在出现超支的情况时，及时分析原因，若是编制时没有考虑到的突发性事件引起的支出，应该予以支付，若是不必要的支付，应该及时更正。

7）监控措施

为了得到高质量的调研结果，必须针对调研中会出现的各类误差的不同来源，采取相应的控制措施，同时进行相应的监督。在企业形象策划调研中常用的控制误差的措施有调研方案比较法、调研人员试访、问卷控制与调研控制相结合的方法等。

调研方案比较法是针对在市场调研设计阶段容易出现定性类误差而采用的控制方法。通过对同一调研项目做出两种或更多的调研方案，可以使发生定性类误差的机会大为减少，从而为今后调研过程的展开奠定基础。

调研人员试访，即在调研人员培训时，进行实地试访，从而增强调研人员的工作能力。通过试访，可以有效地降低遗漏项目或单位的发生机会。

问卷控制与调研控制相结合的方法。即针对在调研实施中可能发生的调研员弄虚作假的行为，在问卷中增加逻辑检查和调研员必须到现场才能回答的问题数量。

在采取了以上措施的同时，还应该建立监督制度，设立专门的质量检查组织，规定抽查比例和工作程序等。对调研人员的工作质量和工作进度进行有效监督控制，保证调研工作的顺利进行。

6.2 企业形象策划的设计、开发和管理

6.2.1 企业形象策划的开发设计

企业形象策划的开发设计是企业形象策划导入的重头戏。首先在调研的基础上进行总概念的定位并完成总概念书。总概念书是企业形象策划的战略规划，从总概念出发，逐一对企业名称、商品品牌、行为准则、视觉项目进行设计，最后编制完成企业形象策划手册。下面介绍一下企业形象策划开发设计所需要用到的技巧与方法，如何选择专业的设计公司，然后，介绍一下设计原则。

1. 企业形象策划创意技法

企业形象策划创意技法是指企业形象策划开发设计过程中运用的技巧与方法，它与一般创意技法相同，旨在通过拟定的逻辑程序、指导原则和操作机制，帮助企业形象策划专案人员克服心理定势与习惯性思维的障碍，调动联想、想像等创造性思维能力，创作新颖独特的设计手册。企业形象策划是问题解决学，创意技法是解决企业形象策划问题学。作为一种方法和手段，只要从原则上把握各种技法的原理和过程，企业形象策划专案人员都可以使用，作为一种开发创造力的方式，从揭示企业形象实态的问题，形成企业形象策划新概念到完成设计方案，企业形象策划创意技法无不适用。下面我们将从一般角度介绍创意技法的基本原则与操作程序。

1）头脑风暴法

头脑风暴法亦称智力激励法，创始人是美国 BBDO 广告公司经理奥斯本。这是一种调动集体智慧，集体协调创作的技法。它采取小型会议的形式，相互激发灵感，产生创造性思维。头脑风暴法的操作程序分 6 个步骤：准备—"热身"—明确问题—重新表述问题—畅谈—筛选。

准备阶段。企业形象策划专案负责人作为会议召集人，应首先对有待解决的问题进行研究、分析，弄清实质与关键，并设定解决的希望点。同时安排参加会议的人员，人员不宜过多，5～10 人为好。与会人员确定后，应提前通知会议日期、地点，并列出有待解决的问题。

"热身"阶段。召集人在会议开始时应尽量给大家创造宽松自由的气氛。宣布会议开始后，大致说明会议规则，随机可以提出一两个让人意想不到的小问题，如果这个小问题与会议正题有一种潜在的触发联系，自然更好。

明确问题。企业形象策划专案负责人介绍有待解决的问题，必须言简意赅。过多的既定信息会限制人的思维。

重新表述问题。经过一段讨论，对问题有了较深的理解。大家应该试图从新的角度，多角度表述这些问题，语言的整理可以触发思维。召集人或书记员应清楚地记下大家的表述并编号。同时，召集人应时刻注意调动大家的积极性，将富于启发性的创意着重记录，供下一步畅谈。

畅谈。畅谈是头脑风暴法最出创意的阶段。大家了解了问题，自由想像自由发挥、相互启发相互补充，真正的创意就产生了。畅谈阶段需要注意的事项有：不要分散精力，私下交

谈；不妨碍他人发言；表述简单，一次只谈一种构想；记录下所有意见。

筛选。会议结束后的第 M 天，召集人或企业形象策划专案负责人向与会者了解会后大家又有什么新念头、新思路，补充会上记录，然后确定评选标准，诸如识别性、鲜明独创性、实施可行性等，进行初步的筛选，并从筛选出的创意中优中择优，仔细分析比较，确定一至三个最佳方案，它可能是某个创意或几种创意的优势组合。

头脑风暴法比较适于总概念的企划，企业命名或商标品牌设计等。它能调动大家的思维，比单个人的设想会更有创意。

2）德尔菲法

又称专家意见法，其基本过程如下。

① 首先由企业形象策划专案人员设计"函询调查表"，选定有关专家作为咨询对象。

② 然后将调查表寄送至各位专家，由各个专家进行各自的创意和设计。

③ 收回调查表，经企业形象策划专案人员汇总、整理，将结果和调查表再发回到各位专家手中，这时专家们根据综合统计结果，参考他人意见，再提出新的创意，即开始下一轮设计，如此往复 3～5 轮，各专家可参考统计结果不断修缮自己的创意。

④ 拟出若干条评价标准寄给各专家，请他们对综合整理的各种创意构思作出评论。

⑤ 综合分析，从多数专家趋于一致的构思或某独创新颖的创意中得出切实可行的方案。

⑥ 支付咨询费，并明确知识产权权益问题。

3）稽核取向法

这是一种综合各种方法的创意技法，基本程序如下。

① 稽核问题。将调研过程中发现的企业形象建设方面的问题一一列出来，进行分类分析，做出一份详尽的问题稽核表，表中既要列出问题，又要切实说明产生问题的原因。然后将稽核表发给企业形象策划专案人员及有关专家，听取他们的意见，及时进行补充修正。

② 期望点列举。对导入企业形象策划的有关希望进行检讨，并一一列举出来。如希望企业标志有现代感，标准字体活泼生动一些，标准色亮丽一些，企业标语不要那么空洞等。希望是创造的动力，创造的方向。企业形象策划专案负责人可以将各期望点一一列出，供设计者参考。

③ 开发设问。根据问题与期望，企业形象策划专案负责人应提出尽量多的启发设问，如：旧有的识别因素哪些还可以沿用，哪些需要改变，重新设计？其他导入企业形象策划的企业遇到同类情况时是如何处理的？成功或失败的原因是什么？最好有实物、照片等资料进行实证说明。设计中有什么可以参考借鉴的，借鉴时准备如何变形，变形的依据是什么？你的设计是否有一看便恍然大悟，但不看又想不到效果？旧有的形象因素是否可以略加变化，即有点石成金的效果，如扩大、缩小、变形、变色、重组等？创意是否是真的创意，有没有雷同？此类问题都可以进行提问，用来激励思考、完善创意。

④ 择优录取。设计人员不应只提出一种或一套设计创意，而应在同一创意下按照相同与相反的排列原则，提供在色彩与形状上的一系列变体设计，一并比较参考，择优录取，或在选择时确定新的组合。

4）形态分析法

将企业形象策划开发设计的任何一个项目，都当作一个系统，由各种结构与功能上的形态特征构成，设计创意就产生于各种形态因素的排列组合形式上。其创意设计过程如下。

首先，确定创意目标，让设计人员了解设计开发的功能属性；

其次，分清形态因素，确定设计项目可分解的主要组成部分或基本因素，去除与设计宗旨不相符的因素，每个方面的因素以 3~7 个为宜；

再次，进行形态组合，按照设计宗旨，对诸因素进行各种穷尽性的排列组合，并提供平面表格化的形态组合图；

最后，对组合方案进行优选，按照设计宗旨，通过比较分析，选出最优的方案。

5）类比法

类比法是创意技法中的一大类，比较法、等价变换法等都属于创造工程中的类比法。就企业形象策划创意而言，日本的中山正和先生首创的类比法更有效，其操作程序如下。

① 在企业形象策划专案负责人的主持下进行集体讨论。

② 宣布议题，并将一题写在卡片上，放在会议桌上。

③ 与会者把自己的构思、随想、见闻随时写在卡片上，按逻辑方法排列在会议桌上。

④ 主持人拿出其中的某一卡片，将构思、启示读给大家，然后提示大家开动脑筋，广泛联想，天南地北，离奇古怪都不怕，关键是要一一记载下来。

⑤ 将相似或相同构思的卡片放在一起进行类比，相互提示，若有新构思，再记载下来。

⑥ 整理卡片，逐步合并相近或相同的思路或构想，整理出统一的创意方向。

⑦ 最后形成创意。

类比法主要用的是联想，联想往往会产生奇特的创意。

2. 专业设计公司

企业形象策划是一项全方位、标准化、高智能化的工程，它要求专业人员具有经济学、社会学、管理学、大众传播学、社会心理学、消费心理学、公共关系学、市场营销学、设计学、计算机科学等多方面的知识，而企业不可能具有足够数量的企业形象策划人员，所以选择专业设计公司来协助企业进行企业形象策划的设计、导入和实施是必要的。

在选择企业形象策划专业设计公司时，应以专业公司的技术水平为主要考虑因素，而不应以收费的高低为原则。有些专业设计公司主要侧重于进行视觉识别的设计，这对于全面导入企业形象策划是不够的，所以在选择企业形象策划专业设计公司时，应事前对其进行较全面的了解，要求其提出计划书，从内容上选择合乎企业需要的专业设计公司。

在企业形象策划专业设计公司协助企业进行企业形象策划的导入和实施中，企业必须认识到企业形象策划需要企业本身进行推动，不应过分依赖专业设计公司，由其一手包办，企业最后验收。企业应是企业形象策划导入实施的主要角色，企业形象策划专业设计公司只是协助企业进行企业形象策划作业。

由于企业形象策划作为一种新兴理论，在中国才发展了 10 多年时间，理论和实践尚不成熟，并且面对众多的企业需求，专业人员更显匮乏。从事企业形象策划的人员大多是从工业设计、广告设计等专业中转行而来的，未受过系统的企业形象策划理论的教育，实践经验更不必说。由于受巨大利益驱动，企业形象策划专业设计公司纷纷成立，但多数策划能力不足。企业在导入企业形象策划时应慎重选择专业设计公司，寻找高素质的合作伙伴。

3. 设计原则

企业形象策划设计关系到企业经营的各个方面，必须与企业总体战略相一致，在企业形象策划的设计中应遵循以下原则。

(1) 战略性原则

企业形象策划的导入和实施是一个长期的过程，所以在设计企业形象策划时不应只把它当作简单的视觉设计问题或行为规范制定的问题。企业形象策划设计一旦完成，就成为企业运作的依据，对企业未来的经营起方向性的指导作用，因而企业形象策划设计应立足于长远的规划，从战略性角度来完成。

(2) 民族化原则

从企业形象策划战略的发展可以看出，各国在进行企业形象策划设计时，都具有自己的民族特色。企业形象民族化，能使企业在国际化经营中树立自己的民族特色。

(3) 个性化原则

企业识别系统的特征就是个性化，不论企业理念、企业标识都要具有自己的鲜明个性。只有个性化，才能使公众对企业容易识别，形成牢固的记忆。个性化首先是行业的个性化，即企业形象策划设计需体现行业特点；其次是个体个性化，即体现出个体的特点。不同企业有不同的个性，才能把自己从其他同类企业中区分出来。

(4) 社会化原则

企业作为社会系统中的一员，其根本利益与公众利益应是一致的，因而企业形象策划应遵循社会化原则，使企业形象能得到社会的认同，把企业利益和社会利益结合起来，从而得到公众的支持，使企业取得更大的发展。

(5) 系统性原则

企业形象策划是一个系统的工程，企业形象策划需从企业的经营理念、宗旨、行为规范和视觉识别等方面进行全方位的系统设计，疏忽任何一方面都将损害企业形象策划设计的整体效果。

(6) 同一性原则

企业形象策划战略的一个显著特征即为同一性，也就是企业向外界传达的任何信息都必须突出同一形象。同一性首先表现为企业名称、商标、品牌名称的同一性，其次表现为企业理念、视觉识别和行为识别三个系统的同一性。只有同一性才能更加突出企业的个性，强化企业在公众中的形象。

(7) 规范性原则

企业形象策划的设计必须规范，不论理念设计、行为设计和视觉识别系统的设计，都必须规范化，在确定之后不能随意更改。

(8) 操作性原则

企业形象策划的设计只有具有可操作性，才能在实际中得以应用，如果企业形象策划设计手册的内容多是华丽的词句，而没有实际的操作价值，则企业形象策划的导入就无法取得应有的效果。

6.2.2 企业形象策划的管理

企业形象策划的导入过程中，企业需设立专门的企业形象策划管理机构对企业形象策划的实施进行监控和管理，编列专门预算支持企业形象策划作业。同时，经营者必须按照企业形象策划计划严格执行，保证企业形象策划实施的一贯性。在实施中不断进行评估，并对不适应的地方做出调整。

1. 实施督导

当企业形象策划设计完成后，对企业形象策划委员会应进行改组，建立相应机构监督企业形象策划计划的执行。一般来说，企业形象策划推行的管理主要是企业内部的事情，多涉及总经理办公室、人力资源管理部、公关企划部门和市场营销部门的工作，企业形象策划管理委员会应由这些部门的主管和专职人员负责。如果企业规模较大，可以聘用企业形象策划专家负责企业形象策划的实施督导。实施督导一般有 3 个环节，即对实施情况进行检查、对实施效果进行评价、对实施中的不足予以改进，如果在导入企业形象策划之后，有效的管理无法跟上，没有专门机构或人员来监督其运作，则前期所做的大量投入就有可能白费，无法取得预期的效果。对企业形象策划导入效果进行评估，了解企业形象策划导入所取得的成效，可以从中发现导入中的不足，对下一步的推广工作进行改进，以求得更好的效果，所以效果评估是企业形象策划推行中极其重要的一环。企业形象策划导入的效果评估可以从以下几个方面来进行。

1）企业内部

企业形象策划导入和实施人员应对企业形象策划的推行情况进行随时的了解，对企业员工进行随时或定期系统地询问调查，询问的内容包括总体评价和具体作业两个方面的问题。如企业在导入和推行企业形象策划以来，各方面是否有了明显改观？新的企业理念是否能顺利贯彻？企业形象策划制度是否只是形式主义？对新的标志是否满意等。对于企业内部的调查应及时对询问结果进行整理分析，同时注意信息的真实性问题。

2）外部环境

外部环境测试评估需选择与企业有直接关系的组织或个人进行，导入效果评估应在调研阶段的调研基础上进行，所以选择对象应尽量选择原有被访者或回答问卷的人，这些人对企业形象状况有一定了解，而且经过调研阶段，会对企业形象策划的导入情况比较关注，提供更多的信息。对于评估的内容而言，应集中在视觉设计项目的传播效果和企业的总体形象上。视觉项目传播效果的评估可就一个基本设计项目进行专项评估，也可对几个设计要素的组合应用效果进行评估，进行评估时所提问的问题应全面、系统，主要针对认知度与识别功能、视觉印象和设计品位 3 个方面。企业总体形象的评估问题可采用调研阶段的关键语作为问题，根据肯定回答者占接受测试总人数的比例，与调研阶段的结果相比较，分析企业在导入企业形象策划后企业形象的优化程度和在哪一方面取得了明显的改观。

根据企业营运资料进行的企业形象策划效果评估。企业导入企业形象策划，提高企业知名度，建立企业高度识别性、统一性的形象系统，最终目的在于企业经济效益的提高。企业形象策划导入的实际效果直接体现在企业产品的市场占有率、销售额及利润的提高和营销费用的降低上。由此可见，导入企业形象策划效果评估的一个重要方面就是对企业营运业绩进行评估。从企业的经营业绩考察企业导入企业形象策划的效果，一般的做法是在企业营运报告中选取导入企业形象策划前后几年的数据进行统计分析，从市场占有率、销售额、利润的增长率中看出导入企业形象策划的效果。该方法的基本原则是，销售额和利润的增长高于因导入企业形象策划的费用增长，说明企业形象策划导入的效果良好，反之，则导入效果不佳。

企业形象策划的导入效果是与导入所确定的目标相对而言的，企业导入与实施过程中的所有作业项目，都是根据目标确立的，而导入效果的评估，也应根据企业形象策划的目标而定。根据企业导入企业形象策划的战略目标，可以确定评估内容的重点与评估标准。如日本白鹤造酒公司导入企业形象策划战略的目标是建立标志品牌的统一识别系统，其评估重点放在了企业新标志、品牌的视觉印象及识别力与标准化的表现上。

企业导入企业形象策划的目标在实施推进过程中逐步具体化，不仅有长期目标，还有中、短期目标，在不同的期限到来时，应及时对企业形象策划导入的效果进行评估，从而得到阶段性的效果评估结论。

2. 调整改进

通过对企业形象策划的实施督导和及时地进行效果评估，企业形象策划导入执行机构应对实施中发现的问题进行分析，改进推行实施方案，修正作业计划，完善企业形象策划的制度化惯例。若需调整改进推行方案，应写出书面报告，提交企业形象策划委员会讨论，根据此报告修改和进一步完善推行方案，由企业主管部门审批后执行，从而使企业形象策划的导入取得更佳地效果。

6.3 企业形象策划的传播和推广

6.3.1 企业形象策划的传播

企业形象策划的基本方针与设计概念明确之后，企业形象策划概念中对新设计系统的传播应该有所考虑。对外传播可以在社会公众与同行业环境中塑造企业的新形象；对内传播则增强企业的凝聚力，激励广大员工的创业精神和敬业精神。传播计划的制定应该考虑到的基本项目有发布的对象、范围、媒体选择、活动安排、发布日程等。通过开展象征企业新生的各项活动，企业形象策划尽快导入企业并得到公众的认可。

1. 企业形象策划的对内传播

企业形象策划的对内传播一般应早于对外传播，主要是因为在企业形象策划的导入中，要充分调动企业员工的积极性，得到员工对企业形象策划导入的理解和支持，同时也是由于员工是传播企业形象的载体和影响企业形象的人，其言行和对企业的态度直接关系到企业的形象。

在内部传播方针的拟定中，企业形象策划专案人员应从整体上把握内部传播工作的性质、意义、对象、方法及预期效果与目标。就性质与意义而言，企业形象策划专案人员自己应明确内部传播是企业形象策划导入和推广成败的关键。只有使员工认识到企业形象策划的重要性和必要性，才能调动员工的积极性，从而投入到企业形象策划的实施管理中来。就对象和方法而言，企业形象策划专案人员需考虑周全。企业员工的工作职别不同，对企业形象策划的看法也不尽相同，企业形象策划的教育与宣传应对不同的对象采取不同的方法。就预期效果与目标来说，企业形象策划专案人员应注意明确性与切实可行性。企业形象策划的推广作为一项长期的工作，需有系统、明确的计划和目标，同时对目标的管理实施效果进行不断的测试与评估。内部传播的内容一般包括以下几项。

① 企业形象策划导入的意义和原因。通过介绍企业形象策划的基本理论、历史发展和

企业导入的成功案例，说明企业形象策划导入的重要意义，并对企业自身状况进行分析，说明导入企业形象策划的原因。

② 本着企业的企业形象策划计划。向全体员工说明导入企业形象策划的目的、基本程序、设计开发状况和实施管理计划，动员全体员工成为企业形象策划运动的积极参与者，使其意识到其一言一行都在塑造着企业形象。

③ 宣传新理念。详细介绍企业的新理念体系和建立新企业理念的重要性。

④ 企业标志说明。对企业标志、标准色和标准字的象征意义进行说明，使员工对其产生认同感。

⑤ 设计的应用说明。对企业产品的商标设计意义及相应的品牌战略做充分解释，详细介绍各个应用设计项目的意义与使用方式和推广方式。

⑥ 行为识别准则。宣传企业职工对内对外活动和市场行为的准则，将企业理念在言行中予以贯彻。对于 BI 系统的行为准则都应加以介绍，使员工在行动中自觉遵守。

⑦ 统一对外的企业形象策划说法。为员工制定一套介绍企业导入企业形象策划情况的说明方式，如有人询问有关情况，企业员工的说法应一致。

内部传播的媒介形式有广告说明书、企业内部公关或企业形象策划刊物。视听教育用具、宣传海报和例行会议、讲座及仪式等。

2. 企业形象策划的对外传播

企业应首先确认对外传播的方针，以明确的方针为基础，才能确定对外传播的对象和预期目标，从而进行成功的对外传播。制定企业形象策划对外传播的基本方针需考虑的主要事项有：对外传播的基本意义、对外传播的基本内容、对外传播的时间安排、对外传播的对象、所用媒体形式、预期目标等。

对外传播的内容可分为总体方面的内容和具体方面的内容两大部分，总体方面的内容包括企业导入企业形象策划的动机与目标，企业导入企业形象策划的基本计划，企业导入企业形象策划的阶段性成绩等。具体方面的内容包括：企业新理念的阐释，企业员工的新风貌，企业开发设计的基本精神，企业新名称、标志的内容及象征意义，品牌系统设计要素的意义，企业新的市场营销战略，企业配合企业形象策划导入开展的质量管理运动的状况与成绩，企业社会公益活动等。

对外传播的主要对象有：消费者、社会公众、政府、金融机构、大众传播界、同行业人士、希望就职者、有业务往来的企业、股东等。

对外传播可通过广告、新闻及公关活动等各种形式来进行，具体的媒体形式有：电视广告、广播广告、互联网广告、报刊广告、户外广告、直邮广告、广告宣传册；电视新闻、广播新闻、互联网新闻、报刊新闻、发布会或记者招待会、企业公关赞助活动、社会义务活动等。

6.3.2　企业形象策划的推广

在企业形象策划的理念导入中，只进行传播而不推广是毫无意义的。那么，企业理念、企业行为识别系统、企业视觉识别系统的推广就显得非常重要。企业理念的推广与企业的内部传播是同时进行的，在企业理念的推广中通常可采用以下几种方法。

① 重复加强。采用各种视听形式如企业广播、集体阅读等重复强调企业理念，在召开

全体例行会议时,播放或合唱厂歌。

② 阐释体会和认识。每位员工都应切身体会企业的理念,将其化为内在意识,在企业理念方针的指导下,确认自己在企业中的位置与职责。员工可以将自己的体会,认识与大家交流,企业可表彰企业形象策划推广的先进事迹。

③ 环境物化。在环境布置中体现企业理念的精神实质,通过标语、壁画乃至厂房、办公室的布置,处处表现企业理念,使新的企业形象深入人心。

④ 仪式、游戏等活动。企业定期举办由全体员工参加的集会,由企业负责人作鼓励性的演讲,同时筹划一些组织形式有创意的文艺演出或体育运动等活动,其主要目的是加强员工之间的感情交流与企业的凝聚力。

⑤ 树立模范。在企业内部树立一些能体现企业理念与价值的榜样,起到模范带头作用。一定要注意的是,模范典型的推举必须合理,才能确实起到模范作用。

6.3.3 行为识别系统推广

行为识别系统是企业理念诉诸战略的行为方式,在企业内部的组织、管理、教育培训及公共关系、营销活动和公益事业中表现出来。行为识别系统的推广包括两个方面的内容,一是企业对内行为识别系统的推广,二是企业外部行为识别系统的推广。

对内行为识别系统推广的内容主要有建立完善的组织、管理、培训、福利制度与行为规范。员工的任务是将企业形象传递给外界的重要媒体,即在实施企业形象策划战略时需要企业员工的协助。企业应对员工进行教育,使其认同企业理念和行为识别系统的各项规定,增强企业的凝聚力。

企业外部行为识别系统推广的内容包括通过社会公益活动、公共关系及营销活动传达企业理念,获得公众的识别与认同,提高企业的知名度、美誉度,从整体上提高企业形象。

6.3.4 视觉识别系统推广

视觉识别系统的推广主要集中于其基本要素和应用要素的设计与应用上,在企业形象策划设计手册编写完成后,要依照企业形象策划设计手册的内容,在实践中进行贯彻。

基本要素诸如企业名称、企业品牌、品牌标准字、标准色、口号、标准语等,要贯彻在应用要素中,如办公用品、招牌、旗帜、衣着产品设计、广告媒体传播策划等。视觉识别系统的对内和对外传达应统一,突出企业视觉识别系统的规范性和个性。

6.3.5 CIS 战略本身的功能和作用

CIS 战略作为企业的一种形象战略体系,对内它可以强化群体意识,增强企业的向心力和凝聚力;对外可使社会公众更明晰地认知企业,建立起鲜明统一、光辉的企业形象。为此我们也可以从 CIS 战略本身具有的功能和它对企业发展的作用上来认识中国企业实施 CIS 战略的必要性。

1. CIS 战略的主要功能

1）认识功能

企业导入 CIS 战略能够使企业的产品与其他企业的同类产品区别开来，提高社会公众对企业的认知度。因为，当前各个企业生产的产品在产品品质、性能、外观、促销手段都以趋同类，企业可以通过导入 CIS 战略树立起特有的、良好的企业形象，从而提高企业产品的非品质方面的竞争力，才能在市场竞争中脱颖而出，独树一帜，取得独一无二的市场定位。通过导入 CIS 战略充分发挥其识别功能，有利于企业取得消费者的认同，建立起形象的偏好和信心。

2）管理功能

企业在开发和导入 CIS 的进程中，企业要制定 CIS 推进手册作为企业的内部法规，让企业员工认真学习、共同遵守并执行，这样才能保证企业形象识别的统一性和权威性。通过这些规定的贯彻和执行，统一和提升企业的整体管理水平和战略规划，保证企业自觉朝着正确的发展方向进行有效的管理，从而增强企业的实力，提高企业的经济效益和社会效益。

3）传播功能

CIS 战略的导入能够保证企业自信、传播的同一性和一致性，并使传播更加经济有效。例如视觉识别系统的建立可以使自己的关系企业和企业各部门遵循统一的传达形式，应用在企业所有的媒体项目上，一方面可以收到统一的视觉识别效果，加深人们对企业的直观印象；另一方面可以为企业的制作成本，减少设计时无谓的浪费。尤其是企业编制标准手册之后，可使设计规范化，操作程序化，并可以保证一定的传达水准在 CIS 战略系统操作过程中，统一性与系统性的视觉要素计划可加强传播的频率和强度，倍增的传播效果。

4）应变功能

在当前瞬息万变的市场环境中，企业为取得一定的竞争定位必须随机应变，"变"是绝对的，而"不变"是相对。企业通过导入 CIS 战略能促使企业对外传播具有足够的应变能力，可以随市场变化和产品更新应用于各种不同的产品，从而提高整个企业在市场上的应变能力。

5）协调功能

企业有了良好的 CIS 战略后，可以增强内部组织成员的归属感和向心力，使他们齐心协力为企业的美好未来效力。也就是说它可以将地域分散、独立经营的分支机构有效地组织在一起，形成一个实力强大的竞争群体，充分发挥群体的效益，积极参与市场竞争。

6）文化教育功能

实施 CIS 战略有很强的文化教育功能，因为导入该战略的企业能够逐步建立起卓越而先进的企业文化和共享价值观，而一个拥有强大的精神文化和共享价值观的企业对其员工的影响是极其深远的。员工不仅能体会到自己的价值，而且也会因为自己是这样企业中的一分子而倍感自豪，从而会更加主动地认同企业的价值观，并将其内化为个体价值观的一部分，指导和约束着自己的行为。因而较大程度地提高员工的士气，增强企业的凝聚力。

同时，CIS 战略的导入还可以为企业吸收最新的理论、科学、技术、人才等，使企业在运转有序、协调和统一的基础上，加速发展。从 CIS 战略本身所具有的功能上，我认为中国的企业应积极有效地导入企业形象识别系统，充分利用和发挥它的功能为企业发展服务。

2. CIS 战略对企业发展的作用

无论是在国内还是国外，许多著名企业的发展中，成功导入 CIS 战略起着十分重要的作用。我们从这些导入 CIS 战略企业的成功经验可以看出，CIS 战略对企业积极参与市场竞争促进企业发展起了重要作用。

1) 它可以有效地提高企业整体素质，加强企业的竞争力

在当前全面变革的时代，企业也面临着全方位的挑战。国际大市场的来临、新技术的迅猛发展以及信息的超载使整个产业结构发生了深刻的变化。企业必须全面反省和适当调整自己的组织行为、价值观念、经营方向、组织结构乃至企业名称、标志、色彩等，才能承受激烈的市场竞争带来的冲击。CIS 战略通过周密、严谨、有序的系统过程，对企业经营状态进行全面彻底的检讨并根据发现的问题，设计出解决问题的程序、模式、标准及方向，以帮助企业转变机制、更新观念、规范行为、广纳贤才和重塑形象，使企业具备自我适应、调整和更新的能力，提高企业的竞争能力从而推进企业的不断成长和进步。CIS 战略所要解决的问题大致归纳为以下几个方面。

① 企业形象模糊，易被误解、误认，企业名称与企业现状不符。
② 商品与商标形象不符，某些特定商品形象成为其他商品的障碍。
③ 缺少能代表整个企业的统一的识别系统。
④ 企业形象出现了老旧倾向，跟不上国际化形象的潮流。
⑤ 知名度太低，在形象的竞争力及认知程度上，明显处于不利的地位。
⑥ 企业内部形象不好，员工士气低落，人心涣散。
⑦ 与竞争企业相比，形象力处与弱势。

CIS 战略提供了检讨和解决这些问题的机会和方法，帮助企业改变存在状态，解决企业发展的出路，突破经营瓶颈，为企业注入新的生命力，提高企业在市场上的竞争能力，使企业朝着良性循环发展。

2) 以有效的统一来提升企业形象

企业形象是一个包容面非常多的，多方面因素的综合体。不仅包括产品、商标、厂房设备等外在的有形要素，而且也包括信誉、风格、价值观、经营哲学、行为规范等隐含的无形要素。CIS 战略可以有效地统一和提升企业形象，建立以经营理念为核心的所有形象要素的整合，以形成了一个全面统一、独特的企业形象。它能将企业的各种特性要素化为一个简单的视觉符号、标志、标准字体，化作一种统一的色彩，化作一句广告口号，一种行为模式并通过各种传播媒体使人们在异彩缤纷的世界里一眼便能识别这个企业。例如美国"汽车旅馆"开始是以个人经营为主，因为这种经营方式深受欢迎，许多地方的旅馆纷纷加盟，形成了连锁经营的形式。但是由于各地的"汽车旅馆"在外观上各具特色，缺乏一致性，直接影响了它的发展壮大。后来，他们设计了统一的标志、标准字、标准色，以招牌的形式统一其形象，在服务上也力求形成统一的风格。因此"汽车旅馆"很快在市场上站稳脚跟，生意越做越红火。

3) 它能有效地加强企业内部的凝聚力

中国有句俗话叫做"人心齐，泰山移"，外国也有"合群的喜鹊能擒鹿，齐心的蚂蚁能

吃虎"的说法。这两句话形象地说明了内部团结、齐心合力的巨大作用。对于任何一个企业来说，其内部职工之间是否团结一心、精诚合作，其部门之间是否协调统一，配合默契，直接决定着该企业是否具备较强的竞争力。CIS战略中理念识别MI强调企业目标和企业员工工作目标的一致性，强调群体成员的信念、价值观念的共同性，强调企业对成员的吸引力和成员对企业的向心力。通过确立具有卓越性、先进性的价值观，就会对企业的员工有着巨大的内聚作用，使企业员工团结在组织内，形成一致对外的强大力量。企业形象好，知名度高，企业的职工就会有一种优越感和自豪感，容易调动起职工的积极性。CIS战略对于增强企业内部的凝聚力作用主要表现在两个方面：其一，通过对员工价值观和行为的造就与规范，使员工超脱低层次的狭隘眼光，动员其为共同的企业目标团结成利益一致的有机整体，自觉调节个人和集体之间的关系，培养员工的归属意识、群体意识和参与意识。其二，标准化、规范化的视觉统一设计，能给人以耳目一新、朝气蓬勃的感觉，可以为企业创造良好的环境氛围，达到耳濡目染、潜移默化的作用，激励员工士气，使其最大限度地发挥积极性和创造性，产生 $1+1>2$ 的整体效应。

4）它有利于为企业创造消费信心

早在10几年前我们就已经随口可以说出许多日本彩电的品牌名称如松下、东芝、三洋、日立、画王等。这些彩电从质量、性能上难分仲伯，绝大多数人很难说出它们之间究竟有什么样的差别。今天在我国的家电市场上也诞生了许多著名的国产品牌，它们完全可以和国外品牌相抗衡。如海尔、长虹、美的、康佳、科龙、熊猫、美菱、TCL等，这些品牌也成了广大消费者喜爱和信赖的著名品牌。但是，我们也越来越注意到在不同时间、不同的地区，人们往往只热衷于其中一个品牌，这反映了人们的消费信心的倾向性。在现代社会中，顾客是企业的上帝，他们将手中的钞票当作选票，支持符合自己愿望的企业或品牌。消费信心是他们投票的重要行为导向，而良好的企业形象是他们投票的依据。CIS战略为企业创造出的统一、独特的企业形象，犹如是企业发给顾客的信用卡，使消费者对企业的产品和服务产生信任和依赖，使顾客放心大胆地采取购买行为，为企业争得了更多的顾客。

5）它能为企业创造适宜的外部经营环境

良好的企业形象，就像一个巨大的磁场，能为企业吸引来更多的资金、技术、人才等经营要素，保持企业的长久生命力。企业导入CIS战略不仅是一种组织完善、制度健全的表现，也是实力雄厚、锐意进取、具有远见心识的反映。企业卓越的CIS战略，能吸引着优秀人才的加盟，并发动他们的巨大潜力；吸引着银行的贷款、股东的投资、政府的支持、保险公司的担保等，使企业受到社会的一致认同，为其创造良好的外部经营环境。可口可乐公司曾这样宣称："如果哪一天，一场大火把公司化为灰烬，我们仍可以凭借可口可乐的声誉重建可口可乐帝国。"这就是企业形象在做后盾。

从以上的分析我们可以看出，面对复杂激烈的市场竞争环境，尤其是中国加入WTO后企业面临长期的生存和发展问题。因此，我们深信一个没有"个性"的企业，是不可能在市场上站稳脚跟的。而导入企业形象识别系统（CIS），就是要实现企业之间的差别化，树立与众不同的企业形象。一建立起良好的企业形象，企业就有了长期受益的无形资产，具有了长期的竞争力。因此，我认为在当今经济迅猛发展的时代，企业仍旧有必要实施CIS战略塑造企业良好形象，提高市场竞争的能力。

6.3.6 推广识别系统战略存在的问题

20世纪80年代后期CIS战略传入我国,立刻就受到理论界和企业界的广泛重视。90年代中国的企业开始打造自己的CIS战略。自从太阳神导入CIS战略取得成功后,中国的企业曾掀起了一阵CIS战略狂潮,许多企业纷纷推出自己的CIS战略。然而狂热有余,而冷静不足,成功的企业屈指可数。由于我国尚处于社会主义的初级阶段,市场经济还在建设中,加上CIS战略在我国导入的较晚,还很不成熟。导入CIS战略在很多企业狂热了一阵后,就被抛到了九霄云外。我们分析许多企业实施CIS战略失败的原因,主要是这些企业在导入的过程中存在着很多认识上与运作上的误区,以及我国的市场经济体制还不够健全等因素。因此,中国企业CIS战略的实施还将会面临一些实际问题。

1. 外部问题

1)市场竞争规则不完善

从企业形象识别系统的发展历程来看,真正显示出巨大效果的人多是在市场经济发达和完善的国家和地区。企业形象识别系统的成功运用,在某种程度上也标志着市场竞争规则的完善。然而,我国的社会主义市场经济体制正处于建立和发展之中,市场发育程度较低,市场体系还没有完全建立起来。市场体系必须具备的统一性、开放性都远远不够。尽管国家也颁布实施了《反不正当竞争法》、《中华人民共和国商标法》、《中华人民共和国专利法》等诸多法律、法规来规范企业的经济行为,但在实际经济活动中仍存在某些混乱现象,如不正当竞争,市场割据、地区垄断、行业垄断和假冒伪劣商品充斥市场,以及权力商品化,权钱交易等腐败现象并有新的发展。此外,政令不通,有禁不止,地方保护主义,部门保护主义等问题在某些地方也比较严重。这些都严重限制了市场的充分竞争,使其优胜劣汰的机制难以正常发挥,为假冒商标的横行,提供了可乘之机。同时,市场竞争的不完善也限制了消费者自由选择权利的充分行使,使假冒商标的商品获得了蒙混过关的机会,这些问题都成了我国企业形象识别系统健康发展的绊脚石。

以企业商标为例,我国现行的《商标法》是1993年2月实施的。在我国现行《商标法》中规定,对商标侵权行为处非法经营50%或者侵权所获利润五倍以下的处罚。《商标法》的这一规定只有上限,没有下限,这就使地方保护主义者有机可乘。处罚尺度尽量压低,额度定的很小。这对非法经营的企业来说几乎毫发未损,很大程度上助长了商标侵权行为,对于打击商标侵权和假冒行为非常不利。正是因为处罚力度不够,查处过轻,根本没有伤及侵权人、假冒者的"元气",因而类似的侵权、假冒行为在被查处后又屡次发生。明知违法,为什么还有那么多人敢冒天下之大不韪呢?原因很简单,即便受罚,比起不法所得仍然是九牛一毛。因此,这种侵权行为屡禁不止。而企业花钱费力设计的商标,换回的只是"替别人做嫁衣裳",难免会产生抵触情绪,限制了很多企业的实施CIS战略的步伐,同时也阻碍了我国企业形象识别系统的健康发展。

此外,我国《商标法》也没有明确规定绝对禁止假冒侵权商标的商品再次进入流通领域,只是规定对一些有毒有害且没有使用价值的商品予以销毁,而有一些侵权商品可以在消除侵权商标标识后返还当事人。当事人则又可能将原商品改头换面后再推向市场,形成侵权商品的重新上市。这不仅对不法分子没什么损害,还为不法分子提供了便利,打击了合法商家的积极性，同样也制约了企业形象识别系统在我国的健康发展。因此，在我国要形成完善的市场竞争秩序，还需要一个艰难、长期的过程。

2) 专业人员缺乏，设计水平有限

CIS 战略的应用在发达国家已有半个多世纪的历史。这种理论传入中国不过是 10 多年的事。因而，我国有关 CIS 的理论和实践还正处于逐步探索阶段。无论是企业本身还是专业策划公司、顾问公司，对于 CIS 的运作还说不上达到成熟的程度，成功率都很低，更谈不上已经形成了适合我国国情的、成熟的理论。因此，在中国 CIS 理论还需要进行不断地研究和实践，认真地探索和总结。目前我国的专业策划人员也十分紧缺，即使正在从事 CIS 策划的人员也大多没有经过专业的系统教育，而是从广告策划、设计、公关策划等转移过来的，有的甚至仅仅懂得一些广告原理而已。显而易见，他们的 CIS 策划难以创造出优秀的成果。策划人员的素质还需要全面的提高。尽管这些年在全国各地各种以 CIS 设计来招徕生意的设计策划公司风起云涌，仅广州一地就有 300 多家。但是，我国这类公司分布很不平衡，而且各个公司的设计水平参差不齐，还有待于全面提高。并且这些公司大都缺乏严格的管理，给刚刚起步的中国企业 CIS 战略带来了混乱。企业花了钱进行 CIS 策划，但效果微乎其微，致使很多企业不敢贸然行动。这些情况都限制了我国企业导入 CIS 战略的信心和步伐。

2. 企业内部存在的问题

1) 认识上的误区

由于企业形象识别系统在我国起步较晚，理论研究也不够完善，再加上企业长期受传统经营思想的影响，无论是企业的经营管理者，还是企业的员工对 CIS 的认识都存在着明显的误区，主要表现在以下几个方面。

(1) 企业形象识别系统无用论

从广东太阳神第一个导入 CIS 至今，中国许多企业仍然没有认识到企业形象识别系统的价值。它们始终认为只要企业的产品质量好，价格合理，不需花费那么多的时间和精力去导入 CIS，企业也照样能求得生存与发展。因此，它们认为企业无需导入企业形象识别系统。不可否认，质量和价格确实是企业生存发展的基础，但是随着中国市场经济的深入发展以及世界经济一体化进程的加快，企业要想在市场上站稳脚跟，仅有质量与价格的优势是远远不够的，我们认为塑造良好的企业形象是上策。在现代市场经济条件下，市场竞争的日益加剧，消费者自我保护意识不断提高，使得企业经营环境发生了根本性的变化。

过去，企业间的竞争条件往往集中在商品的质量与价格上，物美价廉成了消费者选择商品的标准。在当今的市场经济时代，市场竞争不仅首先表现为产品质量与价格竞争，而且更重要的表现为生产商品背后的企业整体形象的竞争。消费者在诸多的同类商品中最终选择哪一种，在很大程度上不仅取决于质量和价格，而且取决于他们头脑中哪一个企业的知名度高、信誉好、服务周到等，因为一个质量不合格、价格不合理的商品是根本没有资格登上现代市场竞争的舞台的。随着科学技术的进步，企业都注重采用先进的机器设备，不断提高产品质量，降低生产成本，使企业间在产品质量和价格上的差距越来越短。质量和价格也只能是生存的基础。而要想在竞争中脱颖而出，关键在于如何创造自己美好形象，以赢得社会各界的信任与赞许，从而取得了良好的经济效益与社会效益。

(2) 认为企业导入形象识别系统能立竿见影

有些企业的管理者认为，导入企业形象识别系统是一个短期行为，并且导入后能马上为企业带来巨大的经济效益。当然，企业形象战略对于塑造企业形象是十分有帮助的，但是，公众对企业的信赖和好感是一个厚积薄发的过程。良好的形象是决不可能在朝夕之间就能奏效，它需要长时间的积累和培育。一方面，公众对企业的认识是逐渐形成的，随着消费者素质的提高，消费者观念的变化，要想在消费者心目中留下美好的印象，并不是一个口号，一则广告，一次宣传活动就能达到目的的。它需要企业与消费者之间进行多次的交流和沟通。另一方面，由于各个企业的经营管理者的水平、员工的素质、企业的业务状况、竞争策略和营销手段的差异，导致不同的企业之间在树立企业形象的方法和手段上必然存在差异，在选择树立企业形象形式上也必然存在差异性。因此，树立企业形象的过程是一个不断摸索实践的过程。如果在短期内对导入企业形象战略期望过高，不切合实际，或在实践中不尽如人意时，就产生怀疑的态度，那么这种认识必将会对塑造企业形象产生一定的负面影响。

(3) 认为CIS战略可以包治百病

有些企业的经营者盲目地认为企业花费了很多的人力、物力、财力去导入CIS战略，那么企业经营过程中的所有问题都可以由此得到解决。这是一种随意夸大CIS战略的主观意愿。我们知道CIS战略只是企业形象识别系统，是要通过理念识别、行为识别、视觉识别达到塑造良好企业形象的目的。它的作用是有限的，而不是万能的。企业在生产经营活动中会出现各种各样的问题，都需要企业作出正确的战略决策。如果事事希望都能由CIS战略来解决问题，这不仅不切合实际，而且还会影响到这些问题的解决，这是非常有害的。这种想法常常会使企业的领导和员工对CIS战略期望过高，一旦出现问题解决不了，就会怀疑自己导入CIS战略是否值得，是否失误，反而忽视了考虑其他造成问题的因素，甚至也不采取其他积极有效的措施来补救，而完全归罪于CIS战略无用。

(4) 过分夸大视觉识别的作用

有人认为塑造企业形象犹如给人化装一样，无非是将其包装一下，给人们留下美好深刻的第一印象。因而，把CIS只是当作企业靓丽的外包装，完全忽略其思想和文化的内涵。这种模糊意识将CIS的精神层面和物质层断裂开来，认为CIS就是将视觉识别统一化，如统一企业标志、统一产品包装、统一办公用品、制服等。正因如此他们误以为塑造企业形象就是标志和色彩的设计问题。因为他们觉得视觉识别(包括企业名称、标识、色彩系统、商品包装、制服设计、室内外装潢等)是看得见、摸得着的东西，能给公众以新鲜感，认为完成了视觉识别就大功告成了，这是对企业形象战略的严重曲解。

事实上，企业形象识别战略是一个系统，它由理念识别、行为识别和视觉识别构成，是以理念识别系统为基础和核心，行为识别系统为主导，视觉识别系统为表现的整合过程。在这一系统的整合过程中，所有的视觉表现必须以内在的企业经营理念为依托。理念识别是视觉识别的基础和原动力，只有对企业的理念充分理解，才能制作出反映企业理念的视觉识别系统，使广大消费者透过视觉识别，感受到企业的精神和个性。视觉识别完成后，并不等于企业形象就树立起来，企业还要展开一系列有效的管理活动，社会活动和服务活动。这些活动的进行要依靠企业的员工来完成，绝非设计者所能代替的。

因此，过分夸大视觉识别的作用，其结果将是金玉其外，败絮其中。例如有的公司的标语口号叫得震天响地，内部管理却一团糟；员工有崭新的工作服，却没有良好的言谈举止和服务意识。一个表里不一的企业，其外在形象再好，也不会获得人们的好感，相反只会使人生厌。因为，企业形象不是由单一要素形成的，而是需要各要素的良好融合。企业只有从整体入手，全方位实施企业形象识别，才能塑造良好的企业形象。

(5) 以理念识别（MI）代替视觉识别（VI）与行为识别（BI）

我们也有很多企业只注重理念识别，而忽视行为识别和视觉识别。这种认识体现了我国传统的"酒好不怕巷子深"的经营观念，也反映了东西方文化价值观的差别。长期以来，中国的企业是十分重视思想道德建设的。许多企业的领导者认为，只要提高企业的价值观，狠抓企业精神就能够成功地塑造企业形象，而把视觉识别和行为识别视为华而不实的东西，这一点也与西方文化价值观有很大差异。有这样一个事例：某电视台记者拿着带有3只鸭子的企业标识和带有一位白胡子老爷爷的标识询问过路的孩子。当他拿出小鸭子标识时，有的孩子说不知道，有的孩子说是唐老鸭；而当他拿出了老爷爷标识时，孩子们异口同声地答道："是肯德基老爷爷。"其实，那个带有三只黄色小鸭子的标识是大名鼎鼎的全聚德。全聚德作为中华老字号在树立良好的企业道德方面无疑是成功的。然而，正像许多老字号一样，它们的标识逐渐被21世纪的年轻人淡忘，倒是像肯德基那样的洋品牌，在中国的孩子们心里扎下了根。以美国为例，美国是一个多民族杂居的国家，大量移民特别是欧洲人向美国移居，给美国注入了尊重个人隐私权的传统，培养了美国社会尊重个人利益的习惯。正是这种背景造就了美国特有的"崇尚自由、个人奋斗、敢于竞争、勇于冒险"的文化价值观。这种文化价值观渗透到企业经营管理上，形成了特有的企业文化：崇尚自由竞争，追求利润最大化，强调自己的特殊能力与风格。在这种企业文化的影响下，美国企业努力塑造本企业的美好形象。因为只有这样，才能体现出企业的个性。人们追求与众不同的经营效果，首先体现在视觉与行为上，他们注重鲜明醒目的公司标识设计，注重广告宣传，希望引起人们的注意，而恰恰在企业的集体主义，奉献精神上做的不足，因而这些年美国企业试图引进东方的管理方法。与美国相反，中国企业一般都很重视理念识别，而认为各种色彩设计和宣传活动是华而不实的东西，属于本末倒置。这种认识犯了与上一种认识相同的错误。人们都过于偏重强调企业形象识别某一方面的作用，忽视其他方面的作用。显然，在整个企业形象识别系统中理念识别是最重要的，它犹如企业的心脏和灵魂。但是，重视理念识别不等于以理念识别代替行为识别和视觉识别。因为，企业理念是企业的经营观念，价值准则的高度提炼和概括，是一种抽象概括出来的意识形态的东西。这对于消费者来说，是一种"看不见，摸不着"的东西。企业理念只有通过具体的感性形式，运用某种具体的物质载体，通过员工的日常活动，才能具体地体现出来，从而被人家感知。企业理念不能凭主观想像，而是源于经营管理实践并随着企业的日趋成熟而变化发展的动态东西，行为识别和视觉识别是能够让企业形象识别系统活起来的手段。创造企业形象的根本目的，就是要让消费者对企业认知和认同，并在此基础上产生信赖、好感。其中不可缺少的手段，就是要通过企业的视觉识别和行为识别让社会公众来领悟企业的理念，达到对企业形象产生好感的目的。如果说将视觉识别系统视为形式的话，那么，企业理念识别系统这一内容只有借助于形式，才能具体化，并获得自身表现和发展的生命力。此外，在我们企业内部还存在着很多认识上的误区，如认为CIS就是简单的传播企业形象；企业员工认为CIS与自己无关；CIS策划是专业公司的事，企业只要出资就行了等。这些认识上的误区挫伤了许多企业导入CIS战略的积极性和信心，阻碍了CIS战略在中国企业的发展和完善。

2) 运作上的误区

由于诸多企业实施 CIS 战略认识上存在误区，必然会造成具体运作上的误区。从我国企业导入形象战略的实践来看，具体运作中主要存在以下几个方面的误区。

（1）企业凭主观想像设计企业形象

企业要想得到更多公众的赞誉，想使自己的形象适应市场的需要，符合经济发展的趋势，就必须在公众面前和市场中界定自身的位置。这一切都需要企业认真周详地进行市场调查，充分掌握企业自身的实际情况和市场发展的前景，才能确定企业在市场上的位置和产品的发展方向，做出切实可行的符合企业长期发展状况的宏观规划，创造企业的独特个性，使企业形象的树立具有坚实的根基。目前，有些企业在导入 CIS 战略时不是把树立良好的企业形象作为企业本身重要的事情来看待而采取积极的行动，也不是动员企业员工积极参与设计，而是将其全部委托给各类策划公司和公关公司来做。这些公司并没有从企业的实际出发，而只是在视觉识别上花样翻新，在理念识别上提出一些空洞无物且千篇一律的口号，拿了策划费交差了事。这样的企业形象策划，根本不能达到为企业树立良好形象的目的。没有调查就没有发言权，规范的 CIS 导入必须从周密的调查做起，包括对企业竞争环境的调查、企业形象的调查、企业整体素质的调查等。就这一点而言，宁波雅戈尔集团导入企业形象识别系统的过程是值得我们其他企业借鉴的。许多年前，宁波雅戈尔公司靠 2 万元贷款开始了艰苦创业。至今日，这个镇办小厂已成为拥有资产 6 亿人民币，员工近 2 800 名，年销售总额超过 4 亿元人民币的国家大型知名企业。雅戈尔诞生之时，衬衫市场已是名牌林立。博采众长，采用国际水准的"无浆工艺"，开发出高级礼服衬衫"雅戈尔"。有了较好的质量后，接下去就是大力宣传，推销自己。因为在市场经济条件下，"好酒"不吆喝，也创不出名牌来。导入企业形象识别系统（CIS）之前，公司也进行过企业形象设计，但都不理想。总裁李如成先生感到，企业形象设计不能只做一个视觉识别系统（VI），还应该建立在市场调查的基础上，由单纯的视觉识别（VI），提升为包括视觉识别（VI）、行为识别（BI）和理念识别（MI）的企业形象识别系统（CIS），为此他们做出全面导入企业形象识别系统（CIS）的重大决策上导入整个企业形象识别系统（CIS）。为时 1 年，包括调查，策划，实施等 12 类项目涉及的数据 100 万个，堪称目前中国最大、最规范的企业形象识别系统（CIS）导入工程。雅戈尔集团的调查包括四大块内容。

第一块是 21 个城乡（以城市为主）的市场调查。东北地区有哈尔滨、沈阳；华北地区有北京、天津、郑州；华东地区有上海、杭州、南京、青岛；华南地区有广州；西南地区有成都、重庆；中南地区有武汉；西北地区有西安等大城市，还有安庆、怀化、余姚、建阳等四个中小城市及郎震、吉水两个乡村。抽样调查总共动员全国 100 多名专业人员组织 10 000 多名调查员，调查了 12 万人，历时半年。第二块是雅戈尔集团内部调查。内部调查是对企业内部人员的基本情况的人才考评。当时，对企业全体员工，经营管理人员，供销人员进行一次深入的调查，涉及 30 万个数据。第三块是对近 10 年国内外服装业的文献调查。收集到共 55 万字的资料。在此基础上，CIS 专家组已精选出 60 000 字的调查报告。内容包括：国内服装市场的现状与趋势；国际服装市场的现状与趋势；服装流行与技术更新等内容。第四块是对国内 10 个同行竞争对手的情况进行摸底调查。细致的调查完成之后，再由多位专家及骨干人员作出策划，最后进行反复论证，才确定了整个企业形象识别系统（CIS）的策划。1995 年 3 月，当集团余明阳博士把全部的总策划报告和视觉识别手册交给李如成总裁时，导入工作才算完成。雅戈尔集团导入企业形象识别系统（CIS）1年时间里，调查工作就进行了半年。可见，一个成功的企业形象战略必须重视企业自身与市场状况的调查，只有这样才能制定出符合企业自身发展的需要、适应市场变化的企业形象识别系统（CIS），才能塑造出了美好的企业形象。

（2）把企业形象战略简单化为企业形象设计

在企业形象识别系统（CIS）的三大要素中，无论是理念识别（MI），行为识别（BI），还是视觉识别（VI），都要涉及企业方方面面的问题，需要运用和调动众多的理论和实践知识。尤其重要的是，应将各学科知识加以糅合与创新，在企业形象识别系统（CIS）中灵活运用。世界上永远不存在静止不变的企业，企业都处在动态的发展变化过程中：科学技术在飞速发展，管理水平在不断提高，消费者心理在发生变化，市场行情在不断变动，不可预知的因素在日益增多等。企业要适应市场变化和自身发展需要，在导入CIS战略过程中，除了要对企业形象识别系统（CIS）很好的策划实施外，还要对企业形象识别系统（CIS）进行科学有效的管理与创新。我国企业在导入企业形象识别系统（CIS）时，往往重视企业形象识别系统的设计，而忽视对企业形象识别系统的管理和发展。以郑州亚细亚集团为例，90年代亚细亚集团以"中原之行哪里去，请到郑州亚细亚"而响彻神州大地，并且不断的发展壮大，也正是靠成功的导入CIS战略，成为企业视觉设计和企业文化设计的典范。但是该企业却没有把握住机会，没有从规范企业内部的行为系统上着手，尤其是企业的决策缺乏有效的管理和规范，致使企业盲目扩大，财务混乱，最终导致企业的倒闭。这值得我们深思。又如，我国第一家全面导入企业形象识别系统（CIS），并取得巨大成功的广东太阳神集团有限公司，在刚刚导入CIS战略初期可以说创造了中国企业界的神话。然而，1995年在全国保健品市场走入低谷时，"昂立一号"却保持一直"独占鳌头"的势头。"太阳神"因为没有对企业形象识别系统（CIS）进行有效的战略管理和创新，而走了下坡路。在太阳神口服液问世以后，企业并没有借它的名牌效应去开发其他系列产品，巩固和发展"太阳神"的形象，倒是"昂立一号"以"清除体内垃圾"创造了新的保健品新概念，取得了领先的市场地位，夺得了太阳神的大部分市场份额。今天，"脑白金"又以"送礼只送脑白金"的口号广泛深入人心，而"太阳神"口服液却逐渐被人淡忘。这两家企业的兴衰告诉我们，光有形象设计是不够的，还要对其形象识别系统（CIS）进行管理与发展，企业才能真正从中受益。

（3）照搬他人设计

日本中西元南先生有句名言："CIS的要点，就是创造企业个性"。从本质上说，CIS是一种企业求得生存和发展的差异化战略。这种差异不仅表现在企业的标志、商标、标准字和标准色等不同于其他企业；还表现在企业的经营哲学、企业文化、市场定位、产品定位、营销手段、组织结构设置等不同于其他企业。同时，还表现在国与国之间的民族差别。因此，实施企业形象识别战略要结合本企业，本行业的特点，需要企业领导与全体员工根据企业自身条件制定符合企业发展趋势的企业形象的战略。如果为图省事或缺乏创意，照搬其他企业的企业形象识别系统（CIS），是不能达到应有效果的。目前，国内许多企业在其理念、经营行为和视觉识别的宣传中都存在着严重的雷同现象，缺乏个性、缺乏差别性。例如：当前我国企业理念口号中，"团结"的使用率高达41%；"求实"的使用率达到35%；"创新"与"开拓"的使用率超过20%；"进取"的使用率也超过了10%。人们在构思这些口号时忘记了没有个性就意味着没有形象这一基本信条，忘记了导入企业形象识别系统（CIS）就是要创造企业独特的个性。因此，这样的理念口号往往给人以空洞、肤浅的印象，而且也不能达到使人过目不忘的效果。这样，很多企业的名称和招牌字体都是请少数几位领导干部或著名书法家书写和题词，对企业来讲缺乏个性，对企业视觉设计传达也没有起到引人入胜之处，而公众面对的都是同一面孔。因此，也很难树立独特的企业形象。在设计企业标识这方面，由于企业形象识别系统（CIS）是外来品，中国企业缺乏经验，因此很容易产生思路狭窄，单纯仿效的思想。

在中国，麦当劳的黄色大"M"标志可谓童叟皆知，无论走在那儿，只要见到鲜明的大"M"，就知道是美国著名的快餐"麦当劳"。而就在王府井麦当劳餐厅的对面曾经开了一家红高粱中式快餐，企业标志设计是一束成"M"形的黄色的麦穗，这就给人一种抄袭的感觉，非但没有起到区别的作用，反而给消费者一种负面印象，损害了企业形象。相反，康佳集团成功导入企业形象识别系统（CIS）的事例带给我们不小的启示。为了更好地配合实施"高科技、全球化、现代化"的发展战略，1995年康佳决定在本集团全面导入企业形象识别系统（CIS）。通过对企业理念重新提炼和整合，将"为企业内外公众创造健康、快乐的生活，不断奉献优秀的产品和服务"确定为新时期康佳的企业理念，并将其概括为"康乐人身，佳品纷呈"八个字，而后据此来统领整个企业形象识别系统（CIS）的编制与推行，在集团公司董事局主席任克雷的直接督导下，在公司高层领导与广大员工的积极支持和参与下，经深圳韩家英设计公司对康佳CIS进行高品质的规划，从而建立了康佳CIS体系，编制了《康佳集团企业形象识别系统手册》。历经近5年的言传贯彻执行，企业形象识别系统（CIS）对提升企业形象、整合康佳文化，开拓市场起到了积极的推动作用，它有效地推动了集团发展战略，使康佳整体实力不断增强。由此可见，一个良好的企业形象必须依靠企业领导和员工用"心"去创造，要结合企业自身特点，突出自己的个性，才能取得真正的成功。通过以上对中国企业导入CIS战略所面临问题的分析，我们可以看出中国企业要想适应市场环境的变化，树立良好的企业形象，提高自身的竞争能力必须要创建具有中国特色的企业形象识别系统。

案例：

吉林市旅游形象的推广

1. 吉林市旅游存在的问题

近几年吉林市大力发展旅游业，通过市场不断地整合旅游资源，推出旅游线路，组织大型活动，开展各种展会，大力宣传吉林市，取得了一定的成绩。但是吉林市旅游业起步较晚，基础较差，旅游产业整体发展水平不高，旅游在国民经济中的比重还太小，对吉林市经济的拉动不大，旅游业存在的问题还很多，与旅游业发达城市相比较差距很大。

1）旅游经济总量不足，产业规模小

2004年吉林市旅游总收入占GDP比重为5.83%，虽高于全国水平，但与吉林市旅游大市10%目标的标准有一定差距。在全国34个重点城市中，吉林市旅游总收入占GDP的比重位次为26位，是下游水平。2004年吉林市经济总量在全国34个重点城市中位次为25位，旅游收入是第28位，旅游收入指标还没超过经济总量的发展水平位次。吉林某市的旅游收入占GDP的比重已达24%。全国34个重点城市有20个城市的旅游收入占GDP的比重已超过9.5%,南宁、贵阳、乌鲁木齐市的经济总量都低于吉林市,可旅游对经济的贡献率都在10%以上。因此说旅游对吉林市经济总体拉动不大。

2) 旅游收入少,在全省中的份额下降

2004年全省旅游收入184亿元,吉林市占全省旅游收入的比重是22.3%,吉林市旅游在全省中的份额分别比2003年、2002年、2001年和2000年下滑3.8、2.4、2.7和5.7个百分点。旅游收入少,在全省中的份额下降。

3) 旅游饭店结构不合理

经济普查数据显示,吉林市旅游饭店建设片面追求高档。2004年吉林市旅游饭店共52家,其中星级饭店数量就达33家,而一般旅游饭店数量刚刚19家。从效益上看,33家星级饭店年营业额为2个亿,亏损额达6 000万元;而19家一般旅游饭店,年营业额超过1个亿,利润额为684万元,效益相差悬殊。可见吉林市旅游饭店片面追求高档,高档旅游饭店对吉林市经济的贡献不大,一般旅游饭店数量相对较少。

4) 缺乏强吸引力的旅游精品

吉林市有很好的地缘条件,是一座集自然山水、文化古迹、凇奇雪韵于一身的滨江旅游城市,又具有独特的民俗风情。近年来,吉林市城市建设、环境建设已逐步优化,但目前景点大都是静态的、非参与性的景观内容,比较单调,让人流连忘返的吉林特色旅游尚未形成。缺乏强吸引力的旅游精品,旅游产品品位低,功能不全,不能给游客以鲜明的旅游形象。

5) 旅行社发展得不快,内容单调

目前吉林市旅行社大型综合旅游集团较少,而且业务范围大多是以团体观光为主,业务范围窄。但以度假、探险、科考、民俗、生态、体育、文学、保健康复等为主的旅游市场空间较大,却经营不够。随着人们生活内容的多样化,人们对旅游内容的要求也越来越多样化。低级的游山玩水已经不能满足人们的需要。

6) 旅游人才匮乏

随着旅游市场的国际化,既懂国情,又熟悉市场、掌握世贸知识的创新服务型旅游人才非常欠缺。吉林市从事旅游业有各种人员大多是边学边悟,半路出家,复合性旅游人才太少,一定程度阻碍了旅游业的发展。

7) 城市文化环境差

不仅品味不高,缺乏民族风格,更没有地域文化特色,体现不出地区的文化精神。尤其是行政工作效率不高,有关部门官僚作风严重。一件普通的事,在别的地方,几天甚至更少时间便可办好,一个门口进去可以办成,但在这里有时候要花几倍、甚至几十倍的时间和精力,甚至可以把你拖垮。开发商听说就怕了,还敢来一试吗?

8) 劳动力和专业人员素质差

这主要是对教育不够重视,长期以来投入的教育科技经费比例在减少,教育质量上不去。旅游行业从业人员的在职培训、再就业培训提高抓得不紧。旅游专业人才的使用,知识的更新更是注意不够。此外,与旅游发达地区和境外一些旅游企业集团相比,吉林市旅游企业普遍存在着"小散弱差"的问题,竞争力不强,这一点尤其体现在旅游业的"前锋"旅游业方面。

2. 吉林市旅游的发展对策

1) 建立生态旅游、农村旅游、工业旅游相结合的旅游产业体系

吉林市旅游业要培植优势竞争力，还应壮大规模。吉林市是一座工业大市，丰满发电厂（亚洲第一座水电站）、吉林化纤厂、吉林化公司、轻型车厂等工业资源丰富。大力开发工业旅游资源，开辟参观通道和参观区点，发展工业强市的同时，带动旅游业的发展。生态旅游和农村旅游市场由于规模大、潜力足，目前农村旅游市场只是起步，如果旅游企业能正确引导开发农村市场，就能在新一轮竞争中抢占先机。以应建立农村旅游示范区，特别是东北三宝，指导农业旅游示范点按国家标准完善旅游基础设施，注入旅游功能，增加旅游者参与性项目，完善其吃、住、行、游、购、娱等要素。

2) 旅游资源的开发要有特点

既要考虑所处大区域的共性，又要突出吉林市的个性特色，找出自己的比较优势。打响"滑雪天堂"的牌子，使吉林市成为全国滑雪娱乐的主要目的地。在滑雪资源的开发建设上，把吉林市的六大滑场建成与国际接轨的集娱乐、观光、休闲于一体的多功能滑雪旅游基地。划开发雾凇林带，开辟新的雾凇观赏区，创造一个闻名全国、具有国际影响力的雾凇观赏景区。景区景点的开发建设上，要找到吉林市旅游特有的文化资源和地域特色资源，融进旅游当中，并不只关注景区的特色还要把区域的发展，民族文化、饮食、服饰、民居等均纳入旅游当中，把其作为景区的补充甚至是开发规划的主要对象，如此才能凸显吉林市旅游的特色。旅游产品向多元化、科技化、绿色化、精品化发展，优化旅游产品结构，提高吉林市旅游产品的市场竞争力。

3) 建立旅游人才集聚机制，采取多种措施吸引和盘活旅游人才

加强旅游就业培训，建立良好的用人机制，为旅游人才发挥才能提供和创造施展的空间和舞台。加快人才资源的开发，建立旅游人才集聚机制，采取多种措施吸引和盘活旅游人才，尽快建立起政治素质好、业务能力强、职业道德水平高的旅游人才队伍。

3. 吉林市城市旅游形象的推广

城市旅游形象的设计不仅是形象战略的起步，更为大量的工作在城市旅游形象确定之后的对外推广工作起到了引导作用。

1) 吉林市城市旅游形象推广计划的主要内容

根据吉林市旅游业发展的现状，当前我们旅游形象推广计划的主要内容应当确定为：强化城市内部管理、拓展旅游招商引资的渠道。决定推广计划首先要成立城市旅游形象推广的主体等。形象推广计划的主要任务是设置城市旅游形象推广办公室，由专职人员负责与推广工作关系密切的工作。

2) 吉林市城市旅游形象推广策略的选择

推广策略是指旅游城市在进行形象推广时为了取得最大的效果而运用的手段和方法，几个好的旅游城市形象营销关键在于策划，只有经过精心策划的推广活动，才能取得良好的效果。

(1) 推广媒体选择的策略

在实施形象推广活动时，可以使用一个推广媒体，也可以多个媒体综合运用。总体选择一般要考虑媒体性质、推广对象习惯、推广目标定位、推广费用预算等因素。从吉林市目前在旅游市场的认知程度和受青睐程度上分析，我们建议在条件允许的情况下选择覆盖率较高的媒体进行推广，以便迅速地占有目标市场更大的份额。

(2) 确定推广目标和对象的策略

从吉林市城市旅游形象推广目标的区域分布上看,推广目标市场应选择在长江三角洲地区、珠江三角洲地区、东南沿海经济开发区这两区一线,因为这三个地区一方面其自然气候、景观地貌、生活习俗与吉林市存在明显差别,另一方面这三个地区的人均国际生产总值均超过 3 000 美元,具备较高的旅游支付能力。从吉林市旅游形象推广的目标、年龄、层次上看,冬季旅游项目应侧重以中、青年人为主,因为这部分人员抵抗寒冷气候的能力和素质较强,来访可能性较大,而在夏季避暑项目的推广上则应以中、老年人为主。

(3) 推广活动的差别化策略

形象推广的差别化策略就是以发现差别和突出差别为手段,充分显示旅游城市特色的一种宣传策略。例如云南丽江应突出古镇之美,突出人与自然的和谐共存环境;而西安则要向人们展现数千年的历史文化古都的内涵;深圳则突出现代化新都市的形象。总之,只有抓住城市旅游产品最突出的特点加以放大,突出自身的与众不同,才能达到最佳宣传效果。所以吉林市在进行这一方面工作时要注意在活动内容的安排、形式的选择上要突出自己的与众不同之处。

(4) 推广时间安排的策略

时间安排策略是指推广活动发布的时间和频率合理安排的策略,一般地在时间运用上有集中时间策略、均衡时间策略等;在频度上有固定频度和变动频度等形式。根据不同时期的不同特点,采取不同的推广时间策略,不失为决策者的明智之举。如旅游热点地区普遍在"黄金周"是旅游高峰期,抓住时机吸引大批旅游者;旅游城市可以到客源地举办新闻发布会,及时在目标市场各大媒体集中时间加以宣传,几种叠加式宣传常能达到强化的效果,而吸引大批旅游者。对于收入高、支付能力强的区域,宜采用均衡时间策略来推广城市旅游形象,因为这样的消费群往往是时间的矮子,就是说是否时间是决定他们能否出游的首要因素。用电视、电台做广告,要考虑时段的变化,旅游城市形象推广时要变换时段,方便旅游形象在更广的范围内传播。而吉林市的气候特点决定我们的旅游旺季是在每年的冬季和夏季,那么在选择大力推广旅游活动时要注意与这两个旅游旺季相配合,否则容易导致事倍功半的后果。总之,市旅游形象推广时,高层管理人员要投入大量精力去指挥实施,中层管理人员应深入贯彻城市旅游形象精神,投入大量时间进行管理沟通,使城市旅游精神真正深入人心,不是停留于一般形象的"粉刷"上。这些认为既然为导入形象已付出高额的费用来聘请专业公司设计,专业公司当然要负责到底的观念是错误的。实行形象推广策划,既要请富有经验的专家或有实绩的顾问公司提供积极的协助,又要知道主角是自己,而非聘请的专家。确立内部形象推广的主体性,城市自我推广形象,充分吸收其他城市的做法,城市自己努力为主,是推广城市旅游形象的正确观念。

第7章 网络时代的企业形象策划

7.1 网络和企业形象传播

7.1.1 网络经济带来的新变化

国内外对网络经济的理解很多,综合起来主要有三类意见:第一类侧重于技术层面,认为网络经济就是"数字经济"、"互联网经济",信息技术和互联网技术对社会经济生活产生了巨大的影响,形成了网络经济;第二类是从宏观经济运行的状态来理解网络经济,认为网络经济是对信息技术和互联网技术作用下宏观经济运行出现的新特点的一种概括;第三类观点认为网络经济是一次经济方式转型,即从工业经济社会向网络经济社会转型。

无论哪一种定义都承认了网络经济对社会的巨大变革,正如欧盟主席指出的那样:网络经济给欧洲带来了深刻的影响,网络经济调整了欧洲国家的产业结构、就业结构,提高了经济增长速度。互联网的出现给全世界的企业展示了一个更为宽广的发展舞台。首先,扩大了它们的视野,让新进入者取得与现有企业平等竞争的机会,并且可以赋予新企业一些优势,比如在获取资源方面就很有利,以新华社为后盾的中华网公司建立了一个为40个工业城市服务的网站,它提供关于中国贸易和出口的完整法律分类目录,同时也是一个翻译服务机构和新闻媒介公司,由于目前提供出口信息的有形基础设施很少,那么互联网将很快成为那些希望与中国的供应商做生意的企业获取信息的主要渠道。其次,提供了低成本的配送网络、寻找经营伙伴以及收集资源信息的途径。企业在网络上提供专业化的产品和服务,互联网使企业可以把网撒向全世界的顾客,它能够把一个小市场转变成大众市场。此外,互联网上的低配送成本使服务于新的细分市场变得可行。例如网上报纸吸引了许多生活在遥远国度的读者,过去他们却是被忽视的部分,互联网还可以让大小企业开展各种形式的市场调查,而以前这一类的花费是非常大的。

许多传统经营的信条受到了怀疑,公司的大小不再以它的活动范围为标准,同样,如何经营的问题就要比到什么地方去经营的问题更重要,体现公司的核心能力不再与产品有关,而是与经营过程有关,尤其是迅速有效地与各种类型的网络建立连接的能力。在这样的网络大潮下,中国的信息产业也呈现了令人可喜的年增长速度。

7.1.2 实施 ICIS 策划的必要性

企业形象的塑造不可避免地受到了网络经济的冲击。CIS（Corporate Identity System）即企业形象识别系统，是将企业的经营理念与精神文化运用整体传达系统（特别是视觉传达系统）传达给企业周边的关系者，并使其对企业产生一致的认同感与价值观的整体设计系统。新经济形态对 CIS 的策划提出新要求，ICIS（Internet Corporate Identity System）即"网络企业形象识别系统"正是这个时代的产物，是 CIS 遭遇网络后提出的新名词，着力于通过网站塑造企业网络新形象。

首先，众多网站内容和服务的同质化使得企业急需打造自身的网络形象来形成差异化优势；其次，网络低价策略的盛行，压缩了企业的利润空间，要获得支持企业进一步发展的利润必须依赖网络形象的塑造；再次，消费者认知的有限性，使得其对品牌的忠诚度越来越低，他们需要个性鲜明的网络形象来识别众多的商业站点，更需要具有一定的知名度和美誉度的网络形象来降低在网络虚拟市场交易的不确定性。1999 年，根据美国网络对话（Cyber Dialogue）及国际商标协会（The International Trademark Association）的调研，在网络使用中，有 1/3 的使用者会因为网络上的品牌形象而改变其对原有的品牌形象，有 50% 的网上购物者会受网络购买的品牌影响，进而在离线后也购买该品牌的产品。网络品牌形象差的企业，在年度销售量的损失平均为 22%。最后，传统企业形象不能替代企业网络形象，建立网络形象是一项相对独立的工程。由于网络市场和传统市场的差异性及消费者的认知态度的不同，使得传统的企业形象不能简单替代网络形象。例如可口可乐在传统市场中可谓妇孺皆知，可是其商业网站却少有人问津。因此，在建立网络形象方面企业没有捷径可走。

Nicholas 和 Riondino 认为企业网络形象和网络品牌是建立在企业整体策略上的，它的产品、服务和员工都是影响因素，这与整体 CIS 策划理论是一致的。尽管网络企业形象巨大的发展空间和潜力让我们欣喜，但是它被挖掘和利用的现状却令人堪忧。Nicholas 和 Riondino 通过对大量的欧洲企业的调查发现，很多企业甚至是一些成功企业，都缺乏一个系统的网络品牌发展规划，即使是像雅虎这样的知名网络站点，它所拥有的仅仅是用户而非忠诚的客户。在通过网站传达企业形象方面的实践中，目前普遍存在两种错误的倾向：一种是激进派，一味追求网络新技术和新设计，造成的结果往往是新奇的网站设计与企业整体的战略目标和企业形象传达的不相吻合；第二种是落后派，照搬传统的企业形象设计方法，忽略网络的特点和优势。这说明企业还没有真正将行业发展与网络联系起来，没有认识到网络市场的巨大商机，而且有相当一部分的企业缺乏明确的网络形象发展规划和思路。

我国由于网络市场起步较晚，这种情况更为突出。一项针对我国商务网站的调研表明：企业的网络形象逊色于自身形象，形象的拓展性和一致性存在较大偏差，本土品牌的网络形象明显落后于国际品牌……一些企业仅仅将建立网络形象理解为建立一个网站，发布几条信息，把网站当作企业的宣传板报，有的甚至从网站建立起一直没有更新，更谈不上在企业的经营管理方面做相应的行动计划。另外很多企业缺乏系统规划与资源整合的能力，往往体现在重视视觉识别，完成企业网络视觉识别系统后便匆匆收场，忽视了网上的理念和行为识别。另外,上网资费偏高,带宽不足也是制约我国企业网络形象发挥作用的重要因素。

由于每个企业都有其特殊性,我们不可能找到对每个企业都有效的解决方案。然而,由于企业在塑造企业网络形象过程中存在的问题具有某些共性,这就使我们寻求普遍的方法成为可能。本书就这一问题提出自己的看法,希望能为企业网络形象的塑造和发展提供帮助。

企业 CIS 策划作为现代企业提升竞争力的利器,越来越受到国内外企业界、学术界的重视。从近年来的世界经济和企业发展来看,经济发展与企业形象呈现明显的互动性。一方面,世界知识经济的大潮将企业 CIS 策划的发展推向了一个新的阶段,尤其是网络的产生与发展,使企业 CIS 策划方法再一次面临全新的发展环境;另一方面,企业管理和 CIS 理论的不断发展,也在日益影响和创造新的知识,形成新的社会环境,推动时代和社会的进步。企业 CIS 的实施,实际上是多种学科整合的结果。过去在企业形象塑造方面,往往是通过建立品牌形象来实现的,"一个企业的形象主要决定于其产品和品牌",这样,企业形象塑造的任务就自然而然成为广告部门或设计者的事情了。然而,"随着品牌同质化和竞争者对领导者品牌的效仿,62%的消费者已无法区别竞争对手之间的品牌差别",企业界渐渐意识到仅靠品牌形象带动企业形象,将企业形象塑造独立于企业管理之外的做法是值得改进的,这样,企业的形象塑造研究必将带有明显的管理导向。

CIS 从 20 世纪 80 年代发展至今,单以传统表现方式取胜的传统企业识别手法,已不能解决现代社会呈现的多样化的市场问题。这也是企业 CIS 设计同一性原理的要求,因为企业是一定时代和特定社会环境中的企业,不可避免地要受到时代和社会因素的影响。随着网络的普及与发展,企业在 Internet 上拥有自己的站点和主页将是必然的趋势,网上形象的树立、网络时代的 CIS 系统日益成为企业宣传产品和更优质服务的关键。因此,随着 Internet 迅猛发展,CIS 的触角必然会延伸到网络上来。尤其是对中小企业来说,建立网络形象意义重大。在传统市场中,中小企业由于资金缺乏无力承担高额的广告费用而放弃对更广阔市场的进入,现在通过建立网站、制作网页,利用互联网不受时空限制的特点,宣传企业和产品,实现在低成本的情况下与大企业共同竞争。而且,优质的网络形象可以给消费者带来比传统形象更高的忠诚度,良好的企业网络形象借助网络的迅速和广泛传播,能获得更多的顾客群体。因此,如何有效地在网络这个平台上进行全新的企业 CIS 设计成为企业已待解决的问题。

7.1.3 网络经济对 CIS 的影响分析

美国 Emory University 的 Peggy M. Lee 从市场信号化的角度研究发现更名企业中名称中含".com"的公司股票价格上扬,贸易额也有所上升。而且,如果还有其他的战略措施的话,投资者的反响更大。Nancy Beiles,Dow Jones Newswire 指出伴随着网络时代的到来,新名称令一个老公司备受投资者的欢迎,Glynn and Slepian 认为企业名称的变更关乎领导层的变动和组织的生存。Beiles 认为名称中带有".com"的企业被赋予网络的身份,给股东和投资者一个明确的信号。通过网络,小企业或是不知名的企业也能被网络上的股东发现,被给予投资。这些研究肯定了CIS与网络经济结合的乐观的经济前景。

网络经济时代的到来不仅带给我们新的生存状态,还带来新的竞争方式——网络竞争。这时顾客对企业或品牌的忠诚度显得比任何时候都要重要。因为企业的竞争者和顾客不再集中于地区性市场而是同在互不谋面的全球性网络,顾客对企业的取舍会在瞬间完成。在这样的国际化大趋势下,中国的企业必须具备国际化身份,即在企业标识、企业名称、品牌商标、产品包装和企业文化等方面,按照国际企业文化、经营管理、形象传播等规律推行CIS,这不仅是国际经济大趋势,而且也是中国企业走向世界的必然要求。ICIS(Internet Corporate Identity System)策划正是着眼于在网络环境下树立企业良好形象、培育顾客的忠诚度。

网络的发展使得越来越多的企业清醒地认识到平面形象的展示效用值越来越低。另一方面,互联网自身的特点给企业形象的展示带来越来越多的利好。

首先,互联网作为载体传播企业形象是一个低成本且反馈效果好的上佳选择。传统的CIS宣传企业形象主要依靠三大体(电视、广播、杂志)、公关活动及事件营销等手段,费用高昂,而且作为一种"推"的策略,属于单向传播方式,推出去后效果如何无法测定,正如有位广告商所说,我知道我的广告浪费了一半,可是我不知道是哪一半。而Internet以其互动性的特点弥补了这一缺陷。实施ICIS策划后,企业形象展示主要依托企业网站,网站的建立及推广费用与传统媒体相比大大降低。而且通过网络监测,可以得到及时准确地反馈信息,了解网站的访问者的众多信息,从而方便调整企业的经营策略。

其次,突破地域和时间的限制。互联网的资源共享性把一个公平竞争的机会展现在所有企业面前,通过域名和网址的标识,任何企业的产品、服务和企业整体形象都可以在全球范围内发布,不再受资金和资源分布条件的限制。而且,互联网全天候特性使得企业形象的传播可以24小时全天无间隙。如安全第一网络银行(SFNB),它是完全基于互联网的银行。银行允许客户一天24小时随时在世界上任何能接入互联网的地方获取银行的任何一种服务。

再次,互联网提供的服务多样性,使得企业形象的展现更加全方位和多角度。图、音频和视频等多种形式让企业形象更加生动。Internet中的Email(电子邮件)、IM(InstantMassager在线即时通信工具)、Online Chat Room(在线聊天室)、文件传输、远程登录、BBS(电子公告板)等也使得网络具备了互动沟通和商业交易的能力。比如企业可以通过计算机网络把消费者纳入企业业务流程组中,将其作为业务流程组的始点和核心,通过与消费者在网络上的相互对话,让消费者自己参与产品的创意、构思、设计,吸引潜在顾客。这些灵活多样的互动方式,对使用者有一定的黏性,这种黏性最终在一定程度上将反映到客户的购买行为中。

最后,互联网提供的新型价值增值服务为企业形象的塑造起到了良好的推进作用。如联邦快递公司允许顾客在线跟踪他们的包裹。这不仅减少了和顾客服务代理商之间的大量昂贵的电话而且增强了顾客对企业的忠诚度。因此,传统CIS面临了一个从网下到网上的转变趋势,即实现企业形象的网络化,建立企业的网络形象也成为企业顺应网络经济大潮的明智之举。

1. 传统CIS与ICIS的比较

ICIS最大的特点是其依托的媒体是目前新兴的第四媒体——网络,网络媒体的特征是ICIS的环境背景。Steuer提出网络创造的是一个"虚拟现实"环境,信息的发送者和接受者产生互动，两者在网络媒体环境中是一个体验的过程，即媒体沟通的虚拟体验。Hoffman 教授认为网络是一个"超媒体计算机环境"（supermedia computer-mediated environments）。它一方面可以提供超媒体的内容，另一方面给用户提供了一个交流空间。计算机媒体沟通模式可以充分整合其他三种媒体的传播手段，而且比它们的简单相加更有优势：它支持个体互动、人机互动，可以连接众多的信息源，实现多对多的沟通模式，可以传播视频和音频内容，并且具有媒体反馈的对称性和信息交流的同步性。

正是由于网络媒体的独特性，使得传统 CIS 面临迎接 ICIS 策划理论的重大转变。ICIS 策划融合了最新的企业管理理念及 Internet 技术，从经营战略思想、结构体系和实施流程及技术手段三方面解决了传统 CIS 的瓶颈，为树立企业形象提供了崭新的、总体拥有成本最低的解决方案。

经济发展的重点由制造业向与服务有关的行业的转变，使今天的经济在相当程度上已经成为服务型的经济，这也使得企业的经营理念发生了革命性的变化。经营的服务观，将为顾客提供满意的服务作为企业的最终的产品，成为新经济时代企业经营理念的发展趋势。传统 CIS 主要从企业的角度出发，站在企业的立场上，从企业的需要出发，制作 CI 手册，宣传企业形象。由于技术的限制，很难与用户进行沟通并得到反馈。而 ICIS 产生于网络经济的宏观大环境中，服务的侧重点是用户，用户至上的服务观深植企业心中。从传统 CIS 到 ICIS，是企业创造性适应时代变化的自觉选择。比如网页的设计，要考虑顾客的浏览方式：网络的交互性，要倾听用户的意见和反馈信息。ICIS 在设计的最初阶段，其策略是以满足用户的需求为出发点和落脚点；之后的设计和开发阶段，也是依据对用户的研究和理解，运用人机交互学的知识来审视问题。在实施的各个阶段尤其是试运行期间，更要充分重视用户反馈的信息加以改进和维护。

由于企业经营战略上的革命，使企业彻底消除了战略目的和战略手段之间的根本对立，使它们变成一种内在一致的统一。从这个角度来看，ICIS 是适应时代发展的。

2. 结构体系与实施流程

总体来说，ICIS 与 CIS 的结构都由 MI（理念识别）、BI（行为识别）、VI（视觉识别）三部分组成。不同的是，三大组成部分在网络环境中内涵有所扩展和延伸。IMI 主要是确定企业的网上经营理念，IBI 表现在对企业内外部行为的传播上，更多地利用网络的强大功能来实现。IVI 实现了从传统的二维平面设计到三维立体设计的扩展，以及多媒体的动态设计。

1）理念识别

传统企业理念（MI）包括企业精神、经营理念、企业目标、企业标语和座右铭等，是企业文化的核心。一般情况下，企业理念是以文字诉求的方式出现，它是企业的"灵魂"，企业的理念可以通过企业的行为和视觉展示反映出来。网络企业理念（IMI），是通过网络传播企业理念的过程，它与传统 CIS 中的理念是高度一致的。只是因其网络经济行为的特殊性，企业的网络经营方针、经营行为也必与传统模式有所区别，这就要求我们把 MI 拓展开来，在高度统一的前提下，确定网上经营理念，更多的体现时代的色彩和特征。

2）行为识别

传统 BI 一般分为企业内部活动识别和外部活动识别。内部行为识别主要体现在员工管理方面，使得员工行为规范化并对企业理念达成共识，从而增强企业的凝聚力，树立企业形象；外部行为识别，包括市场营销和公共关系，力求获得消费者和社会公众的认同，树立企业良好的外部形象。随着媒介手段的变化，其实现方式也相应地有所调整，IBI更多地采用网络媒介作为行为传播的通道，取而代之的是网络公共关系、网络员工管理及网络营销管理。企业的网络行为识别系统几乎覆盖了整个企业的网上经营管理活动，是ICIS策划中最务实的部分。在实施过程中，网络化的特征也十分明显，体现在运用网络手段进行传播、营销和管理。

传统的员工管理受时间和空间的影响较大，比如过去的员工培训都是在某个固定的地点和时间下开展，而现在可以直接通过网络进行远程教育；传统营销手段主要包括各种媒体广告、公关活动、促销等，它们属于"推"的策略，缺乏有效的客户反馈，而且传统媒体费用相对较高，广告费用随着时间在递增。网络经济的到来使得交易模式发生了极大的变化，由传统的有形市场变成了无形的、虚拟的网络空间市场。传统营销理论中的4P（产品、价格、促销、地点）模式不能完全适应新的时代条件，4C（顾客、成本、便利、沟通）理论将满足顾客的需求摆在了第一位，这与ICIS用户至上的经营理念也是吻合的。网络营销符合消费的个性回归化、产品向定制化方向发展的趋势。开始是最早发现技术开发导致商业"失去个性"的营销者之一。由于技术的发展使得生产走向标准化和规模化，而随着经济的进一步发展，个性又开始变得重要。企业可以充分利用网络的一对一和交互式功能加强与顾客的沟通，吸取顾客的建议、灵感，并引导消费者在网上参与产品的创新，使新产品成为顾客思想的体现，从而满足消费者个性化的需要，提高客户的忠诚度和满意度。在实现个性化营销的过程中需要用户的反馈和不断的沟通，使得企业面临高额促销费用。网络营销的双向沟通功能和网络的低廉性为这一问题的解决提供了可行的解决途径。企业可以把一切详尽的信息制作成网页放在自己的网站上，在费用一定的情况下，可以不受限制地传播营销信息。对于消费者来说，网络提供一个方便快捷的货比三家的方式，收集相关信息更加容易，而且由于流通费用的降低，使得低价格成为可能。

公共关系（Public Relations，PR）是通过一系列公共行为获取公众的理解和支持，寻求企业利益与公众利益的和谐统一，在与企业的利益相关者，如顾客、员工、社区、政府等形成良好关系的基础上，求得自身生产经营的健康持续发展。它一方面可以帮助企业监测社会环境、收集社会对企业的各种反映，向企业决策层提供信息和决策参考；另一方面帮助企业建立和保持与各类利益相关者的双向沟通，强化与公众的联系；还可以促使企业采取相应的策略和行动影响社会公众舆论、态度和行为，从而扩大企业知名度，提高企业的美誉度。传统的公共关系依赖的媒体主要是电视、广播和杂志，受版面和播出时间的影响较大，费用也相对更高。利用网站开展的网络公共关系，可以根据企业自身的要求选择公共关系的形式，更加自由和多样化。

3）视觉识别

视觉识别是企业形象的外在表现形式。传统VI由基本设计要素和应用设计要素组成。基本设计要素有企业名称、企业标志、企业标准字、企业标准色、企业造型或象征图案；应用设计要素指的是办公用品、环境空间、产品包装设计、交通工具识别、大众传播识别、标准服饰以及印刷品CI手册。

ICIS中视觉识别是以企业的网站为载体，以超文本、多媒体的形式进行传播。过去的VI设计仅限于静态的二维平面，往往容易趋于程序化。而IVI可以实现音频、视频、Flash、文字的全方位融合，因而是立体、多维的。今后随着网络宽带的增加、芯片处理速度的提高以及跨平台的多媒体文件格式的推广，IVI的多媒体元素将更加丰富和多样化。同时，CI 网络电子文本取代传统的印刷品 CI 手册，利用其高精度性能使标准色、标准字、标准化。而且网络的交互性使得网络的受众不仅仅是接受者，也是意见的发布者，它完全可以对企业的视觉效果进行评论，企业也可以随时获得反馈信息。同时，随着网络技术的日益发展，企业在建立自己的网站时，不应仅仅局限于视觉识别，还要全方位的考虑识别标识，音频的出现将视觉识别的范围扩展到听觉识别 IAI（Internet Audio Identity），消费者可以通过背景音乐或主题音乐来识别企业的形象，甚至有些网站尝试开发触觉体验 IFI（Internet Feeling Identity）。

在实施流程方面，传统 CIS 和 ICIS 的区别最显著的差异体现在：ICIS 存在互动和反馈的环节，这点充分反映了其用户至上的经营理念。另外，ICIS 在设计之初，就要考虑到企业在网络时代的范围变化及发展方向。在实施过程中，借助的技术平台是网络，最直观地反映在视觉识别上，传统 CIS 的 CI 手册中基本系统设计和应用系统设计被网页设计所取代。

3. 技术手段

1）传播

ICIS 的传播范围较 CIS 更广且成本更低。由于网络的国际性，企业形象的传播可谓遍布全球，并且全年 365 天全天 24 小时传播企业形象。传统 CIS 传播企业形象时，主要依赖传统媒体，如电视、广播、杂志等，费用较高，而 ICIS 中的网络广告，可以放置在企业网站中，同样起到宣传产品的作用，但成本相对低廉。企业通过实施 ICIS 策划，从传统意义上的公司形象到创新的".com"，可以帮助企业轻易的实现新行业的跨越，增强了企业产品的生命力，更传递了企业市场定位的全球战略。

2）表现形式

ICIS 的表现形式更加多样化，呈现出综合性、互动性和非线性的特征。传统的 CIS 的 VI 部分以静态图的形式表现，形式单一，随着网络技术的发展，企业可以在网络上全方位、多角度的展示自己，媒体的宽度更大。Lombard 和 Ditton 曾指出媒体的宽度越大，消费者越容易沉浸其中。人体的五种感知系统，从各个独立系统获得的信息是同等重要的。传统 CIS 传播企业形象时，一般是通过视觉、听觉来获得对企业形象的认知。而网络媒体提供了多种媒体渠道，企业的网络形象可以通过图像、Flash、音频、视频等多种表现形式来表现出来，在一些计算机互动环境中已经研制出触摸反馈系统。网络多媒体技术的发展，改变了人们传统的章节页的读写模式，采用超文本链接（Hyper Text Link），使得用户的阅读方式更加灵活和富于变化。在这种方式下，用户不再是传统媒体下的信息被动接受者，而是主动参与到信息的加工处理和发布的过程中。

3）更改、升级及评估

ICIS 更改和升级迅速且成本低。传统 CIS 的应用部分大多是通过电视广告、印刷品 CI 手册、展示等实体进行传播，这些识别系统一旦建立，就很少再做变动，因为其更改和升级经济成本很高，因而相对稳定。而 ICIS 的载体是网站，企业形象主要是通过数字化传播，是在虚拟的世界传播，一旦要做出变动，可行性更高且成本更低。而且，网络的日益普及告诉企业没有变化便意味着没有生气，雅虎的创始人杨致远曾说过，在网络上不要想两个月以后的事。传统 CIS 的稳定性受到挑战。ICIS 在这方面的优越性不言而喻。另外，顾客可以利用网络获得的信息对企业网络形象进行综合、客观和精确的评价，因此 ICIS 的绩效表现是全面的理性的,而传统CIS的绩效表现主要靠广告的造势,相比而言,显得片面和感性。

当然,传统CIS也存在一定的技术优势。传统CIS的CI手册印刷品可以指定使用的纸张和油墨,而网页设计者不能要求浏览者使用什么样的电脑和浏览器;印刷标准十分成熟和完善,而网络正在发展中,还有不完善的地方;网页设计过程中有关WEB的每一件事都可能随时发生变化。但是随着网络技术的不断提高,这些技术难题很快就可以攻克。

7.1.4　ICIS及其策划原则

所谓ICIS,美国学者认为是透过网络树立企业形象,满足顾客需求,而成为"深获顾客依赖和支持的企业""不单是一种社会风气,更是未来企业经营的关键所在;它是掌握局势的战略,也是企业经营的一门哲学"。我们认为,ICIS(Internet Corporate Identity System)意即"网络企业形象识别系统",是传统意义上的CIS设计、网站制作技术和网上电子商务等多种学科的集成,运用网络媒介的交互性和及时性树立企业形象,满足顾客需求,成为深获顾客依赖与支持的企业系统工程。

ICIS策划的总体原则是用户导向原则,即把满足消费者的需要摆在第一位。比如产品的介绍,可以在保证科学客观的同时,利用网络交互性的特点来完成与消费者更直接、更个性化的沟通,使消费者更乐于接受。如果消费者不明白其中一个词的意思,可以直接用鼠标点选产品说明中的该词,就有更生动、更通俗的语言来加以解释,如果需要进一步解释,消费者还可以即时在线上提出问题,技术人员会给出更有针对性的解答。

具体实施起来需遵循四大原则。

一是实用性原则。ICIS的实用性是最初也是最高层次的设计宗旨。实用性带来的渗透力可以促使信息准确、快速的传达,尤其是满足顾客的美学需求时,就很容易产生价值。

二是继承性原则。我们对传统CIS是有选择继承的态度,传统CIS的某些内容在网络中会得到进一步的发扬,采用现代网络技术的同时,也要注重对传统媒体的利用。

三是时效性原则。速度是发展之道。在企业的网络形象上,速度体现在网页内容的不断更新上,一方面要保证新的产品信息及时发布,推陈出新;另一方面网络服务要不断完善。

四是交互性原则。这是网络的最大优势,要实现与客户的沟通顺畅,实现与客户的零距离,就应向顾客提供个性化的服务。

企业可以针对不同的用户设置不同的信息,也就是提供适合特定使用者的信息,比如德意志银行网站直接邀请你以特定的身份注册,你是个人客户还是代表一个公司,如果是公司,他们可以获得优先浏览企业最新产品、获取新产品信息资料的权限,他们比个人用户更迫切需要了解这些,是公司潜在的商业伙伴。所以,这样的互动方法对于企业保持商业机密,同时又能实时发布新产品信息,开展市场营销活动起到积极作用。

1. ICIS策划影响因素的解释结构模型

ICIS策划的影响因素主要涉及企业的理念识别要素、行为识别要素和视觉识别要素。网络经营理念、网络员工管理、个性化营销、网络公共关系及多媒体展示会影响企业网络形象。网站的推广是建立企业网络形象的第一步。到1998年全世界已经有3亿多个网页,可是每天新增加的网页仍在 100 万份以上。因此，网络推广系统也是网络企业形象的重要组成部分。根据 Hoffmall 的 FLOW 模型，网站的生动性和互动性是吸引消费者的前提条件，同样是树立网站形象的关键因素。借鉴 Steuer 等人对生动性和互动性的定义，并结合 ICIS 策划的实际需要，可以得出影响企业 ICIS 策划的因素有响应时间、可选择性和信息质量。其中，响应时间指的是网站对消费者意见的反馈时间；可选择性是指消费者可以根据自身需要选择摄取的信息及信息出现的次序；信息质量主要取决于单个信息的表现方式和多种信息的组织形式所决定的信息沟通力度，反映在网站上就是企业传播的信息是否表述清楚，能否被消费者准确地理解。

因素分布于四个层次，它们通过不同途径和方式对 ICIS 策划产生影响，网络经营理念作为最深层的因素作用于网络员工管理，网络员工管理进而影响响应时间。多媒体展示、个性化营销、网络公共关系、网站推广及信息质量这五个因素都受到响应时间和可选择性的影响。而且，这五个因素之间相关度很高，关系紧密。理念识别作为 ICIS 策划的基础，是系统的原动力和基本精神所在。但是无论从管理角度还是从传播角度来看，理念仅仅代表某一企业的意志和信息内核，是精神化的、无形的，而受企业理念支配的企业行为识别是可以体现出来的、有形的。如果理念不能在行为上得到落实，那它就只是一些空洞的口号，流于形式。同时，企业视觉识别（多媒体展示）的内涵是由企业的 BI 所赋予的，通过企业的 VI 所产生的联想便是企业的 BI（即如何去做）。如果一个企业的产品和服务质量低劣，无论口号喊得如何漂亮，广告如何诱人，也无法得到社会公众的认可，更谈不上塑造良好的企业形象。因此，ICIS 策划的总体思路是以 IBI 设计为基础，因为它是 ICIS 中最务实的部分，以 IVI 为手段，实现企业 IMI 的传播。个性化营销、网络公共关系和网站推广相关度很高，且和网络员工管理一样同属于网络行为识别的范畴。响应时间和可选择性可以在个性化营销、网络公共关系及网络员工管理中反映出来。因此，这四个因素是 ICIS 策划中行为识别的重要内容。视觉识别（多媒体展示）和理念识别（网络经营理念）也是 ICIS 策划中的重要内容。

2. IBI 系统设计

ICIS 主要面对的是上网的用户，即网民。中国互联网信息中心对网民的定义是平均每周使用互联网至少一小时的用户。企业首先要对目标人群的偏好、消费能力及消费心理做全面的评估。然后结合企业自身的资源、产品特点、竞争者策略等因素进行目标定位，有选择性和针对性地开展行为识别的一系列活动，从而为网站带来更多的访问量，赢得更多正面的形象。通过网络员工管理，规范员工形象并增强企业内部的凝聚力和向心力；通过网络营销，给消费者更全面和贴切的企业形象；通过网络公共关系，形成社会公众群体对企业的良好认知。

1）网络员工管理

网络员工管理是企业实施 IBI 对内识别中的重要环节。公司的形象不仅表现在企业外部，在内部活动中也能得到体现。网络员工管理对于规范员工的行为，从而展现良好的企业形象有重要的意义。因此要对员工进行系统化的培训，特别是网络知识方面的培训。

(1) 要熟练使用内部网

包括两个方面的内容。①可以通过内联网开展企业的日常管理。员工必须具备一定的网络技能，如收发、保存和处理电子邮件、能够上网搜集信息，能快速学习新的网络技术如网上洽谈室、网络会议和在线反馈等。通过内部网，员工可以接触到日常的各种服务和材料，例如产品和市场新闻、公司政策、特殊部门的新组织结构、下一年的预算目标、使用的软件包及其升级或销售人员的客户支持信息,员工可以在内部网上立即下载他们想得到的在线支持信息。②通过内联网进行员工培训。实现对内部服务传送渠道的重新设计。培训内容通过网络,可以在不同时间传递到不同地方和不同的用户,比如路透社公司的虚拟培训中心和未来的知识中心,这个中心把培训服务提供给它在世界各地的员工,员工可以进入虚拟图书馆进行交互式培训,参加新产品和管理技巧的虚拟课堂和讨论会。

(2) 规范员工的网络行为

尤其是在网络中担任对外宣传沟通、展现实力的从事电子商务的工作人员如论坛发言人、栏目设计者、信息发布者、在线工作人员等表现出来。要求这些员工能够做到:迅速回答用户的 E-mail 问题;设计、调整甚至是管理公司所创造的交流空间。首先,公司应设立专门的网上信息监督人员,并赋予其关闭有害信息的权力,保证企业形象的一致性。其次,规定员工在虚拟社区中发表言论,或使用新闻组、邮件列表时,要明确自己的身份,如果一些观点不能与公司的宗旨保持一致,要声明不代表公司的看法。如因这些观点引起混乱,公司应在网上及时发表声明,澄清事实。

2) 网站推广

网站推广是建立企业网络形象的第一步。可以借助传统媒体开展宣传:通过电视、广播和杂志,在广告中加入公司的网址,可谓一举两得;还可以在公司的宣传品、信笺、名片及产品的包装上加上公司的网址;最后借助口传,即利用会议、谈话的机会,将网址告诉别人。还可以借助网络自身的宣传:常用的办法有 3 种。

(1) 搜索引擎

在一些著名的搜索引擎中添加企业的网站如 Yahoo、Google 等,因此,好的域名非常重要。据 2006 年 1 月 CNNIC 发布的《中国互联网络发展状况统计报告》表明,65.7% 的网民经常使用搜索引擎。

(2) 地址栏搜索和通用网址

这是用户查询企业网站常用的工具和方法,当用户开启网络实名功能后,在浏览器地址栏输入中文,即可直接进入网站,或得到丰富的网页搜索结果。比如输入"中央电视台",即可直达央视网站;输入"奥运会",就可以得到有关奥运会的数十万搜索结果。

(3) 建立链接

可以选择与行业网站、企业黄页进行链接,因为其本身就有一定的平台效应,可以有效的宣传企业,另外也可以选择和热门站点进行链接,选择覆盖范围广的热门站点有利于增加企业网站出现的频率,还可以和供应链上下游企业实现链接,他们是企业网站必须面对的客户,在他们的企业网站上的链接可以有效提升企业的有效受众群。链接的费用随链接站点及链接图案的大小、位置的不同而有所差异,但比传统的媒介价格要低很多。选择链接站点要考虑到该站点的访问人数、访问者的统计数据(访问者性别、年龄以及分布、收入等)、收费价格及与本企业站点的业务联系等。

除此之外,还可以利用电子邮箱。企业可以在电子邮件签名部分加入企业电子邮件地址或利用电子邮箱的自动回复功能,发送宣传材料、介绍产品的主要特色等。在此,需要对接受对象进行选择,这一工作需要一定的计算机软件技术和专业人员的操作。网络宣传的方式是多种多样的,根据美国黄页协会(Yellow Pages Association)和市场调研公司 Comscore

的调研,在某些领域如汽车行业、金融服务、药店、家庭园艺和餐馆等服务类别上,使用黄页查找企业的消费者却比使用本地搜索的用户更容易转化成客户,而且这种转化的价值更高。而使用本地搜索引擎检索的用户在申请信用卡或抵押贷款、购买食品饮料、购买艺术品等方面的价值优于利用在线黄页的用户。

由此可见,消费者获知企业网站的渠道是多方面的,仅仅依靠一种信息传递工具不一定能达到最好的信息传递效果。根据国外咨询研究机构(Coopers&Lybrand Consulting)的调研,网站推广要结合多种媒体方式。企业应该对其目标用户的行为特征展开深度研究,并结合各种传播渠道的特点和企业所处行业的特点,确定网站推广的主要方式及辅助方式。

3)个性化营销

网络营销的最大特点是以消费者为主导。个性化营销的目的是对顾客进行细分,对不同类型的顾客提供不同的营销信息和营销手段。消费者可以根据自己的个性特点和需求在全球范围内寻找满意品,通过个性化的定制彰显个性。随着计算机辅助设计、人工智能、遥感和遥控技术的进步,企业也具备以较低成本进行多品种小批量生产的能力。这些都为个性化营销奠定了基础。

邮件列表是企业开展个性化营销的有力工具,它包括新闻邮件、电子刊物、网站更新通知等。企业可以通过邮件列表以最小成本触及目标顾客群,发送产品和服务,发展潜在客户和培养企业忠实消费者。统计数字表明,对于经营某些产品和服务的公司,如网上零售业或是信息服务业,采用邮件列表营销的手段向潜在客户推广产品平均会取得8%~15%的回应率,高出网络标志广告0.5%~1%的点击率。还可以通过邮件列表收集消费者的个性化信息,让消费者参与产品设计到定价的一系列活动中,使得企业的营销决策能够有的放矢,开发出适销对路的产品。而且对邮件列表的营销效果可以进行评价控制,如跟踪检测邮件的发送数量、用户阅读率及回应率等指标;监测用户打开邮件的比例、点击邮件内容中的链接或是转发到其他电子邮箱中等行为。

利用邮件列表开展个性化营销的第一步是要提供真正有价值的内容。一封邮件取得读者的认可,靠的是内容符合读者兴趣,并且能向用户传递有价值的信息。这是邮件列表营销成功的基础。同时,邮件应该亲切和个人化,营造出一对一面谈的气氛,而非公司对客户的宣传。然后要吸引消费者加入邮寄名单(opt-in),收集顾客邮件地址的方式很多,比如在网站上设计"订阅电子报"的按键,在会议或商展上询问客户是否愿意订阅等,但注意只对表示愿意收到广告邮件的客户寄件。因为根据中国互联网协会于2002年11月公布的"垃圾邮件"定义,凡有下列行为即认定为"垃圾邮件"行为:①收件人事先没有提出要求或同意接受的广告、电子刊物、各种形式的宣传品等宣传性质的电子邮件;②收件人无法拒收的电子邮件;③隐藏发件人身份、地址、标题等信息的电子邮件;④含有虚假的信息源、发件人、路由等信息的电子邮件。当顾客进入(opt-in)后,要以邮件再次确认顾客确实愿意加入,同时邮件中也提供反悔顾客退出(opt-out)的机会。提供一个Hyperlink让顾客一点就可以寄出取消订阅的要求,而且公司有自动邮件管理系统可以保证邮件不会继续寄给opt-out的顾客。这样,在线提交订阅信息系统的正常运行是很重要的,要将邮件列表确认订阅的信息和确认用户取消订阅的信息及时发送到用户的电子邮箱中。企业做到这一点,一方面可以让邮件列表营销成为企业营销手段,另一方面也可以在客户中树立良好的E-mail道德的形象。随着opt-in的顾客越来越多或公司提供的产品更加丰富多样时,应该考虑将邮件内容和顾客群分类，比如，一个新闻网站可以提供不同主题的电子报：社会新闻、政治新闻、体育新闻、娱乐新闻等，并让顾客依据兴趣不同订阅不同的电子报，做到将邮件真正寄到目标客户。

许多企业发现邮件简单易操作而且确实增加产品销售，很容易提高邮件寄出的次数，这样很容易让顾客产生"弹性疲乏"，甚至疲于应付干脆取消订阅。由于寄件频率的变因很多，产品自身、资讯多寡、顾客对资讯的需求量都对其有一定的影响，所以一般是以用户取消订阅的比例作为指标，多实验多观察，经过一段时间后就可以找出邮件频率和顾客接受度之间的关系。另外，对于中小企业来说加入邮件列表营销联盟十分必要。国外在这方面做的比较成熟，第三方服务机构拥有庞大的许可用户数据库，这些用户是在自愿注册的前提下接受来自邮件服务商的相关信息和邮件。中小企业加入邮件列表营销联盟后，通过联盟机构开展邮件列表营销，不仅网站自身可以获益，企业也可以共享网站资源。这种既竞争又整合的思路非常值得借鉴。

最后，就系统而言，一要保证系统的稳定性，即使在邮件传送过程中出现断电之类的问题，在修复后也应该能自动衔接中断的工作而不造成资料的流失。二是邮件系统必须预留一定的升级空间，即使一开始的邮件订户只有一百人，邮件系统在设计时还是要预留更大空间应付更多的流量。目前还出现了一种 RSS（Really Simple Syndication）的方式，也是获取信息的一种便捷工具，它是一种描述和同步网站内容的格式，是目前使用最广泛的 XML 应用。发布一个 RSS 文件后，其包含的信息就能直接被其他站点调用，而且由于这些数据是标准的 XML 格式，所以也能在其他的终端和服务中使用。它同邮件列表一样，可以不必登录各个提供信息的网站而是通过客户端浏览方式（RSS 浏览器）或者在线 RSS 阅读所需信息。通过一个 RSS 阅读器，可以同时浏览新浪、搜狐或雅虎的新闻。使用 RSS 的前提就是安装一个 RSS 阅读器，然后将提供 RSS 服务的网站加入到 RSS 阅读器的频道就可以了。相比邮件列表的订阅程序而言，RSS 订阅非常简单便利。RSS 的订阅方式和获取信息的方式与邮件列表营销有相似之处，其阅读方式与 outlook express 软件收发电子邮件也有类似。从经营资源和内容资源两个方面分析，RSS 营销并不比邮件列表营销具备优势。经营资源方面，要具备足够多的用户订阅，内容资源则是指企业/网站要能够连续提供有价值的内容。这两个问题对 RSS 营销和邮件列表营销都是存在的。

4）网络营销方法比较

网络营销作为企业对外行为识别中的重要一环，是以互联网为基本手段发布、促销和销售产品，营造网上经营环境的各种活动。渠道方式的改变引起营销工具的变革。1948年，美国政治学家拉斯韦尔在《社会传播的结构与功能》一文中，提出了一个传播研究中的著名命题，即描述传播行为的一个方便的方法，是回答下列五个问题：谁，说了什么，通过什么渠道，对谁，取得了什么效果？这就是传播学中的"拉斯韦尔模式"。与传统模式下的 CIS 相比，ICIS 传播有其独特的传播环境和传播手段，对受众的反馈重视和利用程度更高。由此，我们可以构造出网络营销信息的传播模式，旨在用信息论的一般原理解释网络营销信息传播中的一般规律，并将其应用于指导网络营销策略的制定和实施。

首先，企业作为信息传播的主体，通过建立网站构建一个传播企业营销信息的平台，然后开展网站推广活动，让这个平台被更多的用户所了解和熟知，运用不同的营销方法，将企业的营销信息传递给受众，其中包括消费者、政府、供应商等，受众将传播的效果通过网络及时反馈给企业，为企业制定其营销策略提供依据。

(1) 商业 IM

网站对消费者的响应时间是影响企业网络形象的一个重要因素，商业 IM 可以有效地解决这个问题。即时信息（Instant Messenger，IM）良好的反馈能力通过与其他一些功能的结合，比如文件共享、白板等，使得这项应用成为一种重要的网络营销方法。根据市场研究机构 Radicati Group 调查，到 2009 年全球即时通信（IM）账号将达到 12 亿。目前，全球每天大概有 125 亿条即时信息被发出。

商业 IM 可以使用的技术工具包括文字聊天、网页推送（page pushing）、IP 语音（Voiceover IN）、共享式浏览（shared browsing）、回呼（call-back）技术等，或者是其中几种的综合。而且不需要安装一套新的服务器，有供应商以宿主型服务（hosted services）的方式提供这些技术工具，企业只需按月交纳一定的费用，并在网站的 HTML 代码中添加几行就行。它在网络营销方面发挥很大的作用。

①信息的发送更加全面并有针对性。实时的产品文本、图片和网页的在线推送功能，使得信息的传递更有针对性。同时，通过在重要产品信息页面上添加 IM 聊天点击图标以及在文本邮件中添加聊天图标可以让消费者对产品信息的了解更加全面和及时。比如金山词霸在腾讯 TM 下设置了一个在线金山词霸和用户交流的平台，用户可以通过这个平台查词，可以由此进入到金山公司的网页，还可以将这个平台推荐给 QQ 群中的好友，也可以注册成为黄页商户。可谓是一举多得。②增加消费者购物的可能。网上购物中最令企业头痛的就是顾客放弃购物车的行为。根据一家咨询研究公司 Basex（http://www.basex.com）的研究表明，这个比例为 50，在线消费者放弃购物车的原因是多方面的，但据市场研究公司 Datamonitor 调查显示，2001 年有 69.4％的潜在网上交易没有完成，其中 8.1％是因为在顾客需要询问时销售商无法解答造成的。因此，利用即时信息可以实现网站的交互功能，包括消费者与企业销售商之间的沟通，甚至可以实现购买同一商品的用户之间的交流。③充当促销员的角色。网络中的大部分产品和服务是以数字化的方式存在的，比如数据库记录和网页链接等，通过 IM 可以在最短的时间内通过数字化方式与客户形成即时互动，数字化产品的特点使得在线即时购买成为可能。④显著提高客户服务水平。根据调查显示，顾客对服务即时性要求越来越高。期望的回复时间从以往的 24 小时到现在的 6 小时，即时回复能有效满足顾客对即时性的要求。美国的研究公司 Modalis Research 研究表明，目前已有 6％的美国网站使用 IM 作为客服工具，有 45％的消费者对此表示满意。在线客服人员能够操控多个实时的交互对话，重复问题和重要问题格式答案的预装功能可以更好提高在线服务的效率。同时，能通过反馈有效改进服务。通过在线报告和后台的参数分析功能可以改进在线客服人员的服务水平。

(2) 互联网广播

互联网广播（Internet Broadcast）是广播和网络融合的产物，最早出现在美国，通过在因特网站点上建立广播服务器，在服务器上运行节目播送软件，进行节目的广播，访问者在自己的计算机上运行节目接收软件，从而收听、收看和阅读广播信息。简而言之，就是利用互联网作为传播渠道，提供音频服务。市场研究机构 Arbitron 最新统计显示，截至 2005 年第一季度，约有 3 700 万美国人每月至少听一次互联网广播，而四年前，这一数字仅为 1 100 万人。它弥补了传统广播有声音无图文、无法选听节目的缺憾。其平均内容点击率可以达到 70 万人，广告信息点击率可以达到 60 万人，在线商品"购买"率为 49%。

互联网广播是传统媒体和网络这一新兴媒体结合的产物，它一方面具备网络的超时空特性，改变了传统广播的线性收听，转变为非线性收听；由单向的被动收听转变为双向的互动收听。听众不再是被动的接收者，而是成为信息的制造者和传播者，能够自主选择时段和节目内容，甚至可以保存、翻阅和查询。另一方面拥有传统媒体的诸多优势：①传统媒体有一套完整的采访、编辑和出版（播出）系统，是商业网站无法企及的。②传统媒体有多年的品牌优势。体现在其发布的新闻、信息权威、真实可靠、信誉度相对较高、受众认同感较强等。③传统媒体具有自我推荐、自我宣传的优势。广播、电视和报纸杂志作为传统的三大媒体相互之间的联系非常紧密，互相宣传和推荐是很顺理成章的。

因此，对这一媒体的应用也是企业开展网络营销的一大利器，企业首先可以尝试从大的网络广播站点开始。例如我们熟悉的中国中央人民广播电台、中国国际广播电台、中国广播在线，有志于国际市场的企业也可以在 NetRadio.com、Broadcast.com 及 Real.com 上投放广告。当地的网络站点也不容忽视，因为市场的压力可能迅速把他们推向领先地位，这样上面的广告对当地市场的影响力是显而易见的。除了投放广告之外，还可以制作一些与产品有关的广播节目，例如在线游戏、网上视听、美容保健、美食购物、车行旅游等。这种方式对行业一般适用于无形产品的提供商及消费型产品。

(3) 搜索引擎营销

搜索引擎不仅仅是网站推广的一种强有力的方式，也是企业开展网络营销的重要方法。搜索引擎登录只是搜索引擎营销的初级形式，关键词广告将搜索引擎营销的定位更向前一步，可实现高级定位投放。用户可以根据需要更换关键词，相当于在不同的页面轮换投放广告，因而总体营销效果更为显著。目前 Google 所推出的关键词检索收费方式在美国获得巨大的商业利润，在一定程度上提醒我国企业，这方面营销手段将是客户降低搜索比较信息成本的重要手段。

搜索引擎营销中的"注意力原则"是让企业争取将网站中尽可能多的网页被搜索引擎收录，不仅仅是网站首页。因为用户在使用搜索引擎时，往往只关注排名靠前的网站内容，所以企业的网站要尽量争取排名靠前，还有必要利用关键词广告、竞价广告等形式作为补充手段；同样，如果在分类目录中的位置不理想，就要考虑在分类目录中利用付费等方式获得排名靠前。即使做到了被搜索引擎大量收录和排名靠前，还是不能保证用户的点击率一定增加，更不代表能将访问者转化为顾客。目前有一项研究表明，通用关键词之外的分散关键词对于提高访问者的顾客转化率有显著的效果。支持这一结论的是长尾理论。根据 wikipedia 的解释，长尾（Long Tail）是 2004 年 Chris Anderson 在给连线杂志的文章中首次使用的词汇，用以描述某种经济模式如 Amazon.com 或 Netflix。该理论的原理是只要存储和流通的渠道足够大，需求不旺或销量不佳的产品所共同占据的市场份额可以和那些少数热销产品所占据的市场份额相匹敌甚至更大。即众多小市场会聚成可与主流大市场相抗衡的市场。长尾理论作为一种新型的经济模式，在网络经济领域中得到了广泛的应用。与 20/80 定律不同，长尾理论中的"尾巴"作用很大，提醒网络营销者注意到分散关键词，因为某些核心关键词可以为网站带来可观的访问量，而且这些访问者转化为顾客的概率相当高。举例来说，一个利用通用关键词"保险公司"进行检索到达网站访问者与一个检索"北京财产保险公司"到达网站的访问者相比，后者更容易转化为该网站的客户。因此，把注意力仅仅集中在少数热门关键词上是远远不够的,并且用户利用搜索关键词检索的行为研究表明,大部分用户不是仅用一个词来搜索,大多数人会采用2~3个关键词组合来搜索更为准确的检索效果。这些多词汇的组合往往就是关键词"长尾"的主要组成部分。

(4) 网络会员制营销

网络会员制营销(Affiliate Programs)又称联属网络营销、网络联盟、网站联盟、网上连锁销售等。《网络营销基础与实践》这样描述网络会员制营销:"如果说互联网是通过电缆或电话线将所有的电脑连接起来,因而实现了资源共享和物理距离的缩短,那么,网络会员制计划则是通过利益关系和电脑程序将无数个网站连接起来,将商家的分销渠道扩展到地球的各个角落,同时为会员网站提供了一个简易的赚钱途径"。可见,这种模式实质上是一种联盟形式,是一对多的联盟,是一种商家与加盟会员利益共享的网络营销方法。网络会员制能实现资源共享、高效率以及使得消费者拥有更大的选择。它的价值主要可以归纳为以下几个方面。

① 扩展了企业的网上销售渠道。最初的网络会员制营销是拓展网上销售渠道的一种方式,主要适用于有一定实力和品牌知名度的电子商务公司。它作为一种有效的电子商务网站营销手段,在国外的网上零售型网站应用很广泛,几乎涉及所有行业。我国到2003年才真正开始在国内大型网络公司应用网络会员制营销方法。作为在线销售网站的法宝之一,网上零售商对其价值十分肯定。比如国内最大的中文网上书店当当网就在2004年10月对当当联盟栏目进行全新改版,增加了更多可供会员选择的链接形式并改进了账户查询等技术功能。

② 丰富了加盟会员网站的内容和功能。网站上适当的广告内容不仅让网页看起来比较丰富,也为消费者获取更多信息提供方便,尤其是网络广告信息与网站内容相关性较强时,广告的内容便成为网页信息的扩展。对于广告主来说为在线销售型的网站,如当当网上书店,加盟会员在网站上介绍书籍内容的同时,消费者可以根据自身需要通过加盟网站的链接直接开始网上购书的行为,十分方便。如果网络会员计划中提供了会员网站可以利用的功能,也使得会员网站的功能得到进一步的扩展。如Google adsense除了提供基于内容定位的广告之外,还为会员网站提供了搜索功能。消费者利用Google搜索时,如果点击了搜索结果中的关键词广告,同样也为网站带来获得收益的机会。

③ 按效果付费,节约广告主的广告费用。广告主的广告投放在加盟会员网站上,与投放在门户网站不同,一般并非按照广告显示量支付广告费用,而是根据用户浏览广告后所产生的实际效果付费,如点击、注册、直接购买等,这样不会为无效的广告浏览支付费用,因此网络广告费用更为低廉。另外,对于那些按照销售额支付佣金的网站,如果用户通过加盟网站的链接引导进入网站(例如亚马逊网站),第一次并没有形成购买,但用户仍然会记着亚马逊网站的网址,以后可能直接进入网站而不需要继续通过同一会员网站的引导,那么亚马逊并不需要为这样明显的广告效果支付费用,因此对于商家来说更为有利,这种额外的广告价值显然胜过直接投放网络广告。

④ 为加盟会员网站创造了流量转化为收益的机会。对于加盟的会员网站来说通过加盟网络会员制计划获得网络广告收入或者销售佣金,将网站访问量转化为直接收益。一些网站可能拥有可观的访问量,但因为没有明确的赢利模式,网站的访问量资源便无法转化为收益。通过参与会员制计划,可以依附于一个或多个大型网站,将网站流量转化为收益,虽然获得的不是全部销售利润,而只是一定比例的佣金,但相对于自行建设一个电子商务网站的

巨大投入和复杂的管理而言,无须面临很大的风险,这样的收入也是合理的。对于内容为主的网站,获得广告收入是比较理想的收益模式,通过加盟广告的联盟计划而获得广告收入,例如加入易趣的创业联盟,通过会员网站引导而成为易趣网站的注册会员,将获得易趣网支付的引导费用,这样就很容易地实现了网站流量资源到收益的转化。

以上介绍的几种网络营销方法从发展趋势及应用前景来看,搜索引擎和网络会员制发展相对成熟,在发掘客户及培养消费者忠诚度方面发挥了很大作用,企业的应用普及度也比较高;商业IM和互联网广播作为新兴的营销方法,利用潜力很大。四种方法在营销中可以综合利用,不能囿于任何一种方法。企业在实际运用时要充分了解各种营销方法对目标消费者群体的影响,并针对各自的特点、影响力等因素进行权衡和取舍。

5) 网络公共关系

网络公共关系就其本质而言,就是借助互联网作为媒体和沟通渠道,利用网络的即时性和互动性,创造与目标顾客之间直接互动的机会,实现扩大企业知名度和美誉度的目的。

(1) 发布企业新闻信息

可以通过网络新闻服务在线发布企业信息,因为很多新闻记者和公众习惯通过在线网络新闻服务获取信息;在企业网站上发布信息,要注意信息更新的即时性,吸引新闻记者登录公司网站采集一手信息;一些简短新闻如软件升级、新产品介绍等可以通过新闻组和邮件列表发布。发布企业新闻的方式很多,例如将录有产品图片,公司新闻发言人的讲话等信息的录像在电视媒体播放。企业也可以通过网络,利用其多媒体的特性发送图像新闻。网上图像新闻是包括音频、视频、图片、文本等信息的综合体,而网上多数站点都能下载音频、视频、电影、动画类型的信息,这也为企业发布图像新闻提供了机会。

(2) 栏目赞助

企业赞助对象一般是一些会议、公共信息、政府或非营利性的活动,通过赞助活动,引起相关消费者的关注。如海尔是北京2008奥运会的赞助商,他们的企业页面上就提供一条超链接"海尔奥运"指向相关的界面,其目的就是为了吸引对奥运感兴趣的用户。

(3) 发送电子推销信

网络公共关系一种常见形式就是给新闻记者或编辑发送电子推销信,在信中简述企业的新闻内容。也可以向一些老顾客发送企业的新闻或新产品信息等。这需要网络公共关系人员要与新闻记者、编辑和顾客建立起稳定的关系。

(4) 参加或主持网上会议

各网络服务商经常举办一些专题讨论会。有的网络会议也吸引了很多消费者参加。企业可以积极参加会议并主动发表言论,树立在公众心目中的良好印象。

(5) 利用行业网站

很多企业已经将行业网站作为重要的公共领域。行业网站的作用不单是在网上介绍企业的基本信息,更重要的是能进一步介绍企业,帮助企业树立良好的形象。

(6) 发布公益性广告

根据行业的特点在网站上发布一些公益性广告,如环保类广告等,这种非营利性质的广告往往会取得公众意想不到的认可。

在网络公共关系的开展过程中,首先企业的主动性增强,在整个活动的任何环节企业都可以拥有主动权,可以通过BBS、新闻组、E-mail等直接面向目标市场及时发布新闻。其次用户的权威性强化。企业网上的消费群体构成了企业赖以生存的两大网络社区：一是围绕网上企业由利益驱动形成的垂直网络社区，包括投资者、供应商、分销商、顾客、雇员及目标市场中的其他成员；二是围绕某一主题形成的横向社区网络，包括生产、销售类似产品或服务的其他企业或组织。他们的活动场所主要是各类 BBS、邮件列表和新闻组。他们的观点和意见会在网络中广泛传播，对企业产生很大的影响，因此，网络公共关系人员要充分认识到他们意见的重要性，掌握信息传递的方向和内容，对反对意见及时处理。

最后，网络本身的特点使得公共关系的传播效能增强，传播时空更为广阔。这是把双刃剑，一方面，企业良好行为可以得到广泛传播；另一方面，企业的负面信息因网络的介入，也会以极快的速度公之于众。因此，企业要树立危机公关的意识。可用检索工具密切监控公共论坛等场所与企业有关的舆论的动态发展，并及时做出应对措施。

3. IVI 系统设计

企业整体形象犹如一座冰山，视觉识别就是展现在公众面前的部分，因此是外显性的。IVI 设计就是通过对网页设计中企业形象的各要素进行系统化、一体化的处理，使网络形象具体化、图案化、符号化，借助 Internet 将其清晰、准确地展现在互联网上，达到塑造企业网络形象的目的。

IVI 设计中应遵循的原则：一是充分反映企业理念原则。视觉设计的目的是将企业的理念外显化、符号化，因此脱离企业理念的视觉设计无法向公众传递企业完整的精神内涵。二是设计风格一致性原则。Omanson et.al 研究表明网站视觉设计的一致性会对消费者的认知产生影响，进而影响他们对网站的态度，对企业的形象认识和对企业所宣传的产品的态度。目前很多企业为了适应不同产品的需要，会建设不同的"子网站"，往往容易因为设计特色和风格的不一致而削弱了企业整体的网络形象。他指出影响视觉一致性的因素有：网站主题（topic）、网页标题（heading）、公司标志（logo）、网页背景（background）、网页图片（graphics）、网页字体风格（typestyle）、网页布局（layout）、网站导航地图（navigation）和网站链接标签（link label）。因此，在设计公司的视觉形象时，要注意同一个公司下的子公司网页及一个网站下各个网页都保持统一的视觉表现形式，比如统一的网站标志、一致的浏览条和浏览机制、一致的字体和色彩，这样才能在消费者心中形成统一的形象，产生宣传的规模效应。保持一致性的有效方法是书写正式的"设计风格标准"文件，规定网站中所有页面必须遵守的设计准则，如图标、字体和尺寸等。一些具体做法和经验对于企业网站的 VI 设计是很有借鉴作用的。

1）在企业的网站中引入并调整企业的 VI 标识

优秀的 ICI 标识设计要能将企业所追求的理念转化为清晰易懂的图形，将企业的诉求表现出来。这在页面中是举足轻重的。在站点的页面中通常要插入公司的标志，选取标志时通常有两种方法：一种是在页面上提供企业或品牌原有的形象标志，然后以文本方式加上标题字。企业原有的形象标志可能不适合于页面，需要将其进行一些艺术处理，如色彩的调整、边缘的虚化等，以配合页面的其他部分，获得最佳的整体效果。另一种是以图形的方式加入标题。因为在 Internet 中，汉字的字体是会受到限制的。在浏览者的浏览器中，所能显示的字体是由浏览器所在的系统决定的。制作者制作的非常漂亮的字体，在浏览者的眼中可能只是单调的宋体。因此，可以将标题字加入到图形中，这样虽然对速度会有所影响，但对整体视觉形象来说是可取的。

有些企业会直接将传统 VI 设计中的企业标志等直接放到公司网页上,比如,中国海洋石油总公司,他们把企业标志放置在公司的网页上,并加以解释,中国海洋石油总公司是以公司英文字母 CNOOC 为基本设计元素设计,蓝色外圈和波纹象征中国海洋,英文大写字母 CNOOC 组成的红色图案,有海上钻井平台托起一轮朝阳的意象,寓意中国海洋石油事业欣欣向荣。公司还在网站上规定了标志与中、英文名称简称的标准组合,字体颜色可以使用中国海油蓝色,也可以使用黑色,并附以图案说明。

2) 在企业的网站中引入并调整企业的标准色彩

企业网站的标准色彩是指能体现网站形象和延伸内涵的色彩。如 IBM 的深蓝色、麦当劳的金黄色等。一般来说,适合于网页标准色的颜色有:蓝色、黄/橙色,黑/白/灰三大系列色。

3) 在企业的网站中引入并调整企业的标准字体

一般网站默认的字体是宋体,但是为了突出企业的个性特点或者是配合网站的风格,往往要选择一些其他的字体。有关文字处理的软件比比皆是,最常见的 WPS 文字处理系统、WORD-STAR 文本编辑软件、SPT 图文编排系统、EPS 中文图形字库、PEII 中英文字处理软件等。

在进行文字设计与处理时,一般有多种中英文字体可供选择。中文字体除黑体、宋体、楷体、仿宋以外,有些较先进的文字处理系统或软件,还有隶书、魏碑、粗黑、幼圆、综艺、琥珀等几十种甚至几百种字体。而且现在有很多字体创作中心,如 Adobe,Agfa,ITG,Montype、汉龙、华光、方正等公司都在致力于字体的开发,使得我们选择的字体达到上千种。而且还有很多软件,如 Smart art. Effect specialist 等软件,能创造出所需要的新字体。这些都使得 IVI 设计者能轻松对字体、字型进行修饰处理,创作出生动的字体风格及形象,并通过特定的文字风格来表达出企业的特定形象。需要说明的是,使用非默认字体只能用图片的形式,因为很有可能浏览者的电脑里没有安装企业 VI 设计的特别字体。

在互联网中企业形象的传播可以超越时空限制,具备传送文字、声音、动画和影像的多媒体能力,为企业视觉形象的展现提供了宽阔的平台和多样化的展现手段。企业还可以开发声音识别系统,如创作企业的背景音乐、主题音乐等,使得消费者一打开网站就能在听觉上首先识别该网站。甚至还可以开发触觉识别系统,如通过三维图片获得产品的立体感受。将视觉形象和听觉、甚至触觉紧紧联系在一起,全面丰富企业的形象。

拜耳中国网站(http://www.bayerchina.com.cn)的视觉识别堪称这方面的典范。该公司的每帧主页都有固定格式:最上部左侧是企业的理念——"创新科技使生活充满活力",右侧是企业名称和著名的拜耳圆十字标志,体现生机和环保的绿色给人留下深刻的印象,也十分符合拜耳的企业形象和经营思想。每页的通栏标志下,都会表明本页所在的层级目录,然后是本栏标题,再下面是一幅极富宣传力的大幅广告图片。这些图片多是一些公益性的主题,如:探究生命,成就梦想,体现其对生态环境的人文关注。

4. IMI 系统设计

对于企业网络形象来说,不仅包括外在的形象展示,还包括企业内涵的展示。企业形象的深层次内涵就是企业的理念、价值和文化。它们是无形的,渗透在企业的行为识别和视觉识别中。网上的经营理念一旦确立,能有效地指导企业的经营方式和管理风格,从而区分于其他企业,达到企业形象识别的目的。比如韩国三星公司提出"千万不要让顾客等待"的理念后，他们立即召集第一线的维修人员进行培训，接着对财务人员、行政人员、生产人员及后勤人员进行培训，让全体员工恪守这一理念。再比如 DELL 公司一直很重视对客户行为的测度，在这一网络经营理念的指导下，他们建立了由各部门的主管组成的"客户体验委员会"。每周、每季度地追踪测度客户的感受，通过对获得的大量数据的研究，该委员会总能"想顾客之所想"每天更新信息并与公司所有雇员分享客户信息。同时，为了节约客户的"拥有成本"，DELL 特设了一个拍卖网站，帮助客户卖掉他们的过时配置。该举措既便利了客户，也为 DELL 带来了滚滚财源。

企业网络理念是企业理念及企业文化在网络的延伸和体现。表现在网站上，就是网站主题的定位。网络的特性使得 IMI 具备两个特点：一是丰富性和可扩展性。网络媒体信息量非常大，各种多媒体手段的运用，可以让企业理念不断丰富和多元化，并且很容易进行扩展和升级；二是实时渗透性。网络媒体的时效性可谓是对传统媒体最大的冲击。网络受众可以在任何时间、任何地点自由地阅读和浏览信息，企业理念通过网络真正实现实时渗透。

1) IMI 的设计依据

(1) 从顾客需求出发。企业要分析其面对的顾客群体的情况，分析他们对企业的产品需求以及期望的产品和服务，将企业的市场营销战略作为企业设计理念系统的实践依据。

(2) 注重其全球文化的宽度。因为建立网络形象后，企业要面对的是网络所能企及的全球市场。狭隘或本土化的理念是行不通的。要寻求全球性的共同属性，如诚实、友爱、实现自身价值等。如贝纳通服装对爱心的诠释，就体现了全球性共通语言的特性。埃索石油曾组织几十位专家、向全球派出数千人进行语言习惯、文字、风俗、禁忌及对埃索的品牌识别的调研研究，历时数年才确定自己新的品牌命名和新的形象识别。

(3) 力求企业的理念设计具有时代感。要符合当代顾客的喜好，使得企业的经营理念既要作为企业长期的指导思想，又要做到随着时代的推进，从而不断适应时代的变化。

(4) 不同网站类型、不同行业的企业由于其定位不同，对网络的应用程度和侧重点有所不同，因此理念也有所差异：①企业宣传型网站中视企业所处行业的不同，其企业理念也不尽相同。这些企业一般是单纯做企业宣传的，所以网上企业理念和传统的企业理念差别一般不大；②产品主打型网站的企业分两类。一类是生产适合网络销售的无形产品如音乐、软件等，这些产品的生产企业设立的企业理念可能和网络联系比较紧密，如索尼公司制定了"将公司网站建设成全球在线娱乐场"的网络经营理念。一手抓硬件（产品设备），一手抓软件（影视娱乐），效果非常好；另一类是生产有形产品的企业。比如技术型的企业要体现坚强、乐观、进取心强的特点，比如世界著名的化工和医药企业德国拜耳，其网站在每帧网页的开头都有"Science For A Better Life"（创新科技使生活充满活力），传达了一种追求卓越的企业理念。③服务社区型的网站要体现其服务周到的特点，如网上商城的网络理念可以是"顾客至上，创造精彩生活"。再比如 FedEx 网站注重的是与客户，尤其是与企业客户间的亲和力，这对发挥其智能化运输控制系统作用是至关重要的。所以，其网站定位在宣传"整体大于部分之和"的营销理念、力求与客户协同动作，共谋企业最大利益；④管理功能型网站设立的企业理念多是和网络关系紧密的，如 IBM 公司设立的"E-business on demand（电子商务随取即用）"的网络理念，是建立在企业电子商务进程成熟化的基础上提出的，在这一理念的指引下，在网上开展了一系列的商务活动并从中获益不少。这类企业理念的提出者多是电子商务应用程度很高的企业。

2）利用虚拟社区传播企业理念

所谓虚拟社区，指的是一个通过网络以在线的方式供人们围绕某种兴趣或需求集中进行交流的地方。虚拟社区包括专业垂直类网站和开放式的专题 BBS、聊天室和博客等形式。这类网站由于其清晰的分类和自然形成的特点，聚集了相当数量的人群。它具备两个特征：一是共征性。同一虚拟社区的人一般都有着共同的兴趣和爱好；二是能动性。虚拟社区的不同主题可以为人们提供不同的选择，在不同社区里可以展现自己的个性，拥有最大限度的能动空间。

在现实生活中，社区式的活动应该成为公司文化中的一部分，参加社区活动无疑会增加消费者对企业直接和感性的认识，使企业形象在消费者心中迅速鲜活立体起来。但是，受到种种主观和客观条件的限制，有机会参加这种实地社区活动的毕竟有限，网络的无边界特点就很好的解决了这个问题，扩大了参与活动的受众面，企业可以将信息融入虚拟社区网民的互动交流中，从而将企业的理念在不知不觉中传播给消费者。

"博客"（BLOG）作为虚拟社区的形式之一，在传播企业理念方面发挥了很大的作用。博客即 Blog 或 Weblog，中文称网络日志或部落格，是网上的一种共享空间，以日记的形式在网络上发表自己的个人内容，并及时有效地与他人进行沟通的一种形式。

根据 CNNIC2012 年 7 月发布的《中国互联网发展状况统计报告》显示，截至 2012 年 6 月底，中国网民使用微博的比例已经过半，用户微博增速低至 10％以下，增速的回落意味着微博已走过早期数量扩张的阶段。然而微博在手机端的增长幅度仍然明显，手机微博用户数量由 2011 年底的 1.37 亿增至 1.70 亿，增速达到 24.2％。

企业可以利用第三方博客平台如博客中国等，发表博客文章来开展传播企业理念的活动，或是自建博客频道，撰写文章吸引潜在用户。目前国内外企业中利用第三方博客平台的居多。首先要选择博客托管网站、开设博客账号。一般来说，企业可以选择适合本企业的行业博客站点或是知名度高访问量大的博客站点来托管。Alexa 全球网站排名系统可以帮助企业做选择；其次要培养一批博客写手。在应用博客的过程中，人员的配备相当重要。因为企业中必须有一批人参与博客论坛的讨论，帮助用户分析和解决问题，同时维护和宣传企业形象。这对人员的素质有一定的要求，一方面要具备一定的分析、写作表达能力，另一方面要有相关的产品和服务经验。企业要挖掘一些有思想和表现欲的员工进行一定的培训。还要制定企业内部的《博客条例》，规定博客们的写作领域、博客文章的发布周期，发布内容中哪些是可以阐述的，哪些是不能在社区论坛中泄漏的，比如核心技术等公司机密。博客们主动撰写的文章必须先在企业内部进行传阅测试，然后再发布到博客论坛中。

5. AIDA 模型对 ICIS 策划方法的应用分析

AIDA 模型（AIDA Model）将消费者实现网络购买的过程划分为四个阶段：第一、知晓（Aware）某个企业或品牌，第二、对其产品和服务产生兴趣（Interest），第三、产生购买的愿望（Desire），第四、采取某种行动（Action）。同样地，按照消费者所处的购买准备阶段，把目前网络消费群体分为四类：网络漫游者、信息搜索者、自我实现者和寻求归宿者。从四个角度将 ICIS 策划每个部分的特点和实现的方法和 AIDA 的过程及消费者的类型进行组合。

1）知晓

知晓是企业开展 ICIS 策划的第一步。在这一阶段，企业可以通过搜索引擎、互联网广播、传统媒体和广告链接的方法吸引消费者到企业网站上。通过网站的布局设计、色彩、声音和三维技术给消费者留下深刻的印象。这个阶段的消费者，我们把他们定义为网络漫游者，他们上网并没有特别的目的，只是消磨时光，类似于传统经济中以逛商场为乐趣的消费者，因此，企业的形象展示成功与否对这类消费者的去留十分重要。企业可以通过设计整洁有序、具有个性化的网页、和谐的色彩搭配及符合企业风格的背景音乐等营造一个富有魅力的虚拟空间，使得网络漫游者能得到全方位的审美体验，对企业的形象留下深刻的印象。需要注意的是，多媒体要素的应用必须和企业的整体风格相吻合，脱离总体风格的设计就算吸引了消费者的注意力，但不利于甚至混淆了企业的形象，对企业的形象建设仍旧是无益的。

2) 兴趣

通过双向的沟通和消费者对信息的选择可以有效地提高消费者对网站的关注度。帮助消费者学习已经被认为是一种非常有效的营销沟通手段，可以为企业创造长久的利润（Wernerfelt，1996）。运用邮件列表或RSS、博客论坛和商业IM等推拉结合的方法，和消费者进行情感的沟通，并分享一定的产品和使用知识。当消费者对企业有了一定的认识，就从网上漫游者的角色转变为信息搜索者，也就是说，他们对网站的内容是有兴趣的，这时候他们的审美体验也转变为学习体验。他们有比较明确的搜索目标，通过浏览网站能获取想要的价值和利益。这时ICIS策划过渡到行为识别的阶段，网站的互动性和生动性是维持这部分消费者的有利手段。消费者希望能快速、低成本的获得所需要的信息。网站可以通过各种多媒体工具为消费者提供多种获取信息的渠道，网络传输的精确性也大大提高了所获取信息的质量，多渠道的信息综合使得消费者对产品的各方面属性有更加准确的认知。

3) 愿望

积极的品牌情感有助于消费者产生积极的购买愿望。Lietal（2001）的研究发现，网站的互动体验可以带给消费者更加愉快的感觉，增强他们的品牌情感。通过有针对性地吸引消费者的设计和内容，将在线口碑、在线价值传递给消费者，如通过邮件列表或RSS将相关信息直接传递给目标顾客，建立起一对一的营销手段，结合商业IM的即时特点帮助消费者达成购买愿望。有了购买愿望的消费者是自我实现者。网站的三种模拟即视觉模拟、触觉模拟和行为模拟，可以令消费者建立起对网站积极的情感，如图片展示可以获得对产品的外观感受等。而且，为消费者提供的定制页面，使得消费者可以方便的控制自己想要的信息。网站的互动使产品的开发、生产等各个环节透明化，让消费者真正参与其中。比如利用联邦快递投递包裹的消费者可以监督包裹投递的全过程，何时到何地，还可以中途改变包裹的投递路线。通过这样的自我实现的体验，建立企业的美誉度。

4) 行动

行动是指消费者潜在的倾向转化为实际行为的过程。在消费者的学习理论中，行动意图可能是由于不确定，对额外信息的搜索行为（Brucks，1985；Hoch&Ha，1986；Levin&Gaeth，1998）及购买意向（Beerli&Santana，1999；Andrews，Akhter，Durvasula&Muehling，1992），传统的意向测量在网络环境下同样适用。通过网络促销手段，在线离线客户支持使得他们获得更详细、准确的信息，更有信心做出购买决策。对于做出购买行动的消费者来说，他们的购买行为是一个充满感情和情感因素的过程（Hirschman，1982）。通过此过程实现从自我实现者到寻求归宿者的转变。归属体验一方面隐性包含在上述一系列体验中，另一方面显性体现在网络社区中。网络社区实现了消费者与企业理念的交流，让消费者在企业的博客社区中自由交流，也是 ICIS 策划以 IBI 为基础、以 IVI 为手段，实现 IMI 的最终反映。消费者在网络社区中既能展示自身的个性，又能获得公众的认同。因此，企业网站给消费者提供了一个沟通的平台，让他们在与他人的交流中找到归属感，同时，企业也能在社区讨论中了解到消费者的理念和价值观，对企业市场细分和进一步发展大有裨益。当然，企业也要利用社区成员的身份，委婉地向消费者传递自身的价值观和理念，通过双向的沟通，实现消费者对企业的忠诚。

AIDA 模型的这四个部分是相互联系和相互影响的。总体来说，对企业形象或品牌的知晓是实现兴趣、愿望和行动的基础，消费者能够认出或在提示的帮助下回忆起企业的名称或者是知道它属于何种类型的企业；兴趣是建立在知晓的基础上，了解到企业的产品和服务能提供什么样的价值，才能产生购买的愿望。最后在企业提供的信息足够且服务到位的情况下，消费者才能做出最终购买的行动。如果不满足他们的要求，消费者会放弃购买，再次搜寻信息。ICIS 策划要充分利用网络互动性的特点提供企业和消费者之间对话的机会，在每个阶段，ICIS 策划都可以针对消费者不同的需要提供不同的对话形式和内容，从而促进其转变过程。

LAMS 公司是一家专营牛仔裤的公司，我们设计了一个网上站点来实施 ICIS 策划。通过浏览服装行业中其他企业的网站情况，我们发现该行业建立的网站的大多数是通过网站宣传产品，属于产品主打型网站。我们在设计 LAMS 网站时，找到的独特卖点 USP（Unique Selling Point）就是我们提供给顾客自己设计和定制牛仔裤的服务，开展一对一的营销。

建立网站后，我们希望 LAMS 的产品可以被全球各地的客户所认识，他们可以通过网站了解产品、喜爱产品进而订购产品。尤其是定制这一功能，可以充分发挥消费者的自主性，是互联网交互性的重要体现。社会各界媒体也可以通过网站了解公司的最新动态和发展趋势。

在网站的结构和内容设计上，我们首先确定栏目，包括以下几方面的内容：关于我们（企业的历史和经营范围介绍）、潮流先锋（LAMS 牛仔的最新款式展示）、我型我塑（牛仔裤的定制）、社区讨论（博客论坛）、牛仔文化（介绍一些关于牛仔的小知识）以及联系我们（反馈意见）；其次，确定网站目录结构，在根目录下只放了首页，按目录内容建立子目录，次要栏目放在同一目录下，所有程序放在特定目录里，每个目录下都建立独立的 Images 目录；再次确定网站的链接结构，我们采用的是树状链接结构；最后，采用全局导航。用户在浏览网站时可以在任何地点任何时刻，利用全局导航到达相应的页面。

6. IMI 设计

① 网络企业理念。因为 LAMS 公司网站的最大特点就是可以实现网上定制功能，因此我们设计其理念时，突出顾客至上的服务理念，以及随心率性的自由文化。LAMS 的网络理念是：Finding the perfect pair of Jeans（舒适，源于自我）。这一点体现了企业传统理念加入网络互动特性后对企业理念产生的新变化。

② 每一页都包含一个统一的 LAMS 的企业标识，放在最容易识别到的左上角位置。这样也符合视觉设计的一致性原则。LAMS 的企业标志是一本书的外观，喻意 LAMS 犹如一本内容丰富的书。

③ 建立"关于我们"(about us)的栏目,其中包含 LAMS 的历史、与 LAMS 和业务相关的信息。这样客户对公司有了综合和全面的了解,对于整个网络形象的建立是不可或缺的。

④ 建立虚拟社区。在网站上设立"社区讨论"栏目,让喜欢 LAMS 牛仔的消费者在其中交换思想,互动沟通。

7. IBI 设计

① 产品展示:LAMS 的产品是男女式牛仔裤,差异体现在其风格和布料及服装细节如纽扣等方面。网站上会列出一些畅销款式,做出展示,并且给消费者的定制提供一定的参考。

② 定制流程:消费者可以选择男式或女式;选择牛仔裤的风格:自然型、潮流型还是成熟型;下一步的选择是版型选择:瘦版或者是宽松版;接下来还可以选择质地:牛仔布、黑白印花布或者是新型的涤棉混纺布。然后根据身高来选择合适的标准尺寸。

③ 设置游戏环节。针对目标群的要求,设置一些游戏环节,旨在吸引他们的再次浏览。比如说,可以提供牛仔裤常常搭配的一些上装,如牛仔外套、T-shirt、衬衣及牛仔外套等,消费者可以给模特任意搭配上装,以观看不同款式牛仔裤配合不同上装的效果。另外,其他一些难易程度不同的游戏也可以设置在网站上,不一定和产品都有关系,但是要针对消费者设置一些他们喜欢的游戏,培养他们对网站的黏性。

④ 收集反馈意见:LAMS 设定了"联系我们"的页面,列出了公司的 E-mail 地址、电话号码以及邮寄地址,方便及时地收集顾客的反馈意见。并且添加小调查以收集顾客反馈信息。

8. IVI 设计

① Web 浏览器的屏幕是有限的,因此要利用有限的空间传递尽可能多的信息给用户。我们将页面尺寸设计为 1 024×768 的像素,整体造型为矩形。

② 整个网站以蓝色为主色调,因为蓝色是牛仔的本色也是经典色,能体现行业的特点。色彩布局清晰,统一识别。采用蓝地白字,这在色彩对比度中是比较明显的,这样让用户能清晰识别出企业的产品和主要内容。页面设计尽量简洁明了。

③ 在页面设定时,采用表格布局页面并将表格宽度设为百分比而不是固定像素,这样页面就可以自动适应屏幕而不要水平拖动滚动条来适应。这样就适应了用户的需求。

④ 避免了 GIF 动态和花哨的背景,使得整个页面显得一目了然。

⑤ 图片使用的都是 GIF 和 JPG 格式。在保证图片质量的前提下尽可能地压缩图片。使用微缩图片,点击可以显示大图。因为如果速度过慢,消费者容易不耐烦,从而跳出网站。所以要保证图片大小都在 50 KB 以内,保证网页下载时间控制在 10 秒以内。

⑥ 内页面都设置了返回首页的链接。消费者只要点击左边的主页的栏目标志,就可以直接快速地回到首页。

⑦ 将产品展示的视频及广告的剪辑置于网上。提供相应的音乐,达到拓宽感官维度的目的。

⑧ 在网站交付使用之前,先经过全面调试和试运行,确保其在不同的浏览器和分辨率下都具有良好的视觉效果。

7.2 网络和企业形象价值

7.2.1 时代背景

在全球化的知识经济和社会主义市场经济条件下,企业形象是企业发展的重要条件。企业的市场形象和社会形象决定企业获得各种所需资源的多寡,进而影响企业的竞争力和长期发展,企业形象已成为企业的一种重要资源。一方面,随着市场经济的发展和竞争的加剧,企业形象的研究和塑造越来越受到有识之士的关注。1992年以后,在社会主义市场经济条件下,企业形象的需求才开始强烈,许多企业都实施了CIS(企业的统一化系统)导入,以此来树立良好的市场形象,并且取得了巨大成功,如海尔集团、联想集团和北大方正等。进入21世纪,企业形象的重要意义在激烈的市场竞争中更加凸显,许多企业纷纷实施了CIS导入计划,但对于企业形象以及如何有效地塑造企业形象,在我国大多数企业中依然非常模糊和粗浅,从而导致多数企业并没能获得预期的效果。另一方面,随着科技的发展和进步,我们进入了网络信息时代,而网络时代的到来,为企业形象的塑造提供了新的契机和途径,以往需人与人当面接洽才能解决的问题,现在只需要在一个虚拟的网络平台上就可以实现,网络所带来的互动空间,使得网络策划成为了塑造企业形象的一条新兴途径和有力武器。正是在上述大背景下,从网络策划的视角来研究和探讨企业形象问题,以期为我国企业形象的研究和实践提供有益的思路。

1. 网络策划社会组织为了塑造组织形象

借助网络、电脑通信和数字交互式媒体等传播、沟通手段来实现营销经营目标,影响公众的科学与行为艺术。对企业而言,网络策划成功可以帮助企业监测社会环境、收集社会对企业的各种反映,向企业决策层提供信息和决策咨询;可以帮助企业建立和保持与各类公众的双向沟通,向公众传播企业信息,争取理解和支持,强化与公众的联系;可以为企业塑造良好形象,扩大企业知名度,提高企业美誉度;可以促使企业以相应的策略和行动影响社会公众舆论、态度和行为。所谓网络策划,是指通过建立自己的网站,主动利用网络及其技术实现特定目标性的活动,主要是指网上的社会组织,包括营利组织与非营利组织。本书讨论重点是指企业。由于网络具有互动的特性,使企业在网络营销活动的几乎所有环节中都能发挥主动作用。这一特征是网络营销与传统营销的优势所在,网络营销的客体对象是指能够接触到网络,并在同一个网上社会组织发生直接或间接的关系,与该组织的发展有现实或潜在的影响的个人或群体、团体的总和;一类是围绕网上企业由利益驱动形成的垂直型对象,包括投资者、供应商、分销商、顾客、雇员,及目标市场中的其他成员等,另一类是围绕某一主题形成的横向对象,包括生产类似产品和提供相应服务的其他企业,以及同企业一样面临类似的问题,分享相同价值观的个人、其他组织、社会团体、行业协会及联合会等,这两类社区的成员和相关网上企业都存在着实际或潜在的利害关系,所以他们是网上企业活动的客体。本文讨论的客体主要指企业的目标顾客。网络营销策划中的企业形象塑造是网络上企进行活动的主体，即那些为企业提供信息平台的网站，也包括企业自建的站点。通过网站发布信息、各类网络论坛、BBS、新闻组、电子邮件、网上会议等来获取信息。由于网络传播技术、方式和手段仍在不断的发展变化之中，因而必然会导致网络活动中在网络技术的不同发展阶段有着不同的方式和特点。

2. 网络营销与传统营销的异同以及意义

网络营销与传统营销有着本质的区别，也有着一定的联系。首先，网络营销是建立一个新的推广平台，为企业的发展提供更细分的市场，传统的企业营销方式因为太多的雷同，找到更有差异化的方式已经很难，而网络是以网络作为媒介，网络毕竟是新型市场，各方面还有待进一步的完善，正是这种不断要改变的平台，才给企业开辟新的发展渠道提供了机会。其次，网络传播与传统企业营销传播途径不同。传统是单向的传播和灌输，而网络则是双向的或者一对一的交流和沟通。由此可见，网络追求企业利益与社会公众利益的协调和统一，是在与企业的网络顾客群、股东、企业网络注册员工、网络社区、多方媒体、政府等利益相关者形成良好关系的基础上，保证企业生产经营的持续健康发展。他们的相同之处是都是以不同的方式来为企业的发展做些事情，同时网络对企业发展的作用和影响也会随着科技的迅猛发展而做出更大的贡献。

网络媒介的价值主要是由国际互联网区别于传统媒介的具有革命性的信息传播特征所带来的。因此，我们应当凭借国际互联网的新传播特性的脉络来讨论网络对企业的形象塑造。

3. 从信息传播功能方面来看

国际互联网所具有的数字化、多媒体化、易检性、实时性与全球化的特点，使企业想要传播的信息更加高速、高质、超量、多样化和广域化。数字化是国际互联网所采用的最核心技术之一，也是其得以存在的前提。以比特为基础的数字技术使得信息第一次不仅在内容上，而且在形式上获得了同一性。数字化的革命意义，不仅打破了各种传播形式的传统界限，而且大大减少了信息传播和复制过程中的失真现象，提高了信息传播和复制的质量。借助国际互联网作为媒介，使企业信息传播的功能得到极大地增强，从而也极大地促进了企业的发展。随着使用互联网的人越来越多，分享信息的有效程度也越来越大。企业通过网络所进行的一切事务绝不仅仅局限于某个区域或者某个国家，而是整个地球，在互联共享的时代，企业通过网络可以传到的一切信息都将可能被世界每一个角落的人看到，同时机会也随之而来。由于国际互联网带来的高速、高质、超量、多样化和广域化的信息传播，企业可以根据自己的情况进行一切宣传策划，不断改进修正，让自己的互联网门面始终呈现给世界的是健康、积极的状态，这是传统媒体所无法比拟的优势。

4. 在信息传播的方式上

国际互联网的网络化、交互性、多元化等特点使它突破了以往大众传播单向信息传输的模式，使信息能够在传、受者之间双向传播，受者不仅能够变被动分享信息为主动索取信息，即实现"用户驱动式"传播，而且还能随时自由地发布信息，受者将在国际互联网这一信息传播系统中逐渐占据主导地位。网络化是国际互联网最为本质的特征，这里的网络化与我们以前所说的由控制中心控制的网络化（如电视网络、广播网络、电力网络等）有着本质的区别，它是没有控制中心，遵从TCP/IP互联协议的网络化，它在技术上的意义是：网络上的任意一台终端，理论上具有相同的能力。这样的传播系统的出现，对大众传播具有深远的影响，因为这就意味着，受者第一次有了与传者相同的传播能力。一方面，使受者有能力成为传播主体,这也改变了过去由少数传媒巨头控制大众传播系统的局面,使网上传播主体呈多元化的趋势;另一方面,受者能积极主动地参与传播过程,使传者能够即时得到大量高质量的反馈信息,使信息的传播具有了交互性。"双向对称"的公共关系要求组织搜集关于公众的、大量、有效的反馈信息,根据对这些信息的分析研究相应地协调组织的行为,而传统的大众传播是单向传播,公众只能通过电话、信函等人际传播手段来对组织进行信息反馈,它也阻碍了各类公众特别是潜在公众、知晓公众和行为公众积极地参与到公共关系信息传播过程中来,使组织无法获得充分、及时的反馈信息。网上公关过程中,由于公众有了与组织同等的传播能力,各类相关公众由于与组织之间有着各种利益关系的驱动,会积极主动地参与到传播过程中,通过电子邮件、BBS等形式主动向组织传播或者及时反馈充分的信息,使组织能够正确地协调自己的行为,从而也能有效地影响、协调公众。

5. 在信息的整体传播模式上

国际互联网趋于小众化和个性化。小众化是相对于传统大众传播的大众化而言的。传统大众传播中,传播主体的(如电视台、报纸等)数量十分有限,具有一定的垄断性,受众只能在有限的传播主体设置的有限的菜单范围内做有限的选择,因此必然是大众化的;而国际互联网为每一位使用者提供了相同的传播能力,使网上的传播主体为数众多,内容丰富且分工精细,受众的选择范围极为宽泛,同时,受众的个性化需求受到传播主体的重视,形成了众多的个性化网站,受众更多时间停留在这类志趣相投但访问者不多的网站上,众多的个性化网站分流了受众群体,因而在整体上形成小众化、个性化传播。按照麦圭尔的信息处理理论,随着社会的进步和经济的发展,经历了"信息爆炸"之苦以后,公众的主体意识逐渐觉醒和高涨。传统的大众传播媒体在整体传播模式上属于大众化的泛播,不管公众的个性化需求是怎样的,它几乎都以同样的形式,从同样的角度传播相同的内容,而国际互联网趋于小众化的整体传播模式,则能够最大限度地满足公众对信息的个性化需求,使公共关系信息得到更为有效的传播,帮助实现组织的公共关系目标。

6. 从信息传播类型来看

国际互联网将人类既有的人际传播、团体传播、大众传播三种泾渭分明的基本传播方式归于统一。人际传播是指个人与个人之间的信息传播;团体传播是指团体成员之间,团体内部机构之间的信息交流和沟通;而大众传播则是指通过大众传播媒介向为数众多、范围广泛的社会公众传播信息的过程。这三种基本传播方式的界定原是很明确的,可以将各种传播活动井然有序地分别归类,但是,国际互联网的出现打破了这一局面,例如,各种BBS论坛、聊天室或新闻组上的信息传播,就很难归入以上三类中的哪一类,它可以同时具有三类基本传播方式的特点或兼有其中两类的特点。

成功的公共关系往往综合考虑各种传播方式的特点,最大限度、持续有效地交织使用各种层次传播方式,促进社会组织与公众相互了解和适应。国际互联网使网上公关能即时、高效、整合地使用三种传播方式,相互配合、相互补充,形成多级传播,这对加速公共关系信息的散布并强化其传播效果是非常有用的。

7. 网络广告的发展对企业形象的影响

随着互联网的高速发展,网络广告也得到了较快的发展。网络已经成为继电视广告、报纸杂志和户外广告以外的第四大广告媒体。中国网络广告的发展已经有将近18年的时间了,作为一种新兴的广告形式,已经从起步阶段过渡到快速发展阶段并已经开始进入平缓期。

2012年网络广告整体继续保持增长，规模达到753.1亿元，同比增长46.8%；网络广告整体市场规模增速放缓的趋势显现。其中，垂直搜索、视频贴片、搜索关键字是网络广告三大驱动力。2012年门户广告的比重继续下滑，仅为13.0%；电商平台和视频网络的广告占比均有较为明显的上升，其中电商平台占比达到23.3%。

1) 企业掌握信息发布的主导权，更主动地塑造企业形象

网络可以加速信息的传递，从而接触到大量的受众。网络主体可以是网络上的各种社会组织。网络所特有的互动性使企业等社会组织在网络行为中的主动性得以凸显，网上企业几乎任何活动的任何环节都可以拥有主动权。网络互动性特点使企业能掌握在活动中有利于自己的主动权，能更好的在宣传自己的同时对大众产生潜移默化的影响，基于现代先进的网络技术，企业的网络活动拥有着很大的主动权，运用适当，企业和顾客互惠互利主动性极强的网络优势对企业形象的塑造都有着积极的作用。首先，网络新闻服务商发布企业相关的新闻，公众可以用关键词搜索，如此一来，企业最新的形象塑造活动就在不经意间完成，大众可以得到关于企业的第一手资料。其次，企业在本公司主页或者论坛招贴的企业动态和各种网络会议也给企业主动塑造其形象搭建了良好的平台，与此同时，企业还可以定时利用E-mail与消费者进行及时的互动，这些动作的开展也是企业主动寻求其形象塑造的有利手段。再次，企业进行的新品展示与理念推广也是企业形象塑造的一部分，把主动权牢牢地握在企业一方，有选择性和目的性进行信息的发布和传播，正面宣传企业形象，更好地为企业形象塑造工程服务。通过网络发布信息的主动方式有很多种。目前，可以通过网上新闻服务商直接发送公司新闻，公众可以用关键词搜索，找到这则新闻。或者在自己的站点上发布，还可以在与本公司有关的网络论坛上招贴公司的新闻稿。企业可以通过举行网上新闻发布会和网上年会来发布信息。此外，网上论坛等场所经常举办一些研讨性质的特定专题讨论，企业可以经常出席，为论坛提供有价值的判断和见解，这有助于提高企业的知名度、树立专家形象。出于提高论坛专业性的考虑，论坛的系统管理员也欢迎这类信息，还可创建新闻稿页面，提供简明扼要的专题文章，就某些问题提出富于洞察力的建议，实际操作步骤等。如果组织者在心理学方面有所专长，可以写一些类似"缓解紧张感的十种方法"等文章，其中摘要和关键字必不可少，以便检索。同时可以鼓励其他途径对文章的采用，使其广泛传播。一些公关公司现在提供一种新的服务，把活动的实况储存在电脑里，再发布到多个网站上，并用电子邮件把内容传递给数以万计的专业媒体工作者。

2) 海量信息，实现主客体共享，在更宽广的平台上塑造企业形象

企业将自己的信息系统建立在网络这一新平台的基础上，可轻松获得即时、可靠的市场信息，为打造更全面的企业形象塑造更坚实的舞台。企业一方面利用网络可以使遍布世界各地相关企业相连，在互利的基础上，相互提供有价值的商业信息；另一方面企业还可以利用网络方便地与政府信息源连接，获取最新的政府法规和经济政策。在传播大量资料信息之外，由于网络传播的即时性特征，企业还可以对资料数据库作动态的修改或增删，因此，网络是建立庞大、精确、动态的企业公关资料数据库的理想工具。网络还可以使企业实现内部信息共享，从而避免重复的调查和信息处理对整个企业公关资源的浪费。资源共享将会有效地提高企业的工作效率和效果，抓住发展时机，有效地实现企业的目标。利用局域网技术实现这种资源共享是相当方便的。目前开发的很多内部管理软件也使这种共享成为可能。但这是有前提的，它要求企业的信息系统本身要流畅缜密，明确各部门的工作内容、性质、职

权、职责的关系,信息按既定路线和层次进行有序传递,在信息联系中心设置称职的管理人员,保持信息联系的连续性,对信息的更新和删减由专人负责等,为企业形象的塑造打造令行通畅的客观环境。另一方面网络公关随时可以使得公众和企业都获取海量的信息,更广域地进行企业形象的塑造。在企业的网页里,公众从可以了解到有关组织方面尽可能详尽的资料信息,不受任何限制。只要企业网页在网上一些知名搜索引擎进行了科学的登记,查询者可以通过搜索引擎很快搜索到自己所需的资讯。高效方便的检索方法,还可提供同类企业可比较的信息资源,同时网页信息可按照需要及进更新和补充,其费用支出也较少。企业也可以通过同样手段或者更高标准的途径掌握公众的一般舆论走向,为更好的企业公关做好准备。所以说网络公关巨大的平台是企业形象塑造的有利基石。

3) 迅速传播,跨越界限,更加快捷地塑造企业形象

1999年,公共事务基金会作了一个研究,以确定通过电子邮件发布信息的倍加因素。假设在星期一的上午八时,一个人向五个人发出一条信息,下一个小时每个收件人都把这一信息再发给五个人,以此类推,最后其结果是,在这个工作日结束之前大约有50人收到了这条信息。企业网页信息的传播也是如此,这些信息在因特网上的传播不受时间、空间的限制,可以一天24小时不间断地把企业信息传播到世界各地。在以网络为基础的传播当中,这一点最为明显,使网络公关在实效上发挥着积极的作用,对企业形象塑造有着重要的意义。"网络打破了传统的地缘政治、地缘经济、地缘文化的概念,形成了虚拟的以信息为主的跨国界、跨文化、跨语言的全新空间"。它的完全实效性更使得最新更新的企业网络信息能够抢在第一时间内得到报道或捕获,这也就使得企业形象塑造的工作获得先手,占据最有利的时间优势。而一旦企业没有进行有效的网络公关,在时效上没有获得先机,那么网络快捷的宣传途径也可能是企业形象的陷阱。以下是2004年发生的SK-Ⅱ信任危机的真实案例,此次危机开始于一篇简单的报道:安徽一个消费者告状SK-Ⅱ化妆品的虚假广告,SK-Ⅱ对此事件做出官方的反应,表示是这个消费者个人的过激行为。信息在网易上发布后,有网友在该新闻后发布了自己的信息,即SK-Ⅱ是利用消除脸上的真皮层达到美白的效果,对于皮肤有很大的伤害。对于这样的一个信息,非常多的人表示了赞同,并且在继续演绎这个信息:我自己或者身边的朋友,使用SK-Ⅱ后,确实存在的这种情况,SK-Ⅱ使用的害处很大。在最后法院判决的这一两个月中,这个信息始终在反复强化中,每天都有成千上万的人在网络上讨论这个话题。还没有等到判决的结果公布,SK-Ⅱ已经失败了,因为这个品牌已经失去了消费者的信任。网络公关的失利使得企业形象处于被动地位并且受到强烈的损害。此案例真实表现了网络公关的便捷性及其在塑造企业形象过程中的时效作用。

4) 多媒体技术使得公众受到影响,实施新技术基础上的企业形象塑造

美国传播学家贝雷尔森等认为,传播是一种传递行为或过程,"运用符号——词语、画片、数字、图表等,来传递信息、思想、感情、技术以及其他内容"。而网络的传播方式更加多样,利用了包括音频、视频、图片、文本、动画等多媒体方式,其传播速度和途径具有先天优势,在企业形象塑造过程中发挥着举足轻重的作用。在网络传播中,新型的信息和网络技术把文字、数据、图像和声音等融为一体的多媒体信息,实现了传播方式上的突破。随着网络技术迅速向宽带化、智能化、个人化方向发展,用户可以在更广阔的领域内实现声、图、像、文一体化的多维信息共享和人机互动功能。这种由高科技开发带来的新成果、新花

样,让网络世界变得丰富多彩,增加人们对网络的好奇心与注意力,这将有助于更生动、有效的信息传递互动,也必将使得网络手段更加多样化,由此更加有利于企业形象的塑造。企业可以借助网络的高科技手段以丰富的表现手法努力创造某种氛围,在这种氛围中潜移默化地展示自己的形象,它不依赖强制的信息灌输来强化印象,在不违背网络礼仪的前提下,利用网络传播的特点营造潜在的宣传氛围,协调企业与公众的关系,塑造优良企业形象,深刻影响受众。比如奥迪中国页面中关于各款代表性车型的介绍的展示中,有一个选项为"领先技术",在这个环节中奥迪公司的网站设计者利用先进的动画技术,把汽车技术最领先的各个部件及先进技术的应用效果全部表现了出来,充分发挥了现代网络技术的优势。这样一来,对奥迪公司产品和服务理念的最新诠释使得奥迪的企业形象得到最完美的展示,加深了消费者的印象,提高了其知名度。

5) 互动性交流为公众深入了解和认可企业形象提供畅通的渠道

不同于单向线性传播的其他大众传播方式,网络传播是一种双向的交互式的传播,传播者不仅可以在网上面对面地进行传播,而且彼此可以进行角色互换,传播者可以成为受传者,同样,受传者可以成为传播者,"智慧可以存在于传输者和接受者两端"网络传播交互式的特征克服了大众传播单向线性传播的局限,信息在传播者和受众之间自由的双向的流动,实现了传受双方的互动,使信息交流变得更加轻松、方便、快捷、自由,极大地提高了传播的效率。通过网上公关工具,企业可以实现与公众一对一的沟通,大大增强了信息传播的互动性,为公众深入了解企业提供了一条畅通的渠道。通过网络,一方面,可以密切监测公共论坛等场合中对公司的评论和态度,辨识顺意公众、逆意公众和独立公众,或者通过查询相关的新闻组、网络论坛来发现新的利益群体,研究市场态势,为企业提供有价值的信息。另一方面,公众可以在线直接查询企业数据库及相关信息,与该企业联系,了解其有关情况,从而对该企业的整体印象做出自己的评价。这就要求该企业的基本出发点是"为了满足顾客需求",站点的设计特点之一就是便于顾客的使用,使顾客能够直接反馈信息。对于企业来说,这种顾客直接反馈系统可以激发工作人员的想法,提高质量。这样,供应商、零售商、顾客的重要参与形成了一个互动的系统。网络提供了比以往更有效的方式与顾客建立联系,能够对顾客的问题做出最详尽的回答。在消费者对产品及服务质量要求越来越高,企业在国际范围内的用户越来越多的情况下,企业也只有用网络建立即时接受用户意见的信息反馈系统,与合作者建立灵活、迅速的产品设计信息交换系统,才能提高对用户的服务水平。总之就如网络公关的领袖人物,坎宁安通信公司的安德里亚·坎宁安说得好,我们的参与旨在协助公司安排训练日程、食谱、行为习惯等所有有助于造就一个最佳公司形象的方方面面。这是有别于传统公关的巨大变化,你只要穿一套深色细条纹服装,剩下的一切就交给我们吧。随着网络的兴起发展,将使企业形象塑造工作的开展拥有了更先进的手段和更快捷的方式,将对企业形象塑造有更多的积极性影响。

6) 企业形象塑造为网络公关提供了广阔的舞台

企业形象的塑造的实践已经进入具体操作阶段,而网络的出现使得企业形象塑造活动更加快速和迅捷,效果更加突出。网络上所出现的多种多样的交流方式让企业形象塑造存在多种多样的选择途径,使得管理者和实施者的眼界放开,渠道多元化;同时企业的形象塑造工程也为网络公关提供了相当网络公关中的企业形象塑造分量的素材和任务,让电子业的从业者有了大显身手的机会,电子商务人士正在试图从多个途径塑造本企业形象,将产品显露给更多的公众,在目标顾客中增强形象、提供信息并创造对产品的需求,巩固与老顾客之间的关系,与新顾客建立关系,展现企业魅力,打造优秀商务平台。在企业形象塑造的不同阶段(如企业形象调查与定位阶段、企业形象实施与传播阶段以及企业形象维护与完善阶段)网络公关都将发挥不可估量的作用,这将是网络公关施展才华的巨大舞台。

① 在企业形象调查与定位阶段,网络公关主要优势在于可以全方位的接触目标群体,通过点对点或者面对点的调查方式对企业知名度和公众意见进行调研,并熟悉企业所在的市场环境,分析出量化数据,进行筛选。网络公关所依赖的先进技术和高超手段是调查得以顺利迅速完成的最佳选择,而网络公关所区别于其他传统公关形式的特质则使得企业形象的前期调查和定位工作更加真实可信。

② 在企业形象实施与传播阶段,网络公关则可以以网络为媒介把公众的期望和企业自身建设目标结合在一起,在引导公众舆论的同时加强企业自身员工、产品和市场的建设,再辅助公共关系部门规范企业自身行为,进行企业文化的传播。如此看来,在企业形象实施与传播阶段,网络公关能够发挥更大的作用,起到辅助和宣传的作用。

③ 在企业形象维护与完善阶段,网络公关则可以进行反馈信息的收集,并在最大网民范围内进行企业形象的维护,修补在企业形象塑造过程中出现的错误。同时,网络公关还可以及时的对一些企业突发事件进行最快的反应,是最有利的引导网络公众趋向的手段。2005年春季高露洁致癌物事件发生后,社会引起极大的反响,一时间关于高露洁的相关报道见诸于各种媒体的头条,高露洁公司的企业形象得到了很大的损害。但是在4月27日,高露洁邀请百名记者召开了大型新闻发布会,回应媒体的追问,同时配合强大的网络公关攻势,得到了各大门户网站的响应,他们均以头条和专题讨论报道"高露洁并不致癌"、"高露洁是无辜的"等。在百度新闻搜索里面,28日搜索量最大的就是高露洁的最新信息,据不完全统计有各种大型网站报道70多组,很大程度上消除了公众对高露洁的怀疑,不仅如此,关于此次事件的后续报道相继出现,各种传统媒体也进行了跟进报道。此次事件以高露洁公司及时有效的网络运作为钥匙,打开了公众舆论的大门,高露洁公司的企业形象得以维护,甚至在这次事件以后,高露洁的品牌形象和产品影响力更加强大,再此我们不能忽视网络公关的作用。由此可见,在现代企业形象塑造的过程中,无论是从广告还是从公关和CIS实践的角度来看,网络公关正成为主力军,发挥着越来越大的作用。企业形象塑造这样一个巨大的网络公关中的企业形象塑造舞台势必不能缺少网络公关的身影。

8. 利用网上主页塑造企业形象

中国软件行业协会副秘书长朱鹏举认为:"目前大概100%的大型企业都已经开始使用国际互联网,其中80%多的大型企业建立了企业内部网,而75%的大型企业建立了外联网,因此网络已经成为现代化企业的重要组成部分。"可以看出,随着企业对打造自身美誉度以及提升企业形象方面的日益重视,网上主页毫无疑问将成为企业最终能够找到的具有高性价比和高影响度的重要工具。网上主页是按照一定的结构和层次相互链接的网页的集合。企业网上主页是企业在国际互联网这个虚拟社会中的家园,被称为企业的第二门户,也是企业最重要的网上公关阵地,企业要充分利用网络带来的机遇,适应当今社会信息技术带来的产业秩序变革,通过自己的网站进行与商家、消费者、合作伙伴等之间的交流和沟通,借以宣传自己的品牌和形象。因此,企业必须科学充分地发挥企业网上主页在形象塑造与传播、关系维护与协调方面的作用,进行企业形象塑造工作。

9. 网上主页的设计和内容宣传企业形象

企业网上主页是企业展现自己的网络窗口，主要承担着面对外界宣传企业产品、服务、风貌和员工素质等的任务。这个窗口显示了企业的凝聚力和竞争力，因此它的设计和内容的选择都是十分重要的，每个企业都试图在设计上突出企业核心文化，在内容上宣传企业形象，为企业的经营以及管理活动服务。在网上主页的设计过程中，从色彩的选择到界面的规划都精挑细选，每个企业都争取开发出具有独特风格的、符合企业形象的主页。比如著名的可口可乐集团的网站在设计上就独具匠心，其过目不忘的 Coca Cola 标准字体、白色水线和红底色的图案已成为它的标志。打开可口可乐主页首先看到的是和可口可乐产品相同包装颜色的大红色，让人立刻联想到它的产品，这无疑加深了产品在人们心中的地位。

网上主页内部的信息主要是根据主页内容的设置所填充的，但是这些信息的更新和替换是企业形象宣传的重要利器，企业形象最新的展示则蕴涵在每条信息、甚至蕴涵于每一个字符中。信息的更新要根据企业近期经营和管理的最新动态来进行，而且要针对受众有目的的安排主次顺序，不能忽视受众的感受，因为企业形象的宣传和受众密不可分。同时，网上主页信息的发布也是各方网络媒体和平面媒体转载、报道的焦点，这样受众的影响面将呈现几何级增长，由此更加凸显及时更新的主页内容对企业形象宣传的重要性。传统媒体之所以能让人天天看，就是因为每天都有新的吸引人的东西。网站更新速度慢会影响顾客浏览频次，会降低网站对企业的宣传作用，减少网站的商业价值。网站即使没有每天更新，也要想办法、想点子出新的内容，而且要有一定的连续性。也就是说，做不了报纸或电视，也可考虑做成双周刊或月刊。这就需要在设计信息内容时，很好地动脑筋，看看什么东西既能吸引人，又有特色，与专业有关，还能成为连续性的。如欧洲顶级足球豪门 AC 米兰队的网站，由于球队运作状况良好，具有先进的管理和经营理念，它的主页对球队最新的信息更新十分及时，球员转会、续约、伤病、比赛精彩视频和球队最新动态等信息几乎是时时变化，其企业形象在这样长期连贯的动作中就体现出来，相对于受众来讲，对球队的认可度和忠诚感就会增强，可谓是企业形象战略的成功案例。

企业网上主页针对广大网民，没有时间和空间的限制，而且信息不断在更新，这就为受众的访问提供了充分的选择。受众在举手投足间就可以完成一次成功的访问，并且获取感兴趣的信息。如此快捷的访问方式是对传统媒体传播方式的颠覆，也在企业形象的宣传中占得先机。这样一来，广大网民可以跨越客观条件的限制进行企业网上主页的访问，企业形象在这样点对点的接触中更容易深入人心，如此网上主页功不可没。至此，企业网上主页回访量已经成为企业形象宣传成功与否的标尺。比如对阿里巴巴的访问就一定代表着商务、贸易等，对新浪的访问就一定是"网络文化的代表"等，企业形象塑造在访问企业网上主页快捷的点击中得到成功。

7.2.2 在网络空间的使用过程中网络营销的意义

1. 沟通是网上信息交流的渠道

充分、有效的信息交流是网络空间存在的目的和发展的动力，也是网络空间中各主体活力的源泉。信息交流有赖于各种信息交流渠道的建立，通过企业和用户及大众的网络化的交流，取得理解合作与支持，建立和发展组织与各类公众之间丰富、高效、通畅的信息交流渠道（如 BBS 电子公告板、新闻组、聊天室等等），促进企业通过网络更有效的交流。

2. 增加企业网络空间信息交流，提高企业的运行效率

以互联网的出现为标志的信息传播全球化，进一步加快了全球化的进程，世界范围内的政治、经济、文化等方面的信息交流日趋频繁和紧密，通过网络可以让企业和全球不同的类群交流，或者是合作，更好地扩大企业在世界范围内的知名度和影响力，这也是传统营销所不能比拟的优势。

3. 了解更多的信息

有人说，上网是自由的，自由得你想说什么、干什么都成；上网是隐蔽的，隐蔽得你干什么坏事都可以不被发现。这话虽然说得绝对了，但也反映了一些上网者的心态，网络的企业在利用网络发展的时候要学会趋利避害匿名性、虚拟性及非可控性使网络成为谎言、诽谤、剽窃、任意涂改或破坏他人发布的信息、传播反动、色情内容等行为滋生的乐土，这极大地阻碍了企业运用网络正常运转和发展。网上所倡导的道德性原则、真诚求实原则和信誉原则及社会组织根据这些原则的积极实践，将有助于净化网络空间，为企业在网络空间的生存与发展提供有利的环境。同时企业还可以通过网络了解更多的不同意见，这同样是传统渠道所无法获得的真实一面。因为人总是善于伪装的，但是在网络的屏障另一面，邪恶也诞生了。

7.2.3　通过网络营销宣传企业文化

1. 对企业文化的认识

关于"企业文化"的研究始于 20 世纪 80 年代初的美国。当时由于日本经济的日新月异的发展，使得美国企业界对日本企业进行了深入的对比研究，得出了很多企业文化方面的成果。这些研究发展到今天，由于企业文化的复杂性和综合性，各种研究视角从不同角度入手，得出了关于企业文化的各个层次的不同理解。但是我们是能够从中得到关于企业文化概念的共性的，从而对企业文化进行明确的界定。

2. 利用网络营销宣传企业文化

企业文化所表现出的企业核心价值观是在企业不断发展变革中建立起来的，主要通过企业多年的经营和管理的积淀和对在不断实践中所得出的经验不断总结而最终形成。网络营销在企业文化的宣传过程中将发挥重要的作用，这项工作的实施同时还要配合企业形象塑造才能真正使得一个企业在当今网络社会焕发出内在的魅力。

3. 建立内部网络，宣传企业文化精髓

现代信息技术特别是企业内部网络对企业传统经营管理模式所形成的冲击已是相当明显。它的出现加速了企业经营方式和管理方式的变革。企业创建企业的广域网络和内部网络，企业各项业务活动中都充分利用信息技术，这一切都大大优化了企业内部成员与成员、部门与部门及成员与部门之间传统的沟通方式，也在很大程度上更改了企业的业务运作模式、管理方式和组织方式，使企业文化得到更好的交流和沟通。以企业文化的沟通机制建设为例，对很多企业来说，在拼凑网络的当初，也许并未想清楚它在沟通领域的强大的作用，而只是将其作为自己网络化生存的一个重要步骤而不得不提上议事日程。但是很快，人们就发现了它的巨大魅力，这种魅力在于它为企业提供了前所未有的强大的交流能力。良好的沟通和交流一直是企业所刻意追求的，企业中人也一直在探索企业内部沟通渠道的种种可能，但沟通不畅这一长期困扰经营者的问题，直到企业网络的到来才真正出现转机。企业文化在内部网络的基础上，更加注重其精髓的宣传和交流，在更方便和迅速的网络中一展身手。

在惠普（中国）公司有这样一种现象，企业办公桌的数量永远比员工的数量要少，企业鼓励员工带着便携电脑在办公室以外的其他地方办公。而且，由于办公桌总是比员工人数少，所以办公桌总是处于公用的状态，并非归个人独自专用。所以，实际上员工的办公地点并非固定，员工总是处于流动性的办公状态之中。即便企业的管理者也是遵循这一规则，在公司并没有专用的办公区间。惠普的这种做法显然是基于其强大的内部网络基础，或者说，正是内部网的支撑，惠普才真正实现了其梦寐以求的无纸化办公。这一内部网络的设立除了对惠普产生高效、节能的功用之外，对惠普的企业文化建设也产生了新的推动。比如，惠普提倡成员与成员之间的坦诚相见，提倡"沟通"。那么，由于员工的办公地点并非固定，因此他办公桌的邻居也是不固定的，今天他的邻居是A部门的，明天也许就是B部门的。这种状态使得成员之间的沟通变得十分有意义，换而言之，成员之间面对面的沟通不再局限于本部门，即便是与公司管理层的沟通也不再是困难的事情。再如，惠普提倡企业内部成员的平等性，要求成员之间平等相处，杜绝明显的等级概念，同时惠普还要求成员与社会其他成员之间也能够做到平等相处。总之，惠普希望"平等"的观念能够深入人心。也许惠普曾为此考虑设计很复杂很详尽的制度体系，但是当"办公桌的规则"出现以后，"平等"这一企业文化理念的推广就不成其为问题了。当企业的一名普通成员坐在办公桌前，想到就在昨天坐在这里办公的还是公司的一名高层管理人员的时候，他对"平等"的领悟就已经是相当深刻了。

4. 利用网络技术，凝聚企业文化核心竞争力

企业文化的核心竞争力主要体现在企业共同的价值观的建设中，它是企业文化在现代网络社会最集中的体现。企业价值观是企业的修炼和行为准则，是企业追求的最高目标，也是企业进行价值评价、选择和决定价值取向的内在依据。价值观是企业文化的基石，是企业得以成功的精神真髓。它为全体员工提供共同努力的方向及个人行为的准绳，所以，价值观是企业文化的核心内容。网络经济的兴起，使企业所处的生存环境发生了巨大的变化，知识和信息的爆炸，市场的瞬息万变及全球化的竞争都对企业的创新能力和应变能力提出了更高的要求，导致了企业运行机制和管理结构的一系列变革。在空前动荡的环境中求得企业的持续发展，更加有效地发挥企业的凝聚力，调动员工的创造力和工作热情，不仅需要高效率的组织形态和行政管理，更重要的是培育员工对企业的"信念"。只有这样，才能将员工凝聚在企业周围，才能把员工的个人追求跟企业的发展联系起来，以不变应万变，迎接网络经济对企业的挑战。利用现代网络技术，利用多种宣传形式和推广手段，对员工和企业内部人员进行深层次的影响，进一步进行企业文化核心竞争力的凝聚。比如网络征文大赛可以使企业员工更加便捷地参加企业活动，对企业文化的重要部分作为选题，规定员工对此项内容进行挖掘，使企业内部核心理念得到更充分的理解。

7.2.4 通过网络彰显特色

1. 通过网络彰显产品文化特色

对于一个企业来说，本身就会带有一定的文化色彩或特征，而如何在网络中展现这种文化特征也需要列入企业形象构建的考虑范围；另外，在网络虚拟社会中，也体现了其独特的文化特征，然而网络的虚拟性，使得这种文化特征或规范成为不仅仅是企业，也应是整个社会应该关注的问题。在网络公关执行过程中，利用网页色彩、网站语言与宣传广告等媒体工具对企业的产品进行宣传和推广。在此基础上有针对性的选择与本产品特色相符的地址、色彩、语言等，能够起到意想不到的效果，更能够进一步完善企业形象塑造工程，使产品的文化特色得到最大限度的推广。比如宝洁的主页十分清淡雅致，信息准确，一点不显得杂乱冗余，图片选取精炼，将母子亲情、环保观念等深入其中，充分体现了宝洁文化；色彩的搭配比较淡雅，视觉上给人一种十分柔和、娴雅的感觉；在整体的布局上很讲究节奏感，给人一种轻、柔的感觉，正如宝洁的产品使人舒适一样。宝洁公司的宗旨是：我们生产和提供世界一流的产品，以美化消费者的生活，作为回报，我们将会获得领先的市场销售地位和不断增长的利润，从而令我们的员工、股东及我们生活和工作所处的社会共同繁荣。由此可见，企业形象塑造工程通过网络公关作为手段，为产品的推广规划了一种极富经济内涵的企业文化，产品是企业文化的载体，文化是凝结在产品上的企业精华，又是渗透到企业运行全过程、全方位的理念意志、行为规范和群体风格。企业形象塑造通过网络公关将拓展企业产品文化内涵，对外增强其竞争力，并不断地将其转化为资产。

2. 通过网络彰显产品质量特色

产品质量是产品的生命，是竞争力的源泉，优良的质量对于企业赢得消费者信任、树立形象、占领市场、增加收益，都具有决定性的意义。在今天的互联网时代，企业产品质量的彰显变得尤为重要。同时作为企业形象战略的另外一个组成部分，网络在企业产品质量的宣传中对消费者的影响力也不容小觑。面对企业质量宣传这样一个广阔的舞台，网络执行者在网络上收集和传播关于企业产品质量的信息，以赢得消费者口碑，无形之中彰显了企业产品的质量优势，扩大了产品的影响力，在企业形象创造的天平上加上重要的一个砝码。

1) 网络上公开专业性的企业质量监控体系

产品质量，是企业各项水平的综合反映，是企业的第一形象，质量工作是企业的生命工程。以产品质量为核心的企业文化的形成和发展，有赖于企业有一个健全的质量体系和较强的质量保证能力，因为这是促进企业提高产品质量的关键，同时也是创建以产品为核心的企业形象的可靠保证。一个完善的质量体系的建立和运行，必将为企业提高产品质量、拓展市场创造最有利的条件。企业质量监控体系的公开，使公众可以不受时间和空间有限制对企业产品质量的形成进行了解和咨询，对企业质量特色的宣传具有重要意义。

2) 对企业质量控制活动进行宣传

努力培育企业质量形象所需要的土壤是企业网络的一项重要工作。围绕产品质量形象，宣传健康有益、丰富多彩、形式多样的员工活动，诸如 Qc 小组活动、技术比武、岗位练兵、成果展览及质量为主题的各种知识竞赛，既可以提高职工的参与意识，增强质量观念，同时又宣传了企业质量形象。从而使消费者易于形成一种对企业的观念和意识，这种观念和意识以产品质量形象为核心，以企业的价值观为依托。企业质量形象通过企业网络活动得到宣传，能够得到市场的认可，进一步促进企业产品的推广，增强企业活力。

3) 通过网络彰显产品服务特色

国际权威研究机构经过调查研究以后得出："大约有三分之二的消费者离开供应商是因为供应商对他们的关怀不够"；"把小消费者的满意度提高五个百分点，其结果使企业的利润增加一倍"；"一个非常满意的消费者，其购买意愿比一个满意客户高出六倍"。这些判断对企业来说非常重要，它使我们能够清醒地认识服务对于企业的重要性。对于任何一个企业而言，根据目标客户群的需求特点形成各自的服务特色是其能否在行业领域内长期占有一席之地的关键要件。网络的焦点应该放在企业形象塑造工程的服务重点和服务理念上，给消费者一个全新的感觉，印象深刻。企业产品的服务特色主要包含在企业形象中，一个企业所表现给消费者的服务特色是企业形象塑造的重要组成部分。在网络过程中，主要通过以下几个部分的工作来彰显企业的服务特色。

(1) 建立企业产品服务网络系统

企业产品服务网络系统是企业服务的一个网络平台，其设计目的是在服务过程中使全体员工在学习和实践中不断强化服务理念、提高素质和服务质量，从而提高顾客的满意度和忠诚度，增加企业利润。服务平台的设计包括：建立服务质量信息系统、改进服务流程、制定服务标准、推广服务理念、实施员工满意战略、对员工进行培训和授权、及时修复服务缺陷、拯救服务危机、提供良好的资讯和和个性化服务。企业建设企业网络服务系统的主要目的是提供网上产品服务，提升企业的服务水平。为满足网络营销中顾客不同层次的需求，网站要具有以下功能：提供产品分类信息和技术资料，方便客户获取所需的产品、技术资料，对于客户提出的一般性问题，在网站中几乎都有解答。同时还提供了一套有效的检索系统，让人们快捷地查找到所需要的东西、让客户在购买后既可以发表对产品的评论，也可以提出针对产品的一些建议。而且还应该企业建立电子邮件列表，可以让客户自由登记注册，然后定期向客户发布企业最新的信息，加强与客户联系。

(2) 通过各种网络媒介进行网络个性化服务

个性化服务就是满足消费者个别的需求。个性化服务包括服务时空的个性化，在人们希望的时间和希望的地点得到服务；服务方式的个性化，能根据个人爱好或特色来进行服务；服务内容个性化，不再是千篇一律，而是各取所需；网上个性化的信息服务方式：一般是经营者根据受众在需求上存在的差异，将信息或服务化整为零或提供定时定量服务，让受众根据自己的喜好去选择和组配，从而使网站在为大多数受众服务的同时，变成能够一对一地满足受众特殊需求的市场营销工具；信息的个性化服务的方案：页面定制、电子邮件定制方案、需要客户端软件支持的定制服务。网上个性化服务对于顾客个人及信息提供者都有益处。总之，基于企业形象塑造的网络公关具有多种手段来进行企业产品服务，并进一步影响消费者，使消费者对企业的认同性和美誉度加强，发挥企业优势，在个性化的网络世界中开创出企业服务形象的优秀平台。

3. 网络世界中的企业危机以及应对

当今世界，各种企业的活动都是风险与机遇并存，所以如何应对风险所带来的对企业发展的不利影响，对于企业在制定营销决策的时候要再三考虑，同样，互联网的产生和普及也让企业在新的营销策划机遇来临的同时也同样处在一个危机四伏的关口，联想就曾经因为网络开发的不当而影响了自己的形象，联想 thinkpad 的飞线事件的产生是企业内部原因造成的，主要是设计的缺陷，引起了企业网络形象的损害，产生很坏的社会影响。互联网的发展意味着个人能够拥有巨大的影响力，这种情况几乎就像交给公众一个高分辨率的放大镜和一个扩音器一样允许他们看到最微小的细节，然后用相当大的声音做出反应。华盛顿全国消费者促进协会的律师帕翠西亚·斯特德温特指出："互联网是消费者的一个非常有效的新武器。在互联网面前，除非你拥有很多时间或者金钱，否则你没有办法不让大众注意到这个问题。现在，你可以立刻把它传播到全世界。"消费者手中的权力对企业而言是个实在的威胁，因为，无论企业犯了一个多大或多小的错误，网络空间的某个人就可能捕捉到并且利用它。

1）发挥网络在控制企业形象危机中的作用

企业形象危机管理属于企业战略的一部分，从时间上可分为三个阶段：事先的防范，事中的控制，以及事后的恢复。它主要强调以下几个方面：高级管理层的危机意识和网络的企业形象塑造参与、预警系统的建立、如何进行风险的管理、危机应急计划的制定与员工培训；确定对待事件、媒体、消费者和公众的态度——定调；如何重塑企业形象，以及处理效果的衡量，总结与教训的吸取等。前期工作的重点是预防和发现危机，为危机的解决做好人力等方面的准备；中期工作的重点是为危机提供指导原则和解决危机定调，协调各部门，保障危机的顺利解决；后期工作的重点是重建与客户和媒体及社区等的关系，恢复形象，为今后重新占领市场创造有利条件。基本的形象危机管理由四个方面组成：预防（Prevention）、准备、反应和恢复。美国联邦安全管理委员会对其加以了修正：缓和、预防、反应和恢复。下面就这几个方面在基于网络公关的基础上加以分析。

① 运用网络构建企业形象危机的预警系统。企业形象危机预控是指根据预警分析的结果，对企业组织可能出现的危机事态进行早期矫正与控制的管理活动。发出危机警示并不是危机预防管理的根本目的。对危机进行有效的预控才是预防管理的根本目的。在大型的网站和新闻社区进行定时的查看，查询关于企业的相关舆论，对出现危机的可能性进行监控，构建企业形象危机预警的第一道屏障。目前在各种形式的讨论组和BBS中，用户参与程度都是较高的，在那里，各种各样的信息总是被传播。随着上网人数的增加，参加各种各样的讨论组变得普遍，网络正成为一方新的舆论空间，所以，讨论组也是企业监控公众舆论，把握舆论引导的重要途径。例如《经济半小时》的制片人在网页留言板看到很多观众希望看到郑州"馒头办"事件的后续报道后，立即分派记者对"馒头办"进行了连续三天的追踪采访，直到最后郑州市政府正式撤销了"馒头办"。这一新闻事件的后续报道被中央人民广播电台、中央电视台1套、北京电视台等全国数十家广播电视媒体转播、转播。如果没有通过网络迅速掌握观众的反馈信息，就没有"馒头办"事件的后续报道，由于互联网在信息传播方面所具有的特性，它是唯一一种企业可以自由使用开展快速的、大范围的、甚至全球性信息传播的大众媒介。因此，它为企业开展处理危机工作提供了绝佳的信息传播渠道。我们可以预见，随着计算机的普及与互联网的发展，在不久的将来利用互联网开展处理突发事件工作将成为一种时尚。

② 运用网络开辟有效的信息传播渠道。许多网站通过开辟一些用户感兴趣的BBS专栏、讨论组、聊天室等形式吸引网民参加，通过注册会员的方法可以建立较为固定的忠实用户群，并能获得相关的受众资料。这种稳定群体建立以后，一方面在网民之间通过网站相互交流的同时，网站的访问量和浏览量也提高了；另一方面网站给注册会员提供相应的服务，比如提供FAQ，网站通过FAQ可即时向用户解释在使用网络时常遇到的问题，帮助会员解决实际问题，获得他们的好感与信任，从而稳定了社区成员，获得稳定数量的受众群。锁定相应的目标群体，"精彩"地展示统一与目标群共同关注生活的话题，巧妙地吸引网民参与，很好地呈现统一的企业人性化、传播相应信息、为民众提供高质素生活服务的品牌形象。克莱斯勒公司和贝尔大西洋电话公司专门制作独立网站来处理与公众和媒体的关系，这些网站有别于公司的顾客服务网站。在这些专门针对媒介的网站上，记者可以通过电子邮件选择收

取他们关心的新闻、发言稿及各种与公司有关的政府文件等信息。应该根据不同公众的需要建立不同的网站，并保证每一特定公众群体能在专为他们设计的网页上找到他们所需的信息，然后用链接将这些单独网站都连到主要的门户网站去。

③ 利用网络手段消除网络负面影响，恢复企业形象。针对非正式网站和攻击性网站，企业所能做的最好的准备是考虑这些网站会有些什么举动。可以直接跟这些网站的作者沟通，了解他们的信息来源和关心的问题，并考虑应该采取什么措施化敌为友。如果某些有恶意攻击倾向的组织有目的地歪曲企业的形象，那么，可以利用企业的网站给予积极的答复并积极处理他们提出的问题，甚至可以把企业知道的这些攻击性网站的网址收集起来，建成一串链接。这样做表明了企业了解这些网址的存在，并没有因此慌乱。此外，还可以利用这个机会在人们访问这些网址之前指出这些网站上错误的信息内容，因为，如果人们自己找到这些网站，企业就错过了提前纠正错误信息从而及早挽救企业形象的最佳时机。在这方面，微软公司的经验值得一提：1999年，微软由于涉及行业垄断遭遇来自政府、同行、公众等方面的责难，微软开始全方位的游说活动，以期望能影响政府的决定，其中重点之一是微软的网站，公司把所有能够得到的信息（包括正面的和反面的）都放在网站上，使之成为各类人士了解微软垄断案件进程的最详细最全面的网站，目的是树立一种公开和诚实的形象。这在帮助微软度过发挥了重要作用企业形象危机解决的基本目的和目标为：通过建立预警系统，在危机的发生或在初露端倪时及时发现；对员工进行意识上和技能上的培训，使危机的解决在效率上和效果上有所提高、事后总结教训，避免重犯并以此教育员工；制定重建计划，为企业重新在市场立足做好必要的准备等。

2）从企业形象塑造反思网络策划过程中的技巧

在企业形象塑造的过程之中，进行有效的企业文化外在展示。需要一些网络营销的技巧及时、积极地提供门户网站或者大型著名的网站所要的信息在新闻组和邮件列表中及时、积极地提供门户网站或者大型著名的网站所要的信息是网络公关过程中一个很重要的步骤，是本企业网络公关能否成功的关键一环。门户网站和大型网站聚集了大量的人气，他们的浏览量占网络总浏览量的一半以上。由于门户网站和大型网站需要的信息量也很大，这就需要企业网络营销执行者更积极更主动及时地向其提供最新的企业信息。如果运作得当，企业的最近动态和企业优良的企业形象将会出现在这些网站上，由此就会得到一定数量的点击，受关注程度也就更大。另外，作为与组织无直接利益关系的第三方，门户网站所发布的信息比组织自己网站所发布的信息具有更高的可信度。因此，门户网站是组织与各类网上公众沟通的重要渠道。由于当今科技水平的提高和网络应用技术的进化，搜索引擎在网络信息的整理和分类方面有着相当的优势，所以企业要通过加入搜索引擎网站的办法在网上推广网站，这是新型的网站宣传推广策略。国际互联网中的海量信息和数以千计的网站使得顾客很难在网上找到本企业的网站，获取所需要的信息。那么如果通过现代搜索引擎，这样的问题就变得简单快捷了。如何让搜索者首先找到本企业的宣传网站是企业网络公关人员需要努力的方向。百度从2002年开始就进行搜索排名的竞价，而谷歌则实行合作伙伴制度，两者没有本质上的区别，只是利用本身的先进搜索功能把合作企业的信息排在相关搜索的最前沿。由此可见，无论是大型网站和门户网站还是大型搜索引擎，企业提供最新信息给互联网优秀的执行者，企业的网络营销活动就会获得相应回报。组织要与各门户网站建立并保持良好的关系，营造良好的网上舆论环境。首先必须尊重门户网站，尊重他们对客观事实的报道和维护社会公众利益的正常工作，尊重他们的意见。

3）灵活运用电子邮件与网络记者或编辑们建立起友好的私人合作关系

网络记者和编辑们是网众中极具影响力的一个群体，与网络记者和编辑们的关系会对企业网络营销的效果带来很大的限制和影响。要保持与网络媒介从业者的良好关系，主要应注意以下几点。

① 与网络记者或编辑们建立友好关系的第一条原则就是要开诚布公、真诚坦白，只有这样才能赢得他们的好感和信任，建立起合作的第一层基础，为以后的更深厚合作铺平道路。

② 与网络记者和编辑建立友好关系的另一个重要的策略是使自己成为他们可信赖的有效的信息来源。企业为新闻记者提供的信息服务必须及时有效，及时向他们提供有关企业内部管理、企业产品、竞争者等方面的信息，及时回复他们的请求和提问，保证他们能与企业中掌握信息的人员顺利接触。另外，在新闻组和邮件列表中要善于及时发现他们的要求，并及时提供相应信息。

③ 严禁要求新闻媒介取消某项新闻的发布，这样做是让网络记者和编辑背弃他们的责任，丧失公众的信任，无异于对他们的侮辱，只会给企业带来不良的后果。如果任由不实报道的蔓延，那么企业形象的塑造将会面临更大危机，为以后工作隐藏更可怕的陷阱。

④ 尽量利用电子邮件与记者或编辑联络。由于记者们通常要花大量的时间出席新闻会议、展览会，采访新闻人物等，利用电话与记者联系的效果常很难令人满意，而且费用较高。电子邮件可以较好地解决这个问题，这种通信方式正在为广大的记者所接受。企业公共关系人员要经常与他们交流和探讨双方共同感兴趣的一些观点和问题，并建立起良好的私人关系。

⑤ 积极参与网络媒介主持的网上闲谈，并主动发言、提问，努力给主持者留下深刻印象，与他们建立起牢固的关系。

⑥ 保持企业网上资料的不断更新，这样才能引起新闻媒介的注意，让网络媒介和编辑经常光顾企业的站点进行访问。密切关注与企业有关的讨论在公共论坛上参加与企业有关的讨论的成员，既有企业的忠实顾客，也有受到企业不公正待遇或对企业抱有成见的人。忠实顾客在公共论坛上会谈论他们对企业、产品或服务的良好印象和企业及其产品给他们带来的利益，也会提出一些建设性的意见和建议，这会为企业形象与产品形象的建立起到积极的作用。而受到企业不公正待遇和对企业抱有成见的人也会在公共论坛上倾诉他们的不满和散布对企业不利的言论。实践证明，对企业不利的言论远比对企业的赞誉传播范围更广、影响作用更大。因此，企业公共关系人员必须密切关注公共论坛上与自己企业有关的讨论，特别是对企业不利的言论，使公共论坛不仅成为与顾客交流、建立顾客忠诚、获得宝贵信息资源的场所，而且要成为企业表明态度、澄清事实、消除不良影响的舞台。

⑦ 积极与公共论坛成员建立关系。良好的公共论坛关系需要企业主动建立与精心维护。在公共论坛上，人们获取、处理、储存和传送信息的速度和准确性都大大提高，但却缺乏人与人之间感情的交流。因此，企业公共关系人员不能仅仅停留在加入公共论坛的讨论，而应积极与论坛成员建立密切的关系，使信息沟通上升到情感的层次。这就要求公共关系人员耐心细致地回答顾客提出的疑难问题、解释误会，努力为论坛多做贡献，同时要主动与论坛成员经常联系，向他们提供最新信息，询问他们有何建议，让顾客感受到他们受到了企业足够的重视。论坛允许创建成员概貌文档，其中包括成员的姓名、编号、兴趣或主要从事的领

域。利用该文档，企业很容易发现相同兴趣的人，别人也容易发现你。利用论坛成员概貌文档是建立关系的一条有效途径。

⑧ 注意在公共论坛上发布信息的频率，即使是公共论坛上允许发布的信息内容，也不可以无限制地发布。过多过滥的信息必然会引起人们的厌倦和拒绝，除非这些信息是公共论坛成员所要求提供的。一般来讲，讨论组的主题不同、参加者类型不同、讨论的激烈程度不同，讨论组中的信息存留时间也会不同。企业应根据讨论组信息的更新速度来确定信息发布的频率。企业公共关系人员应经常监测讨论组中企业发布的信息是否还在。若已经被别的信息代替，就需再发一次，且需要有所变化。

⑨ 主动要求做系统管理员，许多公共论坛需要志愿者充当系统管理员（或称论坛协调员）。他们是论坛的"编辑"，既要审查论坛成员提交的信息，确定是否刊登，又要作为一名成员加入讨论，提出问题，掌握讨论方向。企业若能主动申请成为某个与企业有关的论坛的系统管理员，无疑会提高企业的信誉和树立企业的形象。那些有持久吸引力的主题应是申请成为系统管理员时的首选。

4. 利用网络塑造企业形象应注意的问题

1）注意网络受众与传统受众的差异性

网络的承受者由社会传统受众变成了"网众"，网众与传统受众的根本区别发下。

① 由被动接受信息变为主动索取信息。对传播的信息将可以从接受的内容、数量到接受的时间、品位、组合等实行全面的控制。

② 信息需求由大众化变为个性化。以往大锅饭似的信息服务不再受欢迎，网众需要的是针对不同群体甚至个人的个性化信息服务。

③ 由基本上的受传者变为自主的传播者，网众不再是单纯的信息接收者，而是可以随时随地按照自己意愿对外发布信息的信源。

可以这样说，在互联网上，企业与网众是完全平等的。网络公关人员要具备同网众平等交流的观念，要清除传统的我"传"你"受"，我讲你听，我让你知道多少，你就只能知道多少，我为你"设置议程"等观念和心态，要真正以平等的态度为公众提供真实、全面的公共关系信息。网络公关人员要善于运用互联网络，在信息传播前进行必要的网众抽样调查，及时了解相关网众欲知、关心之事和其他意见要求，"设置"网众心目中的"议程"，而不是"以我为主"地"设置"组织自己心目中的"议程"。在传播过程中，要善于运用数字式交互技术，尽可能同网众进行直接的对话和沟通；在传播过程中及传播告一段落后，要善于运用网络及时进行网众的反馈，为调整公关策略或今后更好的公关传播提供参考。在关系传播中，信息的编码是一个重要过程，它是指组织将所要传递的信息转化成公众所能接受和理解并乐于接受和理解的符号的过程。这些符号主要指语言，当然也包括照片、声音或电影画面等，它们既要表达组织的关系意图和目的，更重要的是要符合公众选择性注意、选择性理解、选择性记忆的需要，即与公众的要求和语言、行为相一致，特别是语言的一致，更令公众感到亲切和易于接受，因此，企业网络人员除了要掌握互联网的事实通用语言——英语外，还必须通晓和运用网上特殊语言。

2）注重与网民的即时有益的互动

美国学者谢尔·霍兹在《网络公共关系》一书中指出，由于网络媒介具有突出的互动性特征，用户可以从网络媒体的"信息海洋"中"拉出"（Pull）自己所需要的信息，剔除自己不需要的信息；信息发送者也可以通过"推送"（Push），把媒介希望传播的、同时也是用户需要的信息直接送到用户的计算机上，这就使得网络媒介具备"窄播"（Narrowcasting）的潜力。"窄播"是相对于"广播"而言的，即企业可以根据具体公众群体设计个性化的网页，提供个性化的内容，达到满足特定群体需求，实现深度沟通、定向传播的目的。这样也就使得企业网络公关与网民的互动存在实践上的可能。网络公关区别于传统的平面和电视媒体公关，它从原来的单方面的信息填鸭式公关变成现在的双向互动。这样的双向互动让企业网络公关更具有针对性。企业网站在获得相关公众的反馈信息以后，企业网络公关执行者可以提供电子邮件、BBS、网上聊天室等反馈渠道，也可加入专门设计的信息调查表，由于使用极其方便，相关公众又与组织有或多或少的利益关系，因此他们比较乐意通过这些方式给组织提供即时的反馈信息。通过网站，企业网络公关执行者还可以与潜在客户群众建立联系。现在利用互联网搜索来获取信息者越来越多，组织建立了网站，潜在公众在搜索相关信息时就能找到企业网站，了解详细信息成为知晓公众，并可能因此与组织建立联系，进一步转化为行动公众。以企业为例，许多供应商、采购商、分销商、投资者、顾客都已逐渐习惯在初期利用互联网来搜索相关信息，特别是世界各国大的采购商在业务后期更是主要利用互联网来寻找新的产品和新的供应商，因为这样做的费用最低，效率最高，并且有参照性。他们通过企业网站去了解产品及相关信息，决定是否与企业建立联系，向企业投资、向企业供货、销售或购买企业的产品。随着先进网络技术的不断成熟，博客等各种个人对个人的互动平台随之出现，许多人宣称，Web2.0正在让互联网逐渐找回Internet的真正含义：平等、交互、及中心化。也许精髓就是以人为本，提升用户使用互联网的体验，更多的互动式交流让互联网更加便利于新理念的推广。

  面对新形势的互动手段的出现，网络公关应该紧跟形势，进行多种多样的网络公关，有选择性的和网民进行互动。比如，现在很多企业领导者都建立有自己的博客，定期的发表公司近期动态和本人基本情况，和网民进行沟通，旨在运用个人和网民的互动来达到企业形象塑造的目的。面对现代信息潮的不断冲击，网络社会还存在着一种恶意炒作的人群，他们的普遍特征是对特定企业存在偏见，在网络上散播他们对该企业形象片面的理解。这些不友善的行为如果控制不当将大大影响企业形象的塑造工程，对企业经营及生产行为造成破坏性的影响。面对这一问题，企业网络公关行为者应该作出充分准备，在危急解决的设计阶段就要考虑周全，应该存在一个专门的程序性和实务性的措施来避免这些不友善行为带来的破坏。首先，要沟通不友善言论发出的网站，对此问题进行全面沟通，要在这种言论蔓延之前就控制住事态的发展。其次，网络公关行为者应该最快的对此种言论作出回应，利用多种媒体渠道回击这些偏激网民，尽快重塑企业形象。最后，和这些网民进行全面沟通，找到他们对企业不友善的原因，进行公关行为，寻求最大限度上的理解，解决问题，避免同样事件再次发生。2005年，肯德基连锁快餐企业曾一度被爆出食物中添加苏丹红的问题，我们暂且不论此种言论的正确与否，我们只探讨肯德基的强力应对措施。在问题发生之初，网上骂声一片，甚至有个别网友提出"肯德基在毒害国人"的口号，企业的形象遭到了网络中的企业形象塑造巨大的损害。但是很快，肯德基就通过各种途径发布信息，澄清问题，做出了自己一方的合理解释，此时网上已经出现了支持肯德基的呼声。后来，肯德基经过不到一个月的强力公共手段，彻底改变了舆论方向，肯德基的企业形象得到了相当程度的恢复。

3）注意收集关于活动效果的反馈报告

传播是传者与受者之间的相互交流、沟通信息的双向互动过程。受者对传者所传递的信息作出反应，传者经由受者的反馈了解受者对信息的要求、希望和评价，根据应有的反馈调节系统，改进信息传播，使之更加适应受者的需要。这是一个你来我往的信息不断互动的过程，网络使这一过程变得迅速易行。企业的网络公关行为应该把这项任务加以发扬，并坚持下去形成网络公关过程中必不可少的环节。在企业公关活动进行完成以后，企业网络公关执行者更应该进行关于此次公关效果的反馈信息的收集，通过各种手段对公关针对者的反映进行观察和跟踪，这样才能充分发挥公关活动的效果，更能加深公关针对者对企业此次公关活动的认识，更能在实践的基础上总结经验，在以后的公关活动中做的更好。首先，企业对公众关于公关活动进行过程中出现的问题应该尽量快速详尽地予以答复。网络公关执行者对消费者意见反馈迟缓，就会打击消费者参与的热情，并使得消费者原有的疑问不能得到解答。试考虑一下发件人的感受：热情洋溢地写来有关建议的邮件，无人理睬；再试一次，还是无人响应，发件人不会有兴趣再发第三封邮件了。诊治的方案是网络公关执行者要像检查自己的私人邮件一样频繁地去检查公司的邮件。网上的一天是相当长的时间，一周就基本意味着永远。迅速和有效地解答回信在时间效率上是十分必要的。通过答复网络上的疑问，及时向他们传送企业公关过程中理念和技术信息等，保持与顾客的长期友好关系；及时发现不满意的顾客，了解他们不满意的原因，及时处理。其次，企业要通过大型的互动社区或调查问卷对企业公关活动的效果进行总结，形成报告。各种大型互动社区积聚了巨大的人气和良好的舆论氛围，涉及的话题都是最新和最前沿的讨论。企业在活动进行完毕以后要及时登录相关本企业的社区或者论坛，设立问卷或者参与讨论，对企业公关活动的效果进行掌控，进行舆论导向的引导，及时做出报告，对活动的目的和效果进行深层次的分析，总结出经验和教训。

4）注意线上线下有机结合

在网络实践过程中我们会认识到，企业形象的塑造不是只靠网络所能彻底完成的。因为网络拥有自己的优势，同时它也缺乏一般传统模式的特点，这就好像一个硬币的两面，不能偏废一面。线上与线下的结合是大势所趋，现在大多数企业非常注重线上和线下的巨大影响力，并且随着互联网技术的不断进步和网络铺设的不断普及，这一手段将不断得到实践上的支持。在2002年，世界著名公关公司——罗德公司为一汽大众设计的"探索奥迪A6新世界"巡回路演项目获得了香港颁布的亚洲《公关周刊》2002年度5项大奖。评委Elizabeth Armstrong说道："这个方案是中国互联网互动领域的先驱。""探索奥迪A6新世界"巡回路演是一项旨在吸引奥迪A6客户活动。通过罗德公司的方案，近1万人参加了互联网的线上线下互动活动，为2002年奥迪A6的销售额比上年高幅增长达到三成立下汗马功劳。罗德（北京）副总裁毛京波女士在获奖后表示："对于我们来说，最困难的是没有任何现成的数据资料，但我们必须掌握消费者的心理和状况。通过这次活动，我们成功地实现了这一目标。"在谈到对互联网的应用时，她认为："对于互动项目来说，最重要的是在线调查一定要和线下支持相结合，只有这样才能获得美的效果。"线上和线下的有机结合可以采取多种形式的合作，比如企业有重大事件发布或者是举行线下新闻发布会，也可邀请相关媒体，或与媒体合作，同期举办网上新闻发布会或设立新闻专题，向更广泛的受众全面传达企业信息。由于网络信息容量大，不受篇幅限制，同时也可兼有音频、视频等效果，并可即时与网民受众互动，所以这样的互相结合的方式更加有利于目标的形成。

7.3 网络和企业视觉识别

企业形象是企业形象识别系统（CIS）的简称，是一种融入现代管理理论与现代设计观念的企业文化整体传播系统。它借助于各种信息传达方式，使社会受众对企业产生的整体感觉、印象、认识和评价，从而通过提升企业形象增强产品的竞争力。在当今社会，企业形象战略已成为企业制胜的法宝，是赢的战略。1956年美国的国际商用计算机公司以象征前卫、科技、智慧的IBM标志为核心，以"IBM意味着服务"的经营理念为宗旨，使IBM公司以统一的具有个性识别的形象出现在受众面前。良好的企业形象使IBM获得巨大的经济和社会效益，成为全球最大的电脑公司之一。20年后，日本的日产汽车，美能达公司都纷纷进行CI设计。再20年后，中国大地导入CI，CI策划在全球"燃烧"起来。

企业形象中的社会受众指：消费者、客户投资者、企业内部员工、金融机构、原材料供应者、传播媒体及记者、政府行政部门、社会团体。不同的受众对企业的了解不同，会产生不同的印象，这就要加强企业与受众的信息传递。CI信息传播的方式有很多，其中有报纸、广播、电视三大传统媒体及其以多媒体技术为传播手段的互联网传播。网络传播是传播史上的一次革命，现正在快速崛起和勃兴。以多媒体形式进行的网络传播CI，以其模拟现实和制造虚拟现实空间的技术支持，显示丰富多彩的高分辨率和动画图像，让受众感受到高速度、高密度、多维度的视觉信息图像，产生强有力的传播效果。

7.3.1 ICI在网络中传播的特点

企业理念识别在网络中的传播企业理念识别Mind Identity（MI）包括企业精神、经营理念、企业信条、企业目标、企业标语、企业座右铭等，是企业文化的核心。一般情况下，企业理念以文字诉求方式出现，在企业理念以CI导出时，将之视觉化，以图文形式象征这些企业理念。在通过网络传播时，多以万维网网站、新闻组和邮件列表、公告板（BBS）、网络传呼等手段单独或复合使用，其特点是：载体的无限容量网络媒体的容量之大，是任何其他传统媒体不可比拟的，企业理念识别MI传播特征是信息的转运能力，网络媒体可使企业理念传播具有扩展性和丰富性。媒体的时效性网络传播的时效性是对传统媒体的最大冲击，报刊出版周期以天或周或月计算，电视广播的周期以天或小时计算，而网络传播周期用分或秒计算，网络受众在任何时间，自由地阅读信息，企业理念识别通过网络真正做到随想即现，随愿即联。企业行为识别在网络中的传播企业行为识别分为企业对内活动识别与企业对外活动识别，企业对内活动识别是通过对企业内部员工教育、组织管理、工作效率、工作环境、福利制度、行为规范、开发研究等一系列活动，使员工对企业理念达成共识，增强企业的凝聚力，从根本上改善企业运作，从自身树立企业形象。企业对外活动是通过市场调查、产品开发、公共关系、促销活动、公益性文化活动，市场营销等表达企业理性，从而取得受众和消费者的识别认同，树立良好的企业形象。

企业行为识别通过网络的门户传播，即以迅速的搜索引擎、功能完善的电子信箱、聊天室、BBS 公告牌、天气预报、股票信息、社区服务等丰富的服务抓住用户，成为用户上网必须经过的第一门户，从而实现企业对外行为识别传播。在网络传播中，受众可以对信息进行自由选择，包括自由选择信息内容、信息接收方式、接收时间及接收顺序，这也是网络传播的特性。因此，企业对外行为识别在网络传播，不仅发布该识别的文本，还要显示图像、声音，供受众自由选择。企业视觉识别中的网络传播企业视觉识别是 CI 导入的主体和核心，是统一识别的表现，并使 CI 标准化、系统化。视觉识别包括基本要素：企业名称、企业标志、企业标准字、企业标准色、企业象征图案（吉祥物）、企业口号等。应用要素：办公用品、环境空间、员工服饰、产品设计、广告与媒体传播、交通工具、包装设计等。其基本特点有：超文本性企业视觉识别在网络中的传播，多以超文本（多媒体）形式传播，超文本具有数据、文本、图形、图像、声音的超文本结构，实现文字、图片、声音、图像的有机结合，因而是立体的、网状的、多维的、有声有色的、图文并茂、动静结合的。如文字可以设计成变幻字、运动字、渐变字，更加突出视觉效果。在超文本结构中，一个关键词、地名、时间都可以链接到另一个声音、图画文本、动画文本和影视文本。交互性企业视觉识别在网络传播中的交互性是指企业基本形象要素和应用要素在网络上交流和互动的特征，这是网络传播与广播电视传播最本质的区别。广播虽具有一定的交互性，但受制于节目时间和电话线路的制约，无法经常互动。电视传播与受众之间的传播信息是单向的，定时定量的，受众只能在媒体所规定的时间内被动选择。在互联网络中，受众不仅仅是接受者，也是发布者，用户与用户之间，用户与传播者之间进行交流，使受众对企业视觉识别进行评论，企业也可以随时得到反馈信息。

传播范围广、信息量大企业视觉识别在网络中传播不受时间和空间限制，把信息 24 小时不间断地传播到世界各地，这是传统媒体无法达到的。在互联网上提供企业识别信息，容量是不受限制的，不必考虑传统媒体上因增加每分每秒而产生的广告费用，企业可把一切详尽信息制作成网页放在自己的网站中，在费用一定的情况下，企业可以不受限制地增加传播信息。

7.3.2 CI 在网络传播中的形式

旗帜 Banner 在网页中以 GIF、JPG 等格式和 Flash 动画建立图像文件，主要传播 CI 中的 MI、BI。

流媒体是指使用浏览器插件或其他脚本语言 JAVA 语言编写的具有复杂视觉效果和交互性功能的 Banner，具有表现更多、更精彩、互动性更强的信息，因此可用于传播 CI 中的 VI。

电子邮件 E-mail 电子邮件以 Banner 为主，体现在拥有免费电子邮件服务的网站上，信息会出现在邮箱的主页上，适合企业 CI 中的 MI 传播。赞助式分为内容赞助、节目赞助、节日赞助、适用于企业 CI 中的 BI 传播。

推广式竞赛是传播者与网站一起合办，他们认为感兴趣的网上竞赛或网上推广活动，适用于企业 CIS 中的 BIVI。墙纸式（Wall paper）墙纸式是把传播者所要表现的信息内容反映在墙纸上，并安排在具有墙纸内容的网站上，供感兴趣的受众下载，适用于企业的 MI

与 VI。

自 20 世纪 70 年代以来，CI 风靡全球，世界上一些著名国际性企业因导入 CI 而独领风骚，CI 作为当今企业最重要的经营技法之一，成为人们的共识。随着多媒体的兴起，企业 CI 在网络中的传播正成为继报纸、广播、电视三大传媒后的第四大传媒。随着计算机互联时代的发展，在未来历史进程中网络传播将有可能超过其他媒体而成为最大的传播媒体。

随着市场竞争的日益激烈，各企业都使出了浑身解数提高形象、打造品牌、扩大销售。由于网络能使企业快速有效地建立在大众中的知名度，同时树立品牌形象，因此，网络就带着其对传统手段的翻新和网络的诸多优势，以迅雷不及掩耳之势进入了企业形象塑造的领域，并正在发挥着积极而重要的作用。比如将新闻发布会变成交互式网络聊天、将采访转为音频或视频稿件、将图片的发布转变为流式图像等，而传统手段与网络媒体战略的结合，将获得更大的预期传播范围，扩大潜在的覆盖面。在开展企业形象塑造活动时，越来越多的企业意识到网络的重要性，它已经成为企业整体策略中的热点领域。例如，波音公司的网站上设计了一个媒体注册表，该公司在网上做的消息比在线下做得还要多；而"财富 100 强"之中，13％的公司都有自己的网上新闻发布中心，而 93％的公司将非 IT 类记者的新闻稿件投入网站上发表。这些做法无疑为公司企业形象的成功塑造提供了有益的帮助。但另一方面，由于网络目前还处在发展创新的过程中，以目前的技术，想要实现更完美的多媒体网络，还受到很多限制，如目前网络传播的方式还是以过多的文字符号传播为主，这种传播缺少温情；电脑黑客和病毒的威胁是网络公关不可避免地会遇到的问题；还有信息失真、新创意容易在短时间内被仿效、抄袭等问题。除了上述客观因素外，还存在企业自身的主观因素。实践证明，很多问题的出现还是由于企业自身的网络水平过低，致使在企业形象的塑造中难以发挥出网络的优势。因此，从网站的建立、网页的设计，到 BBS、电子邮件、讨论区的运用，网络时代，企业与消费者，都共面对一个讯息复杂的环境，如何在不同的网络疆界里，找到一个彼此都能共鸣的对话点，减少不必要的困扰，正考验着企业的技术与智慧。最后要说明的是，在网络的企业形象塑造中应始终坚持整合全局观念，网络的企业形象塑造要和公司的整体营销战略相互匹配，相互支持。奥美公关中国区董事总经理柯颖德就曾提出了"360 度整合营销传播"的理念，所谓"360 度"是指一个全方位的手段，它包括企业形象设计、广告、促销、媒介投放、媒体互动等各方面。要明确，网络的企业形象塑造是企业整体营销战略海洋的一个水域，它不是唯一的解决方案，却能对整体方案起到非常重要的作用。

综上所述，网络中的企业形象塑造还是一个崭新的课题领域，它会伴随着科技的进步而不断发展。我们除了要重视和运用现有的网络技术外，还要密切关注网络科技的未来发展。

7.3.3 网络广告与 CI 的关系

美国西北大学的 Sidney Levy 于 1955 年引进了"形象"这一概念，并应用于各种字体。开始是企业形象，即人们看待整个企业的方式；其次，是产品形象，人们看待企业产品的方式；第三是品牌形象，人们看待与对手竞争的特殊品牌的方式；第四是市场形象，是人们看待所有的市场提供与市场组合的质量的方式。

作为涵盖企业各个方面经营运作的复杂工程，CI 构建出一种管理的新框架，即 MI、

BI、VI 三个层面的传播，塑造企业形象的系统策略。在 CI 理论中，企业形象作为一个整体，称为 CIS（Corporate Identity System）即企业认别体系，建立完整的 CI 系统已成企业逐鹿市场的一项竞争策略。企业只有建立高品位，符合自身个性的企业形象才能在激烈的国际国内市场竞争中建立自己的经济和文化地位，市场是企业的命脉所在，也是各企业争夺最厉害的"战场"，当然 CI 的最终目的就是：①塑造产品或服务的优质形象；②扩大产品或服务的知名度与指名购买度；③提升品牌价值；④建立与消费者沟通，反馈信息的渠道；为企业本身的形象添光溢彩等。因此，CI 体系中的市场传播方略应这样制定：①弄清企业目标，分析市场环境；②确定产品目前形象与应有研究的差异；③发现存在的问题与传播障碍；④分析和确定消费者；⑤进行消费细分，以选择重要公众，以此定位产品；⑥根据消费者对产品的知晓程度，以及期待他们所应有的行为，确定具体的传播目标；⑦制订对这些目标公众（消费者）做工作的具体活动方案；⑧选择与有关活动相统一的合适的预算时间并考虑多种局限性因素；⑨设计具体传播信息和媒介战略；⑩实施并评估传播活动。

据 51 报告在线研究中心统计：2012 年，网络广告正以 46.8％的速度增长，其市场规模在 2011 年已经超过了报纸广告，达到约 20.2％，预计 2013 年占比将进一步扩大。此外，中国广告市场中广告结构虽然发生了一定程度的变化，但电视广告仍然稳居中国广告市场的首位，占比约为 53.5％。传统的 CI 体系中广告行为的首要目标就是树立品牌意识，就是说将一种产品从一堆产品中区分出来，给该种产品创造出特定的身份并与消费者建立特定的关系。如果一种产品有令消费者认同的身份，那个消费者就更可能购买这种产品而非与之竞争的产品，为树立品牌要耗费大笔的金钱，像上述传统 CI 策划的市场传播方略的实施。而网络广告的花费只相当于印刷广告或广播广告的一小部分，并且它具有于传统传播方式的不可比拟的优点，如可设定目标性、可跟踪性、传送灵活性、互动性等，这些使得网络成为能够实现 CI 策划的最终目标，促成一个产品或品牌的畅销的绝佳媒介，尽管旗帜广告的尺寸不大，只有当用户点击其链接时才能体现出来，但广告给人留下的每一点印象都有助于树立品牌形象。对树立品牌有兴趣的广告主们——企业并不需要用户必须去点击他们的广告或访问他们的网站。他们更感兴趣的是哪些用户能记得住他们的产品。简而言之，品牌更注重如何影响用户的思维方式，而不是用户点击哪里。这是 CI 与网络广告的不同点之一，还有，直接面向市场的商业运作注重刺激引导消费。高访问量和名牌效应对于这引进网络广告的企业来说并不像传统 CI 策划中购买广告中的产品那样重要，它并不是以给人留下的印象或点击产品来衡量的，而是以实际产生的效益为标准。

7.3.4 网络广告与 CI 集成运用的机理及其必要性

互联网，用最简单的话说，就是将世界各地的计算机联系在一起的网络，互联网是最新的获取信息的工具，对任何企业来说，互联网都是获取信息的最重要媒体。互联网的特征是，容易进入，速度快，数据定量大，同其他资源连接方便。互联网的发展使信息搜集变得容易，从而大大推动竞争情报的发展，过去，要搜集需要耗费大量的时间，奔走很多地方。今天，研究人员坐在计算机前，有关顾客能获得大量的时间，并走很多地方。供应商和竞争对手的信息并不能为企业带来优势，能够给企业带来竞争优势的信息是经过分析、处理过的信息。如果一家企业在 CI 策划中比另一家企业更能搜集、筛选、分析信息，从中得出对品牌宣传的影响准确分析，它便能获得更大的竞争优势。这就是为什么销售同样的产品，进入同样的市场的企业有不同的结果的原因。好的品牌宣传战略取决于精明的头脑、好的广告创意和竞争情报，没有最后这一项，企业可能赢得一两次战斗，但不可能打赢整场战争，树立良好的企业形象，获得品牌产品的美誉。能将信息变成情报的公司将获得成功，不能将信息变成情报的公司必将失败。

电子商务是建立在以市场为中心配置经济资源的信息经济基础上的。它并不排斥市场的作用，也不降低信息作为社会经济资源的核心地位，相反，它通过创造充分的信息环境，使分割的市场整合为一个整体，并使市场的运作更有效率；通过电子信息网络技术使信息的生产、储存、传输、控制和使用实现空前的进步，极大地降低了使用成本，并进一步提高信息的社会价值。

CI策划要考虑竞争环境的变化，在过去生产能力低下的时代，市场上的产品供不应求，企业生产什么就能卖掉什么，企业完全可以不考虑竞争对手，只要全力以赴搞好生产就行了，但在过去的一二十年里，企业经营环境发生了巨大的变化，大多数市场份额的增加在绝大多数情况下来自对竞争对手市场份额的剥夺，在这种情况下，企业必须大力进行产品的广告宣传。只有大量的广告宣传，好的产品才会被消费者所了解，才会使消费者产生购买的欲望。美国P&G公司副总裁罗伯特·戈尔斯坦曾说："我们发现效率最高，影响最大的办法就是广泛地做广告。"另一方面迫使企业必须不断地开发适销对路的新产品，满足消费者的需求，增强商品品牌效应和行销能力。同时由于信息技术高度发达，信息流动迅速，企业有条件随时了解竞争对手的行为并迅速作出反应。由此我们可以看出企业经营环境和信息技术发展的结果是企业竞争情报的迅速发展。竞争情报能改善企业的总体经营绩效，发现潜在的机会和问题，揭示竞争对手的策略；提高企业生存机会。这也正是电子商务时代网络广告和CI集成所追求的终极目的。

互联网专家米勒曾说过这样一句话，只有在今天搭上网络广告之车，你才能奔向美好的明天。广告面貌正发生着迅速而急剧的变化，在很短的一段时期内，我们已从由印刷、电视和广播组成的被动的二维世界进入到由多媒体和网络技术支持的互动式的营销领域。传统的大规模的买卖活动是利用一些标准的媒介告知尽可能多的人，使他们得到同样的信息，并且想方设法在大众中吸引更多的人。但是随着新的互动式技术和数据库技术的发展，为顾客特地定制的一对一的销售方式正迅速地从一种可能性转变成一种宝贵的竞争策略。用户现在可以自主地选择广告信息，由于有了可以存储大量备选项的数据库，用户可以选择他们看到或收到的东西。企业也可以根据用户直接和迅速的反馈创建个性化的广告，对每位顾客做出回应，这对于企业来说是一场全新的比赛，他们面临着巨大的压力，因为这关系着品牌维持的问题。

波特认为：如果把企业经营和生产的活动做仔细的分解，我们就可以看到一系列互不相同但又相互关联的"增值活动"。这些具体的增值活动称为"价值流"，价值流的总和构成了企业的"价值链"，每一项生产经营活动都是这一价值链上的一个环节，在一个企业众多的增值活动中，并不是每一个环节都创造同样的价值。企业所创造的价值，实际上主要来自企业价值链上及某些特定的增值活动，这些真正创造价值的经营活动，就是企业价值链的"战略环节"。企业在竞争中的优势，尤其是能够长期保持的优势，主要取决于企业在价值链上某些特定的战略环节的优势。企业抓住了这些关键性环节，也就抓住了整个价值链。这些决定企业经营成败和效益的战略环节，可能是产品开发、工艺设计，也可以是市场营销、信息技术等。价值链是一个企业乃至一个行业在经济生态中生存的随着一个行业在经济生态中生存的理由，它不是一成不变的，随着科学技术的发展和消费者需要的改变，它呈现漂移不定的态势。网络的出现对所有企业的价值链改变是剧烈而明显的。根本的原因是从基础上改变了企业与消费者的关系，改变了在经济中越来越重要的信息储存，传输和处理的方式。企业的价值链已被织进"价值网"。

企业、顾客、供应商、竞争者、政府部门、社会团体都通过网络进行通信，企业创造价值的过程越来越开放，从供应商到企业，再到消费者的线性增值活动，变成了在变动不定的网络中生产价值的过程。"价值链"变成了"价值网"。企业与合作伙伴，与竞争者，与顾客，与社会团体的关系都需要重新思考，企业的价值链处在一种动态环境中。

互联网作为一种革命性的力量渗透融合到各类产业，颠覆价值链，使价值链重组及重新细分。目前来看，互联网对企业价值链中信息流，资金流的革命，不同行业，对电子商务的敏感度是不一样的，评价和认识这种敏感度，将成为互联网赛场上取胜的决定性因素。通过互联网，可以解决传统供应链和信息链的低效率并创造新的市场机遇，抢占新的竞争制高点。企业应该根据自身的特点，用电子商务整合企业的资源，提高核心业务的竞争能力。这使企业行业的优势被充分体现，电子商务的效益使得企业在行业的竞争中获得先机，在互联网虚浮的热闹之后，互联网的影响力必将由表面（新兴互联网公司的造梦时期）进入深层（传统产业的互联网价值链改造）。物质、能量和信息是人类社会的三大支柱，也是经济活动的三大资源。从经济学的角度看，物质是满足消费者物质、能量和信息人类社会的三大支柱，也是经济活动的三大资源。从经济学的角度看，物质是满足消费者物质需要的产品，能量是生产过程和生活过程赖以进行的动力，而信息是经济活动的神经系统。产品的生产和交易活动中，如果将活动过程细分，可以发现随着物质流和能量流有大量的信息流，如果围绕物质生产和交易的信息过程非常有效率，将部分取代物质流和能量流的无序流动，竞争情报在这里显得尤为重要。由于互联网发布信息容易，许多公司和机构在互联网上公布大量的信息，因此竞争情报工作常从监测竞争对手的互联网页开始，通过监测竞争对手的网页，你可了解其产品种类的增减，从而确定自己的网络广告的侧重点应放在何种产品的宣传上；通过查询其新闻发布内容，你可以知道他们是否得到了新的顾客或建立了新的联盟；点击一个其"招聘专栏"，你可以了解他们正在招聘些什么人。做了这些工作后，你对你的竞争对手已心中有数了。情报工作除了监测企业的竞争对手以外，还包括了解自己的合作伙伴和顾客，获得产品反馈信息等，同时也可让合作伙伴和顾客了解自己，这样在实施 CI 策划方案时就可以更具有针对性，当然做网络广告时也更能符合用户的兴趣和品位，吸引他们去点击。

在网络时代，一方面计算机技术、网络技术发展迅猛，一日千里，日新月异，另一方面，现代人的工作紧张繁忙，生活节奏加快，竞争压力增大，从而形成了一种在传统经济下艰难想象的现象——注意力的有限性与信息资源的无限性的矛盾，即注意力短缺。注意力经济又被形象地称作"眼球经济"，是指实现注意力这种有限的主观资源与信息这种相对无限的客观资源的最佳配置过程。注意力在网络时代可以优化社会资源配置，也可以使网络商获得巨大收益；注意力已成为一种可以交换的商品，这就是注意力的商品化。注意力作为一个个体资源虽然是有限的，但从社会总体角度的目的来看，它又是非常丰富的，从而引发的经济效益是具有倍增的乘数作用。这就是注意力的商品化。注意力作为一个个体资源虽然是有限的，但从社会总体角度看又是非常丰富的，从而引发的经济效益是具有倍增的乘数作用。这就是为什么网络广告与CI集成时，塑造企业形象的CI策划者极为重视点击率的原因，因为点击率能够帮助他们破译注意力"密码"，从而准确把握市场走向。在网络时代没有注意力就没有利润，而没有利润的企业最终要失败的。

品牌是市场竞争的最终归宿，也是市场竞争的最高境界，网络的出现使得供求双方得到市场信息较为充分，市场竞争主要为非价格竞争，是品牌、服务等方面的竞争，树立品牌，吸引尽可能多用户的注意力是网络广告的目的。企业在进行CI策划时异常关注品牌推广和赢得市场份额的重要性，在多种多样的媒体中做广告证明是一种关键的手段，地毯式的广告轰炸能不能树立一个知名品牌？答案是肯定的。但是，广告业的规律是，集中广告宣传能树立一个品牌，却无法维护这个品牌，品牌的长久影响还要靠产品和服务本身的真功夫。说白了就是良好企业形象的树立才是维系品牌的关键。

7.3.5 网络广告与CI应用策略与方法

1. CI策划中有效应用网络广告的方法与策略

CI与广告有着密不可分的血缘关系，CI理论便是建筑在广告定位理论的基础上的，广告也因CI的逐渐成熟从而形成新的发展，如网络广告与CI的集成。CI策划只有有了竞争情报系统的准确信息，才能进行精确的市场定位，也只有有了明确的市场定位，才会有瞄准目标消费群体的广告。由于竞争情报能改善企业的总体经营绩效，发现潜在的机会和问题，揭示竞争对手的战略，提高企业的生存机会，网络广告与CI集成时有必要建立起企业竞争情报系统。竞争情报的信息来源不外乎两种：公共领域信息和非公共领域信息。公共领域信息数量巨大，这些信息、是公开的，任何想得到的人都能得到。这些信息，有的来自政府，有的来自媒体，有的来自公司；非公共领域的信息是不能公开得到的信息，但不能公开得到的信息并不意味着就是保密信息或私有信息，只不过要求获得这些信息需要一定的努力和动脑筋，这类信息包括人际情报和直接观察获取的信息。在网络时代，互联网是最新的获取信息的工具，互联网的发展使信息搜集变得容易，这为网络广告与CI集成时获取及时准确的竞争情报，进行适时的品牌策略创造了条件。因为品牌是企业发展最大的资产，企业的牌子就如同储蓄的户头，当你不断用广告积累其价值，便可详尽其利息（菲利浦莫里斯总裁马克斯韦尔）。那么，CI策划如何才能达到其开拓市场，塑造名牌的目的呢？那就是有效地展开广告攻势。广告的最终目的就是销售或建立品牌资产。这一点，传统媒体广告和Web广告都是如此。可以说，不管你的广告是进行卖点诉求还是在树立品牌形象，最终广告的意义就是在于广告信息传播后对信息状态的改变。如何让你的Web广告更有效，这可能是广告主和代理商共同关心的问题。高效的Web广告必须依赖于策略性的事先策划，做到让合适的Web广告展现在合适的对象面前，从而吸引实效受众来点击和浏览，并参与你的广告信息活动。

所谓广告的实效受众就是广告主——企业所需要的合适用户，即广告主的目标传播对象。只有让你的合适用户来参与广告信息活动，才能使得广告效果得以最好发挥，并能节省广告者的劳动与费用。网络媒体的特性决定了Web广告在传播方式，传播效果与传统媒体广告的不同，同时也使受众对Web广告信息传播的接受方式，接受效应产生很大的差异。

Web 广告的最大特点是接受之间的互动性与可选择性。当受众在电脑屏幕前移动鼠标主动地选择信息时，许多因素在影响着广告信息的传播，同时也就在影响着受众的决定，进而影响着广告的传播效果。如网站的知名度，广告的形式和浏览广告的操作技能等因素。决定受众选择的因素还有信息内容的有效性与趣味性。受众总是选择他们需要的，对他能产生某种利益的信息。另外他们会选择一些娱乐性的，趣味性的信息（如以游戏方式出现的广告等）。这一点可能成为上网者调节性的选择。这些都是 Web 广告策划时应考虑的对象。那么如何策划才能让更多的实效广告对象去点击或浏览 Web 广告呢？这应从 Web 广告的策划流程来策略性思考，这一点与传统媒体广告策划有一定的相似之处。但因为网络媒体及网络受众具有特定的性质，所以在 Web 广告的战略策划过程中又必须结合网络的固有特性进行考虑。总体来说，网络广告策划首先要构建一个策划平台，接着做好战略与战术部署，最后还要设计一个测试方案。

1) 建立资讯平台

在进行 Web 广告策划中，第一步要做的工作就是构建策划的资讯平台，也就是为 Web 广告最后的创意、表现、制作及网站的选择，发布等战略性行为打好一个基础。Web 广告策划活动中要构建的资讯平台主要包括以下几个方面内容。

(1) 明确的广告目标资讯

广告目标指引着广告的方向，这一点 Web 广告中也同样成立，随后进行的各种行为都取决于广告目标的确定。只有明确了这次 Web 广告活动的总体目标后，广告策划者才能决定 Web 广告的内容、形式、创意，甚至包括网站的选择，广告对象的确定。例如，你的 Web 广告目标是要提高产品的知名度，想让更多的人知道你的产品品牌。这时你的 Web 广告形式以条幅或旗帜居多，广告对象的选择面要相对延展，同时也可能选择一个知名度较大的网站。

Web 广告传播能达到的广告目标大体可分为两种。第一种是推销品牌，像传统媒体广告一样实现的是以信息传播为手段来达到影响受众的目的。第二种 Web 广告目标是获得受众的直接反应。这是 Web 广告与传统广告所能传达的目标的最大不同。受众主动操作性增强及授受之间互动性的传播方式使得 Web 广告能达到全新的传播效果，及时获取受众信息甚至让受众在浏览广告后立即付款下定单，达到销售的目的。这一传播效果也是网络媒体吸引广告主最具诱惑力的因素。直接反应又为：

① 让受众来访问站点，从而让他们知道你的企业，产品在某一个 Web 站点上；
② 让来访问站点的受众认识你的产品；
③ 填写一份调查表，配合你进行市场调查；
④ 使消费者购买产品，下购订单；
⑤ 让受众知道如何使用产品。

(2) 准确性的目标对象资讯

广告的目标对象决定着 Web 广告的表现形式、广告内容、具体站点的选择，也就影响着最终的广告效果。广告的目标对象是由你的产品消费对象来决定的，所以透析产品特性是准确定位广告目标对象的关键，你的目标对象是男人还是女人，是十七八岁的少年还是三四十岁的中年，是在校大学生还是上班白领。这些不同的目标对象都有各自特有的生活习惯，如上网时间，所感兴趣的网页内容，对信息的反应速度等。针对不同的对象就要采取不同广告战略，例如你的广告对象是十几岁的少年，因为他们上网时间可能集中在假日，喜好的是上网玩游戏，那么 Web 广告媒体策划时就该选择一个少年经常访问的网站。在广告策划时就该考虑游戏式的广告，同时在媒体时段安排策划时就应该考虑节假日了。

此外，广告的目标对象的素质水平与网络操作技巧还决定着 Web 广告表现所需的技术程度和使用的软件。那些文化水平高的，经常与网络打交道的受众，对网络有熟练的操作技术并具有轻易学会操作技术的能力，他们能对 Web 广告的复杂展现形式轻松掌握，所以在 Web 广告策划时就可以想到通过增加操作技巧来提高 Web 广告的活泼性与趣味性。不同的对象使用各自所习惯的软件，如工程师和科学家习惯用 Unix 系统，发明家、艺术家和图形设计者常用 Macintosh 软件，软件开发师常用 NT，一般职员与普通网民则喜欢使用 Windows 系统，同时在使用浏览器软件时有的使用 IE 有的使用 Netscape。这些不同的操作方法和应用软件也可能影响 Web 广告的最后的接受效果和操作方法。所以你在对 Web 广告制作形式与制作方法战略构思时应该注意到这一点。

（3）竞争对手的及时情况

"知己知彼"是军事谋划的思想精髓，在网络所带来的高度信息化社会里，它同样是广告商战必要的前提考虑。你的竞争对手在网上做广告了吗？他们在哪些网站做广告？怎么做的？投放量大不大？他们是否换了代理商等情况。只有与竞争对手对应起来考虑，Web 广告策划中才会做到有的放矢的策略考虑。否则，可能会导致广告行为的盲目性，其危害如下：重复别人已做过的事情，使得你的 Web 广告较竞争者广告滞后出现，用别人已经用过的广告形式和创意，失去了广告的吸引力与新鲜感，不能敏锐地了解到竞争对手的新近动作。

而 Web 广告从技术角度来讲，它与技术、科技密切相连。一个功能更新的软件也许制作出更优秀 Web 广告，从视觉效果到链接功能。所以密切注意竞争对手最新动态能获得最新创意与技术信息，以便为自己的 Web 广告策划做好应战的战略部署。去捕捉最新的竞争对手情况，这一点在技术上是可以达到的（如搜索引擎等）。所以在策划 Web 广告时应对你的竞争对手做一个全面浏览，并对之进行研究，做好对策。

在电子商务时代，这些竞争情报的获取有赖于下列方法：利用广告管理软件，它能传送具有目标性的广告。传达一份具有目标性的广告的重要工具是广告管理软件，用以跟踪可供使用的库存清单，确保广告刊载次数合适，追踪广告活动，并将活动报告编辑成册，并且广告管理软件对于确保合适的广告创意在给定的时间段传递给正确的人群，这是至关重要的。管理软件有了网络访问计数器，能够每天掌握广告的效果，使得企业能最大化地掌握其对广告的反应，企业甚至能够通过一些创造性小测试得知哪一条广告的反响最好。每日的网络广告人口信息统计报告使得企业的广告精确地对准特定的受众群，除了上面提到的利用用户浏览网页时透露的信息而设定目标外，还有更好的办法获取点击网络广告的人口统计信息。曲奇文件就是这样的技术，曲奇文件通常被用做是识别标签。比如说，当一用户进入网站时，他就被分发一个独有的识别码，即一块曲奇。在用户每次进入这个网站时，它就发出一个独有的识别码，即一块曲奇。在用户每次进入这个网站的另一个网页时，服务器就会要求知道其 ID 标签。每一次用户点击一则广告或填了一份调查表的时候就会作为该用户的行为而记录在数据库里，即曲奇文件能储存用户的兴趣信息。如果一个企业发现根据数据库的记录，某用户已三次访问了该网站的汽车网页,就会向该用户发送有关各类汽车的广告了;另外还有一种方法,就是检测竞争对手的互联网页也不失为一种好办法,竞争情报系统应该定期查询其竞争对手的网页,了解竞争对手的情况。

最后是资金与技术的支持,资金与技术的支持是一个成功的 Web 广告策划与制作的后勤保障。脱离这两个基础,一切想法与创意都是空中楼阁。首先从资金角度来看。这也是制约与影响 Web 广告制作、设计、创意的重要因素。根据广告主对本次广告活动的预算,资金费用主要包括广告制作费用和网站投放费用两大块。有时即使能制作一个非常生动,具有吸引力的 Web 广告,但是它要耗费超过广告主预算的费用,这则广告也就没有办法实现。同时资金还决定着网站的投放,一些知名网站、网站首页、页面重要位置都具有较高的价格,具体费用预算可参照不同网站的收费标准。第二就是技术问题,这也制约与影响着 Web 广告的制作、设计和创意。Web 广告技术问题涉及制作与设计技术、网络传输技术、终端接收技术,如果你有一个能制作一条非常精彩的 Web 广告 Idea,但在目前技术还达不到,这个 Idea 便失去意义。另外,终端用户接收技术,同样是应该考虑的因素,例如选用索尼显示器的苹果机就不能显示由 Gif 格式文件构成的动态性,如果你制作的动态 Web 广告是用 Gif 格式,那么广告再好对一些索尼显示器用户也是没有半点用处。

2) 具体策略与战术

构建了 Web 广告策划平台之后,接下去就是对创作 Web 广告的具体策略与战术规划了。这一过程包含 Web 广告媒体选择策略、时段安排策略、广告形式确定策略和广告创意策略。

(1) Web 广告媒体选择策略

所谓 Web 广告媒体选择策略就是对你所要发布信息的站点的确定,甚至包括具体页面位置的确定。不同的页面有不同的受众对象,所以媒体的选择对 Web 广告的最终效果影响很大。例如,你想要发布一个少女用品的 Web 广告,而选择的站点是工程师们经常光顾的专业网站,尽管有许多人来浏览这个站点或好奇点击了这个条幅广告,但最后广告效果却不大。因而当广告主和代理商还在为自己的高访问率沾沾自喜时,却不清楚他们的广告费用浪费了多少。还有一点就是站点的传播范围问题。网站在技术上讲是不存在传播范围大小的问题,但由于语言、文化、专业特色、知名度等因素的作用,网站在某种意义上讲还是存在一个传播范围的问题。如果你选择一个英文网站,可能在本国的访问率会下降,传播范围就相对缩小了。

目前站点有全国性的站点、地方站点、中文站点、英文站点、内容综合型站点、内容专业型站点或主页。如何去选择一个合适的站点?这就要根据策划平台来综合考虑了。具体可分析广告对象的特性、广告目标要达的程度、费用支持的能力,还要对应竞争对象的媒体选择情况来考虑。

(2) Web 广告时段安排策略

为了实现 Web 广告实时传播,让更多的目标受众来点击或浏览你的 Web 页面,保证点击的较高有效性,这就要考虑 Web 广告的时段安排技巧了。同时做好时段安排,还有利于费用的节约。虽然,在深夜播放针对小孩的广告是不合适的,只有针对你的特定商业用户在较为固定的时间内做远程播放,这才会生效。例如,上班族习惯工作的时候上网,学生习惯节假日上网且时间不会太晚,大学老师习惯晚上上网,这些都是不同受众的不同生活习惯,他们的不同生活习惯对 Web 广告的传播效果会产生很大的影响。在 Web 广告时段时必须要意识到这一点，并根据具体的广告对象、广告预算、所期望广告效果的强弱等并参照竞争者的情况作决定。

(3) 广告形式确定策略

Web 广告具体形式有新闻组广告、电子邮件广告、游戏式广告、背景品牌式广告、交流式广告、弹出式广告、旗帜广告等。每一种形式都有各自的特点和长处，Web 广告策划中选择合适的广告形式是吸引受众，提高浏览率的可靠保证。在选择广告形式时，也同样存在一个策略问题。例如，你的广告目标是品牌的推广，想让更多的人知道，了解这个品牌的产品，那么你的 Web 广告形式就可选择旗帜式或背景品牌式。还如，你的广告对象是 30 多岁的成熟女性，那么广告形式就可考虑用交流式的。另外竞争者的情况，技术难度和费用预算要求也是制约广告形式选择的因素。竞争者正在用的，你就要防止因为雷同而失去新意与吸引力，预算与技术也决定着广告形式的制作成本。

(4) 创意策略

Web 广告策略极具魅力，体现水平的部分就是创意了。无论是广告代理商还是广告主自己在进行 Web 广告策划。任务都是使你的品牌、广告形式、诉求内容适合目标受众的要求。在策划的前期部分都已相当完善的情况下，广告创意就是决定最后广告表现的关键了，它也是吸引受众注意并来浏览广告信息的决定性步骤。Web 广告的创意可分为两种一是内容、形式、视觉表现、广告诉求的创意，二是技术上的创意。

例如，有一则关于游戏软件的 Web 广告，在网站的主页里有一个动态条幅，文字是：游戏爱好者请点击这里，有大奖！！！链接过去的是关于这个游戏的界面，开始介绍这个游戏的玩法，接着让你试着玩一段这个游戏，再就是抽奖，只要填写一个调查表格（关于你对游戏的看法、你的职业、兴趣等）就有资格进行抽奖了。这样的网络广告对游戏爱好者构成很大的吸引力。在进行 Web 广告创意时，应从以下一些方面做考虑：

① 广告在主页的位置；
② 广告停留的时间；
③ 播出的频度；
④ 广告语的效果；
⑤ 是否用动画或更多的广告表现形式；
⑥ 是否安排一些具有吸引力的赠奖活动来提高受众的参与性。

3) 设计测试方案

在 Web 广告战略策划中，为本次 Web 广告设计一个测试方案是至关重要的。测试的内容应包括对技术所测试的广告内容的检测。技术的测试是检查你的广告能否在网络传输技术和接收技术上行得通，有时一则 Web 广告在设计者的电脑上能很好地显示，而通过传输后，在客户终端却显示不出来。如果发生了这样的情况，你的广告就白做了，所以要对客户终端机的显示效果进行检测，以避免 Web 设计所用的语言、格式在服务器上不能得到正常的处理，以致影响最后的广告效果。测试网络传输技术就是对网络的传输速度的检测，防止因为你的广告信息存量太大而影响传输广告效果。

对内容的测试是检测你的 Web 广告内容与站点是否匹配，与法律是否冲突。如果你的广告内容是关于食品类产品的，但站点却选择了一个机械工程技术类的专业网站；这就是内容与网站的不匹配。内容的法律问题就是检测你的广告内容是否在法律的规定范围之内，如香烟、色情广告就是违法的。对内容的测试包括比较所设计的几个不同 Web 广告式样，以便选择其中最好的一个。

所以在 Web 设计策划中，设计一个能全面检测的测试方案对广告最后效果的发挥起到确保作用。这个策划环节的工作就是要根据本次广告策划中所规划的广告形式、广告内容、广告表现、广告创意及具体网站、受众终端等方面来设计一个全方位的测试方案。

2. 网络广告与 CI 集成运用应注意的问题

1）创意与执行

"创意是广告的灵魂"，同样，网络广告的创意也是如此，CI 策划中如何设计网络广告，创意是关键，有人称网络广告是方寸之间的灵感比拼，的确是这样，不同凡响，才能够迅速引起用户的注意。在产品均质化和雷同化日趋加剧的今天，CI 的创造与设计，创意的重要性就日显突出。CI 策划中产品品牌概念创意能有效地使品牌在受众印象中长期积淀积累进而形成购买的品牌化趋向，由此可见，CI 策划中网络广告所推出不仅是一个个产品，同时也是通过精明的创意策略，对一个个品牌做了促销，它所蕴蓄的是一种持续而长久的力量，能为今后持续而长久的销售打下坚实的基础。所以，运用创意的重要性就明显地凸现出来了。

网络广告中，创意的核心是一个点子，但仅有一个好的点子还不是完整的创意，完整的创意必须是好点子加上完美的表现。正是由成功的创意执行才提升了创意概念的价值。反过来，如果没有好的创意执行，则会影响创意概念的表达，甚至毁掉创意概念。因此，有一个好点子并一定就有一个好的创意，有一个好点子只说明可能会有一个好的创意，只有加上一个好的创意表达，才肯定会有一个好的创意。网络广告在运行 CI 策划时，要有一个明确的世俗目标即促销，因此它不能像各类艺术形式那样"潇洒"，它不能天马行空，也不能孤芳自赏。它必须得到大众的认可，它必须紧紧围绕品牌形象的构建来展开。因此，无论它如何独特新奇，无论它如何大胆刺激，都不能够完全无拘无束。它不是一种纯粹的艺术，不是一种脑力游戏，它需要通过市场调研、科学定位、认真策划来最大限度地达到促销目标。忘记创意的科学性一面，就会热衷于一些莫名其妙、故弄玄虚的广告；有创意的广告总是首先引人注意，并最终导致消费者产生购买行为。引人注意只是广告的必要手段，让消费者产生购买行为才是广告的终极目的。引人注意的广告并不一定会导致消费者产生购买行为，仅仅引人注意是不够的，还必须让广告有诉求点，被消费者注意，发生兴趣，产生欲望并最终产生购买行为。要达到这一点，就必须使广告具有"关联性"，"原创性"和"震撼性"，这也是 DDB 广告公司的创意评判标准。"震撼性"与"原始性"，均是提升注意力，但许多人做网络广告时只追求"震撼性""原创性"，搞所谓"轰动效果"而忘记了创意中更为重要的"关联性"标准。

你的 CI 策划搞得轰轰烈烈，网络广告也搞得大张旗鼓，而到头来点击者不知道你在干什么，原因是只注意"震撼性"与"原创性"，而没有注意"关联性"。缺乏"关联性"的广告一定不会深入人心，一定不会帮助促销，哪怕它能够引人注意；创意不仅仅存在于广告作品之中，网络广告的形式必须与你的产品和服务相符合，否则，就是浪费金钱。（可口可乐公司广告总裁纳达尔）实际上，广告作品只是展示创意的一个环节，在广告活动中的许多环节都需要创意，如广告策划时，在 CI 设计中有创意。从更小的方面看，甚至一句广告口号，一个品牌命令,一个产品包装都可以包含创意。因此,我们在 CI 策划时,不仅仅追求广告有创意,公关、营销推广、营销策略等也必须有创意,创意应贯彻于 IMC 之中(整合营销传播)。把创意仅仅局限于网络广告作品上,无疑会画地为牢,作茧自缚,创意应该有一个更宽广的舞台,创意也应该发挥更大的作用。

网络广告创意是经过大量艰苦工作之后的产生出来的好点子及其完美表现,它不仅仅凝聚于广告作品之中,也凝聚于整个 CI 活动之中,创意有其艺术性的一面,也有其科学性的一面,检验创意的最终标准是销售。"创意是广告的灵魂"这不仅仅是一句美丽的口号,也是它最朴实的写照。

2)运用技巧

在广告商和网站追求网络广告实际关注程度的同时,首先想到的是借图形的大小和位置。一般来说,网络上旗帜广告的最大尺寸就是 468×60,如果再大势必影响整个页面的排版和布局。至于广告的位置,首先应该理解为广告图形出现在内容页面上的位置,在网页上,条幅广告出现的位置一般是在页面上方比较醒目的位置,有些站点还在主体内容开始前和结束后各放一个内容相同的旗帜广告。实践表明,这样安排的点击率比出现一次要稍高一些。

实际上,广告还要倾向于在主题内容与其广告信息相符的网站或者栏目内发布自己的条幅广告。从这个意义上说,一个站点的首页广告不一定会比特殊栏目下的广告效应差。事实上,首页广告的点击通过率永远是最低的,而内容相关的分页广告则因为能在用户的目的页面起到"导航"的作用而收到更好的效果,即使纯粹的广告印象也能进行有效的品牌传播。

著名的搜索引擎雅虎已经推出了关键字广告。由某些广告商买断一些特殊关键字查询的结果页面广告位。比如 Oakley 买下关键字"乔丹"对耐克的品牌形象进行宣传;Fox News 新闻站点买下"克林顿"用来推广社会热点新闻;在线售票站点 Ficket、Service 买下"票务"(Ticket);lotus 买下"lotus",等等。

不管通过什么手段,广告主——企业都希望每一个下载页面的人有足够的兴趣,"注意到"他们的广告图标,甚至去点击它,让广告费用大大增值。网络用户是否点击该企业的旗帜广告取决于多种因素。除了位置是否醒目、主题是否贴近等因素外,还需要考虑比如旗帜广告本身的创意和制作。漂亮精致是网络广告设计和制作最基本原则。合理的颜色搭配,可爱的主角形象简洁大方的构图能够迅速引起用户的注意。

动感是网络广告不同于平面广告的主要特点之一。网络上大部分广告图标都是通过动画形式来体现的。动画本身就比静态图像更能吸引人的注意力,再加上独特的创意和精美的制作,使动态广告在网络上占据了相当重要的位置。醒目的标志和简练的说明文字比大段的文字更加有效。别致新颖的设计思路一直是广告设计的灵魂所在,在网络广告中,不乏令人耳目一新的精彩之作。设计者有时候还通过制作表面上看起来畸形成"不正常"的图形来吸引读者的注意力。

为了更加有效地提高网络广告的关注率,许多创作者甚至想到了用善意欺骗的方式。比如,当你下载网页时,页面上突然会出现一个带有视窗风格的"警告",告诉你"你的互联网接入没有得到合理优化,你必须下载……",并模仿视窗制作了"OK"按钮。一般来说,许多没有经验的用户都会习惯性地点击"OK"来"关闭窗口",结果当然是点击了广告条而进入了另一个页面。

同一思路的广告包括在图标上作出下拉式菜单、复选框、输入框的样子，希望用户"习惯性地"去点击"菜单"，"复选框"或者"输入框"的位置。因为广告图标一般都是以整个图标作为链接，因此，点击任何比如"菜单"位置其实就是点击了广告条本身。实践证明，这种带有一定"欺骗"性的广告的点击率是非常高的。当然，在许多情况下，这些广告条还结合了许多比如色彩、动感等创作元素。

3. 网络广告与CI集成运用的现状及应对策略

1）网络广告与CI集成运用亟待解决的问题

① 从企业—广告主的角度来说，广告效果难以保证，因特网的规模，用户分布，上网习惯，网站的访问率，热门的网页与栏目，访问繁忙时段等考核是客户投放广告的基本依据，但是中国至今尚无标准的网站访客统计及分析系统，也无一家专业权威的审计机构来公正地评估诸多网站的访客流量，并提出一个通用可信的统计标准。大大小小的网站自报佳绩，运用类似点击数等不具有商业价值的参数作为网站访问里，让客户对网站优劣难辨。点击数实际上是从一个网页上捕取的信息点的数量，网页上的每一个图标，链接点都产生点击，所以一篇网页的一次被访问由于所含图标数量、浏览器设置的不同，可以产生多次点击数，这样得出的"天文数字"，引起广告主的不信任。

② 从网络媒体的角度来说，不仅未能给企业和广告公司提供详细的资料，而且收费标准也没有明确规定。据了解，每个月的广告费，每个CPM的价格，按什么标准来收，网站不尽相同，有些网站为开拓市场，偷偷采取打折或免费送几个月广告的方法，借助一些知名企业，以提高网站的知名度和影响力，吸引其他企业来网站做广告。在广州，163电子邮局的广告曾打三折。事实上，国内网上广告市场能够形成广告效应的不过20家网站，大小网站一起抢占网络广告市场，也使组织者愈强，弱者愈弱，许多中小网络已经难以为继。

③ 从广告代理公司的角度来说，还未能跟上新的技术形势，很少有广告公司设立专门部门进攻网络市场。在广州，除了少数具有长远眼光的广告公司，多数公司暂时还无意做亏本生意。但这些先行者们还未能掌握网络广告的传播策略，他们以网站收费便宜等理由向客户提出投放建议，大多数只做些技术上的处理，缺乏科学的分析与策划。

④ 从国家宏观管理和法律的角度来说，由于网络广告自身的艺术和传播特点，行政监管上有一定的难度。而在利益的驱动下，一些网站经营者把关不严，各种非法，虚假的广告都可能在网上抢滩设点，欺骗和污染用户的眼睛，网络广告还涉及未经同意的电子邮件、隐私、权限等问题，如21世纪网电子邮件的用户不久收到过不法用户发送的广告邮件，推销视力产品，由于这一广告假冒网络管理者的名义发出，相当多的用户纷纷提出抗议，实际上，21世纪网全不知情，不请自来的电子邮件广告已经成了网络广告头疼的"牛皮癣"。

2）针对当前的问题提出的应对策略

（1）网站购买先进的广告管理软件，分析、整理网站的日志文件，提供翔实的报告

在与网站接触的过程中，笔者曾询问网站广告分立负责人，能否为广告客户提供诸如用户在网站停留的时间长度，访问过哪些网页的统计资料，结果令人失望，如此知名的网络却只能统计出"来访人次"这样简单的数据，全靠这有偏颇的单一指标来说服客户是很困难的，因为"来访人次"并不代表"来访人数"；一个人如果在短时间内进出网站十次，"来访人次"就会增加十次，而实际上来访者"只有一个"，况且，用户在网站内停留的时间越长，广告价值也就越高。许多国内网站都有类似的情形。事实上，日志文件包含许多资料；访问

的时间长度，索阅的文件名，浏览器类型，用户如何进入您的站点等等。在国外，EG 软件公司开发了 Wegtrends 软件，它能对服务器建立的日志文件进行分析，统计出许多信息。此外，Nes Graviey 公司也开发了 Adserver 软件，雅虎上还有许多日志分析软件，这些工具用来查寻用户从哪里来，从哪个站点来和访问了哪些站点，检查他们停留了多久，按了什么键，做了哪些搜索，从而为广告客户提供有效的服务。

随着市场的国际化与客户的成长，有实力的网站就当先走一步花重金购买广告管理软件，提供超值服务，以期望能在未来赢得更多的广告利润。

(2) 聘请第三方审计

网络媒体提供的资料可能被操纵，也可能被做假。IBM 和宝洁两大广告主宣称，他们不会与一家没有经过独立公正监看单位统计的网络集体合作。随后许多广告主也要求：网络媒体的浏览人次，必须经过独立的第三方统计，方能得到认可。于是，广告主和代理商开始寻找独立的监看组织，由一个客观的角度监看网络媒体，确保在网络广告上所花的钱是值得的。

1997 年 4 月，国内第一家专做工厂信息的内容供应商 China Byte 选中尼尔森旗下著名的历维同流量分析和认证公司 I/pro，作为其网站的第三方审计机构，China Byte 是国内第一家选用国际权威认证机构的国内公司。随后，一些有实力的网站也纷纷跟进，但如何保证第三方审计的质量也是个值得继续深入探讨的话题。

(3) 测量方式与报告的标准化

CNNIC 主任毛伟认为，随着互联网给在中国的飞速发展，越来越多的企事业单位、政府机构以及互联网业内机构需要准确地了解网站访问量信息，但目前的网站在公布访问量时，采用的测量标准，测量工具不同，再加上一些人为的因素，使统计结果不能准确全面地反映容流量和网站的影响力，由此，CNNIC 最近联合国内一批知名网站在北京签署了一份倡议书，倡议书使用统一的网站访问统计术语和质量方法。

在国外，美国有两名教授制定了一组专有名词，并拟定网络媒体分析报告的标准，名为 Project 2000，许多网络组织开始采用这个标准。而测量方式标准化问题，则是留待广告资讯与娱乐联盟（CASIE）去解决。他们要决定计算什么，怎么计算，更重要的是计算的结果要一致。CASIE 的"交互式媒体受众的测算指导原则"试图建立一个"可接受的广告机会测算标准"与"传统媒体比较广告机会的方法"，它为整体目标提供了一个可计算的方法，命名广告代理和广告主能够预计投资的价值。

标准能够促进行业的发展。CNNIC 已提出一套网站统计术语和度量方法，目前正在推广应用中。或许中国广告行业组织应成为一个像美国 CASIE 这样的行业标准化组织帮助他们，广告专业与网络技术相结合，借鉴上述美国的标准，结合中国具体的国情，制定一个合适的标准，同时，资助一些高科技或研究所进行这一方面的实验，寻找更有效的解决之道。

(4) 网站有合理的收费模式，制定了合理的收费标准

当年由美国丘比特传播公司举行的在线广告大会，反映出企业、代理商与网络媒体在网上广告收费模式上的分歧。代理商认为，广告主对一次广告攻势效果的评估度量标准，就是看是否带来了点选、反应或购买，只有广告受众采取行动的结果才是广告主愿意出钱购买的，而用户对页面的印象则没有什么意义，单纯推广品牌（而不促进用户采取购买作为）是没有价值的。而网络媒体则认为，这样他们承担了过多的风险，包括广告主的产品风险和代

理商的创意风险，而且，与他们根据 CPM 得到的收入相比，广告收入的钱太少了，由于 CPM 承诺了传统的广告计费标准，也便于广告主在媒体选择时进行比较。由于两种收费模式（结果、印象）各在长短，双方又各执一词，Click 公司的 AndrewVourland 就建议，不一定要采取非此即彼的原则，可采取一个折中方案，将 CPM/CPA 结合起来，既给网络媒体支付合理的报酬，用于"租用"该站点的广告空间，又能够兼顾广告攻势的效果。

在国内，许多知名网站已开始采用 CPM 的收费模式，如 China Byte 的收费模式，China Byte、但网易还采取包月收费方式，这主要是因为目前网络广告市场是买方市场，广告主习惯"以平面媒体观念套入思考，网络媒体为了获得客户只好采取他们能够认可的收费模式"。此外，某些网站为了追求更多的利润，利用广告主对网络了解甚少的机会，采取了像点击数之类的误导性的收费模式；而另一些网站为了开拓市场，通过打折甚至免费的手段来吸引客户，走向了两个极端。

其实，采取哪一种收费方式，与下列因素密切相关：客户本身的水准，像国内客户尚未跟上网络媒体的思维，采取传统平面媒体的包月收费就显得比较灵活；网络媒体承担的风险，像日本的 Action click 公司为网络媒体提供接受成果报酬型广告的机会，根据用户实际订购广告商品的成效来决定广告费用，使网络媒体有可能获得高于一般广告的收入，当然也要承担效果不佳时的风险，对于国内目前处境艰难的 ICP、ISP，不得给他们加大风险压力，采取 CPM 更为稳妥。

至于一些网站采用误导性收费方式，欺骗客户，榨取钱财，显然是一种杀鸡取卵的做法，影响自己乃至整个行业的声誉，对于一些网站采取打折或免费开拓市场的做法，24/7 互动传媒亚洲公司的负责人认为，免费广告只有让那些一直有网络广告需求和尝试的企业有疑问：这网站是否一钱不值，没人看？对于未开发的客户来说，如果一开始就以免费试运营的话，使他们无法对这个新兴媒体有一个正确的认识和估价，对于以后网络广告的开发无疑是个绊脚石。免费或打折的方式还容易引起恶性竞争，虽然网络广告是大多数网站的唯一经济来源，但是网站想要生存和发展，最重要的是提高其内容与质量，吸引大量客户进站浏览，这样业务才会蒸蒸日上，对在线媒体的本质规范也是个推进。

（5）政府宏观管理与法律问题

除了真实性、公平性、商标与版权、竞争等在传统广告中也大量存在的问题可以依循以前的法律法规适当加以延展处理外，因特网广告还有自身独有的问题需要解决。

① 未经同意的电子邮件。美国 Cyber Promotion 公司的 Sanford Wallace 自诩为滥发邮件之王，它靠为别人发送未经同意的电子邮件为生，每天发送 400 万份。休斯敦的一个网站开发商 Web Systems 对他提起诉讼，与前面提到的 21 世纪网事件一样，收到世界各地寄来的雪片般的电子邮件，他们抱怨收到了滥发的电子邮件，而这些邮件似乎来自"网络系统"公司，但该公司确实没做过。"网络公司"指责是滥发邮件之王所为，并认为他运用了"网络系统"作为伪造的返回地址。为什么？因为任何滥发电子邮件的人都知道会收到无数愤怒的电子邮件，所以，为了继续干下去，并避免他的服务器被这些愤怒的电子邮件充斥，Sanford Wallace 及其同事们就伪造了电子邮件的返回地址。有时你被某些持续不断的电子邮件干扰得不耐烦了，回信要求他们停止发送，却发现返回地址是空的。如果返回地址真的属于某家公司，那就碰到商标和版权问题了。像前面的 21 世纪网事件，不法商人盗用它的邮件地址传递小广告，实际上触犯了商标权。我们来看看美国人是如何处理这个问题的？国会议

员 Frank Murkowaki 提出了《未经同意的电子邮件选择法案》，该法案要求滥发电子邮件者必须将"ad"或"advertisement"作为邮件标题行的第一个单词。这样，用户可以通过电子邮件接收程序是否自动过滤那些不需要的电子邮件。

② 隐私权。企业和市场信息公司正通过许多高明的手段来获取你的生活数据库，并把其编入消费者数据库。在高科技日益广泛使用的今天，该如何使每家公司同意限制个人信息收集和因特网的信息散布？Truste 要求网站自愿标明它们对所取得的访问者信息的关注程度：是否不记录这些信息？是否对这些信息严格保密？是否和第三方分享这些信息？网络能否约束自己，控制对个人隐私的侵犯？与此同时，美国国会正在审议《1997 因特网用户个人隐私保护法》。该法案的目的是为了防止个人信息在未经事先书面同意的情况下被公开。它要求各站点向用户提供交互式服务，是他们可以通过电脑浏览和修改个人信息，还要求销售个人信息的商家告诉用户这些信息卖给谁。几家公司联合推出了 OPS（开放式描述标准），OPS 要求上网用户准备一份个人情况的描述，包括一些经常被问到的问题：姓名、地址、电话号码、邮编、年龄、婚姻、兴趣、爱好、用户身份证号码及密码等。提供这些情况全在用户控制之下，只需按一下按钮就行了，FTC 对此感到高兴，因为这使他们在保护隐私权方面更进一步。

案例：

大众汽车

  大众公司作为一个资深和老牌的汽车企业，看到了互联网带来的商机和挑战。产品推广一直是汽车销售中的难点和重点，传统的车展和专卖店已经跟不上时代的发展，需要探索新的产品和形象推广方式。大众汽车要在网上发布最新两款甲壳虫系列——亮黄和水蓝，总共 2 000 辆新车出售，而且均在网上销售。公司花了数百万美金在电视和印刷媒体大做广告，推广活动的广告语为"只有 2 000，只有在线"。大众汽车 e-business 经理 Tesa Aragones 认为："大众汽车的用户中有很多人能上网，我们这次市场活动不仅推广了新车型，而且支持了整个在线购车的过程。我们将使之成为一次独特的品牌宣传，大约 60% 的客户通过互联网来购买我们的产品和服务。"

  这是大众汽车第一次在自己的网站上销售产品，推广活动从 5 月 4 日延续到 6 月 30 日。根据 Aragones 的报道，网站采用 Flash 技术来推广两款车型，建立虚拟的网上试用驾车。

  即采用 Flash 技术，将动作和声音融入活动中，让用户觉得他们实际上是整个广告的一个部分。用户可以选择网上试用驾车的不同场景，如在城市中，在高速公路上，在乡间田野或其他。"网上试用驾车使得网站流量迅速上升。网站的每月平均流量为 100 万人，在推广的第一天，就有超过 8 万的访问量。在活动期间，每天独立用户平均为 47 000，每个用户花费时间翻了个倍，达到 19 分钟，每页平均浏览 1.25 分钟。

  网上试用驾车同时完成了主要目标——得到更多的注册用户。用户能够在网上建立名为"我的大众"的个人网页。在推广期间，超过 9 500 人建立了自己的网页。他们能更多地了解自己需要的汽车性能，通过大众的销售系统检查汽车的库存情况，选择一个经销商，建立自己的买车计划，安排产品配送时间。这样用户能够就自己的需要，通过互联网，BBS 或电话与经销商取得联系。一旦交易成功，用户能直接确定新车型的发送时间。

由于水蓝车型有着更多的价格选择，所以它卖得较好。亮黄则只有一种型号且较贵。推广活动产生了2 500份在线订单，其中60%的用户选择了水蓝车型。这次市场活动对于美国国内大众汽车经销商来说也是成功的。超过90%的经销商参与了活动，虽然Aragones拒绝透露销售的具体情况，她还是指出销量是非常高的。她说："这次活动达到了我们的预期目标。我们向消费者证明了在线买车为他们提供了更多的选择余地。活动也向我们的经销商证明了电子商务的力量所在，让他们为汽车行业在线销售的高速增长做好了准备。"

参 考 文 献

[1] 陈晓剑. CI 创造品牌. 合肥：中国科学技术大学出版社，1996.
[2] 陈荣荣. 现代企业形象塑造. 北京：经济管理出版社，1997.
[3] 李海峰. 网络传播与新广告. 武汉：武汉出版社，2002.
[4] 杨社. 企业成长论. 北京：中国人民大学出版社，1996.
[5] 艺风堂出版社编辑部. CI 理论与实例. 台北：艺风堂出版社，1987.
[6] 艺风堂出版社编辑部. 日本型 CI 战略. 台北：艺风堂出版社，1987.
[7] 林磐耸. CIS：现代企业形象策略. 北京：中国经济出版社，1994.
[8] 周宁. CIS 企业形象识别与设计. 北京：北京广播学院出版社，1995.
[9] 刘光明. 企业文化. 北京：经济管理出版社，1999.
[10] 刘光明. 中外企业文化案例. 北京：经济管理出版社，2001.
[11] 陶勤海. 企业形象设计. 上海：立信会计出版社，2001.
[12] 孟凡驰. 企业文化与人力资源评估的内在联系. 企业文化，2001 期.
[13] 李维安. 公司治理. 天津：南开大学出版社，2001.
[14] 李原. 组织中的心理契约. 首都师范大学学报，2002（1）.
[15] 龚晓东. 品牌忠诚度及其测评研究. 现代财经，2002（10）.
[16] 计建. 品牌忠诚度行为：情感模型初探. 外国经济与管理，1999（1）.
[17] 张锐. 品牌生态管理：21 世纪品牌管理的新趋势. 财贸研究，2003（2）.
[18] 马谋超. 将 CIS 真正建立在科学基础之上. 现代广告，1997 期.
[19] 刘光明. 企业文化. 北京：经济管理出版社，1999.
[20] 曹细玉. 知识型企业新人力资源管理模式研究. 科学与科学技术管理，2002（4）.
[21] 孔繁任. 中国营销报告. 北京：光明日报出版社，2001.
[22] 西蒙. 管理行为. 北京：机械工业出版社，2004.
[23] 黄希庭. 心理学. 上海：上海教育出版社，1997.
[24] 李道平. 企业形象策划. 北京：中国商业出版社，1998.
[25] 卢泰宏. 整体品牌设计. 广州：广东经济出版社，1999.
[26] 路华. 现代企业形象策略. 北京：中央民族大学出版社，1999.
[27] 苏勇. 中国企业文化系统研究. 上海：复旦大学出版社，1996.
[28] 童强. CI 通鉴. 北京：中国经济出版社，1997.
[29] 王维平. 企业形象塑造论. 北京：北京大学出版社，1998.
[30] 王维平. 现代企业形象识别系统. 兰州：兰州大学出版社，1996.
[31] 吴照云. 企业国际形象塑造. 南昌：江西高校出版社，1995.
[32] 杨朝阳. 品牌经营战略. 国际广告，1992 期.
[33] 杨金德. CI 基本原理. 北京：中国经济出版社，1997.

[34] 余明阳. CI 教程. 北京：中国物资出版社，1995.
[35] 张德. 企业文化与CI策划. 北京：清华大学出版社，1996.
[36] 大内. Z 理论. 北京：中国社会科学出版社，1984.
[37] 理查德. 日本企业管理艺术. 北京：中国科学技术翻译出版社，1984.
[38] 泰勒. 科学管理原理. 北京：中国科学技术出版社，1984.
[39] 八卷俊雄. 企业形象战略. 台北：艺风堂出版社，1992.
[40] 沙因. 企业文化与领导. 北京：中国友谊出版公司，1989.
[41] FORMVRUN. Reputation：Realizing Value from the Corporate Image. Boston：Harvard Business School Press，1996.
[42] FORMVRUN. Who's Tops and Who Decides? The School Construction of Corporate Reputations. New York University, Stern School of Business, Working Paper, 1996.
[43] BUONO. The Human Side of Mergers and Aequisitions. San Francisco：Jossey-Bass，1989.
[44] ANDREWS. The Coneept of Strategy. Homewood, Dow Jones-Irwin, 1971.
[45] PRAHALD. The Core Competence of the Corporation. Harvatd Business Review, 1990.
[46] GARMENT. Multidestination travel Patterns of international visitors to Queensland. Journal of Travel Research, 1999.